中国术语学建设书系

总主编 路甬祥

中国术语学研究与探索

刘青 主编

商务印书馆

2010年·北京

图书在版编目(CIP)数据

中国术语学研究与探索/刘青主编.—北京:商务印书馆,2010
ISBN 978-7-100-06862-8

Ⅰ.①中… Ⅱ.①路… Ⅲ.①术语学－研究－中国 Ⅳ.①H083

中国版本图书馆 CIP 数据核字(2010)第 070779 号

所有权利保留。
未经许可,不得以任何方式使用。

中国术语学建设书系
ZHŌNGGUÓ SHÙYǓXUÉ YÁNJIŪ YǓ TÀNSUǑ
中国术语学研究与探索
刘青 主编

商 务 印 书 馆 出 版
(北京王府井大街36号 邮政编码 100710)
商 务 印 书 馆 发 行
北京瑞古冠中印刷厂印刷
ISBN 978-7-100-06862-8

2010 年 10 月第 1 版　　开本 850×1168　1/32
2010 年 10 月北京第 1 次印刷　印张 20¼
定价:42.00 元

中国术语学建设书系

总 主 编 路甬祥
执行主编 刘　青

编辑出版委员会
主任　郑述谱
委员（按姓氏音序排序）
　　董　琨　冯志伟　龚　益　黄忠廉
　　梁爱林　刘　青　温昌斌　吴丽坤
　　郑述谱　周洪波　朱建华

中国术语学研究与探索

主 编 刘 青
编辑出版委员会成员（按姓氏音序排序）
  董 琨 杜 翔 李 芸 李志江
  刘 青 潘雪莲 王 琪 温昌斌

总　序

审定科技术语,搞好术语学建设,实现科技术语规范化,对于一个国家的科技发展和文化传承是一项重要的基础工作,是实现科技现代化的一项支撑性的系统工程。

这项工作包括两个方面:术语统一工作实践和术语学理论研究。两者紧密结合,为我国科技术语规范工作的持续发展提供了重要的保证。术语学理论研究为实践工作提供理论上的支持和方向上的保障。特别是在当今术语规范工作越来越紧迫和重要的形势下,术语学理论对实践工作的指导作用愈来愈明显。可以这样说,理论研究和实践工作对术语规范工作同等重要。

我国古代的科学技术高度发达,伴随科技发展产生的科技术语,自古以来就是中华文化的重要组成部分。尽管当时没有成立专门机构开展术语规范工作,但我们的祖先在科学技术活动中,重视并从事着对科技概念的解释和命名。因此,我们能在我国悠久而浩瀚的文化宝库中找到许多堪称术语实践与理论的光辉典范。战国时期的《墨经》,是我国古代重要的科学著作,书中对一批科学概念进行了解释,如,"力,刑之所以奋也"、"圆,一中同长也"。两千多年前的《尔雅》是我国第一部辞书性质的著作,它整理了一大批百科术语。在我国古代哲学思想史上也早已有关于术语问题的论述。春秋末年,孔子提出了"名不正则言不顺,言不顺则事不成"

的观点;战国末年荀子的《正名篇》是有关语言理论的著作,其中很多观点都与术语问题有关。在近代"西学东渐"过程中,为解决汉语译名统一问题,很多专家学者为此进行了讨论。特别是进入民国后,不少报刊杂志组织专家讨论术语规范问题,如《科学》杂志于1916年开辟了名词论坛,至新中国建国前夕,参与讨论的文章达六七十篇之多。

1985年,经国务院批准成立了全国自然科学名词审定委员会(现更名为全国科学技术名词审定委员会,简称全国科技名词委),我国科技术语规范工作进入了快速发展时期。自成立至今,全国科技名词委已经成立了70多个学科的名词审定分委员会,审定公布了近80部名词书,初步建立了我国现代科技术语体系。同期,我国术语学研究也得到快速发展。一方面,国内学者走出国门,与西方术语学家对话,并不断引进、研究国外术语学理论。另一方面,国内学者对我国术语实践工作进行理论上的探讨。目前,我国的术语学研究已经取得了不少可喜的成绩,仅《中国科技术语》等专业刊物就刊载了大量相关论文,特别是术语学专著和译著也已问世。但是我国的术语学研究工作与术语规范实践工作所取得的成果相比还相对滞后,且落后于国际先进水平。因此,中国迫切需要加强术语学研究,很多问题需要进行学术上的系统探讨并得到学理上的解决。比如,《科学技术名词审定的原则与方法》的修订,规范术语的推广,科技新词工作的开展,术语规范工作的协调,术语的自动识别,术语规范工作中的法律问题等。这些问题的解决,不但能直接推进术语学研究,还能直接促进术语规范实践工作。要解决这些问题,应从多方面入手,比如,引进国外成熟的术语学成果,发掘我国已有的术语学成果,从我国术语规范实践工作历史与现实中总结规律,借鉴语言学研究方法等。

为了加强我国术语学理论研究和学科建设,全国科技名词委与商务印书馆联合推出中国术语学建设书系,计划陆续出版一系列的术语学专著和译著。希望这一系列的术语学著作的出版,不但能给那些有志于术语学研究的人士提供丰富的学术食粮,同时也能引起更多的人来关注、参与和推进我国的术语学研究。

值此书系出版之际,特作此序。谨祝中国的术语学建设事业取得更大的发展并获得越来越多的成就。

2008-10-28

序

许嘉璐

科学技术名词规范工作,对于学科建设、文化传承、科技交流与发展,乃至民族团结和国家统一,都具有十分重要的意义。改革开放以来,我国政府高度重视科学技术名词规范工作,25年前设立了专职机构——全国科学技术名词审定委员会来担此重任。"名词委"成立以来,在人力、财力并不充裕,不少单位还没有认识到这项工作重要性的条件下,克服重重困难,扎扎实实推进工作。从开展天文学名词审订工作起步,到自然科学和工程技术名词规范工作全面展开;又以语言学名词审订工作为试点,逐步推广到其他社会科学学科。时至今日,科学技术名词规范实践工作已经取得了巨大成就。

科学名词术语的审订和规范,是科学技术的基础性工作,又是学术性很强的工作。术语距离人们的日常生活既近又远:各行各业谁都离不开它,但是又很少有人知道这项工作的重要和它背后的艰辛。单凭这一点就可以说,从事这项工作的科学工作者是寂寞的,是可敬的!

科学名词术语工作不但和科学各个领域的研究息息相关,而且还需要对术语的内在规律及其规范工作本身进行研究,这就是"术语学"之所以成为一个独立学科的原因。我高兴地看到,近年来这一领域的工作已经有了长足之进。这主要表现在以下几个方面：一、联合了国内有关部门和高校，团结术语学研究力量，定期召开中国术语学建设研讨会，这对中国术语学建设起到了持续推进的作用。二、向国家有关部门申请术语学独立学科代码。2009年公布的修订版国家标准《学科分类与代码》中，术语学首次在中国获得了专属于自己的位置，这为术语学人才培养和学术成果归类创造了条件。三、推出中国术语学建设书系，以百家争鸣、兼收并蓄的精神，汇聚术语学研究成果。这本《中国术语学研究与探索》就是书系中的一种。

当前，一些术语学研究专著正在陆续问世，闪烁着真知灼见的论文比比皆是。《中国术语学研究与探索》就是从几千篇论文中按照不同的研究领域遴选而成。书中收录了术语学学科建设、术语的语言学问题、术语规范实践工作的历史和现状、术语演变、计算机辅助术语工作等多个方面的研究成果。这些成果，基本上反映了建国以来，特别是改革开放以来术语学研究的轨迹。入选的文章，或思想上卓有创见，或在题材上推陈出新，或在方法上另辟蹊径，既体现出我国术语学逐渐成长的历程，也凸显了术语学研究领域有待进一步填补的空间。

毋庸讳言，我国的术语学研究和推广工作与国际先进水平相比，尚有相当差距。我认为，在千头万绪的工作中，当前应在以下几个方面多予注意：一、动员更多的科学工作者参加到这一领域里来，力争依托科研院所和高校，逐步建设起一支结构合理、水平较高、肯于奉献的专职队伍。二、尽快完善专业网站，同时做好利用云端计算为全世界服务的准备。三、加强和汉语言学界的联系，最好能形成稳定的合作机制，从科学术语领域的视角研究汉语的特点,使科学学科知识和汉语言学知识紧密结合。四、尽快编写出全面梳理和汇集我国本土术语学探索成果、适合大学本科、研究生和不同学科专业人员使用的教材和读物,使科学术语知识进入新闻出版专业的课堂。《中国术语学研究与探索》的出版,或许能够为编撰中国本土的第一部全面的术语学教材奠定一定的基础。

科学名词术语的研究和工作将与科学事业、与人类知识和智慧的行进同步——它永无止境。祝愿我国的术语学和术语工作比翼齐飞,越来越蓬勃,尽快赶上科学发展的脚步,走在世界的最前列!

2010 年 10 月 4 日夜,

于日读一卷书屋

目　录

努力建立有特色的中国术语学,为世界术语学研究
　　作出贡献……………………………………………许嘉璐(1)
一门新兴的交叉学科——术语学………………………吴凤鸣(5)
关于加强我国术语学建设的几点思考…………………潘书祥(21)
求真务实开展好术语学学科基础建设……………………刘　青(36)
当代术语学在科学技术现代化过程中的作用和
　　意义…………………………………………………陈　原(45)
术语论……………………………………………………李宇明(48)
术语三难…………………………………………………董　琨(67)
术语学是一门独立的综合学科…………………………郑述谱(71)
略谈术语学研究…………………………………………张　伟(90)
加强中国术语学学科建设之我见…………朱建平　王永炎(100)
术语学的研究对象、宗旨和任务………………………吴丽坤(108)
谈国外大学的术语学教学…………………梁爱林　邓愉联(116)

漫谈科技术语的民族化和国际化………………………周有光(135)
汉语术语的合格性………………………………………叶蜚声(140)
试论术语的定义…………………………………………郑述谱(144)
术语形成的经济律——FEL公式………………………冯志伟(168)

1

专名与术语………………………………………	石立坚	(183)
术语·术语学·术语词典……………………………	陈楚祥	(192)
科学名词中的造字问题…………………………	曾昭抡	(205)
科学术语的构成方法……………………………	杜厚文	(211)
现代汉语科学术语初探…………………………	夏中华	(226)
中文科技术语中的歧义结构及其判定方法………	冯志伟	(239)
科技术语结合汉字汉语的一些问题………………	高景成	(269)
我国化学物质命名中的汉字探讨…………………	王宝瑄	(284)
汉语科技术语构词字数及有关问题初步研究………	梁际翔	(295)
论术语创制中的结构选择…………………………	王吉辉	(302)
简述科技术语规范化的基本环节…………………	刘 青	(307)
略论我国的术语工作……………………………	刘涌泉	(315)
中国科技术语的规范化…………………………	黄昭厚	(331)
中国少数民族语术语工作………………………	宝斯尔	(340)
描述性术语工作和网上术语论坛…………………	全如瑊	(347)
海峡两岸科技名词差异问题分析与试解 … 刘 青	温昌斌	(364)
海峡两岸计算机名词异同浅析……………………	张 伟	(373)
试论汉译术语规范的原则与方法………… 黄忠廉	李亚舒	(382)
《现代汉语词典》科技名词规范的处理…… 曹兰萍	李志江	(393)
侨词来归与近代中日文化互动……………………	冯天瑜	(403)
清末益智书会统一科技术语工作述评……………	王扬宗	(419)
我国早期物理学名词的翻译及演变………………	王 冰	(441)
中国近代的科学名词审查活动:1915—1927 ………	张大庆	(462)
氧氢氮的翻译:1896—1944 ………………………	张 澔	(474)

清末民初化学教科书中元素译名的演变………… 何　涓（496）
中国早期部分生理学名词的翻译及演变的初步探讨 … 袁　媛（518）

我国术语数据库的建设及发展趋势……………… 王渝丽（537）
平行语料库中双语术语词典的自动
　　抽取………… 孙　乐　金友兵　杜　林　孙玉芳（545）
流通度在IT术语识别中的应用分析 ……………… 张　普（556）
术语定义提取研究……………………… 张　榕　宋　柔（570）
信息技术领域术语字频、词频及术语长度
　　统计……………………………… 李　芸　王强军（580）
汉语术语定义的结构分析和提取 … 张　艳　宗成庆　徐　波（590）
一种结合术语部件库的术语提取
　　方法………… 何　燕　穗志方　段慧明　俞士汶（606）
科技术语的维护研究…………………… 王　强　李　莉（621）

努力建立有特色的中国术语学，为世界术语学研究作出贡献

许嘉璐

随着科学技术的迅速发展，术语学的研究和术语标准化工作越来越重要。中国政府对此一向是很重视的。中华人民共和国刚刚成立，1950年就正式开展现代意义上的术语学研究和标准化工作，取得了很大成效。特别是从80年代中期到现在，成绩更为显著。但是，我们同时清醒地看到已有的成绩同科学技术与社会生活的迫切需要之间还有着很大的距离，同一些先进国家相比还有很大的距离。中国的术语学家将会加紧工作，有关的行政管理部门也会给以更多的关注和支持。我们希望尽快地缩短这个距离，并且经过一些年的努力，使中国的术语学研究和标准化工作能够赶上世界先进水平。这一目标的实现，同时也将是中国对世界的一个贡献。

中国国家语言文字工作委员会是管理全国语言文字的政府职能机构。术语问题和语言学的关系极为密切，在中国由于汉字的特点，还和汉字学有着重要的联系。因此国家语委一直是国家术语标准化工作和术语网络的积极参与者。我本人的研究领域是中国古代语言和当代语言规划，但是对术语学也有着浓厚的兴趣。出于我的职业习惯和兴趣，我对术语学研究，特别是对中国术语学

研究和标准化工作有过一些思考,在这里我愿意提出来和各国的同行们共同研讨。

现在,术语学的归属问题还没有定论,也就是对它是一个独立的学科,还是语言学或其他学科的一个分支,还有不同意见。一个学科的归属是在它充分展示了自己的成果和特色之后的自然结果。只有当学科的地位已经基本确定、有的学者的研究与学术界的约定不十分相合时,这种讨论才有更多的意义。因此我建议对这个问题不必做更多的争论,我们应该把注意力集中在实际问题的研究方面。

各国的术语学研究既要注意和世界术语学研究与标准化工作的进展情况相衔接,又要符合本国的语言实际和科学技术状况。特别是像中国这样语言和文字有着独特性质的国家,更要使术语的国际化和民族化结合起来。任何形态的文化,包括学术研究在内,都是只有充分而准确地体现了民族的国家的特色,才更具有国际性,也才能对世界有更大的意义。

充分尊重古代哲人对术语研究的贡献。历史上对术语的思考和论证,包括前科学时期的研究情况,对建立和完善现代的术语学将是重要的参考。例如中国,早在战国时期(475—221 BC)的学者们,就对事物的命名包括术语的确定进行了相当深入的研究,展开过十分热烈的讨论。有关的文献大部分一直保留到现在,其中有些理论即使在今天依然适用。从战国时期开始,中国历代编纂的百科全书式的和专业性的词典以及学术专著,都很注意对术语及其内涵和外延的确定,其中包含了许多值得我们珍惜和可以利用的经验和成果。但是至今中国的学者们对这份宝贵的科学文化遗产还没有给予足够的重视,至少是在研究中缺乏术语学的眼光。

这对形成具有民族特色、和本国语言文字相结合的术语体系是不利的。我相信一向以重视历史传统著称的中国学者们，一定会在较短的时间内填补上这一空白，为世界术语史的丰富作出自己的贡献。

加强对术语标准化的宣传和普及。术语标准化工作是关系到科学技术和社会生活的各个方面的工作。一方面各行各业需要术语的标准化，另一方面术语标准化工作也需要各行各业人们的关心、支持和拥护。这就需要让全社会了解术语工作的重要意义。因此我们应该加强这方面的宣传和有关知识的普及。特别像中国这样的发展中国家，现代科学技术知识还不够普及，人们的规范意识不强，尤其应该大力宣传。在众多的宣传对象中，我认为对政府决策机构和新闻媒体机构的宣传是首位的工作，他们对术语工作重视的程度决定着向全社会宣传普及的效果。

加强国际合作，尽可能做到研究成果的共享，特别是在运用包括计算机在内的现代化手段进行研究和沟通方面的通力合作，无疑将对各国术语研究和标准化工作有利。我想，中国各个有关方面都是愿意和各国相关的术语研究与工作机构建立长期友好的合作关系的。另外我有一个纯属个人的建议，这就是：联合国的有关组织应该关注和支持这项国际合作，并和国际标准化组织一起负责协调各国的术语工作和彼此间的合作。我希望各国术语学界的朋友们能够就这一问题不断发出强有力的呼吁。

现在我们正处于科学技术高速发展的时代，每天都要产生数以万计的术语。对术语的标准化、国际化的需求，从来没有今天迫切。中国是一个发展中的国家，在许多方面还处于刚刚起步的阶段，更加感到所面对的科学技术挑战的严重性和发展紧迫性；在术语研究和术语标准化领域,同样需要急起直追世界发展的水平。中国国家语言文字工作委员会愿意为中国术语学的发展,为中国学者与世界各国同行的合作作出积极的贡献。

(原载于《第二届术语学、标准化与技术传播国际学术会议论文集》,全如瑊主编。中国大百科全书出版社,1997)

一门新兴的交叉学科——术语学*

吴凤鸣

前　言

　　1984年10月正是英国伦敦的晚秋季节,笔者参加了在伦敦召开的国际标准化组织第37技术委员会第二届全体会议,会上广泛而深入地讨论了术语学理论与方法问题,笔者受益匪浅。同时在准备参加这次会议的过程中,我们汇集和学习了一些有关术语学的资料和著述。考虑到这个新兴交叉学科,我国学术界还比较陌生,笔者根据个人粗浅的理解,对术语学的概况及其发展历史作一简要介绍,以供参考。

一　什么是术语学

　　术语学(Terminology)是介于自然科学与社会科学之间的边缘学科;与语言学、语音学、分类学、情报学、逻辑学和本体论密切相关,是一门"博大精深"的学科。专门探讨各学科术语的概念、概念分类,术语命名的原则、演变以及规范化等,一句话,就是研究各

---

*　原题为《一门新兴的交叉学科——术语学(发展历史及现状)》。

学科术语的命名原则,建立在语言学、逻辑学和本体论理论基础上。

术语学虽然是一门比较年轻的学科,但其进展速度很快,已建立起许多新的分支学科和领域,如算学语言、模式概率语言,符号逻辑学、语符学、类型学;在自然科学领域内,已有生物语言学、数理语言学、宇宙语言学等。

近代科学技术的飞速发展,对年轻术语学的成长有着决定性的影响。其一,跨学科术语的单义性是科学家们进行学术交流的基本条件和工具;第二,专业细分性,新学科的涌现与诞生,必然创造出一批代表新概念的新术语和词汇,这两大趋势有力地推动了术语学的发展,使其显示出强大的生命力。加之国际标准化活动的深入开展,术语学已成为当代国际学术领域内一门极为活跃的、独立的新兴学科。

当代术语学的意义和作用,可以从它与科学技术发展的制约关系得到论证。电子计算机的广泛应用,控制论、系统工程、自动化和微电子技术的发展,都涉及程序和程序语言问题。众所周知,人造程序语言,终归是参照自然语言规律编制的,无疑是自然语言的派生物,大量人造语言的出现与应用,为术语学提出了新的理论原理和应用方法。由此,不难看出,新学科、新领域的诞生与发展,越来越依赖于术语学的进展。许多术语学家提出,在当代信息社会里,术语学的发展程度,已是衡量一个国家科学技术先进与否的重要标志之一。

术语学研究的对象是经过定义的术语,而术语的定义根据概念,概念是反映事物本质特征的思维产物,总是与具体或抽象的实体相一致、相适应,事物的属性及其相互间的关系正是概念分类的基础,是逻辑学和本体论的内容,术语学涉及了哲学范畴,特别是在概念、概念系统分析中,强调概念的内涵(本质特征的总和)和概念的外延(同类性的实体总和)。术语学的基本原理是建立在现实主义观点之上,这些理论与观点,均在国际标准化组织已公布的文件中作了系统的论述。

这些文件主要有:

DP704《术语的原则与方法》(*Principles of Terminology*)

DP860《概念与术语的国际统一》(*International Unification of Concepts and Terms*)

R.1087《术语学词汇》(*Vocabulary of Terminology*)

R919《分类词汇编辑指南》(*Guide for the Preparation of the Draft Standard Detailed Outline*)等等。

二　术语学的发展历史

术语学是一门年轻的边缘性学科。而术语的出现,实际上随着人类在社会舞台上活动和生活之始就已有流传,可以说,同人类社会活动具有相同的悠久历史。古希腊、罗马时代的哲学概念和术语的使用,反映了欧洲古代科学文化繁荣发展的历史阶段。中国是世界上最古老的文明古国之一,中国古代科学技术是具有独特体系,反映古代科学技术成就和概念的术语,也具有光荣的传统。

到了18世纪,随着科学技术的迅猛发展,科学技术的交流和传播日趋频繁和扩大,自然就涌现出大量反映科学技术概念的术语和词汇,于是术语的命名和统一就成为科学家们探索的重要课题。瑞典著名博物学家林耐(Linnee,1707—1778)1753 年首创生物学命名双名法,开创了术语命名原则和方法论的研究。进入 19 世纪,一些国家逐步建立起各学科的科技协会,为了推动学术交流,不同程度地开展了术语标准化的系统研究,像俄国技术协会的工作,都有一定影响。

20 世纪初,1906 年建立了国际电工委员会(CEI),编订了《国际电工词典》,有力地推动了科技术语标准化的发展。而术语学基本理论的建立和方法原则的形成,与奥地利学者欧根·维斯特(Eugen Wüster,1898—1977)的成就分不开,他 1931 年发表了第一篇关于术语学的论文,闻名于世的《国际工程学、特别电工学语言的国际标准》(*Die Internationale sprachnormung in der Technik；Besonders in der Eletrotechnik，Berlin，VDI Verlag*)。就在这篇经典性的论文中,他不仅阐述了术语系统化的指导思想,同时也论述了术语学的基本原理,为术语学的发展奠定了理论基础。此后,他相继发表了大量术语学方面的论文和著作,诸如《普通术语学——一个介于语言学、逻辑学、本体论、情报学之间的学科》(1974)等,在他 80 岁高龄时,还发表了《术语学的基本理论与术语辞典编纂学》(*Traduit der Einführung in der Allgemeinen Terminologielehre und Terminologischen Lexikographie*)。由于他的卓越贡献,而成为当代术语学的奠基人和权威。

奥地利术语学界继承和发展了维斯特的理论,他们多从哲学角度,强调概念在术语学中的重要地位,这就给术语学在理论体系上增强了逻辑学上的论证。现在已形成了具有相当威望的维也纳术语学派。

苏联也是术语学理论发展较早的国家之一,早在 19 世纪,著名空气动力学家塞弗金、萨哈洛夫、П. Л. 库拉纳、В. С. 库洛巴金等曾做过大量工作。20 世纪 30 年代，苏联标准化协会内专门成立了术语标准委员会，1933 年苏联科学院成立了术语委员会，后改为科技术语委员会，两个系统都做了大量工作。像术语标准委员会主席洛特(Lott, 1898—1950)院士，曾发表了一系列有关术语学论著，因而获得第一个术语学教授的光荣称号，他的代表作品《科技术语学构成原理》(Основы постройнной научно-технической теминологии)也是奠定术语学理论基础的重要文献之一，早为术语学界所公认。

此外，德雷林教授在术语标准化方面做过大量工作，维诺库尔(Vinokur)则在术语词汇单位组成概念整体结构方面做过系统论述。苏联科学院科学技术术语委员会的塞弗金(1869—1942)教授专门论述过苏联术语学的原理与方法，受到广泛称赞。在这些论著的基础上，形成了当代术语学的莫斯科学派。国际标准化组织TC37(术语原则与协调)委员会的第一分委员会，就设在苏联，苏联国家标准委员会全苏技术情报、分类和编码研究所承担和负责这个分委员会工作。

国际标准化协会(ISO)的诞生，对术语学的形成与发展起了重要作用。早在 1936 年，协会下就成立了技术委员会(TC37)，其任务就是专门制定术语命名原则与方法，相继在布达佩斯、巴黎、柏林、赫尔辛基等地召开过术语讨论会，由于第二次世界大战的影响，1942 年停止了活动。第二次世界大战结束后，1946 年国际标准化协会重新建立，鉴于术语标准化的重要意义，1951 年，在荷兰、奥地利等国家的标准化协会的积极倡议下，重新恢复了 TC37 技术委员会的活动，负责术语学原则的协调，探索和推荐各国标准

术语,其具体规定是:

1. 一般术语:技术术语和概念原则;
2. 国际术语:国际技术术语的原则;
3. 单语词汇:单语专业词汇的编排原则;
4. 多语词汇:多语专业词汇的编排原则;
5. 语言符号:专业词汇、著作目录中国际通用符号;
6. 其他符号:专业词汇中其他国际通用符号。

TC37委员会重新建立后,积极地开展了活动,相继召开过各类专业问题的会议。

1952年在哥本哈根召开了第一届会议,着重讨论了委员会的目的、任务、工作规划及机构设置问题;

1954年在维也纳召开了第二届会议,会议主要通过了术语的特性和定义的原则;

1958年在布鲁塞尔召开了第三届会议,主要讨论了多语种词汇的格式及语言符号;

1960年在柏林召开了第四届会议,通过了若干推荐标准,包括上文中提及的704《命名原则》,860《术语学词汇》等;

1974年在维也纳召开了第五届会议,主要修订和充实各类推荐标准。第四届与第五届会议相隔较长,是由于各国对推荐标准十分关注,致使一个标准草案要经过多次专门性讨论会、协调会,这期间,相继在魁北克、巴黎、维也纳召开过多次会议。正是这些学术上的系统而深入的讨论,有力地推动了术语学作为一门独立学科的迅速发展,使之成为一门走向信息社会的反映近代科学技术发展的新兴学科。

1984年10月在伦敦召开的TC37委员会的全体会议上,对术语学的基本理论,诸如概念及其分类、概念的特征及其与事物属性的关系等一系列问题的讨论,足以说明术语学在近代科学技术发展中的作用和地位,以及发达国家中术语学研究的新进展。

综观上述,当代术语学的发展,简要地说,可以分为三个时期:

1. 从 20 年代到 50 年代是术语学孕育与形成时期,维斯特和洛特的论著,奠定了理论基础。

2. 60 年代中,欧洲共同体在卢森堡首先把电子计算机应用于翻译工作,为术语库的建立创出了新路,把术语学的发展建立在科学技术现代化基础上。法国标准化协会,加拿大、德国、奥地利、苏联等国相继建立了规模不一的术语数据库,1979 年在莫斯科召开的术语学讨论会和术语数据库讨论会,显示出术语学的发展已进入了一个崭新的阶段。

3. 70 年代以来,在奥地利维也纳建立了国际术语情报中心(Infotem)及术语网络,在国际标准化组织的 TC37 委员会协作下,积极开展了术语人才的培训,促进了学术交流,协调了国际合作,大大丰富了术语学的理论基础。

80 年代以来,术语学已成为世界学坛中非常活跃的新兴学科,随着电子计算机的不断更新换代,术语库体系日益扩大和完善,有力地推动了术语学理论研究和实际应用向纵深发展,显示着术语学在各国科学技术现代建设中的重要地位和作用。

三 当代术语学学派

术语学既是一门新兴的交叉学科,介于自然科学和社会科学之间,也包括着本体论和哲学内容,因而对概念的理论认识和解释各有不同,出现不同的学说,进而形成了当代术语学的四大学派。

1. 德国-维也纳学派

奥地利是现代术语学的奠基人维斯特的故乡,维斯特的论文,既奠定了这个学派的理论基础,也为术语学的诞生与发展提供了前提。维斯特逝世后,经过达尔伯格(I. Dahlberg)和韦尔西希(G. Wersig),莱比锡马克思大学霍夫曼(L. Hoffmann)等人的工作,使这个学派在术语学发展历史上占据了重要地位,现在正为维也纳大学费尔伯(Felber)教授所继承和发展。费尔伯教授,不仅是国际标准化组织术语学原则与协调(TC37委员会)的秘书,也是国际术语信息中心的主席,组织和领导着国际术语学的研究工作,曾两次来我国讲学。

这个学派主要强调概念、概念体系,认为概念体系才是术语的基础,一个概念体系是由具有多层结构逻辑体系构成的,同时认为定义是用来确定概念的,划定概念范围要受内涵和外延关系的制约。因此,他们在阐述术语学意义时,总是强调术语学是科学和各分支学科概念系统的原始基础,是传递知识、技术、各语种之间概念的工具。他们把术语学分为:(1)术语学的一般理论;(2)术语学在特定学科和语种中的理论;(3)代表特定学科领域中概念系统的集合词汇;(4)出版代表特定科学领域中概念的词汇。这些论点,在费尔伯教授最近编写的《术语学手册》中有更为系统而新颖的论证,并概括了一系列严格的方法原则以确保术语定义的一致性。费尔伯教授两次来我国讲学,对我国术语学的发展十分关心,经常寄赠有关论著和资料,建立了良好的合作关系。这个学派不但在过去术语学形成中作出过卓越的贡献,在当代术语学的发展中,仍然发挥着重要作用。

2. 莫斯科学派

苏联术语学是在著名学者洛特的理论基础上发展起来的,经过恰普雷金(S. A. Chaplygin)、德雷森(E. K. Drezen)、克里莫夫斯基(Klimofski)、戈洛文(B. Golovin)、丹尼连科(V. Danilenko)等人的工作形成了一支有影响的术语学学派,其中苏联科学院科技术语学委员会在苏联术语学的发展中起了重要作用,而整个工作是在苏联标准化机构领导下进行的,因而这个学派的基本论点是:强调术语学是一门应用科学,属应用语言学的一个分支。认为术语本身来自科技各领域中的概念名称,反映着科技成就的新概念。有相当一部分学者认为术语学属于语言范畴,所以主张从一领域的语言单位建立概念体系,然后为概念定义,最后再确定术语。近年来这个学派在术语分类、分类原则、术语特性、术语的概念、术语定义、术语在其他学科中的使用和地位等方面,作出卓越的贡献,为术语学界所称赞。特别是在1959年由苏联科学院召开的第一届苏联术语学讨论会,引起国际术语学界的关注。国际标准化组织TC37委员会的第一分委员会(术语学原则与方法协调)的秘书处就设在莫斯科,现由苏联国家标准委员会的全苏技术情报、分类和编码研究所具体负责。在第一分委员会主持和组织下,起草了《术语学词汇》(1087),《术语的原则与方法》(704),《概念与术语的国际统一》(860)等文件和标准,对整个术语学的研究,具有深远影响。

3. 加拿大-魁北克学派

这是一个比较年轻而活跃的学派,与其他学派相比,没有悠久的历史和显赫的学派奠基人,可以说是70年代初才在术语学方面有所发展的,它以集各派之长,综观各派理论与方法为特点。他们同样强调概念是术语的基础,认为概念单位构成了分类、定义以及命名的出发点,术语的命名应建立在概念的多层体系结构之上。1984年国际标准化组织TC37委员会全体会议上,加拿大著名术语学家隆多(Guy Rondeau)教授反复阐述概念、概念体系及其分类在术语学中的重要意义,他认为术语在本质上是由概念与名称组成的语言符号,并作为特定概念总体的组成部分;由于这个学派十分重视翻译工作,他们也强调术语学是社会语言工具的论点。

这个学派的形成与建立,与魁北克推行"法语化运动"有着密切联系,现在拉瓦尔大学成立专门术语教学与研究机构,由隆多教授领导,他在著名的《术语学概论》一书中,对整个术语学的概念、发展历史等作了系统论述,受到术语学界的欢迎和称赞,这本书已由科学出版社翻译出版。隆多教授应中国出版工作者协会和全国自然科学名词审定委员会的邀请,将于近期来我国讲学,专门讲授术语学理论。

这个学派得到加拿大政府机构的支持和法语委员会的赞助,多次在加拿大召开国际性术语讨论会,对这个学派的发展起了推动作用。国际标准化组织TC37委员会第三分委员会秘书处,设在魁北克法语管理局内,负责研究专门词汇与编辑方法,由他们组织和主持起草的文件和标准有《单语种分类词汇的编排》(4466)、《分类词汇编辑指南》(919)等,这在国际上得到广泛的讨论和使用。

4. 布拉格术语学派

捷克斯洛伐克的术语学工作起始于30年代,它的形成和发展与保护两种民族语言和文化密切相关。他们的论点,多侧重于从语言学的角度来探讨术语学问题,深受布拉格结构主义语言学派的传统论点的影响。实际上就是古典的布拉格学派在术语理论上的继续,故称之为术语学上的布拉格学派。近年来,多从事术语的特性和符号中的概念与名称之间关系的研究。

第二次世界大战以后,他们积极地参与了国际标准化组织有关术语学方面的活动,参与了国际术语交流、协调和合作,取得较好的效果,他们还分别在捷克科学院(布拉格)和斯洛伐克科学院(布拉迪斯拉发)召开过语言学和术语学专门讨论会。

这个学派的代表人物是克库莱克(K. Kocourek),他在 1965 年发表的论文《Termin a jeho definice》深受术语学界称赞,其他尚有哈夫拉奈克(D. Havranek)、霍列茨基(J. Horecky)、鲁登尼(M. Roudny)等人。

提及布拉格学派,不能不涉及 1926 年成立的布拉格语言学会,其创建人就是查理大学的马泰休斯(Vilém Mathesius, 1882—1945)教授,他在该学会发表的纲领性文件《布拉格语言学会论纲》中,反映出布拉格术语学派中元老们的基本观点,认为语言是一个完整的、有层次的结构;同时反映出布拉格学派的音位学、语言功能等方面的理论基础。因而可以论断,这个学派的特点是更强调理论基础,正像北京外语学院宋伟华在报告中所指的:他们不赞成用人造语言来统一各国的科技术语,认为这是不切实际;但也反对"民族化"的语言"纯正主义"。他们主张"尽量使本族语的术语(本源术语)与相应国际术语保持概念上一致",并力求在形、声上接近与相似。

遗憾的是,在 1984 年伦敦的全体会议上没有这个学派的代表参加,未能当面了解这个学派的基本论点。北京外语学院朱伟华副教授曾在捷克斯洛伐克进修两年,对布拉格学派进行过专门研究,曾对这个学派的理论观点和方法作过系统介绍,发表过一些文章。

5. 其他

在会议期间,我们尽可能地接触一些国家的代表和术语学家,了解他们在自然科学术语研究和统一工作的情况,像英国曼彻斯特大学的萨格尔(J. C. Sager)教授,他在术语学理论研究方面有较深的造诣,在大会发言中,对概念及其分类的论述十分精彩,博得了与会者的称赞。

最近从他的来信中得知他在计算语言中心(CCL)的研究工作,越发显示出他在术语学研究中的独特论点。

近年来,北欧国家的术语学研究及标准化工作,取得颇大的成就,像丹麦、瑞士学者在会议上的发言,反映出他们在术语学工作中的新观点。最近丹麦的赫瑞伯特·皮切特(H. Picht)副教授来信说,他主持的哥本哈根经济学院术语中心建立了术语学专业课,并开展有关术语的翻译和研究工作。

此外,法国的吉伯特(L. Guilbert)发表过一系列有关术语学的论著,他虽然多侧重语言学观点,但十分重视当代术语学的社会作用和经济实用价值,是术语学界中有影响的人物。

联邦德国在标准化工作方面早已走在世界前列,在术语学研究上独具特色。

四 术语库

1984年伦敦会议期间,TC37委员会的第四分组专门讨论有关术语数据库问题,由于多与一、二、三分委员会开会时间重叠,我们只参加了一次讨论会。这个工作组是由柏林德国标准化委员会负责的,其任务是研究情报学,利用电子计算机磁带及其在编纂术语和词汇中的应用。过去曾提出了DIS/6156《用磁带交换术语资料的形式》,在开展术语学工作使用电子计算机方面起了推动作用,因而许多先进国家相继建立起不同规模的术语数据库。

术语数据库就是一部概念和术语的自动系统词典,不但包括自动处理能力,而且也包括处理大量数据的能力,是当代科学技术发展中的新领域,是信息论诞生与发展的产物。尽管现有大多数术语数据库还处在第一代,但其功能已实现了输入、储存、查找、记录和输出,并可在较短的时间内回答局部问题,在较长时间内提供某领域或分支学科的全部术语。

下面分述几个有代表性的术语库的情况,供一般性了解:

1. 欧洲经济共同体委员会术语数据库(EURODIOAUTOM)

设于卢森堡,1963年建立,是世界上最早的一个数据库,专门为翻译工作服务。1976年已拥有400,000个词条,这个库可以使用法语、德语、意大利语、英语、荷兰和丹麦语等。

2. 魁北克术语库(BTQ)

这个术语数据库是魁北克法语管理局于1969年创建,当时的容量就有34,000条,现在加拿大对术语工作十分重视,术语库规模不断扩大,如加拿大术语库、蒙特利尔大学术语库等。

3. 法国标准化协会标准术语库(NORMATERM)

为1972年初建,从编辑《国际标准化组织序词表》取得经验,进行了英文与法文的对译,截至1976年就拥有15,000个术语概念。

4. 加拿大术语库(BTC)

从广泛流传的辞书、工具书和手册中的术语着手,现已发展成一套完整的术语分类系统,具有多级性,包括55个主要学科的序词表,1979年就收入800,000个词条。

5. 瑞士技术术语中心术语库(TERMODOK)

1968年开始组建,从术语汇编自动化着手,到1978年达到今天的高度自动化水平,现在的TERMODOK已是第四代,拥有75,000条术语可供使用。

6. 德意志联邦共和国语言管理局术语库(LEXIS)

1966年开始输入第一批术语,其容量为120,000条,现在已建立起一套完整的操作系统,广泛向翻译人员提供服务,可把英、俄、法文的科技论文译成德文,截至1976年就拥有900,000条术语,其中有40,000条属于电工学术语。

7. 全苏技术情报、分类和编码科学技术研究所(Всесоюзный научно-исследов-ательский институт технической информации, классификаций и кодирования)

创建于1979年,当时输入各类术语120,000条,近几年有了颇大的发展,其科技术语工作在苏联科学院的科技术语委员会内有着雄厚的基础和设备。

8. 丹麦术语库(DANTERM)

1975年由哥本哈根商业高级研究院筹建,1980年投入使用,现已具有先进系统的术语库,专门供给学者、教授在科研、教学中使用,他们十分重视新术语的推广和使用。

会议中哥本哈根经济专门学校皮切特(H. Picht)教授向我们介绍,该校也有相当规模的术语数据库,主要为翻译和编订辞典之用。

9. 西门子公司术语库(TEAM)

1967—1968年于慕尼黑建成,其目的是向广大用户提供全部术语信息。该库功能很强，英语、法语、西班牙语、俄语、意大利语、葡萄牙语、荷兰语、德语等均可自由输入输出和互译。1976年就拥有3,000个存储单元,750,000条术语,是目前规模最大的术语库之一。

10. 博利瓦尔大学术语库(BTUSB)

1979—1980年建成,其目的是收集、储存技术术语,近年来也传送标准术语。

最近加拿大拉法尔大学隆多教授寄来大量有关术语数据库资料,由于翻译力量薄弱,尚未整理,英国曼彻斯特大学萨格尔(Sager)教授也来信介绍英国术语数据库的情况,这里就不一一论述了。

结　语

我国自然科学术语工作,既有优良的光荣传统,又有雄厚的基础,但若从当代术语学角度从事研究和命名,可能尚处在启蒙阶段。当务之急,应首先建立起专门术语研究机构,以使我国科学技术术语的统一工作,建立在术语学的理论与方法论的基础上。其次是强化科学技术术语的统一与审定机构,早日统一我国自然科学术语,并使其规范化、标准化。第三,根据我国科学技术发展的水平,积极地筹建全国的科技术语库,以便适应我国科学技术现代化建设的需要。

（原载于《自然科学术语研究》,1985年第2期）

[附记]我国是国际标准化组织第 37 技术委员会的正式会员国。伦敦第二届全体会议召开于全国科学技术名词审定委员会建立的前夕(1984.10),我会派我作为中国术语界的唯一代表参加本届学术研讨会,受到了与会代表的热烈欢迎。会间散发的《当代中国科学技术名词术语研究现状》(The Present State of Research on Scientific and Technical Terms in Modern China),也受到各国代表们的关注与称赞。后来这篇文章全文刊载于国际术语委员会主编的"TermNet news"(1987),这可能是唯一最早介绍中国科技术语学的文献。

通过这届会议的接触与交流,我结识了各国术语界一些专家和学者,并建立了初步的联系。可以说,参加这届会议之时,我还在筹备委员会,就已向国际术语组织和世界术语学界"注了册""挂了号",起到了"先遣军"的作用,为后来我会与国际术语学界的学术交流,点燃了一线火花!

拙文正是在我会建立前夕撰成,发表于 1985 年委员会成立之时。

关于加强我国术语学建设的几点思考

潘书祥

如何加强我国的术语学建设,这里谈几点粗浅的认识和看法,抛砖引玉。谈术语学,离不开术语和术语工作。所以先说一下术语、术语工作和术语学三者的概念及相互关系。

一 术语、术语工作、术语学及其相互关系

术语是表达或限定专业概念的约定性语言符号。在我国人们习惯称其为名词。由于术语是用来指称专业概念的,我们所说的术语,一般是指科学技术术语。科技术语反映着科学研究的成果,是人类科学知识在语言中的结晶。作为科技知识交流、传播和发展的载体,科技术语在科技发展、文化传承和社会进步中起着重要作用。可以说"没有术语就没有知识"。

术语工作是指对术语的定名、规范、协调统一工作,这一工作的内容是给科技领域的每一个科学概念起一个科学恰当的名字,并给予正确的定义;是将已混乱的不一致的名词进行规范和统一。全国科技名词委就是专门从事这项工作的机构。对于我国的科技、经济、社会的发展来说这项工作是一项配套的、重要的基础性

工作和长期性任务,在支撑学科建设、保障和促进现代科技协调发展、保障民族语言健康发展等方面具有重要意义。另外,由于汉语是联合国工作语言之一,加之我国近些年随着经济腾飞而逐渐崛起,外国人学中文成风,迫切需要我国的科技术语有更好的规范。因此,这项工作不仅是我国的需要,也是世界的需要。而且,这项工作对祖国的统一也有着不可替代的特殊意义。"汪辜会谈"达成的四条协议中,有一条就是探讨两岸科技名词的统一,可见这项工作是何等重要。

术语学是研究专业术语规律的一门学科,是指导术语规范与统一工作的理论,专门探讨各学科术语的概念、概念分类、术语命名的原则、演变以及规范化等。术语学的实践性很强,理论性同样也很强,只不过其理论大多得益于其他学科。术语学早期基本上是作为应用语言学的一个分支来研究的,所以同语言学紧密相关;研究中,术语学逐渐涉及逻辑学、分类学、本体科学以及信息科学等许多领域。此外,术语学还要研究各学科的术语问题,所以它又与自然科学和社会科学的各个部门发生密切的联系。这样,术语学就逐渐从传统的应用语言学中独立出来,成为一门几乎涉及人类知识各个部门的独特的博大精深的学科。术语学涵盖面非常之广,以致几乎所有学科的专家都有必要对其注目和关心,这正说明术语学在人类现代知识总体结构中的重要位置。因而,完全有必要大力开展术语学的研究和建设,完善其理论和方法,将其同科技进步密切联系起来。当今科技的飞速发展有力地推动了术语学的发展,使其显示出强大的生命力,术语学已成为当代国际学术领域内一门极为活跃的、独立的新兴学科。许多术语学家提出,在当代信息社会,术语学发展程度已成为衡量一个国家科学技术先进与否的重要标志之一。

二 国内外术语学的发展简况

研讨我国的术语学建设工作,需要了解国内外术语学的发展状况,以便找出问题,明确方向。

术语学的发展依赖于科学技术的发展,术语学的繁荣与否取决于科学技术的发展水平。近代以来,西方国家的科学技术发展很快,领先于我国。及至现代,世界发达国家在术语学领域获得长足的发展,逐渐形成了德国-奥地利、俄罗斯、加拿大-魁北克、捷克-斯洛伐克四个主要的术语学派。我国虽然是个历史悠久的文化大国,在科技名词工作上有着源远流长的历史积淀,但在术语学的理论建设方面却相当贫乏。近20多年,我国采取改革开放政策和科教兴国战略,实现了经济腾飞和科技的飞速发展,这期间正是术语工作繁荣活跃的时期,对汉语术语学的需求已非常迫切,可以说我们汉语术语学的发展机遇到了。

1. 国外发展简况

早在古希腊和古罗马时代,反映各种哲学概念、自然科学概念和人文科学概念的术语就很丰富,体现出欧洲古代科学文化的繁荣。到了18世纪,科学技术迅猛发展,科学技术的交流和传播日趋频繁和广泛,涌现出大量反映科学技术概念的术语和词汇,于是术语的命名和统一就成为科学家们探索的重要课题。瑞典植物学家林奈(C. V. Linne,1707—1778)在他出版的《植物种志》和《自然系统》中,首创了"双名命名法",对植物研究的进展影响很大。他还有句名言:"不知道事物的名称,就不会认识事物。"法国化学家拉瓦锡（A. L. Lavoisier）也同别人合作拟订了化合物的第一个合理的命名方法。

19世纪后，有些国家建立了各个学科的科技协会，都不同程度地开展了有关学科的术语研究工作。20世纪以来，科技发展日趋迅猛，科技交流日趋活跃，术语的规范化更显重要，出现了国际性的组织来协调术语工作。如1906年建立了国际电工协会（IEC），1936年国际标准化协会（ISA）建立了第37委员会（即术语学委员会），1951年国际标准化组织（ISO）继承了国际标准化协会的这一工作。在这个时期，奥地利学者欧根.维斯特（Eugen Wüster, 1898—1977）对于现代术语学的建立和发展作出了卓越的贡献。1931年他发表了一篇关于术语学的论文，《电工学工程技术语言国际标准》。在这篇经典性的论文中，他不仅阐述了术语规范化的指导思想，同时也论述了术语学的基本原理，为现代术语学的发展奠定了理论基础。此后，各国学者对术语学问题也进行了大量的研究工作，维斯特又发表了一系列关于术语学的论文，比如《术语学的基本概念，系统化的定义词典》、《普通术语学——一门介于语言学、逻辑学、本体科学、信息科学和专业科学之间的边缘学科》、《普通术语学和术语词典编纂学引论》等，奠定了他在现代术语学的地位[1]。

当代术语学的发展，简要地说，可以分为四个时期：

（1）20世纪20年代至50年代是术语学孕育与形成时期，维斯特和洛特的论著，奠定了理论基础[2]。

（2）20世纪60年代中期，欧洲共同体首先把电子计算机应用于翻译工作，为术语库的建立创出了新路，把术语学的发展建立在科学技术现代化基础上，显示出术语学的发展已进入了一个崭新的阶段。

（3）20世纪70年代,在奥地利维也纳建立了国际术语信息中心(Infoterm)及术语网,在国际标准化组织的TC37委员会协作下,积极开展了术语人才的培训,促进学术交流,协调国际合作,大大丰富了术语学的理论基础。

（4）20世纪80年代以来,术语学已成为世界学坛中非常活跃的新兴学科,电子计算机的不断更新换代,术语库体系和网络日益扩大和完善,都有力地推动了术语学理论研究和实际应用向纵深发展,显示着术语学在各国科学技术现代化建设中的重要地位和作用。现在,网络化和资源共享已成为术语工作的发展趋势。在术语学理论的研究与普及方面,欧洲不少大学充分利用了教学、科研方面的优势,开设了术语学课程,设有专门的学位。

术语学是一门新兴的交叉学科,由于涉及许多科学领域,因而对概念的理论认识和解释各有不同,出现了不同的学说,进而形成当代术语学的四大学派[3]。

（1）德国-奥地利学派（代表人物:维斯特等）

这个学派在术语学发展历史上占据了重要地位。该学派主要强调概念和概念体系,认为概念体系才是术语的基础,而一个概念体系则是由具有多层结构逻辑体系构成的,同时,认为定义是用来确定概念的,划定概念范围要受内涵和外延关系的制约。因此,他们在阐述术语学意义时,总是强调术语学是科学及其各分支领域概念系统的原始基础,是传递知识、技术、各语种之间概念的工具。这个学派不但在过去术语学形成中作出过卓越的贡献,在当代术语学的发展中,仍然发挥着重要作用。

（2）俄罗斯学派（代表人物:洛特(D. S. Lotte)等）

这个学派的基本论点是：强调术语学是一门应用科学，属应用语言学的一个分支。认为术语本身来自科技各领域中的概念名称，反映着科技成就中包括的新概念。有相当一部分学者认为术语学属于语言学范畴，所以主张从某一领域的语言单位建立概念体系，然后为概念定义，最后再确定术语。这个学派在术语分类、分类原则、术语特性、术语的概念、术语定义、术语在其他学科中的使用和地位等方面，作出了卓越的贡献。

（3）加拿大-魁北克学派（代表人物：隆多（G. Rondeau））

这一学派以综观各派理论与方法，集各派之长为特点。他们同样强调概念是术语的基础，认为概念单位构成了分类、定义以及命名的出发点，术语的命名应建立在概念的多层体系结构之上。这个学派得到加拿大政府机构的支持和法语委员会的赞助，多次在加拿大召开国际性术语讨论会，对这个学派的形成和发展起了推动作用。

（4）捷克-斯洛伐克学派（代表人物：哈夫拉奈克（D. Havranek）等）

捷克斯洛伐克的术语学工作，起始于20世纪30年代，它的形成和发展与保护两种民族语言和文化密切相关。他们的论点，多侧重于从语言学角度来探讨术语学问题，深受布拉格结构主义语言学派传统论点的影响。实际上就是古典的布拉格学派在术语理论上的继续，故称之为术语学上的布拉格学派。近年来，多从事于术语的特性和符号中的概念与名称之间关系的研究。

2. 国内发展简况

我国的科技名词规范统一工作有着悠久的历史。我国古代科学技术十分发达，以四大发明为代表的古代文明，曾使我国居于世界之巅,成为世界科技发展史上的光辉篇章。伴随科学技术产生、传播的科技名词,从古代起就已成为中华文化的重要组成部分。古代科学著作记载的大量科技名词,标志着我国古代科技之发达及科技名词之活跃与丰富。我国建立正式的名词审定组织机构是在清朝末年。1909年(宣统元年),当时在大学部设立了科学名词编订馆,专门从事科学名词的转译、规范工作。1932年成立了国立编译馆,在当时的教育部主持下,组织专门队伍开展了许多学科的名词审定。截至1949年底,相继审定并编订了数学、物理学、化学、天文学、地质学、矿物学以及生物科学等科学技术名词草案50—60种[4]。

　　新中国成立后,由于国家的高度重视,这项工作得以更大规模地、更加系统地开展。1950年,政务院下面成立了学术名词统一工作委员会,截至20世纪60年代,审定、公布、出版了各学科名词术语百余种,对新中国的科技发展和国内外学术交流起到了重要的奠基作用和促进作用。由于"文化大革命"的原因,60年代中期中断了名词的审定工作。"文革"后,我国采取了"改革开放"的方针政策,抓紧四个现代化的建设,科学技术迅速发展,这就对统一科技名词提出了迫切要求。经国务院批准,1985年正式成立了全国自然科学名词审定委员会(现改名为全国科学技术名词审定委员会)。及至今日,已按学科组建了60个分委员会,已审定公布了天文学、数学、物理学等60多种名词,包括了理、工、农、医、技术科学和交叉学科,初步建立起了较完整的科技名词体系,取得了丰硕的成果,对我国的科研、教学和学术交流起到了很好的促进作用。而且,海峡两岸科技名词对照统一工作也取得了可喜的成绩。迄今已有10多个学科同台湾同行建立了工作联系并开展对照工作,其中,大气、昆虫、船舶、药学、航海等学科已对照完毕并已出版,此外,动物学、测绘和信息科技也即将对照完毕和出版。

另外,我国全国术语标准化技术委员会、全国电工术语标准化技术委员会和中国大百科全书出版社也开展了大量的术语标准化工作,这里不作叙述。

全国科技名词委在术语规范化工作中,遵照术语学理论,根据汉语汉字的特点,结合我国科技名词定名工作的实践经验,制定了汉语科技名词的审定原则与方法,指导着科技名词工作,这可以说是非常简明的实践性很强的中国的术语学理论,但它只是术语学的一部分。

3. 术语学研究薄弱,水平落后

经国内外术语学的发展概况对比,首先感到遗憾的事实是:我国古代的科技那么发达,科技名词那么丰盛,名词统一工作的历史那么悠久,而且正式成立专门的名词工作机构也较西方为早(1909),但西方发达国家的术语学水平却领先于中国,而且"术语学之父"是1931年才发表术语学论文的奥地利学者维斯特。这其中的原因是多方面的。客观上说,近代以来西方国家在科技和工业方面较我国发达,而术语工作和术语学的水平是建立在科技发展水平之上的,这是比较主要的原因。另外,我国的教育体制的缺陷、严格的文理分家难以造就术语学人才也是其中的原因。此外,我国虽然有正式的名词工作机构,有计划、有领导地开展术语工作,但囿于名词机构的力量,只能勉强完成名词术语的审定工作,很少投入力量开展术语学理论的研究。再有,由于术语学学科定位在我国尚未明确,各科教单位均未将术语学研究列入工作计划,有相当数量的学科专家对术语学原理不够重视。因此,在术语工作上,在公布的术语中仍存在不少问题:相当数量的术语是对应的外文术语的文字翻译,而非根据定义重新定名;跨学科跨部门的交叉术语同一概念却多个名称,而各学科各部门常以"约定俗成"为由,自成一体,难以协调。总之,我国各个方面对术语学的认识是不足的,我们中国特色的术语学建设几近空白,这与我国的文化、经济大国地位是十分不相称的,因此在当前我国科技迅速发展、经济崛起之际,抓紧术语学建设,推动术语学的发展,逐步形成中国特色的术语学理论,在国际上占有一席之地,是我们奋斗的目标。

三 我国术语学建设面临的问题及对策

1. 应有组织机构和人才的保证

由以上可知,我国术语学理论研究比较落后,为解决这一问题,必须有组织机构和人才上的保证。因此,目前迫切需要完成三项任务。

(1) 建立相应的组织机构

由于术语学涉及多个学科,这一特性要求研究人员有较为综合的学科背景,因而研究工作的难度比较大。此外,各学科均没有正式地把术语学作为自己的研究对象,因而容易忽略这一学科的客观存在,不利于深入研究下去。因此,为推动术语学研究工作,创建中国术语学派,首先应当建立一个专业性的研究机构。

目前,在我国,全国科技名词委是这一领域的专职机构,但由于其主要工作是名词审定的组织、协调、统一、编辑加工、公布出版等工作,不能投入更多的力量用于术语学研究,因此,全国科技名词委将同国家语委、社科院语言所和黑龙江大学等共同发起和组建术语学方面研究机构,以专门从事术语学方面的研究。这一机构应当具备两方面的职能,一是独立地、深入地研究术语学的基本理论,二是引导并发挥社会各方面人士的积极性,共同开展术语学研究工作,以推进我国术语学建设工作。

黑龙江大学是一所历史悠久,师资力量雄厚的综合性大学,很早以前就成立了辞书研究所,近几年在术语学研究领域进行了很多有益的探索,包括培养术语学研究方向的博士生、介绍国际上的术语学理论以及研究语言规范化问题等,为我国术语学研究作出了贡献。特别是黑龙江大学校领导十分重视这项研究工作,拨出专项经费,投入人力、物力开展这项工作。因此,在目前来说,黑龙江大学具备合作开展术语学研究的条件,全国科技名词委和黑龙江大学拟合作先期成立一个术语学研究所,以共同开展术语学研究工作。

(2) 加强术语学的理论研究工作

我国术语学理论的落后也表现在术语学专著、论文的贫乏上。据我们在北京图书馆查询检索,有关研究、介绍术语学的书籍微乎其微,检索到的有关著作仅6册,其中只有4本专著,而且有3本是翻译国外学者的著作(《应用术语学》(加)迪毕克、《术语学概论》(加)隆多、《现代术语学与辞书编纂》),中国学者仅有冯志伟先生《现代术语学引论》一书。仅从文献检索这一侧面,即可反映出我国术语学研究工作的现状。

如何推进我国的术语学研究有多种方式,其中,从引进、研究国际上主要术语学派理论做起也许是一种有效的途径和方法。比如近期将出版的郑述谱教授所著的《俄罗斯当代术语学》就是一例。在借鉴国外术语学研究工作经验的基础上,可以进一步研究具有汉语特点的术语学现象,探索其发生、发展规律,以建立汉语术语学体系。研究工作可以采取日常性研究和专题研究两种形式。日常性研究是指对于术语学普遍性理论进行长期研究和探讨,专题研究是指确定一些研究课题,向有关部门申请立项,重点解决一些关键课题。这项工作希望各方面有关专家积极参与,为创建汉语术语学作出自己的贡献。

(3) 培养术语学专门人才

人才培养是学科建设的根本。全国科技名词委在组织术语学代表团访问欧洲之后,提出"努力谋求在大学设置系统的术语学课程,并探讨开办术语学远程教育网络体系"的想法。为落实这一工作思路,我们希望国内有条件的大专院校予以大力支持,在学校内相关专业(特别是理工科)开设术语学公共课,提高学生在术语规范化上的素养。此外,还可以招收培养硕士、博士学位的研究生,培养高级的专门人才以形成术语学学科建设的中坚力量,他们如同"火种",不断发展,术语工作的队伍就会逐渐扩大。同时,我们还要在广大科技人员、编辑人员中进一步普及术语学知识,使术语学研究工作在普及中获得提高。

2. 正确认识和处理术语学的学科定位问题

目前,在我国的学科分类(国家标准)中还没有术语学这个学科。要想使术语学在我国成为一个独立的学科,还要做大量的工作,还有较长的路要走。术语学的学科定位问题,是一个较复杂的理论问题,也是一个非常实际的研究课题。从国际上看,产生于20世纪30年代的术语学至今已发展成为一门独立的学科。

术语学研究的内容是人类语言在专业领域中应用的现象,因而术语学与语言学有着天然的、紧密的、合乎逻辑的联系。传统的语言学科包括语义学、词典学、词汇学等内容,这些内容构成普通语言学的学科体系,然而,如不作适当修改,则不能应用到专业语言上去。为了解决专业语言的问题,还必须要考虑其他学科,例如逻辑学、分类学、本体科学、信息科学等。这样,普通语言学的一些基本理论与上述一些学科交叉融合,形成了一门新的学科。

目前,我国的科学名词规范化工作已形成相当规模,并已取得相当大的成果。同时,也取得难能可贵的经验,需要将其上升为理性认识,即毛泽东同志在《实践论》中提出的唯物主义哲学观点,从感性认识上升到理性认识,也就是说我们工作目前已达到这样一个重要关键时刻,必须要实现这样一个飞跃。从理性认识再回到感性认识是一个更大的飞跃,也就是说在理论指导下,我们的工作会完成得更好。我们期待着在全国各有关方面专家的共同努力下,形成我国的汉语术语学派,建立中国特色的汉语术语学,用以指导我国科技名词规范化工作。

3. 加强文理学科融合,共同开展术语学研究

由于术语主要是应用在科技领域中,因而有大批自然科学和工程技术方面的专家参加了术语工作,但这还远远不够,术语工作还十分需要语言学理论的指导,需要语言学家直接参与到术语定名工作之中去。随着人类社会和科学技术的发展,自然科学与工程技术和社会科学之间交叉融合的特点越来越显著。中央最近提出的科学发展观也提出实现经济社会的全面、协调、可持续发展的基本要求,对文理科相互融合、共同开展研究工作指出了方向。尤其是术语学研究工作,语言学是术语学的重要基础,术语学中的很多问题、很多研究内容,都涉及语言学问题。比如,在确定引进术语的定名时,是采用音译还是意译问题,其中应当有个标准,有个

界限,这本身即是语言学中的重要问题;再比如,汉语术语的构词形式必须符合汉语言的构词规律,等等。在这次会议之前,有的语言学界专家也提出过是否成立一个语言学协调委员会,从语言学角度对名词委公布的术语进行一些协调工作,这是一个很好的建议,也从一个方面说明了语言学家参加术语工作的重要意义。在术语学理论研究工作中,这一意义更加明显,语言学家的作用也更加重要,因此我们借此机会呼吁国内热心的语言学家积极参与术语学的研究工作。

四 开展术语学研究要做扎扎实实的工作

我们感到术语学理论建设应当从基础工作做起,采取循序渐进的方式,开展一系列扎扎实实的工作。

1. 向国内学术界介绍国外术语学理论研究的成果

如前所述,当前国际上取得较大成果的学派为俄罗斯学派、德国-奥地利学派、加拿大-魁北克学派和捷克-斯洛伐克学派,但是,我们目前对他们这些学派的理论研究还十分不充分、不完整。我们可以针对这些学派的研究工作,分别申报一些研究课题,逐一进行较为深入的研究,找出其中带有普遍规律性的内容加以借鉴。

2. 整理国内现有的研究成果

全国科技名词委成立之初即出版了内部刊物《自然科学术语研究》,后来成为国内外公开发行的刊物《科技术语研究》,其中积累了不少专家学者们关于术语学方面的论文。此外,国内相关刊物(例如《术语标准化与信息技术》),以及有关专著和论文集,我们可以对其进行分类研究。通过这一工作,可以整理出汉语术语学的学科框架和基本内容,并以此作为研究工作的基础,确定一些研究课题,以开展研究工作。

3. 在学校开设公共课程和培养较高层次的研究人员

通过与高等院校的合作,开设术语学的公共课程,聘请国内外专家到高校讲学,通过教学活动,以教学相长的形式使术语学研究越来越深入。另外,目前我国还没有术语学专业的专才。所有参加术语工作的专家都是"半道出家",掌握的术语学知识不系统。要想对此取得突破,应争取教育部和有关高校的支持,以培养研究生的形式开展研究工作,并通过这一形式,利用各方面术语专家的特长,培养较高层次的专才。培养的人才,可以到全国科技名词委专门从事术语学理论的研究和组织工作,也可以到有关学术研究机构工作或高校执教,以增强全国范围内术语学研究队伍的规模和水平。除上述措施外,还可以开办术语学短期培训班,培训对象包括科技出版行业的编辑人员以及青年科技工作者等,通过这一形式,也可以从实践工作里发现的问题中,抽象出一些术语学模型加以研究。

4. 向有关部门申请课题,以取得支持

为了更好地开展这项研究工作,可以联合开展这项工作的研究机构,向有关部门申请立项,以取得经费上的支持。

5. 通过聘请客座研究员的形式开展研究活动

在成立专门研究机构,并取得有关部门立项支持之后,可以在研究机构统一组织下,聘请对术语学有造诣的专家,分课题进行理论研究与探讨工作,每一课题的研究成果都可成为汉语术语学的一个组成部分,并可应用到学校的术语学人才的培养上。

6. 召开国内外术语学研讨会以推进术语学理论建设

在术语学研究活动过程中,可以定期或不定期地召开国内学术研讨会,交流学术研究成果,提高研究工作水平,并扩大术语学研究工作在我国学术界的影响。保持和扩大与国际术语学界的联系,在时机成熟的情况下,承办或召开国际术语学学术研讨会,促进汉语术语学研究工作的深入发展。

以上是对如何加强我国术语学建设、推动术语学发展的一些思考,远远谈不上系统和完善。此项工作是一项长期和艰苦的工作,不能寄希望一朝一夕实现,希望这项工作能引起国内学术界和有关方面的高度重视,以及得到广大专家、学者和国家有关部门的大力支持,共同为建立中国特色的汉语术语学作出贡献。

参考文献

[1] 冯志伟《现代术语学引论》,语文出版社,1997。

[2][3] 吴凤鸣《一门新兴的交叉学科——术语学》,《自然科学术语研究》,1985(2)。

[4] 叶笃正《全国自然科学名词审定委员会筹备经过及今后工作展望》,《自然科学术语研究》,1985(1)。

(原载于《科技术语研究》,2005年第1期)

求真务实开展好
术语学学科基础建设[*]

刘　青

　　近年来,中国术语学建设发展形势良好,从研究人员及研究成果的分布状况来看,当前术语学研究形成多元格局,不少专家从不同侧面和层次开始研究术语学问题。例如,历史学专家研究术语工作历史和术语演变过程;语言学专家研究术语修辞、术语语用问题;计算机界(含计算语言学界)专家研究术语的识别与提取技术;外国语专家研究国外术语学、术语翻译问题;少数民族语言学界研究少数民族术语规范工作;各学科领域研究本学科术语的规范问题等。

　　各有关部门和机构的研究工作也形成了自己的特色。例如,全国科学技术名词审定委员会(以下简称全国科技名词委)在加强术语学理论建设的同时,注重实践经验的总结;黑龙江大学在俄罗斯术语学研究领域和开展术语学课程与培养研究生方面成果颇丰;北京大学和北京语言大学在术语的自动识别和提取技术方面取得较大进展,等等。

　　国家有关组织和部门对术语学的支持力度加大,如:国家标准

---

[*] 原题为《关于加强求语学建设工作的几点意见》。

"学科分类与代码"修订小组决定给予术语学独立学科代码;全国科技名词委和商务印书馆合作推出"中国术语学建设书系";教育部相继支持了"俄罗斯术语理论与实践"、"国外术语学理论研究"等课题;全国哲学社会科学基金相继支持了"语言学名词审定"、"蒙古语术语规范化标准化问题研究"等课题。

虽然中国术语学建设取得较大进展,但中国术语学研究依然滞后于实践工作,且落后于国外先进水平。中国术语学建设工作还应加强,特别是要进行以下几个方面的工作。

1. 加强术语学研究与术语实践工作的联系

中国目前这两者结合还不够紧密。一方面,术语学研究成果还没有在实践工作中得到很好的应用。比如,全国科技名词委根据国内外术语学研究成果和中国术语实践工作经验制订了《科学技术名词审定的原则及方法》,对名词审定工作具有很好的指导作用。但是,在实际审定工作中,还有一些专家往往凭自己经验和主观想法来开展工作。还有,几年前就有专家提出,要重视术语的关联,要建立术语正释与已经规范不用的术语名称之间的关联[1],但术语实践工作基本上未做到这一步。目前,术语实践工作中很多专家也基本认识到了在提供规范术语的同时,给出不规范术语的重要性。

另一方面,术语学理论研究对实践问题的解决也还有所欠缺。例如,计算机科学技术名词审定委员会主任张伟先生提出的几个问题很有代表性:术语命名的理论、方法和原则;术语的表示;术语的混用、术语生存周期;术语更新原则;专有名词的命名;生活用语术语化;术语的自动提取等,这些问题都为术语学研究提出了具体课题。此外,科技新词问题也很棘手。这些问题目前均未很好地从理论上得以解决。这些问题的解决,需要很多学者的参与,但目前对这类问题进行系统、深入研究的人并不多。

因此,术语学研究者和术语实践工作者应加强合作,共同推进中国术语学研究和术语规范工作。

2. 加快国外经典著作的引进

当前,中国的术语学研究水平与其他先进国家相比还有较大差距,国外已经有了较为成熟的理论,大致可分为四个学派:德国-奥地利学派、俄罗斯学派、捷克-斯洛伐克学派、加拿大-魁北克学派。引进、借鉴他们的理论,是开展中国术语学理论研究的一条捷径。

中国一些专家学者在这方面已经做了一定的工作。在加拿大-魁北克学派的经典著作方面,刘钢、刘健先生翻译了加拿大 G. 隆多所著的《术语学概论》,科学出版社于 1985 年出版了该书。此后,张一德先生翻译了加拿大 R. 迪毕克所著的《应用术语学》,1990 年由科学出版社出版。在德国-奥地利学派的经典著作方面,全国科技名词委邱碧华所译的两本专著正在审阅和校订之中。在俄罗斯学派的经典著作方面,郑述谱先生及吴丽坤副教授作了较多的介绍和研究。捷克-斯洛伐克学派的译著,在国内尚未见到。

在翻译、引进国外经典著作这方面,有关部门和组织应开展更多的工作,以便国外术语学经典著作能够为国内更多的正在从事或想从事术语学研究的人提供借鉴,使他们能够在较短的时间内便捷地、系统地掌握国外术语学理论。

3. 在术语学研究中进一步发挥语言学家的作用

十年前,很少有语言学家进行术语学研究。1997 年,冯志伟先生在其关于术语学的专著中提出:"在我国语言文字应用研究中以及语言文字规范化工作中,术语学是一门长期被学者们忽视甚至遗忘了的学科。"目前,这种状况有所好转。2001年,全国科技名词委启动了语言学名词审定工作。经过语言学界专家学者的努力,现在,该项工作已经接近尾声。该项工作带动了一些语言学家从学术上关注术语规范问题。2006年,全国科技名词委成立了语言文字协调委员会。该委员会从语言文字方面,对科技术语进行完善和协调,从成立至今,已经发挥了很大的作用。

2006年,教育部、国家语委首次向社会发布的"中国语言生活绿皮书"——《中国语言生活状况报告(2005)》,对中国科技术语规范工作进行了系统阐述。继冯志伟先生的《现代术语学引论》之后,郑述谱先生的《俄罗斯当代术语学》于2006年问世,这是郑先生从词典学研究转入术语学研究后的一部力作。语言学家在中国术语学研究中所做的工作在逐渐增多,他们发挥作用的空间还非常大。

在中国语言学界,习惯将术语学放到应用语言学里面,将术语规范工作放到语言规划里面。而应用语言学和语言规划研究工作中对术语学和术语规范工作研究得还不够充分。一个明显的例子是,有不少语言学家系统研究了中国语言规范的历史,却没有人系统研究中国术语规范工作的历史。另外一个例子是,语言文字学界进行了很多次社会用语调查,而没有一次是专门针对或涉及科技术语的使用。

现在遵循的《科学技术名词审定的原则及方法》,是全国科技名词委、名词工作专家根据国外术语学理论以及中国术语规范实践工作经验制定的,对中国科学技术名词审定工作具有很好的指导作用,希望语言学家能发挥在学术上的优势,研究该原则和方法，并对其进行完善。

当前，规范科技术语的推广和科技新词工作是术语规范工作中的棘手问题。在普通话的推广、规范汉字的推行以及普通新词工作方面，语言学界拥有成熟的经验和理论，这些经验和理论也可以为规范科技术语的推广和科技新词工作提供借鉴，但也不能完全照搬，应当考虑科技用语的特殊性。希望语言学家来参与解决这个问题。

同时，也希望更多的语言学家关注与解决术语工作实际情况中的难题。例如，20世纪50年代，文字改革专家刘泽先先生提出化学名词整理和改革的三项办法[2]：(1)同音替代。如"氧"变成"养"，"氮"变成"淡"，"氢"变成"轻"。(2)口语化。如"铂"变成"白金"，"汞"变成"水银"。(3)国际化。如"钒(Vanadium)"变成"vanad"，"铱(Iridium)"变成"irid"，"硒(Selenium)"变成"selen"。上述办法没有被科学界所接受。同音替代和口语化解决科技术语问题是不适宜的，用拼音转写外文术语，就目前而言，也是十分不现实的。

1999年，北京大学语言学家苏培成先生提出："如果我们从促进中国语文现代化这个大局来考虑，就应该把不造新字这个原则肯定下来。"[3]造新字确实会有诸多的麻烦，比如难认、不易输入计算机等。1980年，中国有关部门根据IUPAC(国际纯粹与应用化学联合会)相关决议规定105号以后的元素不再制定单音节字，而是直接使用"×××号元素"表示，但是，这样做使得在元素的表述上非常冗长和麻烦。为此，中国有关组织自1997年起，审时度势，为105号以后的元素制定单音节字命名。但是，拼音文字遇到这个问题容易解决，而汉语命名就会遇到增加汉字或恢复使用古汉字的难题。这反映出科技术语的某些特殊性,应当在研究语言学理论和制定语言政策时加以考虑。

4. 提倡厚积薄发

中国术语学研究虽不甚发达,但也已经有了一定的积累。在中国古文献中已有大量的科技术语且不必说,中国近现代科技语规范工作,已经历了100多年的历史。与之相伴的术语学研究,也经历了100多年的历史。早在19世纪末,以傅兰雅为代表的外国传教士们就对科技术语汉语定名进行了一定的探索;民国时期中国本土学者发起了关于汉语科技术语定名的大讨论;建国初期,中国汉语界也进行了关于科技术语的讨论。上述各时期的术语学范畴的研讨文章散见于各报刊。此期间还出现了文字改革专家刘泽先生的论文集《科学名词与文字改革》。这些宝贵的历史文献都值得收集和分类研究。改革开放后,中国创立了两种专业期刊《中国科技术语》(原名《科技术语研究》)和《术语标准化与信息技术》,这为整合中国术语学研究搭建了一个平台。这两种刊物上刊载了不少专业论文,其他刊物也偶有术语学研究论文出现。1997年,冯志伟先生的《现代术语学引论》问世,这是第一部由中国学者著述的术语学研究专著。

改革开放后,国外术语学开始传入中国。除了上面说到的加拿大G.隆多的《术语学概论》和R.迪毕克的《应用术语学》外。还有其他一些论著被翻译到中国。如:1986年,科学技术文献出版社出版了由国际术语情报中心汇编,周智佑、吴达人和芮国章等翻译的《八十年代的术语情报学》;1988年,科学出版社出版了邹树明、吴克礼等翻译的《现代术语学与辞书编纂》。随着国外术语学的引进,中国学者开始对国外术语学进行研究。2006年,郑述谱先生的《俄罗斯当代术语学》成为中国第一部研究国外术语学的专著。如果把眼光移到国外,则术语学研究成果更多。

因为中国基本上未设立术语学专业,从事术语学研究的人在学生时代基本上没有受到系统的术语学教育。而且,中国尚未出现全面的术语学教材。因此,希望从事术语学研究的专家学者能潜心吸收前人成果并进行归纳、总结和创新,从而形成自己的创见和成果,真正做到厚积薄发。

5. 加快术语学专业人才培养

中国术语学要实现更快发展,必须加速培养新人。培养术语学专业或术语学方向的博士,是培养术语学研究新人的最有效的途径之一。目前,不少学科已经培养出了术语学方向的博士,如语言学、计算机、中药、科技史等。无论是哪个学科培养出的术语学方向的博士,都是进行术语学研究的高级人才,都应该受到欢迎和重视。

根据已有条件和目前实践工作的需要,下列四种模式特别值得提倡。

(1) 外国语专业培养国外术语学研究方向的博士

在培养国外术语学理论的研究人才方面,外国语学界具有得天独厚的条件,此前已经开始进行这方面的工作。比如,黑龙江大学的郑述谱教授指导吴丽坤于2005年完成了《俄语术语研究:术语的性质、语义与构成》的博士论文。这种模式值得推广到其他外国语专业。

(2) 计算机相关专业(含计算语言学)培养计算机辅助术语工作方向的博士

通过计算机来辅助术语工作,是目前国内外术语工作发展的一个趋势。这方面有很多问题需要解决,如术语数据库建设、术语识别等。已经有博导培养了计算机辅助术语工作方向的博士。比如,北京语言大学信息科学学院的宋柔教授指导张榕于2006年完成了《术语定义抽取、聚类与术语识别研究》的博士论文。冯志伟先生也正在指导博士研究生从事相关研究。

(3) 科学技术史专业培养术语规范工作史和术语演变方向的博士

中国古代有着辉煌的科技成就,但是到了近代,却落伍了,西方先进科学技术开始大规模地输入中国。但是,由于中西文化、语言差别巨大,使得术语翻译非常困难,"一名之立,旬月踟蹰",术语规范工作也非常艰难。然而,中国的术语翻译和规范工作一直在前行。时至今日,中国已初步建立了现代汉语科技术语体系。在中国术语翻译和规范史上,也有很多经验。对中国术语规范工作历史及术语演变进行系统研究,总结术语演变规律、术语规范工作经验,能对今后的术语规范工作带来很大的好处。这方面的人才,由科技史界来培养,是最为合适的。

(4) 各学科培养各学科术语学方向的博士

在具体的学科里面,术语问题往往被忽视,被边缘化。但还是有些学科的专家,指导博士生完成了学科术语方向的博士论文。比如,成都中医药大学的张延模教授指导陈勇于2004年完成了《中药功效术语规范化初步研究》的博士论文。当然,语言学专业的博导也可以培养语言学学科术语方向的博士。比如,安徽大学的黄德宽校长指导沙宗元于2005年完成了《文字学名词术语规范化研究》的博士论文。

我们现在拥有70多个学科的名词审定委员会,如果每个委员会中都有一位博导指导他的博士生写作"某某学科汉语术语规范化研究",那么,中国的术语学将会有惊人的进步。

有一点可以肯定的是,由于术语学的跨学科性,术语学博士的培养非常艰巨。无论采取哪种方式,仅靠导师个人的努力是很难完全达到目的的。术语学研究者、术语实践工作者、语言学专家、各学科专家应该联合起来,为培养出优秀的术语学高级人才共同努力。

中国的术语学建设工作任重而道远,希望国内有志于术语学研究的专家学者联合起来,加强交流与合作,为建设中国术语学派而共同努力。

参考文献

[1] 李宇明《术语论》,《语言科学》,2002(2)。

[2] 刘泽先《关于化学名词整理和改革的意见》,《科学名词和文字改革》,文字改革出版社,1958:84-95。

[3] 苏培成《造新汉字的现状应当改变》,《科技术语研究》,1999(3):4。

(原载于《中国科技术语》,2007年第5期)

当代术语学在科学技术现代化过程中的作用和意义[*]

陈 原

1. 现代意义的术语学,是本世纪初电工技术革命的结果,30年代奥地利学派维斯特(Wüster)把它系统化。二战后,由于信息科学的重大发展和突破,在各国建立术语数据库的过程中,加上国际标准化组织(ISO)的倡导,术语学愈来愈显出它的重要意义。魁北克学派隆多教授(Rondeau)认为术语学的发展有八个因素,即科学进展、技术发展、信息传播、国际关系、国际贸易、跨国公司、标准化、国家干预。我在《社会语言学》中归结为两条,即(1)科学技术的进展提出了许多新概念;(2)国际社会的交往日益频繁,需要一种规范性的标准。为了信息的收集、存储、传播、交换、分析,处理的准确、精确和有效(无论是国内的还是国际的,无论是一门科学的还是多科交叉的),都需要有表达同一内容的标准术语。

2. 术语就是在一定的主题范围内(某一学科),为标示一个特定的专门的概念而确定的一个单词或词组(一般术语和复合术语)。术语所表达的概念是固定的、单一的,同时又是准确的。通

---

[*] 原题为《当代术语学在科学技术现代化过程中的作用和意义(提纲)》。

常表达术语的公式是

$$T=N/C$$

式中 T 为术语，N 为名称，C 为概念。理论上，一个名称(N)只能给予一个特定的概念，一个概念只能有一个特定的名称。

3. 术语同一般语词(语言符号)相比较，(1)术语的语义内涵比一般名称更精确地表达这个概念；(2)术语在一个系统中(例如在一个学科)不是孤立的、随机的，而是一个合乎分类学的有机组成部分；(3)术语是单一的、专用的，理论上任何一个概念只能有一个专门的固定的术语；(4)同一个术语(即同一语言符号)可能有多义性，但在特定知识部门则只能有单一的语义，而不应有模糊语义；(5)术语表达形式应当是准确精密的。

4. 术语工作可分为三个步骤，即定义、定名、定形。古典术语学(如 Wüster)所表述的出发点至今还是可取的，即：(1)每一个概念在 A 语言中有了名称，则在 B 语言中也应当有相应的名称；(2)凡是新产生的概念，都应当给它创造出一个与此相适应而且只能表达这个概念的名称。

定义工作即用已知概念给新的概念作出综合性的恰当表述，给出内涵和外延的范围(内涵愈丰富则特征愈多，不同的事物就愈少，而这就引导出外延愈小)，给出的定义应当是准确的、周全的、本质特征的(不是推导特征)、非循环的。定名要符合整个系统(集合)的条件而不是任意的、偶发的、互不相关的命名。定形要用符合语言习惯的、最精确的、最有表现力的简明易懂的方法来表达，排除不确切性、多义性，或引起歧义的表达方式。定名和定形常常是重合的，但有时定形还需经过优选的抉择。

5. 术语的标准化和语言规范问题是关系到"四化"建设的一

个重大问题，当前要加以考虑的矛盾有如下几点：音译与意译，新定与习用，造新字与借用旧字，学名与社会用名，民族化与国际化，简洁与繁杂，等等。必须加以恰如其分的处理，才能使术语工作更有效地为"四化"建设服务。

(原载于《自然科学术语研究》，1985年第1期)

术语论[*]

李宇明

我国有着悠久的术语研究传统。冯志伟指出,汉代的《尔雅》可以看作古代的一部术语词典。此后,葛洪的《抱朴子》、祖冲之的《缀术》、郦道元的《水经注》、沈括的《梦溪笔谈》、徐光启的《农政全书》、宋应星的《天工开物》、李时珍的《本草纲目》等,都对科技术语的创造、搜集、整理等作出过重要贡献。[1]

现代意义上的术语工作起自清末。1909年,满清学部成立了以严复为总纂的科学名词编订馆,这是我国第一个科技术语的审定机构。自此之后,科技术语的审定便一直成为国家的一项事业。辛亥革命后的1919年,成立了科学名词审定委员会。1928年,国民政府在大学院设立译名统一委员会,1932年又成立国立编译馆,专司科学技术术语审定工作。

新中国非常重视术语工作。1950年就成立了学术名词统一工作委员会。1985年4月和10月,根据新时期的形势需要,分别成立了全国科学技术名词审定委员会和全国术语标准化技术委员会。100多年来,特别是新中国成立的50多年来,数千名专家对

---

[*] 本文根据在北京召开的第二届中国术语网换届大会(2001年12月6日)上的讲话改写而成。

20多个学科的术语进行了或进行着审定，并逐渐形成了中国术语工作的特色。

术语是人类科学知识的语言投射。术语研究本质上是对人类科学知识的系统梳理，术语的传播就是人类科学知识的传播。术语规范化，可以起到推进科学研究和技术发展、统一科技产品的技术规格、促进科技交流和科学知识传播的重要作用。因此，术语工作在现代社会意义重大，可以说是科教兴国的基础性工程之一。

一 术语本土化

人类的科学技术，是由世界各民族在自己历史进程中共同发展的，虽然不同的民族由于科学技术发展水平不同，对人类科学技术的贡献也有不同。各民族科学技术的发展不是孤立的，而是相互借鉴、相互促进的。科学技术的相互借鉴、相互影响，必然伴随着术语的相互借鉴、相互影响。

不同民族的科技术语，用不同的民族语言表达或储存。从理论上说，当今社会任何民族的术语工作，都会牵涉到术语本土化、术语规范化和术语国际化三个方面。本节先讨论术语本土化的问题。

1. 术语本土化的实质

术语本土化，是指将外语中的科技术语引入本民族语言中，其实质是改变术语的语言形式，用本族语言翻译外国科技术语。例如：computer 是产生于美国以英语为载体的术语，汉语将其本土化为"计算机"或"电脑"，radar 是由 radio detection and ranging 的首字母缩写而成的英语术语，汉语将其翻译为"雷达"。像 computer、rader 所表示的概念意义并没有变化,只是改换了术语的语言形式。

由于近代西方在科学技术方面占有优势,自洋务运动以来,中国术语工作的十分重要的任务就是术语本土化,在引进外国科学技术的同时也将外国的科技术语汉语化。

2. 意译、音译和形译

术语本土化之后就成了本民族的术语,因此使用什么样的方式翻译术语十分讲究。100余年来,术语翻译有意译、音译和形译三种基本方式,这三种基本方式的混用,又可生出许多变式。

(1) 基本方式

意译是将外语中术语的意义用本族语表示出来。将computer 翻译为"计算机"或"电脑",就是意译。意译的难度很大,几近于新造词。翻译者既需要对源术语的意义有准确的把握,又需要具有较高的母语水平,在本族语中找到合适的对应表达。但是,意译术语的好处是最利于本族人的理解,并能增强汉语对科学技术的表达能力。意译一个术语,就等于增加了汉语的一个科技"细胞"。

音译是使用本族语言中相同或相近的语音将源术语的语音译写出来。例如:"克拉利翁"(尖音小号),译自英语的 clarion;"马赛克"(用黏土烧成的小瓷砖,可镶砌成各种图案),译自英语的 mosaic。不同语言的语音不可能一一对应,因此音译必须经过本族语的改造,只是相似而不一定相同,有时还会增音减音。音译中使用的汉字,只起记音符号的作用,字义已被消解。不过,用什么样的汉字对译什么样的外语音节,常有约定,从规范化的角度考虑还会定出标准。汉族人骨子里不喜欢汉字无意义,有时会"牵强附会"地赋予这种只起记音符号作用的汉字以意义,如将 E-mail 译为"伊妹儿",将英文前缀 mini 译为"迷你"或"迷尔"。但这种牵强附会的意义与源术语的意义没有关系,仍然是音译而不是意译。音译的好处是快捷方便,且能表明该术语的外来语身份,但是,本族人掌握起来要费些工夫。

形译是将源术语的书写形式照搬进本族语。这种引进方式之所以冠以"译"字,是因为这些外语形式进入汉语之后,读音上要发生变化,语言上要符合汉语的习惯,比如不再有性数格的形态变化,要遵守汉语词语的组合规则,等等。过去较多地利用形译翻译日语中的术语,因为汉字是日本文字之源。据刘正埮等,"标本、低能、地下水、电报、动脉、反射、方程式、高射炮、火成岩、金刚石、静脉、领空、上水道、退化、温床、血栓、液体、因子营养、游离、元素、原子"等术语都直接照搬日语。[2] 当然,这些词语有许多也是日语译自其他语言的,从其他语言到汉语,日语起到了中间加工站的作用。近些年,形译西方语言特别是英语的现象多了起来,例如:ASCII、CAD、CD、CPU、CT、DNA、DOS、DVD、E-mail、E-book、ISO、MTV、SOS、UFO、VCD、WTO 等。形译具有方便快捷的特点,形译日语较适合汉族人的心态,有似曾相识之感,使用较多。形译西方语言有利于术语国际化,但是西文字母与汉字形体相差太远,汉语容纳形译西文术语的能力是相当有限的,而且本族人掌握起来也要费些工夫。

(2) 变式

意译、音译和形译三种基本方式混用,又生成出许多变式。如将 radar 译为"雷达",采用的是音译,但雷达与 radar 在意义上似乎有些关联,含有点意译的成分。这就是所谓的音译兼意译。音

51

译兼意译的术语同上文提到的"伊妹儿"、"迷你"等不同,"伊妹儿"、"迷你"依照汉字"牵强附会"出的意义,与 E-mail、mini 本身的意义没有关联。"斯柯达炮"、"啤酒"是音译加意译,"斯柯达"、"啤"是音译,"炮"、"酒"是表示类属的意义成分。这些术语中的意义成分,有些是从源术语中意译过来的,如"斯柯达炮"译自英语的 Škoda gun,"炮"意译 gun;有些是翻译时加上去的,源术语中并没有与之对应的成分,如"啤酒"译自英语的 beer,"酒"是加上去的。此外还有形译加意译,如"AA 制、B 超、X 射线",AA、B、X 是形译,"制、超、射线"是意译。音译兼意译、音译加意译和形译加意译三种变式,都是用意译弥补音译、形译之不足。

3. 意译优先

本土化后的术语就成为本族语的术语,因此术语翻译必须考虑本族语的语言特点和已经形成的术语体系。从语言特点看,汉语偏重意译和含有意译的方式。术语体系是依照逻辑的上下位概念构成的树形结构。例如依照一般的看法,语言结构的术语系统如下图所示:

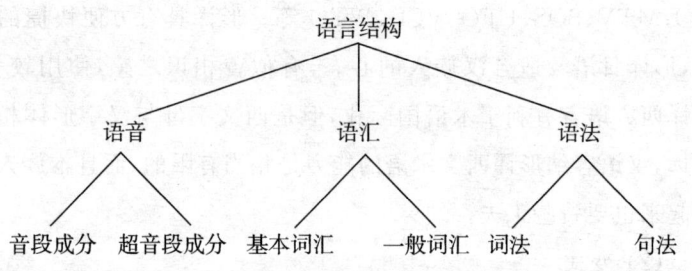

```
                语言结构
         /         |         \
       语音       语汇        语法
      /   \      /   \      /   \
  音段成分 超音段成分 基本词汇 一般词汇 词法 句法
```

在第三层次下面还可以延伸出许多层次。这一术语系统有两个特点:第一,术语是依照上下位概念系联的;第二,每层术语的语言构造具有规律性。如果将语法改为音译形式"葛郎玛"或形译形式

grammar,就破坏了术语系统的语言结构的规律性。汉语术语结构系统的语言结构基底,是由汉语语素构成,这也决定了术语意译的优先性。

二 术语规范化

术语规范化,包括对本族自生术语的规范和引进术语的规范。术语规范有三项基本任务:系统梳理、规范歧异术语、术语关联。

1. 系统梳理

术语规范的首要任务和首要步骤,是从宏观上对术语按照学科的概念体系进行梳理。这种梳理之所以重要,是因为:其一,整理术语的目的就是建立这样一个系统;其二,通过梳理可以发现哪些术语有问题,并用系统化而非原子化的观念与手段解决这些问题。

2. 规范歧异术语

术语规范的重点和难点,是歧异术语。歧异术语主要有同名异实的多义术语、同实异名的同义术语两种。术语原则上要求能指与所指一一对应,即一个术语指称一个概念,一个概念用一种语言形式表示。因此,歧异术语在术语系统中理论上应尽量避免,但就具体情况而言,尚需讨论。

(1) 同名异实问题

歧异术语应在一定的应用领域内界定。多义术语在一些情况下会出现,甚至是允许的。在不同的学科中,在学术领域和日常领域中,术语可以指称不同的概念。例如:[①]

[①] 下面例子,参看《现代汉语词典》(修订本)。后文中的一些例子也取自该词典。

铁塔：① （建筑领域等）用铁造的塔，或用铁色釉砖砌成的塔。
　　　② （输电领域）架设高压输电线的铁架子。
同化：① （生物学）不相同的生物逐渐变得相近或相同。
　　　② （语言学）一个音变得和邻近的音相同或相似。
透视：① （绘画领域）用线条或色彩在平面上表现立体空间的方法。
　　　② （医疗领域）利用 X 射线透过人体在荧光屏上形成影像来观察人体内部。
温床：① （农业）寒冷时节培育蔬菜、花卉等幼苗的苗床。
　　　② （日常）对某种事物产生或发展有利的环境。

同一学术领域中也会有同名异实的多义术语存在。李宇明曾经研究过同一个词既表示整体又表示部分的"整体与部分同词"现象，举的例子是：

足球：① 一种主要用脚踢的球类运动。
　　　② 足球运动使用的球。
小麦：① 一年或二年生草本植物，茎直立，中空，叶子宽条形，子实椭圆形，腹面有沟。子实供制面粉，是主要粮食作物之一。
　　　② 这种植物的子实。

文章认为，同名异实现象主要涉及两类范畴：球类运动；植物。表示球类运动的词语，几乎都是整体与部分同词。例如"棒球、冰球、橄榄球、高尔夫球、篮球、垒球、乒乓球、排球、台球、网球、羽毛球……"。植物中的异物同词现象主要有农作物、蔬菜、瓜类、果木、花木、草药等，例如"高粱、芝麻、棉花、番茄、萝卜、南瓜、橄榄、苹果、桃、牡丹、芍药、天麻……"。[3]

近来笔者又发现,一些体操项目也有这种现象。例如:①

跳箱:① 体操器械的一种,形状像箱,略呈梯形,高低可以调节。

② 体操项目之一,运动员以种种不同的姿势跳过跳箱。其他如"鞍马、单杠、吊环、高低杠、双杠、跳马"等。

这些词语也是体育学和植物学等学科的术语,在进行这些领域的术语规范时,应尽量进行意义分化或区分。比如"桃",将表示植株意义的定名为"桃树",将表示果实意义的定名为"桃子"。再如"排球",将表示运动项目意义的定名为"排球运动"或"排球比赛",将表示体育用球意义的定名为"排球"。

(2) 同实异名问题

不同时期、不同地域、不同学科、不同的术语构造方式或术语引进方式,都可能产生同实异名的同义术语。同义术语是术语规范的对象,但在具体的规范活动中,也有许多问题需要讨论。

术语可以有原式和缩略式,如"微型计算机"可以缩略为"微机"。原式与缩略式是广义上的同义术语,但是允许并存。并存的原式与缩略式,需要确定正条与副条。一般情况下原式是正条,但也有因缩略式使用更为频繁而成为正条的,如"高中"就比"高级中学"通用。

学术领域的术语,日常交际中可以有俗名,如"电脑"是"计算机"的俗名,"微电脑"是"微型计算机"或"微机"的俗名。不能要求日常交际都用正规的术语,正名、俗名可以并存。

---

① 某些武术、杂技项目也可能有异物同词现象。例如:单刀:(1) 短柄长刀,武术用具。(2) 武术运动项目之一,表演或练习时只用一把单刀。

不同地域术语本应统一。但是,华人社区分布在海内外,由于历史与现实的各种原因产生了一些同实异名的术语。周其焕分析了海峡两岸航空名词的一些差异,例如[4]:

英文	大陆	台湾
laser	激光	雷射
robot	机器人	机械人
airship	飞艇	飞船
network	网络	网路
information	信息、情报	资讯
data	数据	资料
fighter	歼击机	战斗机
memory	存储器	记忆体
communication	通信	通讯
general aviation	通用航空	普通航空

这些术语在目前情况下统一起来还有些困难。现在不同的华人社区,比如海峡两岸,已经开始注意在一些领域编写对应术语词典,积极沟通,在沟通中相互理解并逐步走向术语统一。这方面的工作应当积极展开。

3. 术语关联

术语关联,就是通过各种系联手段建立起术语之间的联系。上文所说的系统梳理,可以看作广义上的术语关联。除此之外,还要考虑下面三个方面。

第一,建立不同学科相关术语的关联。不同学科可能研究相同的对象,可能使用相同的研究方法和设备,因此常出现同一术语为不同学科使用的现象。如上面列举的航空名词中,communication、data、information、laser、memory、network、robot 等，就具有广泛的跨学科性。通过关联，使不同学科之间相互沟通，而且也可以发现不同学科术语使用的歧异，以便规范。例如张燕燕曾指出，robust 在自动控制和导航领域采用音译方式译为"鲁棒"，测绘领域原来也译为"鲁棒"，20 世纪 50 年代译为"稳健的"，80 年代又改译为"抗差"；再如 root-mean-square，物理学、电工学定名为"方均根"，在数学中则为"均方根"[5]。这种现象通过术语关联才易发现，在此基础上不同学科进行协商来达成统一。

第二，建立术语与俗名、不同地区术语名称、相关语种之间的关联。

第三，建立术语正条与已经规范不用的术语名称之间的关联。术语关联能够增加信息量，方便沟通与查询，而且能为规范歧异现象提供基础，并反映规范工作的过程。因此，术语关联是一项不可忽视的工作。

尚需指出的是，术语一旦流布开来，为人习用，再进行规范就比较困难。例如："选单"与"菜单"，"光碟"与"光盘"，"因特网"与"互联网"等等，国家有关部门虽然规定了规范说法，但混用情况至今不减。为克服"事后规范"的被动局面，应采取"以事前推荐为主，事后规范为辅"的方针。

我国上百年来的术语工作，主要是术语引进，这种状况恐怕还要持续相当长的时期。既然如此，就应集中精力追踪国际术语动态，对那些有引进价值的术语及时翻译过来推荐给学界和社会，并适时确定为标准。现在，全国科学技术名词审定委员会和全国术语标准化技术委员会正在加强"事前推荐"的力度，很值得提倡。

三 术语国际化

本文的"术语国际化"有两重含义。第一重含义指将本土术语输出到国际社会,这可称为"术语输出";第二重含义指本土术语与国际社会尽量采取一致的形式,这可称为"术语一致"。

1. 术语输出

术语输出是术语本土化的逆过程,是国家实力及国际影响力的表现之一,当然也是术语输出的民族对人类科学技术发展的贡献。术语能否输出,主要依赖于民族科学技术的领先水平。输出哪些领域的术语,表明在该领域学术发展中占有优势。据统计,地理术语较多地来自德语,航天术语较多地来自英语和俄语,现代信息技术和计算机科技术语较多地来自英语,这表明德国曾经在地理科学上较为发达,美国和苏联在航天技术方面领先世界,美国在现代信息技术和计算机方面具有优势。

我国在古代是术语输出大国,传统的汉字文化圈内的国家都曾从我国吸收了大量的科技术语,就是西方国家也曾受到过中国科技术语的影响。伍铁平指出,北纬35°以北的许多国家表示"书"的词都是借用汉语的"经"。"经"(书)一词通过古代突厥语这一中介,往西借入了整个斯拉夫世界,又进入阿尔明尼亚语、立陶宛语和匈牙利语[6]。吴淑生、田自秉指出,古时西方许多民族把我国叫 serica(丝), seriea 和英语中的 silk, 都是古代汉语"丝"的译音[7]。周振鹤、游汝杰指出,许多语言中的"茶",如荷兰语的 thee、英语的 tea、德语的 tee、法语的 the、俄语的 chai、阿拉伯语的 shai、波斯语的 chay 和罗马尼亚语的 ceai 等,都是音译我国南方或北方

"茶"的读音[8]。茶是通过南方水路和北方陆路分别进入上述民族的。

今天我国仍然具有一定的术语输出资本。传统上独具特色的科学技术领域,如中医中药、藏医藏药、武术、传统语言学等,在今天的科技学苑中仍在发挥作用,并吸引着国际的注意力。现代科学领域我国虽然整体上还不占优势,但发展也是突飞猛进,在一些领域接近或达到了国际先进水平。

术语输出不仅要靠我国科技事业的发展,而且还必须有自觉的战略筹划。首先,中国学者要认识到术语输出的重大意义,树立术语输出的自觉意识,在论文论著撰写和拥有自主知识产权的发现发明中,优先使用汉语语素构造术语(包括有意识地使用汉语拼音构造术语),逐渐增加"汉源术语"在国际术语库中的比重。其次,要努力扩大汉源术语的影响力。主要措施是:第一,科技工作者应关注本土的科技发展,有意识地采用汉源术语,扩大汉源术语的学术影响力;第二,努力将汉语的科技文献译成外文,出版一些面向世界的外文杂志和外文书籍,向国际社会介绍我国传统的和现代的科学技术成就,加大中国科学技术对国际的影响,加速汉源术语的国际传播;第三,翻译家或用外文写作的学者,加强协调,统一汉语术语的外语翻译,这种翻译既要符合外文习惯,便于外国人采用,又要具有中国特色,使国际采用者能感受到这些术语源自中国;第四,就我国领先或独具特色的学术领域,编制汉外对照术语词典,集中反映汉源术语的面貌;第五,注意汉源术语国际传播的根基。积极协调海内外华人社会的科技生活,在海内外华人的科技活动中树立"汉源术语"的威望。传统的汉字文化圈,文化上比较接近,相互间术语的吸收借鉴已成传统,应特别考虑汉源术语在汉字文化圈中的作用。

2. 术语一致

科学技术以史无前例的速度发展与传播,科技术语的形成周期越来越短,科技术语的数量呈"爆炸式"增加。为适应信息时代世界一体化的进程,不少人都在提议术语国际化,即各国科技术语要使用相同或相近的书写形式。例如 ISO 在西方各种语言中都是这么一个形体。冯志伟也指出 term 是个国际化很高的术语[9]:

terme	法语	término	西班牙语	termo	葡萄牙语
termi	芬兰语	Terminus	德语	tèrmine	意大利语
term	英语、荷兰语、瑞典语、威尔士语
termin	俄语、保加利亚语、罗马尼亚语、斯洛伐克语、捷克语、波兰语

印欧语系各语言同祖,西方语言都使用拼音文字,有可能使用书写形式相同或相近的术语。但是汉语与印欧语系和其他语系的语言差别很大,汉字不是拼音文字,要达到术语的国际一致相当困难,因为形译西方语言的方式必然是有限的。这正如西方语言不可能较多采用以汉字为载体的汉语术语一样。

但是汉语也不能无视术语国际化的潮流,使用术语应尽量做到国际一致。当然这种一致应是"广谱"的一致,而不是狭隘的一致。

首先是在国际学术规范和学科体系的基础上建立术语体系。其次,意译术语可以尽量考虑"仿译",即按照外文术语的语言结构对译,如将 equivalent term 译为"等价术语",将 on line 译为"在线(的)",将 e-book 译为"电子图书"等。第三,适度采用音译、形译以及音形译的变式。第四,汉源术语利用汉语拼音构形或缩写,如

"汉语水平考试"简写为 HSK,"普通话水平测试"简写为 PSC 等。第五,建立汉语与外语的多语对应术语系统,以便中外沟通。

除了世界一体化之外,许多人士和国际组织也在思考文化多元化的问题。面对"单一市场、单一语言、单一文化"的信息化时代的发展趋势,2001 年 10 月在巴黎召开的联合国教科文组织第 31 届大会,审议并通过了《教科文组织文化多样性宣言》。文化多元化是更高层面的问题,在进行术语国际化的时候,也不能不考虑文化多元化的问题。

四 当前术语工作中的其他问题

在讨论了术语本土化、术语规范化和术语国际化之后,还有三个问题需要提出:关于社会科学术语问题、关于我国少数民族的术语问题、关于术语工作的现代化问题。

1. 关于社会科学术语问题

重理轻文的社会偏见在术语工作中也有表现,我国百余年来的术语工作,主要是在自然科学与技术领域进行的,社会科学的术语工作做得较少。进入 21 世纪,社会科学的术语工作也应受到重视。这有下面几个原因。

(1) 社会科学是我国科学的有机组成部分

社会科学与自然科学同等重要。开展社会科学的术语工作,有利于社会科学的发展。社会科学术语混乱的状况十分严重,急需进行术语整理。

(2) 学科之间的交叉渗透成为科学发展的潮流和新的学科生长点

社会科学与自然科学的交叉渗透，产生了许多新的学术门类，并且形成了与我国经济和社会发展密切相关的重要技术。例如语言学是社会科学、语言学同数学、计算机科学结合形成的计算语言学，是语言信息处理的学术基础，其技术成果成为现代信息技术的重要组成部分；语言学同心理学、神经学结合形成的心理语言学和神经语言学，是研究人类信息加工和认知规律的关键学科；语音学同声学、计算机科学结合，对于语音合成、语音识别和计算机语音处理，作用是别的学科无法替代的；语言学同法学结合所形成的多种技术，如"音纹识别"等，在公安侦破等方面发挥了重要作用。

（3）加强社会科学研究有利于社会科学的国际传播

我国文化源远流长，社会科学有许多独具特色的门类，在国际上有自己的学术地位，如民族学、文学、史学、语言学等。加强社会科学研究，有利于我国社会科学及其术语的国际传播。

（4）社会科学术语的构成和运用同自然科学术语有同有异

社会科学术语引进的数量远赶不上自造的数量，术语的"汉化"程度很高；社会科学术语比自然科学术语更多地使用引申义或比喻义，对词义精确度的要求不如自然科学术语高；社会科学术语更经常地用于社会日常文化生活，术语与社会日常用语相互转化的机会多，两者相同或相通的数量较大。研究社会科学术语构成和使用的特点，有利于更全面地认识术语的特点，也更有利于认识自然科学术语的特点，丰富术语学理论，改进术语学整理的方法。

规范社会科学术语，有利于社会科学的发展，有利于社会科学同自然科学的交叉渗透并促进自然科学与技术的发展，有利于术语学的发展，有利于汉源术语的输出和中国文化及社会科学对世界发生影响。当前全国科学技术名词审定委员会同中国社会科学院合作,正在开展语言学术语的规范工作,实乃远见卓识之举。当然,由于社会科学的术语规范实践不多,怎样有效地进行社会科学的术语规范,还是值得研究的课题。

2. 关于我国少数民族的术语问题

我国有55个少数民族,分布在广袤的国土上,具有悠久灿烂的文化。这些少数民族至今还使用着100多种语言或方言,有近10种常用的文字。首先应当认识到,加强少数民族语言的术语工作,在西部大开发的国家战略中占有重要的地位。民族地区的发展,最终依赖于少数民族文化水平的提高和科学技术的普及应用。提高少数民族的文化水平,普及科学技术,都必须有适应于少数民族学习和应用的科技术语体系。其次,少数民族语言文化的发展,也需要扩充科技词语,规范科技术语。一个民族的语言科学含量低,不能很好地表达现代科学技术,不能算是完善的、有活力的语言。因此就民族语言文化的发展来看,需要做好少数民族的术语工作。第三,少数民族丰富的文化中,含有独具特色的传统科学技术,这是人类的共同财富。开发少数民族传统的科学技术术语系统,并将之国际化,不仅有利于传统的保存,而且也会为今天的学术和社会的发展作出贡献。

少数民族的科技术语,也有术语本土化、术语规范化和术语国际化三大任务。少数民族的术语本土化,传统上主要是通过汉语引进的。少数民族的术语国际化,使用汉语中介也会方便得多。普通话是中华民族通用的语言,为了加快少数民族的术语工作,应当建立汉民双语对照或汉民多语对照术语系统,这样既有利于国内术语沟通,又能将汉语术语研究成果,最大限度地辐射到少数民族的语言中,加快民族术语工作的步伐。

我国少数民族语言数量大,不可能全面展开术语工作,有不少民族已经兼通汉语或转用汉语,有些民族书面语系统没有得到很好发育,因此可以选择使用本民族语言的人口多、书面语发育较好的民族,开展术语工作。学校教科书和官方编辑机构,使用术语比较规范、基础好、需求大、影响面广,可以先以教科书、出版物等为起点展开术语工作,然后再推向其他领域。

3. 关于术语工作的现代化问题

因特网是20世纪末发展起来的对人类生活方方面面都发生重大影响的最重要的技术。现代化是个动态概念,今天来讨论术语工作的现代化,应当是基于因特网的现代化,在术语的搜集、整理、编纂、征询意见、推荐、发布、建库、查询、维护等一系列环节中,都应尽可能地利用和适应因特网。

比如,利用网络建立数字化的即时更新的科技文献海量数据库,利用数据库及时检索到新生术语和需要整理的术语。采用上下文及各种定义方式,对术语进行编纂整理,利用网络及其他传媒向专家和社会广泛征询意见。根据征询意见结果将初定术语向社会推荐,并适时发布。建立多语种的面向网络的术语数据库,供社会查询和相互交流。

网络和网络社会最重要的观念是共享。就术语工作而言,共享最主要的是成果共享和智慧共享。首先,将各种术语资源尽快地转化为网上数据库,网上数据库的建立应有一致的标准或采用可以自由交换的方式,并应尽量向公众开放,实现成果共享;其次,充分发扬学术民主,在术语搜集、整理的整个过程中,都应广泛听取社会意见,集中全社会智慧,从而将术语工作由少数专家从事的职业变为以专家为主、社会广泛参与的社会化工作,实现智慧共享。

五　结语

中国术语工作任务重、难度大。首先,术语工作与语言文字的状况密切相关。我国的语言状况十分复杂,民族语言众多,汉语的方言状况异常复杂,内地与香港、澳门、台湾语言生活存在一定差异。其次,对术语及其规范化程度的要求与教育、经济、科技的发展也密切相关。我国幅员辽阔,东部地区与西部地区,内地同港澳台地区,教育、经济和科学技术的发展很不平衡。第三,随着学科的交叉渗透和国家科教兴国的战略实施,术语从一个学科迁移到另一个学科、从某个行业扩散为社会通用词语的速度加快,数量增多。在这种复杂的情况之下,术语在汉语内部的协调,术语在不同民族、不同社区和不同科技门类之间的协调,困难很大,需要投入更多的精力和财力。随着世界经济一体化进程的加快,特别是中国加入了世贸组织,术语国际化的要求越来越高,中国与国际上的术语协调也显得更为急迫。

就学术而言,研究对象越是复杂,研究工作越是困难,越容易出大的学术成果。在术语本土化、术语规范化和术语国际化的学术研究及具体实施过程中,在继承中国术语学丰厚传统的基础上,通过认真借鉴德国-奥地利学派、俄罗斯学派、捷克-斯洛伐克学派和加拿大-魁北克学派等国际现代术语学术流派的理论与方法,中国也能够为国际术语学作出自己应该作出的贡献,甚至形成术语学的中国学派。

参考文献

[1][9] 冯志伟《现代术语学引论》,语文出版社,1997:1,8-10。

[2] 刘正埮、高名凯、麦永乾、史有为《汉语外来词词典》,上海辞书出版社,1984。

[3] 李宇明《整体与部分同词现象及其认知理据》,《汉语学习》,2002(2):31-33。

[4] 周其焕《海峡两岸航空名词差异一瞥》,《科技术语研究》,2001(4):37-40。

[5] 张燕燕《也谈不同学科间的名词规范》,《科技术语研究》2001(4):25-26。

[6] 伍铁平《语言词汇的地理分布》,《语言学进修班教学参考资料》(油印本),华中工学院中国语言研究所,1982:161-182。

[7] 吴淑生、田自秉《中国染织史》,上海人民出版社,1986。

[8] 周振鹤、游汝杰《方言与中国文化》,上海人民出版社,1986。

(原载于《语言科学》,2003年第2期)

术语三难

董 琨

千禧年之际,在国家科学技术名词审定委员会和中国社会科学院领导的指导与支持下,语言所向国家社科基金评审委员会申报了"语言学名词审定"的课题并得以作为重点课题立项。根据学科内部的通常分类,分为理论语言学、语音学、词汇学、辞书学、语法学、方言学、修辞学、文字学、音韵学、训诂学、应用语言学等十来个分支;动员、组织了诸多科研机构、高等院校的专家学者参与这一工作,是一项不折不扣的系统工程。

目前,这一工作仍在积极进行之中。就现有已经发现和了解的一些问题来看,学科术语规范的难度是相当大的,举其要者,略述有三:

一 同一术语,理解和表述不同

以语言学最基本、最常用的术语"语言"、"文字"为例,一般我们将汉语的"语言"与英语的 language 对译,但问题并不如此简单。前辈学者周有光指出:"凡是读过英语的就应该知道,他们(指西洋人——引者)对文字和语言是分不清的,今天我们的翻译中常常发生这个问题。英语里的'language',它有几种不同的含义,究竟应该译成语言还是文字呢?有的时候是表示语言,有的时候既表示语言又表示文字,还有少数场合,人家把'language'用来表示文字。而中文很清楚,文字就是文字,语言就是语言。"[1]而"文字"一词,在《中国大百科全书·语言文字卷》(1998)中,为"文字"条目作定义时的英译名为 writing,该书中"朝鲜文"、"藏文"等条目的"文字"一词均用此英译;但同书中"察合台文"、"玛雅文"、"满文"等条目的相应之处则英译为 script。同一书中就不统一,相关的不同的书自然更有不同,例如同一出版社出的《中国大百科全书·民族卷》中,"满文"、"蒙文"、"突厥文"、"藏文"用 script,而"朝鲜文"、"傣文"、"维吾尔文"、"彝文"则用 writing。看来都有道理,但要统一起来,是需要一番斟酌的。

二 学术发展,术语的能指、所指随之变化

也试举一例:morpheme 也是现代语言学中一个很基本的术语,吕叔湘先生指出:"morpheme 有过三种译名:形素,词素,语素。三个译名都对,因为 morpheme 这个术语先后有过三种意义。(1)最早指一个词里边的形态成分,跟表示实在意义的 semanteme 相对。……这个意义的 morpheme 译做'形素'最合适。(2)稍后又用来指一个词的组成部分,不管它的意义是虚还是实。……这个意义的 morpheme 译做'词素'最合适。(3)最后出现、现在最通行的意义是指最小的有音有义的语言单位,不管它是词还是词的部分。这个意义的 morpheme 译做'语素'最合适。"[2]不过,1938年王力先生曾把 morpheme 译为"语法成分",与"理解成分"(semanteme)相对[3]。近年来,有的学者又将它译为"形位",而将"形

素"对应为 morph[4]。可见，随着语言学的发展以及研究的深入，同一个术语会产生不同的译名（能指），被赋予不同的意义（所指）。当然，新的不一定都对或者遽成定论，旧的也未必错误或者没有道理。但是，不同的译名体现了不同的语法学观念，达成共识，谈何容易！

三 对术语规范工作的指导思想不易统一

从十多年来自然科学、技术科学术语整理与规范的情况来看，每个学科动员、组织、从事这一工作的专家学者大多动辄几十人乃至上百人，彼此的学术背景、知识构成不同，观点难以一致。除了具体术语的定名定义之外，甚至涉及学科发展的导向性的争议。语言学的术语工作，这方面的争议自然也不可避免。比如说，整理音韵学术语的先生们提出来：音韵学这方面的工作是面向历史、面向传统，还是面向现代、面向未来？还是二者兼顾？他们现在有不同的意见，体现了不同的指导思想；而不同的指导思想将影响到术语的收录范围以及定名定义，等等。对于这种具体学科的重大学术问题，我们一时也难以作出裁定；只是考虑到未来的术语审定成果是面向并且综合整个语言学科的，理论语言学和语音学分支将涉及现代语音学、音系学以及历史比较语言学的有关术语，所以希望音韵学在现阶段的工作，主要是提供有关音韵学的历史的、公认的、基本的术语。至于音韵学学科的发展，似属另一个层面的问题，需要通过其他的途径讨论、解决。这种意见对不对，能否被接受并且投入具体运作，尚不得而知。

此外，还有内地和台、港、澳的学科术语能否统一的问题，也都殊非易事。尽管学科术语规范工作的难度很大,但我们一定要群策群力,调动语言学界专家学者的集体智慧和学识,争取做好语言学名词审定工作。

参考文献

[1] 周有光《谈谈比较文字学》,《中国语文通讯》,2002(72)。

[2] 吕叔湘《汉语语法分析问题·附注》,《吕叔湘自选集》,上海教育出版社,1989。

[3] 王力《中国语法理论》第一章,《王力文集》第一卷,山东教育出版社,1984。

[4] 周流溪《语言学导论·导读》,外语教学与研究出版社,2000。

(原载于《社会科学管理与评论》,2003年第2期)

术语学是一门独立的综合学科

郑述谱

一 术语学的产生历程

自古以来,伴随着科学思想的产生与发展,总是要创造出一些用以确定并表述这些思想(首先是概念)的专用词汇。从这一意义上说,科学的发展历史同时也就是语言的发展史。科学发展历程上的每一个成就与进步,也都要依靠语言,具体说是词汇单位来确定、表达、交流、传递。科学语言总是随着科学本身同步发展的。

古希腊是人类文明的发祥地之一。古希腊人的科学是统一的、不分学科的、"弥漫性"的科学,因此,如恩格斯所说,古希腊的哲学家同时又是自然科学家。到了文艺复兴时期,这种"弥漫性"的科学才逐渐分离成自然科学与人文科学。至此,用来描写科学的专门词语,也就是现代所说的术语,也不再是统一的,它只用于某一学科范围内,为某一确定的学科服务。换句话说,不同的学科都有自己的不同术语。没有接受过专业训练的人就不可能理解和使用该学科的专用语言。到了近代与现代,科学学科的分工愈加细密,不同学科专业间的语言隔膜也随之加深。难怪有人说,学习一门专业就是掌握一套专门的语言符号,即这个专业特有的术语系统。

认识论在16—18世纪的欧洲哲学中占有重要的地位。无论是英国的经验论还是大陆的唯理论,在肯定语言对于思维的表达作用以及作为交往工具的重要作用的同时,都十分尖锐地指出语言对思维表达的遮蔽、扭曲作用。培根(F. Bacon,1561—1626)的"市场假相"说指出了由于语义或概念的含混不清给人的认识造成的误导。洛克(J. Locke,1632—1704)认为,文字的缺点在于意义混乱,造成混乱的原因不在文字自身,而在于表示观念。文字和观念常常是脱节的。莱布尼茨(G. W. Leibniz,1646—1716)指出,由于日常语言中语词代表的概念往往是混淆不清的,又由于人们在论证、推理过程中时常产生一些不明显的错误,因此使用语言表达自己的思想或观念时往往纠缠不清。如果有一种语言,其基本记号的含义精确,结构简单,能揭示命题的逻辑形式,那就好了。[1]

19世纪末20世纪初,数理研究的迅速发展极大地影响了新时期的哲学走向。20世纪初在哲学中发生了"语言的转向",随之产生了所谓语言哲学。在语言哲学家看来,语言研究自成独立天地,它本身就是哲学研究的中心课题。这个转向的发动者是弗雷格(F. Frege,1848—1925)、罗素(B. Russell,1872—1970)和维特根斯坦(L. Wittgenstein,1889—1951)以及卡尔纳普(R. Carnap,1891—1970)他们提出了创建形式化语言的设想,并尝试借助这种语言的初浅形式阐明自己的认识论学说。他们致力于建立全世界统一科学语言的努力最终并没有获得成功,但是这一哲学思想却产生了极大的影响。正是在这种思想的直接影响和启发下,现代术语学的奠基人奥地利人维斯特(E. Wüster,1898—1977)逐渐形成了必须对科学术语进行整顿的想法,从而为术语学的诞生埋下了思想的种子。

如果说哲学为术语学的产生提供了思想基础,那么,科学史的研究则为术语学的诞生起到了催生的作用。这里最应该提到的名字,一是英国人惠威尔(W. Whewell,1794—1866),一是德国人列昂纳多·奥尔什基(L. Olschki,1885—1961)。惠威尔是英国著名的科学史家,他最有影响的著作是《归纳科学史》。惠威尔在自己的著述中已经大量、直接涉及术语问题。请看他的有关论述:

"虽然,古希腊哲学家从研究词的日常意义开始,但他很快就不得不赋予这些意义的使用某种固定的主导的意思……也就是说,他使自己的语言技术化了……""大部分读者可能以为,所有写作者都应该满足于使用日常的词的普遍认可的意义,而对技术术语表示反感,如同对学究气与故弄玄虚反感一样。然而,如果有人要对某个科学学科加以完善的话,他马上就会看到,没有技术术语和硬性规定就不可能有可靠的或者不断发展的知识。日常语言的不确定的质朴的意思不可能像科学研究所要求的严格确切地表达事物,并把它们逐级地概括上升。只有牢靠的科学固定语机制才能做到这一点。"[①]

不难看出,惠威尔不仅很早就注意到科学技术语言与日常语言的重要区别,而且对科学语言存在的必要性以及它对科学发展的重要意义,都有清醒的认识。

列昂纳多·奥尔什基是德国海德堡大学罗曼语教授。他在1919年发表了一部题为《新语言科学文献史》的3卷本巨著。该书研究了中世纪到文艺复兴过渡时期技术语言的发展状况。作者

---

① 转引自 Татаринов В. *История отечественного терминоведения*. том. 2 книга 1. Москва,Московский Лицей. 1995. 75。

在引言中写道:"科学史从前是按时间顺序编排的对学者的传略及其成就的描述,如今则变成了描述科学问题及其解决办法的历史……它完全拒绝研究平行发生的语言发展过程。而语文学对科学语言的形成、科学文体的表述也不感兴趣。哲学史、数学史和自然科学史都把语言看作是已有的、随时准备效劳的,而对表达思想和推理并不总是必不可少的手段。比如:依靠符号和公式的自然科学通常把词语的作用看得很消极,对概念及其表达之间存在的惯常的联系也不感兴趣。"

"一般说来,物理学家和数学家并不认为语言是自己思维的必须的前提条件,但在他们看来,语言却是使思想缜密的必要手段。一位当代物理学家说得好,各种已获得的认识的完善都取决于这一工具的性能。语言向来是科学建设的工具。……而在思想家与发明家眼里,语言的作用还不仅限于此。他们富于创造性地确定地影响了语言的发展与准确,而当代的民间以及文学语言的财富也潜在地、持续地为思想提供刺激与准确表达思想的手段。"[1]总之,在奥尔什基看来,科学的发展与语言的发展是互相依存,紧密相关的。

奥尔什基著述的价值在于,他对科学家如何凭借语言创造力来创建科学,进行了敏锐的观察,并把术语作为一种文化历史现象来对待。科学总是通过用语言写下的文本来表述的,奥尔什基把这个人所共知的事实变成了一个科学研究的对象。在奥尔什基的著作问世之前,没有人知道,甚至没有人注意到,科学文献的语言

---

[1] 转引自 Татаринов В. *История отечественного терминоведения*. том. 2 книга 2. Москва, Московский Лицей. 1999. 54.

问题应该属于哪个知识领域来负责研究。因此发现并提出这个问题就应该视为一大科学成就。这也正是奥尔什基的历史功绩之所在。但研究术语在他那里还称不上是一门新学科。他的巨著会载入史册,但是他的光辉却多少被随后接踵出现的维斯特掩盖了。

1931年,奥地利的维斯特教授发表了《在工程技术中(特别是在电工学中)的国际语言规范》这一堪称划时代的著述,从而宣告了术语学的诞生。他在这篇论文的开头提到了奥尔什基并且特别引用了他的话,"语言学忽视科学语言的形成"。接下去,他写道:"这项任务迫使技术人员研究这一他们似乎准备不足,另一方面又一直轻蔑看待的问题。然而,只要深入观察概念、名称及实物间存在的联系,他们就会愈来愈承认语言领域内科技工作的重要性。""应该承认,语言学家单独地、没有技术人员的合作,不可能卓有成效地开展技术语言的规范工作……把语言建设看成一项与修路或造机器毫无区别的技术课题,也同样是错误的,是走向了另一个极端。""科学的整顿语言应该看作是应用语言学,正如同可对把技术称作应用物理学一样。在这项工作中,语言学工作者应该获取技术知识,而工程师应该学习语言知识,要进入这两个领域的临界地带,工程师比语言学家要容易些。"[①]

维斯特的著作正是致力于开拓这一临界地带的具有历史意义的研究。他一生的著述近500篇。他的学术、社会和经营活动的成就,同样令人赞叹。人们都把他看作是现代术语学的奠基人。

---

① 转引自 Татаринов В. *История отечественного терминоведения*. том. 2, книга 2, Москва. Московский Лицей. 1999.54.202-204。

二　术语学发展成一门独立学科

如今,在世界术语学界,紧随奥地利-德国学派之后的就是俄罗斯学派,它的创始人是洛特(Д. Лотте. 1898—1950)。据有关材料记载,最早报道有关维斯特著述消息的是1932年第1期的《俄德科技导报》。该刊同年的第3期还载有维斯特著作的详细摘要,可是作者的名字却被隐去。在洛特的文集中,出现在参考文献中的维斯特的著作,都是用德文注出的。另一位俄国术语学派的创始人物之一德列津(Э. Дрезен 1895—1936)本人是著名的世界语学者。有理由相信,在苏联报刊介绍维斯特之前,他通过世界语早该知道维斯特的著述。而德列津评述维斯特著述的事,却是确定无疑有案可查的事实。这篇题为《资本主义与社会主义的技术语言规范》一文,副标题是《评维斯特的……一书》。该文刊登在1932年的《国际语言》杂志上。德列津本人对维斯特的著述给予了极大的关注。不仅如此,他还与几位合作者一起经过几年的努力,终于使维斯特那本书于1935年在苏联用俄文出版。更为重要的是,在翻译研究维斯特著述的过程中,他本人的学术研究立场与视角也发生了很大的转折。当然,维斯特的著作影响绝不仅限于此。可以说,整个俄罗斯术语学派的产生与形成,都与维斯特以及维斯特之前的西欧学者的启发与影响分不开。这是当今俄国术语学界一致肯定的事实。

俄罗斯学派的诸多特征中有一点尤为引人注目,这就是它认为术语学研究的对象属于语言范畴,所以,解决方法也要从语言学中去寻找。语言学家的较深介入是这一学派的一个特点。这里不妨引述一个有趣的、很能说明问题的细节。一本名为《社会主义改造与科学》杂志1933年第2期第207页的消息报道栏目中，有一则发人深思的报道，说：技术术语小组于莫斯科"学者之家"成立，计划近期内就技术术语的理论问题以及技术术语的整顿问题举行报告会。第一个报告人是科学院院士马尔（H. Mapp，1864—1934），即斯大林在《马克思主义与语言学问题》一书中批评的那个马尔，题目是《技术术语的研究方法》；第二个报告人是洛特，题目是《技术术语的构建原理》；第三个报告人是维诺库尔（Г. Винокур），题目是《技术术语领域内的语法问题》。这则消息虽小，为我们提供的信息却是重要的，从中可以看出：首先，术语小组成立伊始就注意术语的理论探讨，同时对术语学理论与术语实践是同等重视的；其次，最早的三个报告人中，除了洛特是工程师出身的院士，另两位都是著名的语言学家，在俄国的术语研究中，维斯特所提倡的工程技术人员与语言学的结合，从最开始便得以实现。这则小消息可以看作是"窥见"俄罗斯术语学派"全豹"的"一斑"。

30—40年代是俄国术语学的生成时期。在西方尤其是德国的影响下，同时也在国内大规模工业化建设以及文化建设需求的推动下，术语学不仅在俄国应运而生，一些被后人称为术语学"经典人物"的学者，如洛特、德列津、维诺库尔与列福尔马茨基（А. Реформатский），都开始在术语学领域施展才能，他们的一系列论著不仅为建立术语学奠定了理论基础，同时也为今后的发展确定了大致的方向。其间，另一个具有标志性的事件则是统辖术语工作的专门机构科学院术语委员会于1933年建立。该组织现更名为科学术语委员会。其基本任务就是研究术语学理论并制定整顿术语的方法。

50—60年代末是俄国术语学发展的又一个新时期。这一时期的最大特征是术语研究的领域大大扩展。这种扩展体现在两方面。一是术语研究的方向明显增多了。其中，学者们关注较多的是术语的地位、术语与名称的关系、术语的历时研究、术语的逻辑问题以及术语的翻译等。二是术语研究涉及的专业学科与语种大大增加。值得一提的是，1957年召开了首届全国性的术语学会议，1959年与1967年又两次召开全国性的术语学研讨会。如果说此前仅有个别语言学家关注术语问题，那么，此后，术语问题则引起愈来愈多的语言学工作者的兴趣。据统计，30年代与40年代发表的术语学著述各11篇，至50年代已增至44篇，而在60年代已达到480篇。与此同时，术语研究已经开始逐渐从词汇学的范围扩及到更多的相关学科。这一趋势从历次的会议名称上也能够得到反映。例如：1959年与1961年召开的会议简单地称作"全苏术语会议"，而1969年、1971年的会议则冠以"词汇学的现实问题"的副标题。1971年的会议专门讨论"科学技术与信息学语言的符号学问题"，1974年的会议主题是"各种类型词典中的术语定义问题"。更值得一提的是，正是在60年代，首先在莫斯科印刷学院及莫斯科大学，嗣后又在其他加盟共和国的高等院校，先后开设了专门的术语学课程。应该看到，术语学登上大学讲台是这门学科逐步走向成熟的一个重要标志。科学学的研究告诉我们，仅仅具备了研究的对象还不足以建立一门学科。为此，还要有社会的需求，还要有自己的而不是完全从其他学科借用来的研究方法（我们将在另文中专做介绍），以及能够对相关领域的事实或现象作出解释的理论。1969年，在莫斯科大学召开了研讨"术语学在现代科学系统中的地位"的学术会议。在前30多年研究所积累的成果的基础上,会议一致确认:术语学已经成了一门独立的学科。大约在同一时期,其他国家从事术语研究的学者,也产生了同样的认识。1975年,被公认为现代术语学奠基人的维斯特在西德的"Lebende Sprachen"杂志上撰文,论述了术语的实际工作、关于术语的一般学问以及关于术语的个别学问的差别。1979年,在维斯特去世以后,维也纳学派的其他成员包括费尔伯(H. Felber)等进一步发展了他的思想。他们把术语科学称作 allgemeine Terminologielehre。而在法国和加拿大,也把 la terminologie 看作是一个独立的专业。于是,术语学作为一门独立的学科的地位,便在世界范围内得到了承认。

相当长时期以来,英语里一直用 terminology 来表示"术语学"。但这个英语词本身还表示"某一学科的术语总汇"的意思。这自然会给这一术语的使用带来不便。因此,自80年代末开始,国际术语情报中心(Infoterm)便开始使用 the terminology science, die Terminologiewissenschaft 来表示"术语学",而俄语里则用 терминоведение 来取代同样是有多义的 терминология。

据统计,进入70年代,在俄国,每年发表的术语学研究成果已达150—200篇,而每年通过答辩的,与术语有关的学位论文竟达到40—50篇。科学院属下的科技术语委员会依然是术语研究的领衔机构,但该组织成员的专业出身发生了引人注目的变化。本来都是清一色的工程技术人员,现在也开始有语言学工作者、逻辑学工作者加盟。这使该组织取得的研究成果更加丰富多样。截至90年代末,已通过答辩的副博士论文已达2000篇,博士论文共50多篇。涉及的题目当然是多方面的,其中语义研究备受关注。此外,术语库的建设工作无论是在一些高等学校或研究机构,还是在全国范围内,都有新的进展。

三 术语学的综合性

　　作为一门独立的综合性的学科,术语学包括术语理论的研究与术语实践研究两大部分。理论研究的任务可以归结为以下几点:

　　——确定并描述专业词汇的基本类型,分析专业词汇与日常词汇的区别与特点;

　　——制定描述与分析术语词的一般方法;

　　——确定术语词的一般特征以及术语词在个别专业词汇领域内的使用特点;

　　——研究术语所指称的概念以及术语与概念之间联系的基本类型,术语的语义特征;

　　——研究术语的结构与构词成分,术语构成的模式与特征,术语成分与术语理据性的分类;

　　——研究不同语言不同知识领域术语的产生、形成与发展特征;

　　——分析术语在专业言语与现代自动系统中的功能特征;

　　——确定术语在科学认识、思想和知识进步中的作用,以及在专业人员培养与专业人员之间交往的作用;

　　——完善各种类型专业词典编纂的理论基础。

　　术语学的实践性任务可以归纳为以下几点:

　　——制定规范和建立不同知识领域术语的方法;

　　——制定并建立与信息语言库等计算机系统有关的术语工作

的方法；

——确定各种专业词典编纂中专业词汇的选择与加工的标准与原则；

——制定术语编辑与术语审定的方法；

——制定术语的翻译与编辑加工的方法。

承担术语研究的理论性任务的是理论术语学。概括地说，它是研究专业词汇的发展与使用一般规律的学科。而应用术语学则是以理论术语学为依据基础制定术语实践活动原则的学科。为了解决上述的各项任务，术语学在求助于上述多种学科的基础上，大致形成了以下一些主要的研究方面：

一般术语学研究专业词汇所具有的最普遍的特征。

个别术语学研究某一种具体语言个别领域专业词汇中的问题，如俄语采金专业词汇研究。

类型术语学对不同领域专业词汇进行比较研究，以确定受不同知识领域制约的专业词汇的共同特点和个别特征。

对比术语学对不同语言中的专业词汇的共性与个别进行对比研究，例如：英语与俄语专业词汇的对比研究。

语义术语学研究与专业词汇的意义有关的问题，其中包括专业词义的变化、同义、同音异义、反义等问题。

称名术语学研究专业词的结构形式、专业概念的称名过程，以及如何选择合理的称名形式等问题。

历史术语学研究术语的发展历史，从而揭示其构成与发展的基本趋势，以求为术语的整顿工作提供正确的选用方案。

功能术语学是研究术语在不同的文本和专业言语的语境中的功能，以及在言语与计算机系统中术语使用的特点。

此外,认知术语学、术语学史等也是近年正在形成中的新的研究方向。

应该说明,以上研究方向是在术语学 70 多年的发展历程中逐渐形成的。可以相信,随着人们对术语学研究重视程度的加深,投身术语研究的学者的增加,无论是就术语学的研究方向来说,还是就其涉及的学科来说,都只能是一个开放的系列,它们一定会与时俱进、不断增长。另一方面,也应该看到,上述不同研究方向的形成与发展是不平衡的,有的研究方向如语义术语学,成果较为集中。另外,某些研究方向的任务界限尚有待明确,方法原则也有待澄清。

术语学的综合性集中地体现在它与多种学科都有密切的关系,同时,它的研究方法主要也是从多种其他学科借用而来的,尽管它也有自己特有的方法。为了更好地认识术语学,特别是了解该学科的综合性,不妨了解一下它与哪些学科具有亲缘联系,以及这些联系是怎样发生的。

1. 术语学与语言学

术语学与语言学的关系较之与其他学科相比,历史是最长的。语言学实际上是术语学赖以产生的土壤。早在术语还没有成为一个特殊的研究对象以前,它被视为语言中词汇的一部分。因此,语言学中的词汇学以及实际从事记录与描写词汇的词典学是术语研究最早"存身"的地方。至今,在一些普通语言学的著作中,在谈到词汇问题时,仍不忘记提到术语与术语学。

术语学的上述"出身",决定了术语学最初采取的研究方法基本上是语言学的方法,或者确切地说是词汇学的方法。这从当时人们较为关注的问题可以看得出来。人们探讨的是术语词、专业词与非专业词的区别,以及术语中所存在的同义或多义现象的弊端,术语的来源以及构成方法等。显然,这些基本上都是从词汇学的角度出发来提出问题、研究问题。

随着术语研究的深入,也有人,例如俄国的著名语言学家维诺库尔,从更宽的,也就是超出词汇学的角度,依靠形态学与句法学的理论,对创建俄语术语的构词模式提出了自己的看法。人们对术语的研究也同对其他语言单位特别是词汇单位一样,从形式结构与内容结构两方面入手进行分析。这可以视为语言学方法在术语研究中的进一步扩展。同样,也是受语言学方法的启发,人们提出了对术语的规范要求。这些都可以看作是术语学产生初期,借助语言学方法所取得的研究成绩。

不过,仅仅借助于语言学方法所存在的局限性,从一开始就显露出来。例如:当用同义词概念来描述术语词时,就会出现一些问题。比如:"发动机"与"马达"在日常语言中可以算作是同义词,但是在技术语言中,它们却是必须要加以区别的两个词。同样,在日常生活中绝非同义的两个词,在某一领域的技术语言中,却可能指同一个东西,即成为等值词。应该说,理想的术语是不应该存在同义词的。如果不同的词表示的是类概念与属概念,像上述的"发动机"与"马达"那样,它们就不应被视为同义词。如果它们表达的是同一个概念,那么,它们就应视为"等值词",而不是"同义词"。说是术语要避免同义词是不准确的。实际上,术语中要避免的是等值词,而不是同义词。这样提出问题看起来已经开始超出语言学范畴了。

2. 术语学与逻辑学

术语学是用来表示某一科技领域内的概念的。某一个领域内的术语总汇实际上是该领域内概念间的逻辑联系的反映。因此，自打术语学产生的那时起，术语学与逻辑学就结下了不解之缘。实际上，从逻辑学的角度着眼，可以提出并解答许多术语学的重大问题，例如术语与概念之间的关系问题。概念是反映客观事物根本属性的思维形式。人类在认识过程中，把感觉到的事物共同点抽象出来，加以概括，才形成概念。概念是从判断、推理不同的思维活动形式中提炼出来的。同样，术语也是在认识过程中将认识的结果借助语言符号表达时产生的，换句话说，术语并不是产生于思想的开头，它是从通过语言形式表达的判断与推理中提炼出来的。术语包括在概念的定义之中，但是，概念并不是仅仅依靠术语界定的；术语可能会表达出概念的本质特征，也可能并不表达其本质特征。术语作为语言系统的符号，与它表达的概念并不能完全等同。无疑，采用形式逻辑的方法可以使某一领域内的术语总汇的分类更均整、更严密。但仅仅依靠形式逻辑的方法并不能满足术语学的全部需求。逻辑学是研究人类思维普遍规律的科学。但在不同的具体学科中逻辑的一般规律也并不是万能的。在术语总汇中，偏离逻辑的情况并不罕见。比如：在医学中，可以比较容易地确定内脏疾病的系统，并依次建立相关术语的分类系列，但是，在专利学中，其中的逻辑关系就可能不那么明显。一项发明创造的"优先权"究竟是在哪一级范围内确立仅靠形式逻辑是难以准确划定的。

如前所述，在有些情况下，术语并不总是反映概念的本质特征。这种术语的定名，依据的并不是形式逻辑的一般规律，而可能是某种心理活动的规律，比如根据类推的原则。这时代替形式逻辑学起作用的可能是心理学了。因此，仅靠逻辑学同样解决不了术语研究中提出的各类问题。

不同的科学技术领域内的术语系统,其组织方式是不相同的。比如:化学的术语系统与法学的术语系统不仅组成成分不一样,反映内在逻辑关系的结构也并不一致。因此在建构某一学科的术语系统时,除了考虑一般的形式逻辑的原则以外,还应该考虑该学科术语系统自身的特点。

就总体而言,在术语学初创的 30 年代,术语学主要还是依靠逻辑学与语言学"起家"的。在不同的国家,对这两个学科的倚重程度也可能不同。相对而言,奥地利学派更推重逻辑学,而俄罗斯学派,语言学的介入尤深。

3. 术语学与符号学、信息学及控制论

符号学是研究符号和符号系统特征的科学,该学科的研究对象是各种不同符号系统的集合。按瑞士著名语言学家索绪尔(F. Saussure)的观点,语言说到底是一个符号系统。以学科的概念为基础的每个学科的术语总汇也是一个将该学科知识归纳概括的符号系统。这个术语系统具备一般符号系统的所有必要特征。例如:可以将它按序切分成更细微的成分;具有内容与表达两个层面;具有一定的聚合与组合关系等。

术语系统的内容层面把它与信息学直接地联系在一起。信息学是研究科学情报的结构和一般特性以及与信息搜索、存储、检查、整理、转换、传播和在人们各个活动领域中的应用等有关问题。术语学与信息学的联系是个明显的事实。这两个学科几乎是同时产生并行发展的。当然,仅靠术语系统还不足以完全达到检索的目的。术语系统表达某一领域的概念及其联系,但它并不能详细地表述概念的特征。术语中还有一些信息检索时不用的派生词、合成词,甚至词组等。但总的说来,术语系统是信息检索的宝贵参考,后者可以从中采纳许多有用的词汇单位,这些词汇单位经过专门加工后,有可能成为不同类型信息检索系统的核心成分。

控制论是研究信息的获得、储存、传输和处理的一般规则的科学。数学是控制论的基础。正如该学科的一个创始人所说,"如果没有数学支撑,控制论就什么也不是"。控制论的方法同样对术语学的研究产生了重要的影响。人们不仅把某个学科的术语总汇看作是一个系统,而且还看作是一个动态的、可自行调控的稳定系统。于是术语学也成为一个可按计划合理控制的领域。

控制论的思想与方法用于术语学研究,产生的影响是相当深远的。以语言学、逻辑学为基础的方法,必然导致对术语提出种种要求、种种标准,这些可以统称为规范。一切要合乎规范几乎成了对术语的必须要求。而控制论的方法则更多地强调,首先要对调控对象的内部规律有更深刻的认识与把握,同时要顺应这些内部规律对整个系统进行管理与调控。这种由规定向描写的转化,是由侧重语言学、逻辑学方法转向偏重控制论以及系统理论等现代科学方法的一个直接结果,同时,这也是术语学在现阶段发展的一个重要趋势。

4. 术语学与科学学

当今时代另一个对术语学研究发生重大影响的学科是科学学。

科学学是研究科学的职能和发展规律、科学活动的结构与动态、科学和社会其他物质、精神生活领域之间的相互作用的学科。它产生于20世纪的30年代,到60年代,在美国、苏联等国家形成为独立的研究领域。科学的语言、数字与化学公式、计量单位、图表以及其他科学研究中的辅助手段在科学文献中的使用也是科学学关心的问题,科技术语当然更在其中。甚至有人说,术语学发展到当今阶段,其方法是控制论的,其内容实际上是科学学的。

科学学的研究告诉我们,判断一个知识领域能否够得上一个专门的学科,可以参照如下一些标准:1)具有相关领域的文献;2)具有相应的培训与研究机构;3)具有全国性的或国际性的学术组织;4)常备的人员;5)专门的研究对象;6)关于研究对象的实际阐释;7)对该领域内的现象作出解释与预见的理论;8)研究的方法;9)专业的科学语言。仅以上述观点为例,便不难看出,科学学对术语学的建立与发展具有何等直接的借鉴与启发作用。在上述的诸项标准中,最后一项正是术语学的特定研究对象。它是判断一个学科能否立得住的关键条件,用现在流行的说法,是一个"硬件"条件。而这个"硬件"的核心"部件"正是表达该知识领域基本概念的术语。

让我们作一个简单的归纳。术语学是一门与语言学、逻辑学、心理学有着"传统"联系的学科,而在当今时代,它与符号学、信息学、控制论、系统论、科学学等都有密切的亲缘关系与交叉关系。它服务于自然科学、技术科学与社会科学,同时又从其他科学,尤其是一般的理论认识科学汲取方法。这就决定了术语学的学科性质与地位,即它是一门相对独立的综合性的学科。通过术语学自诞生以来所走过的历程以及它与相关学科的关系,可以预见,在未来的发展中,如果有什么新的一般科学产生,术语学仍会从中汲取于已有用的内容与方法。在这个意义上可以说,术语学的亲缘学科是一个开放的、与时俱增的系列。这是由术语学本身的性质,即它的综合性与应用性决定的。同时,这也可以看作是这一学科性质的体现。

四　术语学研究的紧迫性

　　一般说来,一种语言的普通词汇数量,大约有十多万个。与普通词汇的数量相比,专业词汇的数量要大得多。据说,仅化学学科的专业词就有 300 多万。科学学的研究告诉我们,在当代,每过 25 年,科学学科的数量就要翻一番。而每个学科都有一个自己的概念系统,术语正是对一个学科概念系统的指称。因此,随着信息时代的到来,"知识爆炸"的发生,不可避免地要发生所谓"术语爆炸"。术语词与专业词相比,最大的特点之一就是要对其进行人为的干预。用一位著名术语学家的话说,术语不是自己冒出来的,而是想出来的、造出来的。为了对术语进行干预,就必然呼唤术语学的理论。当今时代,越来越多的术语频繁地进入日常生活,这些都使术语学的研究在当代具有前所未有的极大的紧迫性。

　　国外学者中有人把孔子说的"名不正则言不顺,言不顺则事不成"这句话用作自己的术语学专著的篇首语。看来,在我国古代先哲博大深邃的思想宝库中也曾闪现过现代术语学的思想萌芽。随着"西学东渐",西方现代科学的传入,国人更深切体会到建立术语系统对科学发展的重要意义。建国以来,我国的术语工作已经取得了前所未有的巨大成绩。但综观我们的术语工作,不能不承认,我们的术语学理论研究,大大滞后于术语的规范统一等应用性的实际工作,而理论的滞后不可避免地会给实际工作带来许多盲目性。这其中的原因当然是多方面的。其中的一个原因,就在于术语学科的综合性、多学科交叉性。

可庆幸的是,有关人士已经洞察到术语研究面临的迫切形势。2002年第4期的《科技术语研究》发表了中国科技名词代表团访问欧洲术语机构的专题报道。文章最后提到了代表团对今后中国术语工作的6条建议。其中的第一条便是:"注意现代术语学理论的教育与普及。努力谋求在大学设置系统的术语学课程,并探讨开办术语学远程教育(E-learning)的网络体系。"这是一个具有战略眼光的重要建议。它不仅完全符合"科教兴国"的方针,同时也体现了推进素质教育,促进科学教育与人文教育交融的教育理论,更是从根本上加强我国术语工作内在实力的重大措施。我们现在"谋求"要做的,实际上,一些发达国家早在20个世纪70年代已经开始做了。为了急起直追,第一步可能还是要采取"拿来主义",把别人已有的研究成果引进来为我所用。本文的写作初衷是想为此提供一点线索。

参考文献

[1] 徐友渔等《语言与哲学》,生活·读书·新知三联书店,1996:1-23。

(原载于《词典·词汇·术语》,郑述谱著,黑龙江人民出版社,2004年)

略谈术语学研究

张 伟

一 加强术语学研究刻不容缓

我从1985年被聘为全国科学技术名词审定委员会(以下简称"全国科技名词委")委员起,便与术语工作结下了不解之缘,到如今,已经有19个年头了。我先后参加了第一批和第二批《计算机科学技术名词》的审定工作,以及计算机术语标准的审定工作。在名词审定工作中我学到了有关术语学的许多知识,但也遇到了各种各样的难解问题,其中绝大多数是属于术语学的基础理论、方法和原则的问题。从实践中我亲身感受到,加强术语学的研究非常重要,应该说是,刻不容缓。

1. 术语学研究是术语工作的重要环节

近20年,全国科技名词委按学科组建了60个分委员会,开展了名词审定工作,公布了63种名词,对于术语的规范化,促进国内外科技交流起到了重要作用。全国科技名词委领导几千名学科专家在术语工作方面做了大量的扎实的实际工作。最近,全国科技名词委提出术语学建设的研究,这是非常适时的、非常必要的。它必将对于创建完整的术语工作体系,对于进一步提高名词审定工作水平,起到积极的作用。

过去,我在接受名词审定任务后,可以说是仓促上马,立刻聘请学科专家,组织队伍,开始收选名词,接着就是初审、一审、二审、三审直至定稿。因时间紧,任务重,根本顾不上,也无时间系统学习术语学的有关问题。担任名词审定的专家全部是兼职,而且大多数是初次做名词审定,只能是遇到什么,学什么,摸索前进。

我认为术语工作应包含术语学研究、名词审定、批准颁布和推广应用四个主要环节,如图1所示。过去的工作重点主要是在虚线框内,而对术语学这个环节重视不够,研究工作非常薄弱,未能对名词审定起到指导作用,也可以说影响了名词审定工作开展。

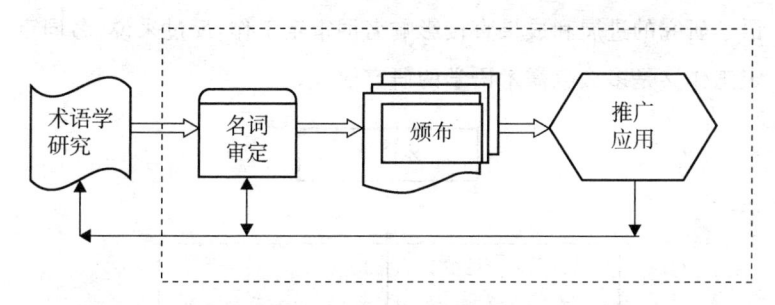

图1 术语工作主要环节

2.术语学研究位于术语工作的顶层

从图1看出,术语学研究应是术语工作的起始部分。整个术语工作又好比是一座金字塔,术语学研究位于最顶层。

对于术语学的定义,国内外学者有多种说法或描述。在为术语学下定义之前,我们看看相关学科的定义,例如:动物学是研究动物的形态、生理、生态、分类、分布和怎样控制动物的科学。化学是研究物质的组成、结构、性质和变化规律的科学。生物学是研究生物的结构、功能、发生和发展规律的科学。植物学是研究植物的构造、生长和生活技能的规律、植物的分类、进化、传播以及怎样利用植物的科学。动物学的研究对象是动物,植物学的研究对象是植物。那么术语学的研究对象自然是术语。我愿借鉴相关学科的定义来为术语学的定义提出个人的建议:术语学是研究术语的生存、表示、释义、命名和应用的理论、原则、方法和技术的科学。

从现代科学技术角度来理解,术语学可分为理论研究、应用研究和技术研究三个方面,参见图 2。理论研究侧重研究现象与揭示规律,创建理论、思想,应用研究侧重研究术语命名的方法和原则,用于指导名词审定工作。技术研究则侧重于研究术语管理和应用的方法和技术手段,用于创建术语工作的数字平台。可见,术语学研究的进展和成果直接影响名词审定工作,反过来说,名词审定工作又是多么急需术语学的研究成果。

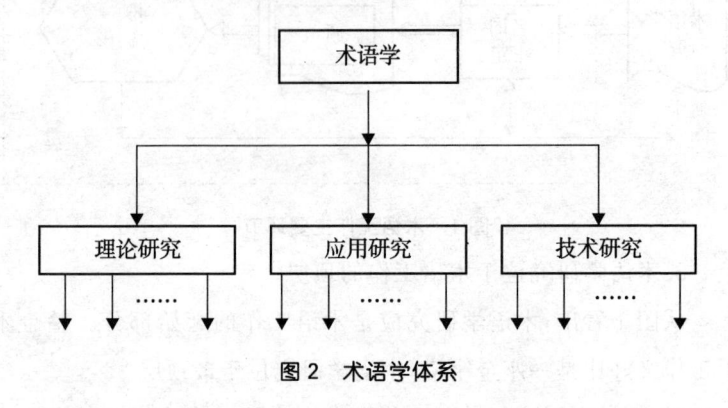

图 2 术语学体系

二 急需的课题优先研究

我认为对理论研究、应用研究和技术研究应作出系统的安排,制订全面的计划。一部分人侧重术语学的体系和架构的研究,为创建我国术语学作出贡献,而更多的人应重点开展当前急需的应用课题研究。

全国科技名词委提出加强术语学的研究是非常必要的和非常及时的。我愿从名词审定的角度或者从个人的实际体会出发,就术语学研究的迫切课题发表个人建议。也就是说,针对名词审定工作选择一些急需课题,列入首批研究计划。

1. 术语命名的理论、方法和原则

全国科技名词委制定的《科学技术名词审定的原则及方法》,规定了名词定名的原则和方法、名词审定步骤,对于指导名词审定工作起了重要作用。但我们在开展名词审定工作时,常常感到条款过于原则,缺少具体的实施细则,因此常常找不到解决的办法。建议以理论为指导,研究名词审定的原则、方法及实施细则,使之既有宏观的原则又有具体的执行办法。

《科学技术名词审定的原则及方法》要求,确保名词定名的科学性,使名词完全符合其概念,或者说准确地表明内涵。但在具体工作中是很不容易做到的。例如,menu 在饮食业中称为菜单,而且用得非常普遍。在引入计算机名词后,人们觉得很形象,很自然地用了菜单,并且很快推广开来。在我们审定第一批计算机名词过程中,全国科技名词委副主任和联络计算机名词的同志从整个科学技术术语体系及名词的科学性出发多次提出,计算机里有没有蔬菜,既然没有蔬菜,为什么不能定一个符合计算机的术语。经过多次研究和广泛征求意见,我们认为将 menu 定为"选单"是比较科学的,而且符合其概念。但是因为"菜单"用得非常普遍,很难纠正。在第二批计算机名词审定时,我们只好将 menu 定为"选单",将菜单列为又称,结果是一个术语两个名词。显然,这违反了术语唯一性的基本原则,没有做到一词一义,一个概念只对应一个名词。

因此,建议从术语学的角度研究和探讨术语命名的理论、方法和原则,以指导名词审定工作。

2. 术语的表示

目前,汉语术语的表示存在不少问题,很多术语不符合汉语规范。在从国外引进术语时,有很多术语是按当时的语境直接翻译过来,有不少术语是逐字翻译而成,因此汉语术语显得牵强或过长。在名词审定过程中对这类名词本应作必要的修订,但由于没有可遵循的规范化方法和指导原则,而未能做到精益求精,或者说做得还很不够。

从汉字的构成来讲,汉语术语可用字、词、词组或短语等多种方式表示。短语又有主谓、动宾等多种形式。在为术语命名时,究竟采用哪种方式为好,时常是不知所措,例如:裁剪或剪裁,两者都在使用,应有个原则,才好作出取舍。

从语言角度来讲术语表示有三种形式:(1)纯汉字表示,包含汉字选择、构词方法、表达方式。(2)汉字、数字、字母和符号混合表示,如:XY 绘图机、电子 CAD。(3)纯外语字母表示:CD-ROM、VCD、DVD、LSI、ADSL、3G。在名词审定过程中,我们虽然尽可能采用汉语表示形式,但是由于缺少明文规定和原则,还是出现了少数混合表示和字母词。建议对汉语术语的表示做深入研究,制定汉语术语表示的原则、方法和规定。

3. 汉语术语的精简和缩写规则

随着科学技术的快速发展,在汉语术语中吸收了很多经过汉化的外来术语,丰富了我国的术语体系。

在引进外国术语时,很多汉语术语是直接翻译过来,有些是逐字翻译过来,汉语的表示相当长,多达一二十个汉字,例如:金属氧化物半导体随机存取存储器(MOSRAM—metal-oxide-semiconductor random access memory),有 15 个汉字,电擦除可编程只读存储器(EPROM—electrically-erasable programmable ROM)有 11 个汉字。因术语表示很长,读起来麻烦,写起来费时间,所以就常常直接使用英语缩略语 MOSRAM、EPROM,出现了大量字母词。若把"金属氧化物半导体随机存取存储器"简称为"金氧半导体随机存",汉字就减少了 7 个。

为了便于推广较长的汉语术语,以及尽可能减少字母词,很有必要尽快研究和制定汉语术语缩写的基本原则和方法。

4. 术语生存周期

术语与生物一样,也有出生、发育、成长、成熟、衰老和死亡的周期,有自己的生长规律。用计算机的术语来说,术语的生存周期系指其诞生、投入使用到被淘汰的全过程。有些术语的生存周期很短,诞生时看似健壮,名字叫得也响,但发育不良,没有多长时间便衰老和消亡了。例如,20 世纪 50 年代出现的微波计算机,延迟线存储器,60 年代初出现的多孔磁心存储器、磁泡存储器等。有些术语却有很长的生存周期,例如,电子计算机、操作系统、磁盘等。

我们只有了解和掌握术语的生长规律,才能做到及时选择新词和定名,以及对变化了的术语进行修订。

5. 术语更新原则

随着科学技术的快速发展,很多术语的内涵或表示发生了变化,例如:optical disk 和 optical disc 过去一直被看作是等同的,不加区分的,国内通常称为光盘。然而,从 20 世纪 90 年代中期起,美、英等国出版的一些权威性的计算机及相关学科词典、科技期刊及专著,以及普通英语词典,已开始把 disk 和 disc 明显地区分开来,用 disk 专门表示磁盘及其复合词,用 disc 专门表示光碟及其复合词。特别是,光碟上全部印着 disc,而不使用 disk。国外,在用 disk 和 disc 分别表示两种不同的物质或概念后,对于语言表述,复合术语构成和简化,技术交流,都收到了很好的效果。我们发现后,觉得光盘已经约定俗成,多年未作改变。直到 2002 年,我们才下决心,把光盘正式定名为光碟,做到与国际接轨。

对于已经变化了的术语要不要作修订,应如何进行修订,应该研究并制定术语的更新原则,以指导术语工作。

6. 专有名词的命名

特别是对于外国人名的定名,现在的问题还不少,例如:一个外国人的姓名在不同领域出现不同译名;有些外国人的译名过于汉化,使用百家姓中常用的姓氏,分不清是华人还是外国人;有些外国人的译名采用福禄寿喜等吉利的汉字,译音很不准确;不能完全做到名从主人,未能按其出生国家文字发音规则译名;有的外国人姓名辗转几次写法或音译,因此译名不准确等。

为了使外国人的姓名翻译得准确无误,真正做到一人一名,建议研究并制定专有名词的定名原则和方法。

7. 生活用语术语化

在科学技术中借用生活用语的术语越来越多,对这类术语的命名理应根据其概念或内涵予以定名,做到一词一义,但执行起来很不容易。这里涉及的问题较多,诸如术语的个性与共性,使用原名还是重新命名,等等。如果每个学科都根据其概念重新命名,那么新术语将不断产生,术语数量就会暴涨。如果借用原名,术语可能不完全符合学科的特点。在计算机领域,这类术语为数不少,例如garbage,在环保业称为垃圾或废料,直接用作计算机术语不合适,因此定名为"无用信息"或"无用单元"。又如firewall,在建筑业定为防火墙。在计算机网络中firewall不是防火而是防毒,因此有人建议从概念出发定为"网盾"或"防毒墙"。但也有人认为这样定名与英语原意不符,不能回译到英语。结果是沿用了"防火墙"。对于这样定名,迄今仍有不同意见。

因此建议对借用生活用语的术语进行分析,研究和制定命名的指导原则、方法和实施细则。

8. 术语的自动提取

随着科学技术的快速发展,特别是信息科学技术、生物科学技术、航天科学技术等许多新兴学科的迅猛发展,新术语不断涌现,数量与日俱增,且分布非常广泛。要想跟上术语的发展速度,及时选全、选准新名词,是一件很难的工作。

为了能及时发现新词,很多专家开展了术语自动提取的研究,并取得了初步效果,但距实用还有相当距离。我建议增加人力和经费的投入,尽快在提取理论、提取方法、提取策略、提取技术和系统开发方面取得突破性进展。

9. 术语乱用与术语法

全国科技名词委每次颁布名词时都说明:"根据国务院授权,委员会审定公布的名词术语,科研、教学、生产、经营以及新闻出版等各部门均应遵照使用。"但是,术语乱用的现象仍十分严重,有的不使用公布的术语,而仍然沿用被淘汰的术语。有的新术语一公布,立刻变成时髦用语,不分场合随便乱用。例如,纳米技术的"纳米"使用频率可能最高,用得最乱,什么"纳米跑道"、"纳米保暖内衣"、"纳米防晒霜"、"纳米油漆"、"纳米衣料",简直是铺天盖地。似乎是,商品挂上个纳米,身价就可倍增。有一篇文章的标题是"铺设一条纳米跑道",那么这里的纳米是表示长度、材料还是技术呢,显然用得很不严肃。

为了保证公布的术语规范应用,建议在对术语乱用的现状及危害作些调查分析的基础上,研究和制定术语法。

三 多学科通力合作,创建我国术语学体系

术语学是一门交叉甚广的科学,是一门几乎涉及人类知识各个领域的科学,也就是说,术语学与自然科学和社会科学的各门学科都有密切关系,因此,发展术语学不单是术语学专家、语言学家的责任,而且也是几乎所有学科专家的共同责任。

术语学本身的性质决定必须多学科专家通力合作才能创建我国术语学体系,开创术语工作新局面。各方面的专家可借助本专业的特长,从各自的角度开展术语学的研究。例如,从语言学角度侧重研究基本原理和方法,从学科角度侧重研究术语的命名和释义,从计算机角度侧重研究计算机辅助术语工作,如术语数据库的建立、管理和服务。

举办术语学学术会议,开办术语学讨论班,经常交流经验,逐渐形成一支由术语学专家及其他学科专家(如语言学专家、计算机专家)参加的高水平专业队伍。还应充分利用媒体,特别是《科技术语研究》大力宣传术语工作的社会意义和重要作用,以提高术语工作者、术语创造者和术语引进者的社会意识和责任感。

在研究课题的组织和管理方面,建议参照国家基金委员会的

管理办法,由全国科技名词委编写课题指南,号召全国各地专家申请,经专家评审和立项,开展专题研究,最后组织成果验收。争取国家基金委员会的资金支持,若能在那里设立术语学专项资金,对术语学的发展将会起到积极的推动作用。

(原载于《科技术语研究》,2005年第1期)

加强中国术语学学科建设之我见

朱建平　　王永炎

我国的术语(即专业名词)规范有着悠久的历史。先秦诸子就有关于名实的论述,如儒家的"名不正则言不顺",道家的"无名无为而治",墨家的"取实予名",名家的"正形名"等。而我国设立专门机构来规范术语,是20世纪初的事。清宣统元年(1909),在大学部下设"科学名词编订馆",负责科学术语翻译规范工作。1932年,民国政府在教育部下设国立编译馆,迄今台湾仍延续此体制。建国后,1950年政务院下设"学术名词统一工作委员会","文革"中断。1985年,国务院批准成立全国自然科学名词审定委员会(后改称全国科学技术名词审定委员会,简称全国科技名词委),迄今已成立了专科委员会60个,审定并公布了名词63种,基本建成我国科技名词体系,同时也积累了丰富的术语规范工作经验。

由此可见,近一个世纪以来,我国在术语规范方面做了很多工作,成绩非常显著。但相比之下,我国在术语学理论研究方面显得非常薄弱。这与我国有着丰厚术语资源的实际极不相称,也不能适应当前开展的名词审定,也将不能满足未来的术语规范。随着国力的强盛,我国由科技大国成为科技强国,对我国的术语学也将提出更高的要求。中国作为一个正在和平崛起的大国,而汉语作为联合国使用的语言之一,汉语术语学的建立,创建有汉语特色的中国术语学，成为继德国-奥地利学派（德语）、俄罗斯学派（俄语）、加拿大-魁北克学派（法语）、捷克-斯洛伐克学派（捷克语、斯洛伐克语）之后中国学派（汉语），也是中国术语工作的历史使命。因此，目前提出加强中国术语学学科建设是非常必要的。

按照学科建设的要求，审视目前存在的问题，提出一些初步的建议，供学界讨论。

1. 成立全国科技名词委术语学研究会

全国科技名词委已经成立的二级名词审定委员会是按理、工、农、医、技术科学与交叉学科的不同纵向来设置的，主要任务和功能是审定名词，较少涉及术语学的理论，所以在目前全国科技名词委的组织构架里，为了加强术语学建设，有必要设立横向的二级组织——术语学研究会。术语学研究会的主要任务是制订学科发展计划，加强分工合作，促进学术交流，推动学科发展。不同学科的术语学专家可以通过这一全国性学术平台，一起研究中国术语学的共性问题，一起探讨其理论、原则、方法等重大的关键性课题，从众多个性经验中归纳总结出一般性的原理。通过召开定期或不定期学术会议，交流学术，促进术语学科的进步。

2. 成立专门研究机构

一个学科必须有一支稳定的学术队伍，其队伍的稳定性主要由专门的研究机构来保证。因此，应该倡导有条件的高等院校、研究院所设立术语学研究所或研究室，如全国科技名词委与黑龙江大学拟成立的术语学研究所，就是一个良好开端。中国中医研究院正在进行科技体制改革，初步设想在中国医史文献研究所设立中医术语研究室，期待这一构想能通过学科论证。要有目的地引导、鼓励综合性大学、研究院所语言专业、科技史与文献专业机构中率先设立术语研究机构。

3. 争取早日列入国家《学科分类与代码》

术语学是研究专业概念及其名称的一门学科。从语种分类,有单语术语学、多语术语学。从实用性分类,有理论术语学、应用术语学。当然,还会有不同的其他分类。一般来说,一个学科有其明确的研究对象、独立的学科理论、方法与特征、发展目标,以及一支学科队伍。发展目标是该学科核心理论、前沿领域、尖端技术长期稳定的发展趋势,而且每个学科应有三个以上稳定的研究方向,每一研究方向应有数个系列研究课题来支撑。很显然,术语学作为一门独立的学科的条件已经基本具备。但在国家标准GB/T13745-92《学科分类与代码》中并没有"术语学"。一个学科没有自己的学科代码,就像一个人没有自己的身份证。国家的科研计划、教育计划,往往依据《学科分类与代码》,给各个学科科研立项和教育招生开立户头,给予人、财、物方面的支持,所以其重要性应引起学界的高度重视。由于学科发展很快,《学科分类与代码》已经不能反映学科的实际情况,几年前制订者就想顺应实际需要进行修订。因此,学界要与有关部门加强沟通,争取在修订《学科分类与代码》时,将术语学列入。术语学由一门应用语言学,演进为一门语言学与专业学科的边缘科学,并发展为一门横跨语言学、逻辑学、本体科学、信息学和专业学科的综合性学科,文、理交叉,应属于一级学科,排在自然科学之后,社会科学之前。

虽然,术语学还没有自己单立的户头,但有关的工作并不能等待,而是要抓紧。只要工作做好了,就为将来的列入增加了砝码,所谓有为才有位。呼吁列入与抓紧工作,两者并行不悖,可以互动进行。要积极组织向有关部门申请科研课题,获得一定的经费,结合各自的优势和特点,开展术语学研究,多出成果,并促进成果转化。提倡学界多发表研究论文、多撰写学术著作,扭转目前术语学研究尤其是理论研究论文少、专著少的局面。

人才培养是学科建设的根本。一个学科要持续良好地发展,必须要有一支梯队合理的专业队伍,有学科带头人、后备学科带头人、学术骨干、后备骨干、专业人才。就现阶段而言,由于术语学的多学科性质,一般本科生难以胜任其研究、教育工作。因此,术语学人才,要抓研究生培养,要有计划地招收硕士生、博士生。根据研究生不同的知识背景,结合术语学的需要,做好选题,如术语概念演变史、从术语看中国传统文化的影响等。当然,这并不排除在本科生教育中开设《术语学概论》课程,普及有关常识,给一些初步的熏陶,培养一些爱好者,为招收术语学研究生打下生源基础。

4. 完善支撑条件

如果要建设好一个学科,那么相应的支撑条件是不可或缺的。对于术语学来说,有关支撑条件建设,包括本学科资料库、本学科的术语规范、供学术交流的杂志、网站等,一般都由实体性机构来承担。目前术语学科杂志有全国科技名词委主办的《科技术语研究》和中国标准化研究院主办的《术语标准化与信息技术》两种,也建有网站。以后陆续组建的专门术语研究机构,都有责任并且要有计划地完善有关学科发展的支撑条件,为学科的发展作出贡献。

5. 扩大文科比例

术语学有多学科的性质,需要文理学科的交叉融合,而目前全国科技名词委下属的二级名词审定委员会中,绝大多数属于理工农医学科,文科只有语言学一种,呈现"一头沉"的现象。显然对于术语学学科建设是不利的,因此,建议继续扩大文科的比例,成立哲学、历史、社会等学科名词审定委员会,使其学科组织构架趋于合理。

6. 联络、协调、修订

全国科技名词委以及以后成立的术语学研究会要加强与国际标准化组织(ISO)第 37 技术委员会(简称 TC37)及其有关机构的联系。ISO-TC37 是国际专门的术语标准化组织,秘书处设在奥地利维也纳,下属的一分委员会秘书处设在俄罗斯莫斯科,第三工作组秘书处设在加拿大魁北克,第四工作组秘书处设在德国柏林。与它们的联络,有助于及时交流信息,促进我国术语工作的进步。

在时机成熟的时候,有必要成立中国术语学会,将我国术语学研究工作者组织起来,搭建中国术语学交流平台,为创建术语学中国学派而努力。

2001 年实施的《国家通用语言文字法》第二十五条规定:"外国人名、地名等专有名词和科学技术术语译成国家通用语言文字,由国务院语言文字工作部门或者其他有关部门组织审定。"随着我国特有的学科术语规范工作的开展,如中医药学术语都是我国独有的,不存在译入,相反是译出的问题,可见这一条款显然已经不适合了,有必要进行修订。

7. 目前研究重点是中国术语学方法论

如前所述,我国术语学学科发展目标是创建有汉语特色的中国术语学,成为世界第五大术语学派。这是根据我国汉语特点而提出来的。而这方面以往我国虽有大量的原始资料,但并没有更多的符合术语学理论的阐述。近一个世纪以来,多数术语尤其是科技术语来自国外,随着科技领先地位的转移,西文(英文、德文、法文、意大利文等)、日文、俄文、英文术语先后传入。我国的科技术语工作主要是如何将外文术语准确地译成汉文术语,我们积累了丰富的术语规范经验,但对其归纳、总结,进行理论提升,都做得很不够。同时,我国学界对国外四大术语学派的概貌作了介绍,只是点滴的,并不系统、全面。他山之石,可以攻玉。系统全面介绍国外的学术与经验,对我国的术语学工作肯定有借鉴意义。但是,必须清醒地认识到,德文、俄文、法文、捷克文、斯洛伐克文与汉文不同,拼音文字与方块文字不同,表音文字与表意文字不同,因此外国的东西仅仅是借鉴,而绝不能机械地照搬。

创建符合汉语特点的中国术语学,不仅是理论问题,而且是解决我国当前术语规范工作实际问题的迫切需要。理论再好,如果不能解决实际问题,也是毫无意义的。因此,探索研究汉语术语的方法论是目前研究的重点。自1985年以来,全国科技名词委制定的《科学技术名词审定的原则及方法》一直是自然科学名词审定工作所遵循的,尽管理论略显简约而方法却具操作性。不过,由于中医术语不同以往大多数学科术语译自国外,自有其特点,而这些特点所带来的问题就对原有的《科学技术名词审定的原则及方法》提出了质疑。中医术语特点约有:①历史性:不仅有字、词、词组构成的术语,而且有短句形式的术语,如肺主气、木克土等,术语以概念为基础被认为是术语学的基本原理,显然这类短句形式的术语自有其所指的概念。②人文性:如三子养亲汤,用苏子、莱菔子、白芥子治疗老年性气喘病,有自然科学的含量,同时此方还隐喻诸孝子侍亲奉老之儒家伦理观,这就有了人文的含量。因此,不能简单地按植物的自然属性,将"三子"规范成为"三籽",否则将丢掉它的人文属性。③定性描述:如实喘、虚喘,岂能用定量来描述?④抽象的概念用具体的名词来表述：如五行的木、火、土、金、水，如何来定义？⑤中医有的概念表达不完全符合形式逻辑，因而适合于大多数科技名词作内涵性定义的"种加属差"方法，在此就不适用了。譬如，证是中医特有的概念，不同于病、症，以气血两虚证为例，既是一个独立的概念，而在实际病例描述时，又常常与病名相组合，如滑胎气血两虚证、子眩气血两虚证、产后腹痛气血两虚证，它不再是线性的而是多维的，可能辩证逻辑的方法才比较适用。

"简明性"是科学名词审定的基本原则之一。我们在完成科技部项目《中医药基本名词术语规范化研究》之后，又得到科技部的支持，目前正开展《中医内妇儿科名词术语规范与审定》工作。众所周知，天文学中木星、土星等的多个卫星，其命名采用组合法，但它不用全称"木星1号卫星"、"土星1号卫星"，而是加以缩略，称"木卫1"、"土卫1"，符合术语的简明性。但我们在中医术语规范过程中，面临了一个问题：组合后的术语字数多，不简明。如上所述，滑胎、子眩、产后腹痛等病均有气血两虚证，采用组合法定名，便有滑胎气血两虚证、子眩气血两虚证、产后腹痛气血两虚证，显然组合后的术语变长了。又如关格（病）有"脾肾亏虚，湿热内蕴"、"脾肾阳虚，寒湿内蕴"、"肾气衰微，邪陷心包"等证，组合后就成了"关格脾肾亏虚湿热内蕴证"、"关格脾肾阳虚寒湿内蕴证"、"关格肾气衰微邪陷心包证"等，这么长的术语，显然使用会不方便，会影响学术交流。因此，必须进一步缩略，使之简明，方便交流。那么汉语术语缩略的原则是什么？方法又是什么？这就需要术语学界提供有关方法论研究成果，以解决当前汉语术语尤其有中国特点的中医术语过长的问题。这也是我们为什么提出我国术语界目前研究重点应放在中国术语学方法论上的原因。

中医术语所具有的古今演变、中西差异、文理交融的特点,为我国术语界提供了一个很好的研究样本,我们期待着有志于创建中国术语学派的人士加入到中医术语研究中来。

(原载于《科技术语研究》,2005年第1期)

术语学的研究对象、宗旨和任务*

吴丽坤

在国外,术语理论研究始于 20 世纪 30 年代。作为一门独立的综合学科,术语学建立于 20 世纪 80 年代末。在这一学科的建立过程中,研究人员对术语学的基本概念、术语的特点、术语的构成及其类型、术语和概念的关系、术语的意义和概念的关系、术语的语义和理据性、概念的命名、术语的定义、术语的审定、标准化等诸多问题展开研究、探讨,为术语学这一学科的创立打下了坚实的理论基础。本文分析的是术语学的研究对象、宗旨和任务。

一 术语学的研究对象

术语学主要研究对象是专业词汇单位,其中首先是术语(термин)。

术语学研究专业词汇(специальная лексика),主要关注专业词汇的类型、来源、形式、内涵(意义)、使用、整理和创造等。由于专业词汇与相应知识领域的概念密不可分,所以术语学也从事概

---

* 本文为教育部人文社会科学重点研究基地重大项目"国外术语学理论研究"(05JJD740180)阶段性成果之一。

念的研究,如研究概念的形成和发展规律,揭示构成概念系统的原则与方法,界定概念的内涵以及选择命名概念的方法等。由于术语必然是某一术语总汇(терминология)或术语系统(терминологическая система,терминосистема)的成分,其属性和使用在很大程度上受制于其所属的整体的术语总和。1969年,莫斯科国立大学语文系以"Место терминологии в системе современных наук"("术语学在现代科学系统中的位置")为题召开了全苏术语研讨会。Б. Ю. 戈罗杰茨基(Б. Ю. Городецкий), В. В. 拉斯金(В. В. Раскин)在所提交的会议论文中,突出强调了术语对其所属的术语总汇或术语系统的依赖性,他们认为:"说术语单独存在是虚妄的。它只能存在于术语系统之中,即和与之以一定关系相联系的其他术语共存。"[1]尽管不可能同意"术语单独存在是虚妄的"这一观点,因为术语首先是某一自然语言的词汇单位,但术语系统的确是术语学的研究对象,无论术语理论研究还是具体的术语实践工作,都不能脱离术语所属的术语总汇或术语系统而进行。

20世纪80年代中期以来,有人提出:术语学的主要研究对象首先是用于某一知识领域的全部术语的总和,即术语总汇(术语系统),而不是单个的术语。[2]但如果不了解作为组成术语总和的单个术语的特性,也就很难着手于整个术语总和的研究。实际上,从单个术语和整个术语系统这两个角度进行的研究密不可分,具有互补性质,可以说,研究术语特性时,必须强调术语的系统属性,即术语绝不是孤立存在的专业词汇单位,术语只有用于其所服务的专业领域时,才不失其作为术语的属性、特征。反过来,研究术语总汇(术语系统)的发展特点、规律,又会为术语单位的研究提供新的知识增长点。

科学学中有一条重要原理：就是要区别科学或学科的对象（предмет）和对象物（объект）。对象物是指"观察、试验、研究过程中与之打交道的东西，简单地说，就是研究的材料"，而对象是人类认知活动的产物。作为人类创造的特殊结晶，科学或学科对象的发展规律与对象物自身具有的规律是不相吻合的。科学研究对象的确定"往往与某门科学研究的宗旨和遵循的方法有关。从哲学上讲，对象物属于本体论范畴，而对象却属于认识论范畴；不同的科学可用同一现象的同一物质材料作为其研究的对象物，但却各有其不同的研究对象。"[3] 换言之，对象物是客观存在的事物、现象，而从哪一角度、采取何种方法、利用何种手段来研究这一客观事物、现象并最终达到何种目的，对研究同一事物、现象的不同学科来说，都是不同的。比如食盐，化学家可以研究它的分子结构，物理学家可以研究它的晶体的运动规律，几何晶体学可以研究食盐这类事物晶体的几何关系、晶体排列的对称性等，药物学家可以研究关于食盐有杀菌、防病治病的作用。这说明完全可以从不同的角度、不同的侧面研究同一个客观事物，通过对其不同方面的认识，最终使人对事物的认知水平接近于事物实质本身。

从这一角度来说，术语不单单是术语学的对象物。这是因为：术语通过普遍概念（общее понятие）与专门的知识、活动领域发生联系，因此术语不可避免地成为研究这些领域的所有科学或学科的对象物。其中，首先是自然科学、技术和社会科学，属于其研究对象的概念用科学、技术和社会政治术语表示，而概念系统则由相应的术语系统来表示。接下来是包括哲学、逻辑学、符号学、控制论、一般系统理论的方法论科学以及一些依附于方法论科学的跨学科知识领域,如数学、信息学等。所有科学、学科和知识领域都运用具体科学与通用科学的概念和范畴,而这些概念和范畴的表达手段是专业性很强的术语和通用科学术语(общенаучный термин)。简言之,术语是理论和应用活动诸领域的对象物,每个领域都从术语中剥离出自己所需要的方面。术语学研究术语这一对象物时,要研究各学科术语的共性,找寻术语领域中普遍存在的趋向和规律,从而指导具体的术语实践工作:如术语的整理、统一和规范化工作,科学论文篇章自动编辑、加工处理以及机器翻译过程中涉及的术语问题等。从术语学的角度出发来研究术语,要达到一定的目的、解决相应的问题、为解决问题而采用的方式和方法以及取得的术语研究成果等均构成术语学的对象。

二 术语学的宗旨

术语学的宗旨十分明确,那就是:研究术语的形成和发展的特点及规律,从而指导术语实践工作。

在术语出现和发展的进程中,由于各种原因,比如人们对术语所命名概念的认知水平的提高,从其他语言中借用术语,各种学术流派、理论观点并存等,在术语和概念之间、术语总汇(术语系统)和相应的概念系统之间总会出现各种各样的不一致现象,这在一定程度上阻碍了专业人员之间的交往和信息的传播。因对某一术语的理解不同而造成严重经济损失的事件时有发生。因此,科学家、学者、专业技术人员一直在试图整理(упорядочение)、统一(унификация)[①]术语。

"терминология"一词本身就是必须对术语进行整理、统一的佐证。该术语曾表示三个不同概念:"某一知识领域的术语的总和"、"某一语言中全部术语的总和"以及"研究术语的科学"。为了消除多义造成的不便,有人建议用术语"терминологическая лексика,терминолексика"(术语词汇)表示第二个意义,即某一自然语言中全部术语的总和。[4,5]第三个概念,即"研究术语的科学"用术语"терминоведение"(术语学)表示[②],该术语于1967年由词汇学家 В. П. 彼图施科夫(В. П. Петушков)以口头形式提出[6],1969年首次由著名语言学家、术语学家、《Термин и Слово》(《术语与词》)[③]的主编 Б. Н. 戈洛温(Б. Н. Головин)以书面形式提出,现已得到普遍认同,而术语 терминология 只用于表示"某一知识领域全部术语的总和"[7]。

20世纪50年代以来,在科技文献翻译、科技信息检索、再加工、存储以及专业人员的培训过程中,专业词汇发挥着越来越重要的作用,人们开始有计划、有步骤地进行术语的整理工作。在这一过程中,人们逐渐意识到,要想整理术语,就必须了解术语的语言

---

① "整理术语"对术语实践工作而言是较为宽泛的概念:"调整术语,使术语有次序";"统一术语"是指规范术语的语义,使术语避免不合理的多义、同音异义和同义现象。

② 维也纳术语学派用术语"Allgemeine Terminoligielehre"表示"术语学"[9],法国和加拿大的研究人员称 la terminologie 为"一门独立的专业"[10](Rondeau 1981/1984),波兰学者用术语 terminologia 表示术语学和术语理论,英语国家曾长期用术语 terminology 表示术语学(专业),但国际术语活动组织——国际术语信息中心在20世纪80年代末的正式文件中开始用术语 the terminology science 称谓"术语学"这门学科。

③ 这是由下诺夫格罗德大学定期出版的专门研究术语问题的高校校际学术期刊。创办于1973年,至今已发表了大量有关术语和术语系统特点、术语在科学文本中的功能、不同语言的术语对比以及具体学科术语研究等方面的论文。

特点、术语的发展规律。所以,研究术语、术语总汇(系统)形成和发展的特点及规律是术语学这门学科的宗旨和目的。

三 术语学的任务

俄罗斯术语学创始人之一 Д. С. 洛特(Д. С. Лотте)在发表于1931年的第一篇研究术语问题的文章《Очередные задачи технической терминологии》(《技术术语当前面临的任务》)中,指出了术语学家当时面临的三项任务。第一,研究部门术语的演进过程并总结其在不同语言中的规律。不仅要逐一研究每个部门的术语,还要将其进行对比研究,弄清"亲缘部门群发展的部门条件与特点"。第二,认真研究新术语的构成情况。第三,在完成前两项任务的基础上,进行术语的实验室实验,对术语进行形式、语言、技术-语义以及语音方面的研究。[8]

上述任务的提出距今已有七十多年,但到目前为止只有第二项任务得到了部分解决。术语学家面临的任务还十分艰巨,可将其从理论和实践两个角度归纳如下。

理论方面的主要任务是:

——确定并描写专业词汇单位的基本类型,分析能够将专业词汇与通用词汇区分开来的特点,以便确保准确无误地分离、挑选出需要整理的专业词汇;

——制定描写、分析术语总汇(系统)的一般方法;

——界定术语和术语总汇的一般属性及其在不同领域专业词汇中的特点;

——研究术语所命名概念的基本类型及其之间的联系、术语和术语总汇的语义特点、语义问题；

——研究术语的结构、构词组成，术语的构成方式、模式与特点，术语元素的类型、术语理据性的种类；

——研究不同语言、不同知识领域中术语总汇（系统）的产生、形成和发展特点；

——分析术语、术语总汇在专业言语和现代自动化系统中的功能特点；

——界定术语、术语总汇在科学认知、思维和知识发展以及专业人员的培训、交往过程中发挥的作用；

——完善不同类型专业词典的编纂理论。

实践方面的主要任务是：

——研究并制定创造、规范（推荐与标准化）不同知识领域术语的方法；

——研究并制定术语工作的方法，以便为创建现代化计算机系统——自动检索系统、数据库、知识库和智能系统提供语言方面的信息保障；

——确立编写不同专业词典时挑选、加工专业词汇的标准与原则；

——分析并制定编辑、验收术语的工作方法；

——制定翻译术语的方式、方法与推荐性文件。

参考文献

[1] Городецкий Б Ю，Раскин В В Термины с точки лингвистической точки зрения//Научный симпозиум "Место терминологиив системе современных наук". 1969:135.

［2］Авербух К Я. Копределению основных понятий терминоведения // Теоретические проблемы научно-технической терминологии и практики перевода. Омск. 1985.

［3］华劭. 语言经纬. 北京:商务印书馆,2003:1-2。

［4］Кузькин Н П. К вопросу о сущности термина // Вестник ЛГУ Л, 1962. № 20:138-139.

［5］Даниленко В П. Русская терминология. Опыт лингвистического описания. М:Наука. 1977:19.

［6］Лейчик В М, Бисекирска Л. Терминоведение: Предмет Метод Структура. Bialystok. 1998:10.

［7］Головин Б Н. О некоторых задачах и тематике исследования научной и научно-технической терминологии // Учебн. Зап. Вып. 114. Серия лингвистическая. Горький:Изд-во Горьковск. унта. 1970:20.

［8］Лотте Д С. Очередные задачи технической терминологии // Изв. АН СССР. Сер. VII,ООН. 1931. №7:888-889.

(原载于《中国科技术语》,2007年第1期)

谈国外大学的术语学教学

梁爱林　　邓愉联

一　引言

术语学教育,除去对相关的在职工作人员进行培训之外,它在大学层次的教学、实践与理论研究活动,必然代表着它的学科地位,或者说是一门学科是否已经"成熟"的标志。术语学成为硕士与博士层次的论文题目,能够说明教学与研究的紧密关系,说明这门学科在学术研究上的认可度与普遍的接受程度以及学术专业化和职业化的发展情况。关于术语学的学院培训形式和非院校课程设置等问题,Picht 和 Partal 曾展开过详细的论述[1]。近年来,我国学者也开始关注国外与我国的术语学教育的问题,郑述谱介绍了俄国的术语教育[2],梁爱林提出了关于我国翻译教学中术语学培训体系的建设问题[3]。然而,对于国外一些大学具体是如何开展术语学教育的,特别是术语学作为大学课程设置的情况,我们还所知甚少,介绍与关注得不够。因此,我们认为有必要介绍这方面的情况,而介绍的目的则是希望我们在了解国外术语学教育的基础上,为我国大学的术语学教育的启动与发展提供经验与借鉴的作用,这样我们可以采纳别人一些好的、成熟的做法与经验,早日让我们的术语学教育能够"名正言顺"地进入大学的讲堂,让我们的教学活动能够开展的更加富有成效、多彩多姿,让我们也能够在自己的本土上培养出符合国家需要的、合格的术语人才。

二 国外六所大学的术语学教学

1. 奥地利维也纳大学(University of Vienna)的术语学教学

维也纳大学的术语学教育有着悠久的传统,术语学课程正式成为大学课程设置与教学计划的组成部分已近40年了。教授过术语学课程的老师包括20世纪70年代初的维斯特(Wüster),70年代末和80年代的费尔博(Felber)和玻乐(Bühler),之后有欧瑟(Oeser)和布丁(Budin)等教授,布丁从20世纪90年代开始授课到现在。从这个教学团队,我们可以看出"维也纳术语学派"在维也纳大学的传承情况,特别是该学派对术语学教育的重视程度。

维也纳大学的术语学教学传统有两个明显的属性特征:即跨学科的属性和重实用的特征。跨学科是指术语学已经成为许多不同学科与专业教学的必然组成部分。几十年来,参加术语学课程学习的班或者研讨班(seminar)都是归属在应用科学哲学的名下,换言之,应用科学哲学教学计划的组成必然包含着术语学的内容,上课的学生也是来自各种不同的专业与学科,这样术语学的课程教学就有了独特的跨学科的背景特征。学生不同的经历自然要求他们需具备不同的语言和文化差异的意识,具备对不同语言知识结构的认识和对不同科技领域术语的意识。术语学的跨学科研讨班教学方式和重视知识工程学的发展成为了维也纳大学术语学教育新的传统,与术语学研讨班方法相配套的是:师生要共同参加一些应用性的术语研究课题(Project),如历史术语学研究、多语言的知识组织体系研究、术语学与知识和信息工程学(包括参与了欧洲范围内的超媒体术语课题的任务)等。

术语学重实际应用的特征则具体地体现在对翻译人员(包括口译员和笔译员)的培训体系中,大学开设的以翻译为导向的(translation-oriented)术语管理班每年都吸引了来自十几种主修语言课程的学生,这些不同语种的学生参加以实用为主的翻译术语学的课程学习后,反过来又强化了专门用途语言(LSP)中术语的应用情况。教授术语管理课程时既注意解决理论和方法论层面上的问题,也注意解决实践层面上的问题,包括术语数据库的创建与有效使用、在线的术语表的设计、学生日后从事翻译职业后的发展等,教师时时处处都在关注术语学理论和实践相结合的平衡关系。

术语学的教学在本科生和研究生两个层面开设,还包括术语学方向的博士论文指导。此外,维也纳大学还与驻维也纳的联合国机构签定了合作协议,由维也纳大学负责术语学与翻译高级课程的培训任务,培训重点是相关的理论培训、方法论的指导、翻译质量保证的落实与结合日常职业的实践等几个方面。面向译员的课程还着重探索如何利用好新的技术,如机助翻译系统、联机(在线)使用翻译与术语的工具和术语库管理系统等,这样,术语管理不只是翻译质量保证和信息管理的一个工具,而且是用来帮助译员增进了解、消除跨文化差异的利器。

简言之,维也纳大学一直把术语学的教学与培训视为是具有跨学科的特性,并且坚持理论与实践的结合。大学注重为与术语相关的职业或者新的、变化中的职业提供实用方向的培训。另外,术语学的教学研究与一些术语研发(R & D)性的课题和活动相联系,与欧洲和国际合作的项目与计划相联系,而且出色地完成了许多重大的科研课题,建立了良好的声望。

2. 奥地利因斯布鲁克(University of Innsbruck)大学的术语学教学

因斯布鲁克大学翻译系在翻译专业设立术语方向的毕业论文写作已有 20 多年的历史,写论文的目的是为学生提供应用术语学方法论原理的机会,论文以实际应用为主,不是纯的学术论文(academic paper),也不是呆板的练习。学生通过与潜在的术语用户的合作,如需要多语术语的公司与组织(包括中小企业),来参与具体的术语工作。参与教学的老师有 Peter Sandrini 教授和 Christiane Böhler 博士等。

撰写术语论文的过程是:选择一个特定的专业领域和工作语言,查阅现有的资源,收集术语文献的文本材料,分析文本,构建专业领域的概念体系,完成术语记录汇编(包括概念数据和术语的数据及其他的信息),进行语言之间的比较(如同义词,一词多义),修改与编辑出版(指在学校的术语网站上发表)。

论文的选题与语言是根据学生的专业方向及研究课题合作方的实际需求而定,论文大多是两种语言,有些论文涉及三种以上的语言。在做研究课题之前,学生须确定自己的专业领域和所选的语言是否已经有了术语的产品。学生须利用万维网(WWW)这个信息工具收集术语信息,因为万维网中有包括所有学科领域的大量的文本数据,当然学生也可以用传统的图书馆或者与专家咨询的方式来收集术语信息。

现代电子信息技术为术语工作提供了新的可能,因此,翻译系已经把一部分的术语资源设置在自己的网页上(见 http://info.

uibk. ac. at/c/c6/c613/termlogy/termsen. html.）。网页的首页提供了在万维网上查找术语信息的三种选择:1)术语的产品,如术语词典、术语表、术语库及搜索引擎;2)印刷的术语产品,如参考书目、大学的图书馆藏书等;3)专门用途语言文本中的术语和术语学相关的一些论文。学生可以联机获得以上三个类别的术语信息,其中网页上在涉及"专门用途语言文本中的术语"的内容时,已经对学生选用适当的搜索引擎和方法提出了指导意见。学生一旦确定了题目、收集好了资料、建立了概念体系后,便可以采用统一的数据库模式把数据输入到术语库中。大学的网址(Uibk-Website)提供了数据库的描述和输入的方法,学生可以在任何的地方登入,学生还可以通过万维网这个媒介发表自己的论文,但是要下载别人全部的论文则有着技术上的限制。翻译系的网已经成为协调术语活动、低成本汇编学生术语学论文、有效进行术语的管理和展开翻译研讨教学的多语言的术语资源库。由于翻译和术语工作者肩负着交流与传播专家的职责,所以因斯布鲁克大学翻译系的术语教学特色便具体体现在要学生学会善用万维网这个工具来收集信息与传播信息方面,论文的撰写是学生最重要的术语实践活动。

3. 德国科隆应用科学大学(Cologne University of Applied Science)的术语学教学

德国科隆应用科学大学是德国最大的大学之一,两万学生中的绝大多数都在工程学、商科和社会科学这样的系科(又称为大学的传统系科)中学习,其中有1,500名学生属于语言系,这些学生参加术语学培训的目的是要获得翻译的文凭。在8个学期的课程学习中,学生要选择第一外语(从英语和法语中挑选)和第二外语

(从英语、法语和西班牙语中挑选),由学生视自己的情况进行语言的组合。教学计划是根据商业、技术和法律的学科背景来设置专门用途语言翻译的一系列课程,因此,课程设置的术语部分是由 4 个主要的模块组成:术语科学的基础学习(侧重翻译方向),计算机化的术语工作,术语工作的课题实践及术语学论文。承担术语学教学的教授有:Klaus-Dirk Schmitz, Hermann Rösch 和 Klaus Lepsky 等人。

术语科学的基础学习(侧重翻译方向)是在第 3 个学期以正式授课的方式进行,并配有 24 小时(一个学期)与学生的面谈辅导时间。授课的重点是:术语工作为什么不可或缺?术语学的基本概念、术语学的历史发展、专门用途语言与通用目的语言、概念与术语、概念的描述(特征与定义)、概念体系、多语言的术语和术语的对等,计算机辅助术语管理面面观等。

计算机化的术语工作是实践为主的课程,侧重术语管理的基本原则和术语管理体系的介绍。要求学生创建术语库(创立术语库要选择多语术语职业(Multiterm Professional 软件)程序的文档),记录术语的条目,掌握文字处理技术和万维网(WWW)及互动中的术语。

术语工作的课题实践是以术语研讨班(seminars)形式展开,学生分成小组来创建一个小型的术语数据库。虽然术语库的要求是简短而精致,但是数据库中需要包括术语、定义、同义术语、多语言的对等术语之类的术语工作内容。该课程是在第 6 或者第 7 学期开设,目的是要学生在术语课题的实践过程中能够说明术语的工作方法和多语的程序文档,能够善用因特网来从事术语研究,能够了解术语的资源,能够应用好研究的方法。课题的实践包括在多语程序的文档中输入术语的数据并且建立概念的体系。

术语学论文要求学生在第 8 个学期用 3 个月的时间完成，与学生前个学期须完成的"简练"的术语课题（即建术语库）相比，论文的篇幅要求是大约 200 到 400 页，包含有所选的专业术语的 150 个概念。论文与课题的特点都在于强调术语学科的基础知识，强调对某个专业领域术语工作方法的描述和研究方法的应用，要求学生能够用两种或者三种语言来图示表达论文中的概念体系，能够清晰地描述术语的条目，会独立构建术语表，并且要有全部语言按字母顺序编排的索引，有参考书目和打印的文稿。除此之外，学生还要交一个带有多语术语数据库的软盘或者光盘。

4. 芬兰瓦萨大学（University of Vaasa）的术语学教学

术语学自 20 世纪 70 年代末作为瓦萨大学商务语言交际课程计划中的一门选修课开设后，发展到今天，术语学课程不仅是译员培训计划中的一个必修的组成部分，而且成为该大学所有专业学生的选修课程。1990 年瓦萨大学人文学院的传播学系还专门设立了新的术语学硕士学位课程，它是一个跨学科的硕士教学计划，涵盖了该大学术语学、应用语言学、新闻学、信息科学、多媒体和符号学等不同的学科领域。传播学系除承担了在人文学院开设术语学、语言学和应用语言学概论的任务之外，术语学研究导论和专门用途语言导论两门课还是传播学专业所有学生的必修课程。此外，来自人文学院的学生和来自商务专业、社会科学、信息科学、多媒体等专业的学生也都把传播学作为副修的课程。这样就真正形成了学科之间的交叉学习与相互培养，也充分体现了术语学这门跨学科的属性特征。术语学教学团队的主要成员有：Christer

Laurén教授，Anita Nuopponen[①]，Nina Pilke和Outi Järvi等老师。

术语学的其他系列课程有：术语分析与概念分析（主要面向传播学和多媒体传播学专业）、术语的构成（2个学分）、术语库（2个学分）、术语学的课题（5个学分）。对于有志于选择术语学为硕士学位论文题目的学生，该大学还开设了术语学研究高级课程（2个学分），术语学研讨班课程（5个学分）和术语实践的培训。由于大学在"多媒体系统与技术交流"（Multimedia Systems and Technical Communication）方向设立了新的跨学科的硕士学位，所以对翻译专业和文献专业的教学课程也起到了有益的补充作用。

与同行或者业界展开课题合作对于术语学的教学起着明显的促进作用，例如与从事技术文献工作的人一道开发职业发展教学计划。瓦萨大学的在职术语学培训计划就是与诺基亚（Nokia）电讯公司和ABB公司联合筹划的产物，其目标是为有着术语学教育背景、后从事技术文献工作的专业人员进行在职培训，以填补急缺的工作岗位。与芬兰一家ABB分公司的研究课题则是用术语分析的方法为该公司开发新的文献著录系统。在所合作的课题之中，学校会安排多媒体系统与技术交流的研究生参加，直接把课题研究作为培养学生实际能力的平台，来检验学生术语学理论与实践的结合情况，同时为完善术语学教学计划提供些有价值的反馈信息。课题组的研究人员还尝试用不同类型的概念系统方法来获

[①] 关于术语学教学与培训的院校，读者可查阅Vasa大学的术语论坛（Terminology forum，atn@uwasa.fi. http：//lipas.uwasa.fi/termino/）。网页中的Teaching and Training in Terminology Work and Science列出了世界各地术语学教学与培训的院校，点击即可进入。本文介绍的六所大学的一些资料来自该网站的指引，其余资料来自我们与相关的学者的交流。有兴趣的读者还可以登陆各大学有关的术语教学网站。

得公司文献著录系统的情况以及全面了解公司系统的功用。4个月后,课题组人员要写出一份详尽的报告(这也是课题的组成部分),报告要描述公司不同部门的术语文献类型,文献产生的阶段与流程,术语文献产生所需的时间,公司使用了哪些文献著录的工具等内容。写课题报告的目的是能够描述术语文献的现状和优势所在,并且从中发现问题与解决问题。

此外,教师还要求新闻专业的学生能够把术语分析的方法应用到新闻业不同的理论、派别和概念框架的比较研究中,因为记者必须具备分析与评论的能力。通过应用术语学的方法,学生便可以透过自己的眼睛发现:印刷的文字或者屏幕上的东西并非如他们想的那样真实可信。由于把术语学作为跨学科的教育已经取得了良好的收效,瓦萨大学因此认为:术语分析法既可以用在大学的通识教育中,也可以作为任何研究人员的分析工具。因为术语及其概念分析的系统方法能够帮助研究人员正确处理不同理论中的术语及概念上的问题。瓦萨大学的术语研究者,根据他们切身的体验,也认识到:术语学,特别是术语分析的方法,已经超越了传统的术语学领域而成为了实用的教学与研究的工具。

5. 丹麦哥本哈根商学院(Copenhagen Business School)的术语学教学

哥本哈根商学院的术语教学一直倡导:课堂教学与练习的结合不只是支持学习任务的完成,而且要使得教师有机会了解学生所学的教学内容是否已经掌握。授课的题材与内容必须经实际的应用后,学生才会明白并且学会使用,因此,该大学的教学特色是:重视术语教学中练习的配套与实践环节的精心设计,并且及时从学生的练习中获得反馈的信息。把不同类型的术语练习应用到不同的教学环境中,同时在课程学习的不同的阶段针对学生的具体情况加强练习,已经成为该大学多年来行之有效的做法。授课的教师是 Picht 教授(已退休)、Bodil Nistrup Madsen 和 Hanne Erdman Thomsen 教授等。

教师把术语练习分为五类。第一类的练习或课程开始的练习是关于术语管理的基本原则。在涉及"物体(object 也译客体)与概念"的主题时,设计好的练习是鼓励学生在文本中识别术语,然后分出作为表示物体与概念的图示标记或者符号的表示法。这个类别的练习还包括如何确定提供文本信息的"概念"的实际语境,练习的目的是叫学生学会辨别原始的术语数据。

第二类的练习是鼓励学生在术语库中、词典中、百科全书和专业的文本中找到术语的定义和释义,然后就定义与释义展开分析讨论,展开评判并且完成修订补充的工作,练习的目的是充分了解构成定义的条件与要求。

第三类的练习是依据所收集到的术语集来创建或者重新构建术语的概念体系。最好是把教师收集到的术语总汇(术语集)按照不同的方式展示给学生,如有术语的定义、无术语的定义或去除连接知识本体(ontology)层次的关键结点(node)等。教师把手头上的术语汇编展示给学生看与做的目的:是要学生知道构建概念体系的难处,知道要构建清晰的概念结构需要突出完整的定义与术语集之间的互动关系。

第四类的练习是在学生对概念体系有了初步的认识后,围绕不同的文本类型来研究包括语言和非语言在内的术语概念的不同表达手段与方式。练习既有侧重术语的标准和已公布的分类系统知识领域,也有对在文本中找到的术语组合或搭配进行全面的分析。这类练习的目标是要学生掌握术语知识表达的方式。

第五类的练习是分析术语的"产品"和词典的"产品"。分析的目的在于透析术语和词典产品所使用的方法，包括每一种产品设计与展示的方法、质量与具体应用的情况。学生要依据 ISO 12620（术语计算机应用—数据类别）之类的工具，构建起自己的术语数据库模型，以便日后在各自的工作岗位上能够选用最适合自己的数据类型。这类练习还包括能够应用商业术语库产品的一种模式来构建自己的术语库。术语学课程的期末任务是要学生亲自参与完成一个完整的、文本式的双语术语课题。

以上五种类型的练习都是以实践、动手练习为导向，这些实践活动中自然少不了论文的写作，因为论文是术语教学过程中一系列技能操作的延伸性的活动，它顺乎于情理，是技能实践的高层次活动。高级阶段培训的补充练习包括各行业领域中术语的咨询，术语标准的开发，术语标准的分析与评论等。要求从事术语学课程培训的老师必须对学生各阶段的练习进行分析评判，练习的安排与设计要适合具体的教学环境并且要结合当地（本土）的语言与文化，这样才能保证术语教学的效果。

6. 美国肯特州立大学（Kent State University）的术语学教学

肯特州立大学下属的应用语言学学院要求：所有翻译专业研究生层次的学生都须修应用于翻译的"术语学与计算机应用"（Terminology and Computer Applications）课程[①]，该课程在研究生教学计划的第二个学期（共 15 周的时间）开设。显然，术语学课

---

① 关于该课程的电子课件及其详细的描述，请进入网址：http：// appling. kent. edu/ResourcesPages/Courseware/Terminology _ CopmuterApps/60011Syllaubs-2007. htm。

程需要讲授的内容是难于在一个学期内完成,因此学院规定:在修完该课程后,学生要在提交翻译的毕业论文时,一并完成翻译研讨课程中的术语汇编任务和术语库的创建工作。术语学课程的主讲教师是 Sue Ellen Wright 教授、Jill. R. Sommer 教授以及他们的助手 Emily Pierson 和 Fawn Homan。

术语学教学计划如何在有限的时间和资源的情况下,达到最佳的效果,特别是满足学生日后工作的期望与所需,一直是该学院术语老师的关注焦点。为了把更多的内容融合或者压缩到现行的课程设置中,教学大纲规定的主要内容有:术语管理基本原则和问题导论、术语数据库管理入门、术语管理实践应用(包括练习)、术语库的准备(大约 50 个术语条目)、因特网通讯和万维网研究、术语与翻译管理的高级应用(如翻译记忆系统和机器翻译)。

在 15 周的授课时间内要按顺序、有条理地完成全部的教学内容,时间显然不充分。为此,术语学的理论教学与实践的环节必须要精心地设计、合理地规划,这样才可以保证学生在第二学期一开始就能有效地投入学业。为保证教学的顺利实施,在课程入门学习的前几周,教师会着力让学生了解教学目标、教学任务与安排、并且预先布置不同的课题或者题目。学生把握了课程的主题后就不会感受到"无所为"的困惑,而是积极配合教学安排,胸有成竹地完成任务。教师为弥补课堂教学时间的不足,在术语的练习上重点强调课题或研究题目(project)的作用,要求学生自己花时间完成不同形式的课题,如个人的术语数据库建设,个人万维网主页的制作及小组课题等。学生需掌握的技能要形成自然的衔接、要相互关联、互不可缺。例如,学生必须在懂得术语构成的基本原则和术语识别的基本知识后,才可以展开具体的术语实践的工作;学生在掌握了术语数据库管理和数据模拟的基础后,才可以设计自己的术语库;学生要想有效地记录自己的术语条目,就必须首先找到与自己课题相关的信息(信息检索与处理能力),这是学生着手开展研究的必要过程或路程。实际上,学生在第一个学期所获得的图书的查阅能力与经历,此时能够帮助学生快速有效地在线检索所需的信息并且把所需的术语信息以便捷的方式并入到自己的数据库中。

上面提到,教师在课程的开始阶段就把课程的结构安排或者框架告诉学生,其好处是学生可以把握教学的脉络与步骤,自行按照好程序与学习计划,并且清晰知道每个单元课程目标与不同任务之间的关系。教师为了让学生掌握术语学的重要原则,会精心设计好一系列的以突出主题为目标的教与学的双向任务并且把这些教学的任务与课程的展示讲解融合到一起。另外,计算机资源的有效利用也是决定术语教学课程成败的另一个重要因素。为此,在机房中开展课堂的教学与实践及研究课题是肯特大学一直坚持的做法,因为熟悉计算机的技术,也为翻译专业的学生在走上工作岗位后展开翻译项目[1]的管理奠定了基础。

三 关于简介的补充说明

我们对上述国外六所大学的术语学教学进行了简要的介绍,之所以选择这六所大学,是因为他们的术语学教育具有相当的代

---

[1] 这是门配套的课程,叫"语言业中的项目管理"(Project Management in the Language Industry),由 Gregory M. Shreve 教授开设,电子课件请参见网址:http://appling.kent.edu/ResourcesPages/Courseware/Project Management/Projmanlec. Apt.

表性与典型性,他们的术语学教学传统一直具有国际的声誉与影响。六所大学中的三所都是来自讲德语的国家,原因在于奥地利和德国是开展大学术语教学活动最早的国家,从维斯特20世纪70年代初的术语学讲稿到80年代初国际术语信息中心(Infoterm)提供的术语学课程的培训[①]以及后来德语区几所大学的教学实践,我们可以看出,术语学早已被列为是翻译课程、应用科学哲学和其他学科教学计划的自然组成部分。从北欧国家的两所大学,我们发现,北欧国家的术语学教学始于70年代中期,术语学教学是专门用途语言翻译或者传播学的一部分。就术语学教育的普及与发达程度、重视程度和教育水准来说,我们认为,北欧几个国家均达到了国际顶尖的水平,因此有所侧重地加以介绍。实际上,除去这两所大学之外,还有:挪威俾尔根大学(University of Bergen)的文化、语言和信息技术系,瑞典的斯德哥尔摩大学(University of Stockholm)和耶特堡大学(Göteborg University)语言学系,冰岛的冰岛语言学院(The Icelandic Language Insititue)和南丹麦大学等,这些大学除培养术语学方向的博士和硕士研究生外,还成立了术语学的研究机构。美国是在80年代初开始术语学的课程教学,术语学归属于其他学科,特别是翻译学的一个部分。英美国家还有美国杨·百翰大学(Brigham Young University)迈尔必(Alan K. Melby)教授的语言学系翻译研究组,英国萨里(University of Surrey)大学的语言学、文化与翻译学系和曼彻斯特大学(University of Manchester -UMIST)的翻译与跨文化学中心,

---

[①] 欲了解国际术语信息中心和国际术语网(TermNet)这两个国际组织提供的术语学培训班和每年的术语学暑期学校(Summer School),请登陆Infoterm和TermNet的网址查询。可喜的是,全国科技名词委于2006年派员参加了国际术语学工作培训。

英国这两所大学国际知名的术语学家分别是罗洁思（Margaret Rogers）教授和已退休的萨格（Juan C. Sager）教授等人。

俄罗斯的术语学教学进入大学的时间也比较早，术语学的课程是融合在其他的学科中，被视为是一门独立的综合性学科（郑述谱，2006）。加拿大高校多年来也有着非常先进的术语学教学理念和成功的培养术语人才的方法，如世界知名的术语学者乐霍姆（Marie-Clause L'Homme）教授所执教的加拿大蒙特利尔大学（University of Montreal）语言学与翻译系，还有戴候斯大学（Dalhousie University）和拉瓦尔大学（Université Laval）两所大学的语言学与翻译系等，其教学与研究水平一直处于世界的前列。如果按照语种来介绍，我们没有把讲法语、西班牙语和葡萄牙语地区的一些大学包括在内，这并非是他们的术语学教学不出色，而是因为我们受制于语言上的障碍。据我们了解，法国巴黎的高级翻译学院（Institut Supérieur d'Interprétariat et de Traduction -ISIT）等几所大学，西班牙巴塞罗那的庞培法布拉大学（Universitat Pompeu Fabra）下属的应用语言学院和葡萄牙波尔图大学（Universidade do Porto）的术语学教学也都在业界赫赫有名，他们除开展博士与硕士学位及本科生的教学（包括网上在线的各个层次与类别的远程术语学课程[①]）之外，还在一些学科带头人的领导之下，成为了世界术语学前沿研究的中心，引起了学界的广泛关注，如西班牙的 M. Teresa Cabré 教授和葡萄牙的 Belinda Maia 教授等。另外，南美洲的一些国家，如哥伦比亚的拉瓦尔大学（Université Laval）

---

① 关于西班牙巴塞罗那的庞培法布拉大学网络术语学课程的模块教学情况，请登陆 Universitat Pompeu Fabra, Barcelona；Institut universitari de linguistica aplicada（应用语言学院）后，点击 Teaching（有英文的介绍）即可查询。

和安提瓜大学(University of Antioquia)，非洲大陆尼日利亚迈杜古里大学(University of Maiduguri)由安提亚(Bassey E. Antia)教授所创立的术语学教育与研究，也开展得有声有色并且在发展中国家产生了很大的影响。

　　由于受篇幅和收集资料困难等条件所限，我们只能选取国外其中六所在术语学教学领域形成了传统与特色的大学来个简要地介绍，这样就难于避免会有所偏失与遗漏，希望其他学者补充完善。有兴趣的读者还可以登陆他们的术语教学网站。

四　带给我们的启示

　　1. 术语学教学既要具有共性也要具有个性。虽然我们在挑选国外六所大学作介绍时，有意地侧重他们不同的特色，尽量不要趋同，但是在他们实际的教学中，还是有许多共性与共通的东西可供我们借鉴。如在术语学的课程设置中，要充分考虑开课的时机、时间与内容的排序、考虑课程模块与单元的组合衔接问题、考虑不同程度学生、教学目标与需求的问题、考虑课程应该包括的基本内容与基本知识等因素。各大学都注意术语学理论与实践的结合与平衡，都注意术语学方法论的训练，如术语工具(包括计算机等)、概念的分析方法等，要求学生达到学以致用的目标，因此都强调术语工作的实践性特点，特别是强调当今术语管理与计算机和万维网的关系。我们知道，任何科目的教学活动总是会与一门学科的理论与应用的研究以及学科的最新进展相关联，教学的内容与材料必然反映着这门学科的主导思想和方法，术语学的教学也不例外，这六所大学的术语学教学都重视内容与科研的关系并且把新的发展融合在不同的教学任务中。在个性特征方面,各大学逐渐形成了自己术语教学的特色,如维也纳大学的跨学科教学与重实用的特征,因斯布鲁克大学完善的论文写作方案,科隆应用科学大学的分模块课程设置,瓦萨大学跨学科交叉学习与培养方案,肯特州立大学精心设计的教学大纲和合理排序的教学内容。六所大学在共性与普适性中所形成的个性做法,为我们今后的术语学教学提供了良好的参照范本。

2. 六所大学在术语学教育的过程中都特别注重术语实践的环节。各大学在传授术语学理论、原则和方法的同时,采取了多种多样的实践性的活动方式。如课题研究的多样化、有与公司企业的合作项目、有参与教授的科研项目、有要求学生独立完成的小型术语库等。课外的配套练习也突出了"任务"的落实并且对各种实践活动都有具体的要求。研讨班式的教学也是以提升学生的实际技能为导向,如侧重翻译导向的术语学课程和计算机应用的术语管理课程等。术语学方向的论文写作也与纯理论的学术论文有所区分,论文的内容有实践方面的要求,如术语的条目与概念体系的建设等。总之,形式多样的术语实践活动既强化了学生的理论知识,又锻炼了他们的应用能力,而且还为学生将来的成长与发展及从事具体的术语工作奠定了良好的基础。

3. 术语学教学团队的组建、学科带头人的作用和优良的教学传统与传承是构建术语学教育体系的核心内容。这六所大学几十年的经验说明,成功的术语学教育离不开国际知名的术语学家,即学科带头人的领导,离不开围绕学科带头人所组建的教学团队以及一代接一代教学传统的传承。如维也纳大学几代学科带头人的培养与接班是"维也纳术语学派"发扬光大的保证。瓦萨大学目前优秀的术语学教学集体,是使得该大学在术语学教育领域国际知名的重要原因。现今英国曼彻斯特大学就是因为著名的萨格教授退休后而没有新的拔尖的学者接班而导致该大学的术语学教学与研究水平下滑,影响削弱。反观比利时布鲁塞尔高等学院(见网页 Erasmushogeschool Brussels: The Centrum voor Vaktaal en Communicatie -CVC)的情况,我们发现:正是由于学科带头人,Rita Temmerman 教授,社会认知术语学理论创始人(Temmerman 2000)兼 CVC(术语传播研究中心)创立者,在其名下聚集了一批学者,形成了术语本体编撰学的研究方法(Termontography approach),产生了很大的影响。事实证明:国外实施术语学教育好的大学都离不开学科带头人及其集体的作用。

4. 以上三个方面,即术语学教育的共性与个性、术语工作的实践特征、学科带头人及其教学团队和传统的继承,应该是判断术语学教学能否成功的"参数"或者标准,不遵循教学的规律或者规范,术语学的教学就无从谈起。国际术语学的大学教育也只有40年的历史,还是个相对年轻的领域,在这个领域,我们奋起直追,还来得及。令人遗憾的是,我国是有着丰富术语资源的大国,但不是强国,我国大学层次的术语学教育还处于起步阶段或者说尚未正式启动,这与国家的术语发展战略极不对称。我国一些有识之士近年来一直在呼吁要正视这个问题并且提出从战略的高度来认识术语学教育,把术语学教育看成是国家知识工程体系建设的一个重要的组成部分。要把术语学教育推向实施的阶段,我们不应满足于坐而论道的阶段,而是到了起而行之的时候了。考察国外大学的术语学教育,应该对推动术语学教育堂堂正正地进入我国大学课堂有着积极的意义。

五　结语

在国外，术语学教育进入大学课堂已经有近 40 年的历史。在这 40 年的发展历程中，一些大学逐渐形成了自己的术语学教育的传统与特色，积累了丰富的行之有效的培养术语学人才的经验，构建起了比较完善的术语学教育的学科体系。本文介绍的六所大学只是全球术语学教育中的一个缩影，虽不尽全面系统，但是他们具有较好的代表性、典型性与普遍性。我们讨论如何在我国大学开展术语学教育的问题之前，或者在正式启动大学层次的术语学教学的时候，一定还会遇到不少的困难与挑战，但是也只有在了解与吸取他人成熟的经验和做法的基础上，我们才可以统一认识，大胆实践，有所创新，最终形成我国自己的术语学教育体系。

参考文献

[1]（美）赖特、（奥地利）布丁著；于欣丽、周长青译《术语管理的基本方面》，《术语管理手册》第一卷，中国标准出版社，2000：213-224。

[2] 郑述谱《俄国的术语教育》，《科技术语研究》，2006(2)：10-13。

[3] 梁爱林《关于我国翻译教学中术语学培训体系的建设问题》，《科技术语研究》，2006(3)：24-27；2006(4)：11-14。

（原载于《中国科技术语》，2007 年第 6 期，原稿 2007 年刊出时有删节，此次收录采用原稿）

漫谈科技术语的民族化和国际化

周有光

二战以后,新兴国家都对本国语文进行新的建设,其中一项重要工作是发展科技术语。东方的文明古国如日本和中国,一百年来一直以发展科技术语作为文化和经济建设的重要工作。

日本和中国的科技术语,遇到一个原则性问题:术语民族化,还是术语国际化,或者走中间道路:民族化和国际化兼容的"科技双术语"。

任何民族,在吸收外来文化的时候,都必须同时吸收外来术语。日本在历史上曾经三次大规模吸收外来文化和外来术语。第一次是吸收中国儒家文化,学习《三字经》、《千字文》、《四书》、《五经》,吸收儒家术语。第二次是从中国吸收佛教文化,学习中文翻译的印度佛经,吸收中国式的佛教术语。第三次是学习西洋文化,吸收西洋科学术语,包括社会科学和自然科学。

日本翻译西洋科技术语,经过了两个发展阶段。第一阶段,用汉字意译,这又分为创造新汉字和利用原有汉字。例如"腺"和"癌"是日本创造的新汉字。另外,日本利用原有汉字和中国原有用法,创造了如"社会学"、"物理学"等许多术语,不久传到中国,代替了中国译名"群学"、"格致学"等。

第二阶段,日本放弃意译术语,改用音译术语,利用"片假名"

翻译西洋科技术语。这是日本术语的一大变化,从"术语民族化"改为"术语国际化"。高本汉讲过,日本术语的国际化是一件大事,值得中国好好学习。可是,在日本,今天还有人反对音译的国际化术语,理由是群众看不懂、记不住。一长串的音译名词,的确难读、难记。

1986年日本举行一次"汉字文化的历史和将来"学术演讲会,我是被邀参加演讲的人之一。在这次演讲会中,有的日本学者主张日本术语改用汉字意译,以便群众了解和学习。这个倡议虽然也有人附和,但是很难实行。因为日本在国际化的音译道路上已经走得很远了,再走回头路是不可能的了。而且,现代科技突飞猛进,一年产生新术语以十万计,用意译是难于跟上国际步伐的。

中国吸收西洋术语,也经过了两个阶段:起初是创造新汉字的单音节术语,后来是创造意译的双音节术语,以及以双音节为基础的多音节术语。

中文元素名称大多数是创造新汉字来翻译的,例如"氢、氧"等。新元素"104(Rf)"定名为"𬬻","105(Db)"定名为"𫓧"。可是,"106(Unh)"、"107(Uns)"、"108(Uno)"、"109(Une)"[①],如何创造新汉字呢?不是造字遇到了困难。造字有的是部首和声旁,再造几百个也不难,问题在于应当不应当再造新汉字?汉字本来是可以随时增加添造的。用汉字作为符号,形象鲜明,容易辨认,也适合文言书面语以单音节词为主的特点。

但是,时代在前进,语言和汉文都提出了新时代的新要求。文

---

① 编者按:今106(Sg)定名为"𬭳",107(Bh)定名为"𬭛",108(Hs)定名为"𬭶",109(Mt)定名为"鿏"。

体从文言改为白话,语词从单音节词为主改变为双音节词为主。"现代汉字"提出了要有定量,要停止新造汉字;计算机用字要求标准化(GB-2312)。术语不仅要写出来看得懂,还要念出来听得懂,以适应传声技术的时代要求。念出来听不懂的术语,以及有同音混淆的术语,不再是理想的术语。在这些新要求面前,中国的术语问题也不得不再度思考了。

日本翻译西洋社会科学名词,大都用现成汉字,不造新汉字,采取两个汉字翻译一个名词,用汉语读起来都是双音节词。这些条件使日本社会科学术语能够大量传到中国。中国无法借用日本用片假名音译的科技术语,于是自己用现成汉字按照西洋原文意思"意译"科技术语,取得丰硕的成果。例如:laser 原来音译"莱塞"(台湾地区音译"镭射"),后来改为意译,译成"激光",受到社会欢迎,现在已经通行了。意译创造的双音节术语,以及以双音节为基础的多音节术语,意义明白,容易理解,说来上口,听来好懂。但是,意译定名,速度太慢。从音译"莱塞"到意译"激光",经过十年以上。"一名之立,旬月踟蹰。"一名之定,十年难期。在科技突飞猛进的时代,如何等得及呢?而且,意译名词在各部门间和各地区间(例如大陆和台湾)难于统一,也不利于国际科技交流。音译和意译的利弊,需要重新加以衡量。这个使日本头痛的问题,也来到了中国。

有人主张,干脆放弃"术语民族化",坚决走向"术语国际化"。理由是:民族化来自国际化,两套术语并为一套,可以节省大量的人力物力,便于学习新科技,追赶世界新水平。这是日本的成功道路,也必然是中国的成功道路。这种说法不是没有道理的。

但是,实际问题比想象复杂得多。文化有层次性,科技教育有层次性。大众科技教育和专业科技教育不同。大众需要术语民族化，以便理解和学习。术语国际化主要只适应用于较高水平的专业科技工作者。将已经规模庞大的民族化术语，改为国际化术语，是一项十分巨大的工程。变更太大，难于得到科技界的赞同和人民大众的拥护，实行是不可能的。

日语是多音节语，便于接受外来的多音节词，而且，日文中间有专门表音的片假名。日本有大量借用外来词的历史传统。现代汉语虽然已经从单音节语变成多音节语，但是以双音节化为主，基本上是一种"双音节语"。中文中间不能像日文那样夹进表音符号，没有吸收超过两个音节的外来词的习惯。"德谟克拉西"终于让位于"民主"，就是说明。术语走国际化的道路，必然要吸收大量多音节词，用汉字音译书写，比日本的片假名术语，还要难写、难读、难懂。这跟今天的汉语习惯是格格不入的。

难道我国的术语就不能国际化了吗？也并非如此。术语国际化必须有一个渐进的而且是长期的教育步骤。首先，可以利用一种国际共同语，作为专业科技教育的辅助媒介。由于英语是事实上的国际共同语，可以学习那些以英语为第一外国语的国家和地区，在专业科技教育中，采用英语课本和英语资料，跟民族化的课本和资料并用。同时，在汉字课本和资料中，以及在各种商品说明中，民族化术语后面，用括弧注明国际化的术语，便利读者进一步阅读外文资料。某些学校和单位已经这样做了，应当广泛地加以推广。在信息化时代，专业的科技工作者必须受双语言教育：本国语和国际共同语。本国课本和资料，多半是外文的翻译和改编，这比原文在时间上要晚几年到十几年。时间的差距是最大的敌人。缩短时间的差距是变落后为先进的秘诀。为了及时地吸收先进科技知识,利用以英语资料为主的国际资料是必不可少的。

在事实上而不是在法律上,逐步实行民族化和国际化兼容的"科技双术语"。这样做,阻力较小,而收效可能较大。在"科技双术语"教育行之有效以后,再进一步考虑长期的术语决策,就游刃有余了。

(原载于《自然科学术语研究》,1991年第2期)

汉语术语的合格性

叶蜚声

术语是科学概念的语言载体,必须符合各自语言的合格性原则。中国的现代科技概念虽然多数来自西方,它们的语言载体却很少与之俱来,在这块土地上生根。中国科技界必须用汉语材料来创制自己的术语,很少借用。这种情况和其他国家大相径庭,西方国家的术语以音译为主,外来词一经转写,稍作形态加工,就成为本族术语。甚至音节结构的格局和汉语相似,历史上又长期受汉语影响的日语,也愈来愈多地采用音译词。

意译法对科技交流有不利影响:第一,新概念的移植比较缓慢。第二,同一概念往往并存若干译法,规范化的任务繁重。第三,由于中外术语间缺少有规则的对应,给国际交流带来不便。出现这种情况既有语言的原因,也有心理的原因。

语言方面,汉语的音节结构简单划一。每个音带由声母和韵母构成,上加声调。声母都是单辅音,无复辅音。韵母包含一个单元音或者复合元音,前面有时带个介音(i,u,ü),后面有时带个韵尾(n,ng)。例如"江"(jiang),"欢"(huan)都由声母+介音+元音+韵尾构成,可以算是汉语中最复杂的音节。英语的 strut 是个单音节词,转成汉音就成了"斯特拉脱"(sitelate)四个音节。这个词我们译成"轴架"。从音韵上说,汉语的音节格局限制了音译词的可接受程度。

可是这个词却以音译的方式进入了日语,成为四音节的 sutoratto。日语为什么能够容纳累赘而采用音译呢?这要从两种语言的术语合格性原则来解释,而原则的不同又反映两个民族社会语言心理的差异。

汉语的术语要为汉族人民接受,除了一般的术语标准外,还须符合两个条件:

1. 有限的长度　　汉语的词在古代以单音节为主。随着音系的简化和需要表达的概念日益纷繁,单音节框住了词汇扩大的可能性,于是汉语很早就步入了双音节的轨道。到了现代,汉语的词汇中以双音节的复合词占优势,古代的单音节词多数退居词根的地位,成为构词的材料。今天,新创的词几乎都是双音节的。另一方面,在西方语言的影响下,现代汉语中又发展出一批"无-""半-""准-""非-""反-""可-"-性""-体""-者""-化"等等的词缀,它们大多出现在科学术语中。于是,在词根复合之外,汉语也愈来愈多地采用派生法来构词。当前最受欢迎的新词形式是双音节复合词,或前面冠一前缀,或后面附一后缀,或前后都带词缀。新词须尽可能地紧凑,超出上述长度的很可能被更新的词替换。这一特点当然只就单词而言,不涉及由单词构成的短语。

2. 内部形式透明　　汉族人语感的另一要求是"望文生义",即词内的每个音节(语素)都带有意义,对整个词义的形成作出贡献。所以音译词中兼有表义作用的最受欢迎,如"俱乐部"(club)、"基因"(gene)、"雷达"(radar),等等。其次是在译音的成分外加一释义的语素,点明词义所属的范畴,其原理类似形声字在音符之外加一意符偏旁一样。例如"卡片"、"啤酒"、"冰激凌"。汉族人的语感不习惯于整体借音,意义全不透明的构词成分会引起理解的困难。难怪许多音译词往往被本族语材料构成的词所替换,甚至曾经长期广泛流行的音译词也在所难免。例如"布尔什维克"改成了"共产党人","布尔乔亚"改成了"资产阶级","吉普车"改成了"越野车"。

现代汉语中未被替换的音译词集中在化学元素、化合物、药物、度量衡单位、外币名称等领域,以及仍带"洋味"的"咖啡"、"可可"、"咖喱"、"白兰地"、"威士忌"、"伏特加"、"沙发"、"扑克"等等原先的舶来品名称。在全国自然科学名词审定委员会公布的医学、天文、林学、遗传、微生物这几种学科的术语中,含音译成分(不算专名)的条目仅占 0.5%,其中大多数只是构词成分,全部译音的极少。在化学和药物学的术语中,音译成分的比率预计会高得多。

综上所述,汉语术语已迈上本族化的道路。为了便于新术语的创制和标准化,扩大国际交流,看来术语形成的现行原则需要作些调整。我们认为,着重仿译,即用本族语材料复制外来术语的内部形式,类似 football 译成"足球",是条可行的出路。今天,表达各门学科的基本概念的术语已在国内通用,并且得到审定。我们可就这部分术语编出详细的中外文对照表。汉语已发展出一套齐备的词缀,它们跟印欧系语言的对应也不难确定。这两项为仿译准备了基本的语言资源。为新概念提供语言载体的任务已简化为采择适当的词根。这可有以下途径:

(1) 自行择定本族词根

(2) 比照基本资源中相当的语料

(3) 更多地使用音译

我国的化学家和药物学家善于引入外来词根，使之归化。他们的丰富经验可为扩大术语的音译提供有益的参考。

（原载于《自然科学术语研究》，1991年第2期）

试论术语的定义

郑述谱

一 引言

从俄国术语学的"经典人物"到后来投身术语研究的语言学家以及术语学家,一直都致力于为术语下一个准确的定义。然而,迄今为止,普遍为人接受的术语定义并没有产生。在不同的工具书中,不同的作者笔下,术语的定义可以说是多种多样的。达尼连科(Даниленко П. Н.)在 20 世纪 70 年代发表的一篇著述中,就列举出 19 种有关术语的不同定义[1]。可以肯定地说,这绝不是现有定义的全部。这种情况的出现绝非偶然。50 年代中期,国际标准化组织第 37 技术委员会的一个文件中也指出,整个术语工作的一个核心概念"术语"仍然是没有确切定义的。可见,给术语下定义并不是一件简单的事情。

如果将俄国术语学围绕术语定义问题所发表的各种不同观点作一番梳理,那不仅对认识这个问题本身大有裨益,甚至对了解术语学的基本理论及其发展脉络,也是个非常便捷、非常合理的切入点。实际上,对许多与术语研究有关的理论问题的回答,都与如何给术语下定义有关。可以说,术语的定义既可以看作是术语理论研究的首要问题,也是术语理论的核心问题,关系全局的问题。

塔塔里诺夫（Татаринов В. А.）在《术语学理论》一书中阐述术语的不同定义时，提出了一个很有启发的视角，尽管他并没有完全展开。他认为，不应该试图为"术语"这一"事物"下定义，而应该为作为"研究对象"的"术语"下定义。[2] 这实际上是说，术语作为一个事物是复杂的，具有多方面的特征。不同的研究者可以从自己学科的研究视角出发来给术语下定义，而不必追求面面俱到。列依奇克（Лейчик В.）等人在《术语学：对象·方法·结构》一书中也认为，"的确，术语的语言学定义——这是对其语言方面的界定，逻辑学定义——则是对其逻辑方面的界定。大多数定义不令人满意之处正是在于试图把术语的不同特征联系在一起。然而，看起来，要在一个定义中把一个具有多方面特征的对象物都联系在一起是根本不可能的，而且逻辑上也是不合理的。"[3] 以上观点也为本文提供了一条可以连缀全篇的红线，我们将沿着这一线索展开论述。

二 从哲学与逻辑学角度下定义

哲学特别是认识论与术语学的关系不仅是久远的，而且是深刻的。认识论作为术语学方法论的基础，历来都不断为术语研究提供指导性的意见。对术语的形成原因这样带有根本性的术语学问题，只有哲学才能作出回答。马克思主义的认识论告诉我们，概念与判断是抽象思维阶段才形成的，同时，概念总是以术语的形式表达的。术语并不是单纯的符号，它还是概念在人的头脑中存在的必要条件；术语还能反映出概念的内容以及它与其他概念的联系。而术语在认识过程中的作用，也许可以从两个方面来概括。一是对已经获取的认识结果来说，术语会起到确定与巩固的作用；

一是对认识的发展来说,术语常常会成为新的思想以至新的理论的生长点。

莫斯科大学的著名教授兹维金采夫(Звегинцев В. А.)于1956年发表了一篇题为《语言的符号性问题》的著述。[4]文中有相当大的篇幅涉及术语的性质。概括起来说,作者认为,术语的许多固有特征使术语与语言中的普通词汇有明显不同,术语与符号更接近,在更大程度上具有符号的性质。这些特征主要体现在:第一,术语有单义性,在许多情况下可以用符号来替代,而不会给术语的内容带来任何影响:比如用∫、Σ分别表示"积分"、"和"。这本身就证明术语与符号接近。平常所说的术语的多义性常常可以理解为它用于不同科技领域的可能性。这些其实是同音异义术语。第二,术语有独立性。它可以不受具体语言系统的制约而行使功能,并且不会因此对内容造成损失。这也证明它更接近于符号。第三,术语不具有词汇意义,它只代表或者经科学加工的概念或现象,或者一定的事物与物质。因此,它与其他词没有意义上的联系,它的发展不受其他词的系统关系的制约。第四,术语所表达的内容当然也会发展,但这与一般词义的发展完全不同。术语词内容的发展只受相关科学的发展所制约,而且其内容的发展与变化与它的语音外壳没有关系。第五,建立术语有相对的自由性,甚至可以不受某种语言理据规则的制约。当然,如果术语是在日常词的基础上产生的,那么,理据规则的作用可能要强些,但有相当多的术语名称具有很大的"随意性",诸如借助专名命名等。

兹维金采夫提醒读者,上述的术语的符号特征在不同的术语中可能有不同程度、不同方面的体现,再加上术语还保留有词所具有的某些特点,因此,不能说术语是绝对的符号。但是,如果以术语词为例来说明语言的符号性,无疑可以较容易地找到更多的证据。术语处在全民语言的边缘,而不占据主流地位,因此不能仅以术语为例来说明语言的本质。

不难看出,作者所强调的术语的性质特征,即术语的符号性,术语的不受语言制约的独立性,术语的发展受制于相关学科发展等——这几乎无异于说,术语作为语言学的研究对象是有很大局限性的。实际上,这是更侧重于从哲学认识论的角度来观察术语而得出的结论。

与哲学-认识论密切相关的是对术语的逻辑定义。通常把术语说成是"以概念系统中的科学、技术或者其他专业概念为其内容的词和词组",[5]正是充分体现了术语与概念的紧密联系,也可以作为侧重从逻辑角度为术语所下的定义的一个范例。

逻辑定义第一位关注的是术语与概念的关系。这种联系是得到各学科学者一致公认的。但仅仅说"有联系"还显得过于笼统,且有几分模糊。实际上,这里存在不同的情况。如果一个术语的语义并不能通过它的内部形式外显时,那么,这个术语只是称谓概念。有的术语不仅称谓概念,而且当其内部形式鲜明时,还能表达概念,但也有许多时候,概念的本质特征不能外显在术语中,而只能在定义中才能揭示。

说到术语与概念的联系,还应指出以下两点:第一,术语指称的概念,与同一领域的其他概念是有联系的;第二,术语是同一术语系统中的一个成分。因此,也有人把术语说成是在某一科技领域概念系统中"其语音符号与相关的(有联系的)概念成统一体的词(或词组)"。或者说"术语是某一科技领域附有确定概念并与该领域其他名称相关并与它们构成术语系统的称名单位。"[6]这两个定义更突出了术语的逻辑特征,即术语与概念的联系,以及术语的逻辑系统性。

塔塔里诺夫认为,阿赫玛诺娃(Ахманова O.C)给术语下的定义,"最有定义性",可以把它作为语言学对术语的一个工作定义。这个定义把术语说成是"为准确表达专业概念和指称专业事物而构建(采纳、借用)的专业(科学、技术等)语言的词或词组"。[7]

可以看出,这个定义把"表达专业概念"和"指称专业事物"并列,同时,还特别提到对术语的不同产生途径(构建、采纳、借用),因此,依据这个定义可以将术语单位从不同的角度分出不同的类型。

三 从术语学角度下定义

我们可以把《术语学引论》中给术语下的定义作为术语学定义的一个代表。

"术语是某种语言中专门指称某一专业知识活动领域一般(具体或者抽象)理论概念的词汇单位"。[8]该书作者认为,这个定义包括了如下几个要点:1)术语具有自然语言中的词或词组所具有的语义或形式特点;2)术语本身是在专用语言词汇而不是某种语言整体的词汇中使用的;3)专用语言的词汇是用来指称专业的一般概念的手段;4)术语是反映或将理论模式化的术语系统中的成分,对专业领域的描写正是通过这种成分来进行的。

总之,在术语学家看来,术语是不同于作为语言学研究对象的词和词组的特殊研究对象。虽然,在大多数情况下,研究的也是语言学研究的词汇单位,但术语学要揭示的却是这些单位的另外一些特征。术语提出的称名要求也不同于语言学对词汇单位的称名要求。正是在这一意义上,可以说,术语是特殊的词。

彼图什科夫(Петушков В. П.)在《语言学与术语学》一文中特别分析了语言学家与术语学家研究侧重点的差别。[9] 术语学家更为关注的问题是:1)术语学研究的主要是术语,而不是整个的科技词汇。可以说,术语学家在谈到术语以外的科技词汇时,更主要的目的不是为了研究它们,而是为了把它们排除出去,以免它们干扰了对术语本身的研究。2)术语学是为今天的科学技术服务的。任何术语系统都应该与当今的科学技术发展水平相符。因此,术语学的研究基础是共时的。对术语学家来说,只有需要弄清某些术语的内容发展过程时,才会想到历时研究。3)术语学家更注重研究与某一科学技术领域概念系统相对应的术语系统,揭示这些概念间的联系,并在此基础上确定整理术语的原则,而对现有的、自然形成的术语系统的不同变体,术语专家要选择最能反映概念联系、分类状况的表达方式。术语专家推荐的材料具有立法的性质,凡是与这些经过整理加工的术语系统背离或不相符的,都被认为是不好的,甚至是应该取缔的。

而语言学家的兴趣重点则明显与此不同。语言学总是把语言总体作为研究的对象。当对语言在科学技术领域内的功能进行研究时,语言学家不仅对术语感兴趣,而且对所有的语言手段都感兴趣,其中也包括术语以外的系列名称(номенклатура)、行业俗语等。而对语言学家来说,无论是研究术语词,还是研究整个专业词汇,历时研究都有很大的意义。正因为如此,维诺格拉多夫才把术语的历史称作"关于自然与社会知识发展规律的纪事"。

对术语的形象性与表情性,术语学家与语言学家的态度也完全相反。术语学家几乎是出自本能坚决反对带有形象性或表情性的术语。如果某个术语真的带有形象性与表情性,那么术语学家往往会竭力证明,这个术语词的内部形式已经不再存在,或者干脆宣布这个术语不合乎规范。总之,术语学家遵循的是纯粹的逻辑原理,而语言学家对术语中存在的形象性与逻辑性则从正面去看待。

以上是从语言学、术语学等不同学科角度着眼,对不同的术语定义所作的分析。但如果由此形成一种印象,似乎同一学科内的术语定义都是一致的,那就大错特错了。事实上,一个学科内部也不可能是铁板一块,这里既有大同小异的情况,也有针锋相对的观点。让我们以语言学范围内对术语的不同定义来说明这一点。

四 术语的语言学定义

语言学文献中有关术语的定义,比其他学科给术语下的定义要多。综观这些不同的定义,可以看出两种明显对立的趋向。一种趋向是把术语同普通的词汇对立起来,甚至力图把术语从语言范围内划出去;另一种相反的趋向,则是把术语词与一般的词汇完全等同看待。

让我们先熟悉一下这两种对立的倾向中有代表性的一些观点。

库济金(Кузькин Н. П.)可以看作是"等同论"的一个典型代表。他的观点在 1962 年第 4 期的《列宁格勒大学学报》上发表的《关于术语的本质问题》一文得到了集中的反映。[10]

文章开头指出,迄今为止,关于术语的实质问题,仅限于在苏联的语言学文献上提出,国外的语言学把术语词汇看作是语言的边缘现象,因此对术语没有给予特别的注意。苏联语言学界在给术语下定义时,总把它与逻辑概念联系起来,而术语与概念的联系却各有不同的说法。其中又可以区分出四类情况:1)把术语说成是带有定义功能的词,即术语是定义概念的词;2)把术语说成是用于称谓概念功能的词;3)把术语说成是表达专门概念的词;4)把术语说成是指称专门概念的词。归结起来,可以说术语是给概念下定义或称谓、或表达、或指称专门概念的词。以上定义都是从术语的功能出发着眼的。

在实际的术语工作中,常常需要为已经形成的概念选取最佳的词语表述。这可能造成一种错误的印象,似乎概念在词语之前已经产生,只需要通过词语加以巩固,似乎概念与词语的关系有一定的自我独立性。须知,如果没有可供选择的词语表述方案或者说压根儿没有词语的表述,概念是不可能产生的。此外,如果对业已经过专门机构批准推荐使用的术语词特别是单个的词加以分析,便可以发现,这些术语词很少是对事物概念的本质特征加以确定。这说明,在选择术语时,概念的本质特征并不具有决定意义,倒是事物的性质特征、区别性特征可能成为基础。因此,可以说,对选择术语起主导作用的是一般认识,而不是概念。

概念与词之间存在一种特殊的关系,这种关系不能归结为被定义的与定义之间的互相关系,被称名的与名称间的相互关系,被表达的与表达之间的相互关系,被指称的与指称之间的相互关系。词是产生概念的土壤与支撑,其历史应该先于概念。同时,定义、表达或者指称的历史也不可能先于被定义的、被称名的、被表述或被指称的东西。因此,试图从术语与逻辑概念的关系出发来给术语下定义，是会引起强烈反对的。

库济金注意到一个有趣的现象，即语言学家习惯于说"术语的特征"，而术语学家则更多地用"对术语的要求"。他更倾向于术语学家的说法。这些要求包括单义性、准确性、系统性，便于构成派生词，符合语言的构词规律，简短，没有情感性等。应该说，这是些多方面的高要求，远非术语词汇中的每个词都能成为术语。如果把所有指称专业事物的所有词都不加限制地称为术语词汇的话，那么，术语只是术语词汇中的一部分，即合乎规范的、经过人为加工的、有意选择并得到批准用于正确的专业交流的部分，或者可以简单地说，那部分已经得到普遍公认的术语词汇。在这种情况下，再拿应该具有那么多要求的、连一般术语词汇也并不总是具有的、必须遵章使用的术语与一般的非专业词汇相对比，将会是一个严重的逻辑失误。

将术语词汇中的一个一般术语词（不管它是不是术语），与非专业词汇中的一个词作对比，对比出的任何特点都不值得注意。因为，这种对比不能揭示术语的特征，而只能揭示术语词汇的特征。至于说到术语的特征，那只有将它与非术语的术语词汇对比而不是与一般的非专业词汇对比才能揭示出来。

至于说到术语词汇同一般的普通词汇的区别，那么，这种差别并不是外部的，绝大多数情况下，从形式上不可能将术语词汇与一般词汇区别开来，这种差别是内部的，内容方面的。两者无论在形式上，还是在内容上，都不能找出根本的差别。这两类词之间的现实的、客观的差异，实质上是语言外部的差异（внеязыковая разница）。如果普通词、非专业词是与一般人所共知的客观事物相关，那么术语词汇则是与专业范围内的、只有限的行业专家才知晓的客观事物相关。除此之外,两者之间再没有任何其他差别。因此,可以这样给术语词下定义,即术语词是与专业的客观事物相关的词。而术语词汇则是在物质生产或者科学领域使用的、用于指称专业客观事物的词汇。而术语则是普遍公认的或者合乎规范的、指称专门客观事物并从专业词汇中经自觉选择符合事先规定的要求的词,这些要求是按分类系统的特点、最终也是物质客观事物系统的特点而确定的。

科捷洛娃(Котелова Н. З.)与莫伊谢耶夫(Моисеев А.)教授提交给全苏第二次术语学研讨会的论文(1967)分别是《关于术语的特点问题》[11]与《论术语的语言特性》。[12]论文同时收入《科技术语的语言学问题》一书(1970)。这两篇文章具有大致相同的立场与倾向,也应归入"等同论",因此,我们把它们放在一起来介绍。

科捷洛娃教授从词的一般语言特征在多大程度上适用于术语展开叙述。作者认为,术语中的反义并不比非术语中的反义词少。同义现象同样也是术语所具有的。并且,从功能上来说,这是完全有正当理由的,至于多义现象与同音异义现象,术语也同样具有。因此,作者认为,"术语——这就是词,词所具有的任何语言特征术语也都具有"。某些特征在数量上的差异只能用语言学外部情况来解释。术语作为词汇中的一个类别,其特征首先在于其约定性。这里有性质不同的两重约定性,第一是称名的约定,即可以按说话人的构思为存在的概念提供一个称谓,这时存在的术语符号的内容是约定性的。其次,术语的名称与内容只能经约定后才能确定,它不是客观地自发形成的。术语的第二个特征在于具有严格准确的定义,其内容具有单义性。科捷洛娃认为,利用形态学、语义学、句法学等传统的语言学范畴对术语进行分析,是可以对术语的特点进行"必要程度"的研究的。

莫伊谢耶夫的文章指出,有关术语的研究文献,存在许多争议和对立的地方。通常所说的术语要有严格的定义,事实上未必如此。实际上,不少术语也只有一个近似的、模棱两可的、不确定的定义(如语言学上的"态"、"强支配"、"弱支配"等)。而一般的词,有的也有非常确定的意义,如 вправо(向右)、влево(向左)等。说术语应该具有单义性、系统性,不应该有同义现象等,事实上不尽如此。因此,作者认为,不能一方面夸大现实术语的系统性,另一方面又缩小非术语的词和熟语的系统性。把语言功能与通行范围作为术语的特征的观点,也存在许多并不一致的意见。这是因为关于术语问题的争论已经脱离开术语本身,而往往以争论过程中说到的东西为基础。如果面对现实的术语,那就会观察到以下几点:第一,术语是属于某一确定的专业范围的,因此,有些人对术语的定义正是从这一点出发,但有时候,却把这一点推向了极端,即认为术语与非术语间不存在任何差别。这里说的术语与非术语的差别已经不是指词本身的特点,而是所指客观事物的特点。甚至这种差别已经不取决于所指客观事物的特点,而取决于专业人士以外的人知道还是不知道这个事物,这当然是一种极端的情况。事实上,即使术语指称的客观事物专业人士以外的人也都知道,但指称它的术语仍然是术语。因此,使用范围这一特点,对专业术语也可以算是一个特点,但对一般术语、"平常术语"来说,并不能算是一个特点。据此,作者认为,术语应该区别出专业术语与通用术语两部分。第二,专业术语中又可以区分出概念术语与事物术语,术语与名称的对立就是这两类术语不同的反映。但作者对列福尔马茨基所说的名称与概念无关的说法并不赞同。他认为两者间并不存在明确的界限。作者认为,名词以及名词基础上构成的词组是专业术语的主体,术语的本质在于其称名功能,事物、现象、概念等都可能成为称名的对象。由名词构成的术语的名词性特征恰恰与它面对的称名任务相符合。同时,它们也不具有情感色彩等。至于术语的其他特征,诸如意义的准确性、单义性、系统性、同义现象等,至多只是术语的倾向,或者说是所期望的品质,或者是对"好的"、创建合理的术语的要求,而系统性不强、意义不严格、多义、同音异义与同义术语的例子的存在是尽人皆知的事实。

卡帕纳泽(Капанадзе Л. А.)的观点可以看作是"对立论"的代表。她于1965年发表了《论"术语"与"术语总汇"这两个概念》,载入《现代俄语词汇的发展》一书中。[13]由于文章涉及术语理论的许多方面,并且对此前已有的许多观点表明了作者的立场,因此该文也有一定的总括性。作者首先指出,在国内外的语言学文献中,"术语"使用的意义是各式各样的,并且常常是不确定的。对术语的实质学术界也没有一致的意见。唯一的共同看法仅仅是,术语是在许多方面与标准语中的其他词不同的词群,即语言中存在着术语与非术语的对立。如何划定这两者的界限,研究者采取的方法有两种,一是力求从理论上思考术语的实质,二是力求对术语的特征做出归纳,诸如准确性、简短性、易于构成派生词等。这些标准对实际工作是很必要的,但它们并不能揭示术语作为语言特别单位的特点。20世纪初,不少语言学家,例如叶斯泊森(Jespersen O.),突出强调术语的"象形性",即把术语看成一种纯粹的、与概念相关的象征符号。后来,大多数学者,又特别注意术语的功能。例如:维诺库尔就认为"术语不是特殊的词,而只是用于特殊功能的词"。这特殊功能"就是称名功能"。但是称名功能理论很快也招致批评。列福尔马茨基就指出,称名功能是所有词的共同功能,因此,在确定术语的特征时,不能把它提到首位。列氏主张使用范围应该是划定术语的首要标准。而库济金所说的术语词汇与非术语词汇无论在形式上还是在内容上都没有实质差别的说法,是令人难以苟同的。卡式认为术语与所有其他词的差别首先在功能上。她特别支持维诺格拉多夫所突出强调的术语的定义功能(дефинитивная функция)。术语并不是像普通词那样称谓概念,而是概念附着在术语上。术语的意义就是概念的定义,即附属于它的概念的意义。术语的第二个重要特征在于它的系统性,术语总是某个严格系统中的成员。卡式支持列福尔马茨基提出的所谓术语场理论,认为术语在一定的术语场中占据着严格确定的位置,只是因为术语属于某一确定的,而不是别的场,因此它才具有单义性。上述这两个特征是术语最本质的特征,其他的特征都是由此派生出来的。

上述两种尖锐对立的观点的论争一直持续到 70 年代。进入 70 年代中期,这种争论才趋于缓和。至于其中的原因,这与下一章节中谈到的研究方法所发生的转变有密切的关系。

五　方法论与术语定义

如前文所述,不同的学科有不同的视角,不同的侧重点,面对术语这同一个事物,所下的定义也各有不同。此外,另一个与术语定义直接相关的重大因素则是研究的方法论。即使在同一个学科内,比如在术语学范围内,由于方法论的不同,对术语的定义也各不相同。下面章节中要着重讨论的就是这个问题。

据塔塔里诺夫说:"在俄国,自打出现书面的宗教典籍与科学文本以来,就存在一种对专业词汇倍加关注的牢固传统。但是这传统并未超出翻译和词典实践范围。需要指出的是,专科词典的编者以及科学文献的译者对术语就像对待专业词汇一样,用我们现在的说法,并没有试图深入到术语的理论本质中去。"[14]

随着术语学的产生,人们开始了对术语的理论思考。30—60年代作为术语发展的第一个阶段,其主要特点是开始把术语作为特殊的词或词组分离了出来,并开始采用语言学结合逻辑学的方法对术语开展了研究。同时,在术语的统一工作上也取得了一定的成绩。有人把这一阶段称作积累材料阶段。

自60年代末开始,术语学研究进入了一个新阶段,又称为思考阶段。这时,术语学已经被公认为是一门独立的综合学科。人们在继续探讨术语的本质的同时,开始把术语作为科学语言的词汇单位,对术语及其应用的一般理论基础、术语学的理论方法等进行了更为广泛、深入的研究。

谈到俄国术语学研究视角与研究方法的演进,不能不说到列依奇克的一篇文章,这就是他于1969年在当时《科技信息》杂志第8期上发表的《术语学在现代科学中的地位》一文。[15]这是一篇在俄国术语学发展历程中具有相当重要意义的文章。如文章题目所示,文章主要是探讨术语学在现代科学中的地位问题,它与相关亲缘学科的关系问题,但对术语的基本理论的认识,也极有启发。我们这里侧重的主要是后者。

文章首先回顾了术语学的产生过程,特别是术语学与语言学(主要是词汇学)、术语学与逻辑学的密切关系。作者在充分肯定这两个学科对术语学的带动作用的同时,也指出仅仅借助语言学与逻辑学的方法开展术语学研究所存在的局限性。术语学与心理学、术语学与哲学特别是认识论，同样也具有密切的关系。特别是认识论不仅不断地为术语学提供营养，而且还是术语学方法论的基础。术语学的第一个发展阶段可以算作是逻辑学—语言学阶段，这个阶段在 20 世纪 30 年代便宣告结束了。术语学发展的第二个阶段以俄国的洛特与西方的维斯特等人为代表。洛特的功绩在于，他把术语作为一个系统来研究，同时，他还指出，不同科学领域的术语，其组织方式是完全不同的。而西方的术语学特征在于，它不仅关注术语词汇本身，而且面向科学、技术语言整体，另一方面，研究者还关注工业产品名称的研究，因为大量出现的产品名称常常出于广告设计的需要而粗暴地违反术语原则。第二阶段在术语学的发展中是必不可少的。但是，当今科技革命波及所有的社会生产领域，也为术语学提出了新的任务。这就是，必须对各个领域的孤立的术语系统，在全新的基础上进行综合性的研究。自 40 年代以来飞快发展的一些新学科就成了这种研究的基础。这些学科包括符号学、信息学、集论、控制论以及科学学。作者认为，以某一学科概念分类为基础的术语总汇变成一个术语系统，这样的术语系统是符号学研究的对象，因为它具有符号系统所必备的全部特征。同时，术语系统又是某一学科的信息语言。

因此，术语学与信息学相交叉，也可以利用信息学的方法来研究术语。作者特别强调控制论对术语学研究的影响。从确认事实向调控事实发展，从以逻辑语言学为基础的规范术语向以认识术语系统的形式与功能的内部规律的认识论发展，这正是现代术语学发展的总趋势。现阶段的术语学研究，就内容来说，可以说是科学学的，而就方法而言，则是控制论的。因此，现在的术语学的地位既处于符号学、系统科学的范围内,同时又在语言学、信息学与科学学的交叉点上。同时,它既为自然科学、技术学科与社会科学服务,同时又从一般及个别认识科学理论借用方法。这也许是理想,还不是现实。但只有充分利用最新科学的成就,术语学才能获得有成效的发展。

不难看出,由于作者是从更广阔的视角来观察术语,从研究术语的实质转到研究术语学科的实质,因此,本文对术语的基本理论研究以及对今后术语学的发展走向的影响,更值得特别注意。这一点在作者的另一篇文章中,得到了进一步的阐发。这就是1986年《语言学问题》第5期发表的关于《论术语的语言基质》一文。[16]文中指出,直至80年代,术语研究所采用的基础方法可以归结成两种,这就是规范法(也有人称作规定法)和描写法。规范法对术语提出了种种规定,种种"要求",诸如单义性、准确性、系统性、无同义词等等,这在洛特的著作中就已经提出来了。后来几经发展,这样的要求竟达到四十多条。许多术语的法定文件也都是按着这些标准制定出来的。这些文件对实现术语的统一与规范,以至更好地为科技生产服务,所产生的积极作用是应该肯定的。

与规范法对立的描写法也早在30年代就提了出来,维诺库尔的一些论点,就可以视为描写法的源头。他说:"任何词都能充当术语,术语不是特殊的词,而只是用于特殊功能的词。"许多作者从这一论断出发,对现实的术语作了描写,发现有许多术语是多义的,术语也有同义现象,甚至在业已通过的标准文件中,也有包含十多个词的术语,这当然谈不上简捷性。简而言之,这类著述中论述的是术语的语言属性,用科捷洛娃的话说,术语也是词,词所具有的任何语言特征术语也都具有。而对术语提出的种种要求,却是有悖于术语的语言属性的,因此,这些要求不仅不可能完全实现,甚至部分实现也不可能。

作者认为,这样提出问题也并不完全令人信服。首先,主张"应该对术语的形成过程加以控制"的人,从来也没有否认术语的语言属性。他们只是说,术语既然是特殊的词,或者是具有特别术语意义的词,它们就应该避免多义性、同义性等。

其次,术语统一规范工作的成就也证明,对术语进行规范是有成效的。一些事实使人们认识到,不管论述术语语言学属性、术语特征、术语本质的著作多么令人信服,然而,仅仅停留在语言学范围内,是无法揭示术语的那些与语言的其他词汇单位相对立的、特殊的、更为本质的特征的。

列福尔马茨基曾说过,术语是"一仆二主",即语言和逻辑这两个主人。这种说法也没有完全回答术语的属性问题。确切地说,术语是"一仆三主",即术语同时还是哲学以及科学学的仆人。因为每个不同学科都从自己的角度揭示出术语这个多方面事物的某些特征。这还不足以解释术语的对立特征,即一方面,在术语系统范围内,它趋向于单义、没有同义,但同时又保留这些"缺点"。

只有承认术语所具有的"底层"基质,才能解释它们作为词和词组所具有的一系列特征。同时,还要看到,术语还有逻辑特征,这些特征是从"上部"叠加到术语的内容结构上的:术语是一个复杂的、多层次的构成。语言基质与逻辑顶层构成了术语的上、下层次,而其中间层则是概念、功能与形式结构一并构成的术语实质。

看来,规定法与描写法的上述对立,无论是在语言学范围内,还是在逻辑学范围内,都是无法解决的。这个对立只有把术语作为基本对象的学科,术语的本质特征才能得到确认。这个学科就是术语学。它是在语言学基础上,采用逻辑学、符号学、科学学、一般系统理论、信息学的方法以及自己的方法形成的综合学科。

对于语言学家来说,重要的是,要确定哪些是术语的语言学方面,术语的哪些语义与形式结构特征是来自语言,即来自语言的词汇语义与构词系统,而哪些则是来自语言外部的(包括逻辑的、符号学的)方法,以及来自术语本身的属性。为此,应该指出,术语是在一定自然语言的词汇单位的基础上形成的,这种语言的词汇单位是术语的基质(субстрат)。作者特别强调,这里的"基质"正是用于微生物学上的意义,即指动、植物机体固着的基础,以及机体通常生存和发育的培养基,对术语的语言方面作这样的理解,可以解决许多术语学方法论方面的问题。术语的语言基质在篇章的术语功能中看得最清楚。

戈洛温(Головин Б.)是较早对术语学研究中的规定论方法提出质疑的学者。这集中体现在他于1972年在《莫斯科大学学报·语文学卷》第5期发表的《关于术语研究中的若干问题》一文。[17]

戈洛温认为,术语研究第一位要关注的是术语"在科学、技术和生产不同领域术语使用的实际过程",同时他对所谓术语应该符合的种种要求表示了怀疑。他在列举了术语的不同定义后,尖锐地反问道:"果真是任何术语都准确表达专业概念吗?难道非单义的、语义界限不清的术语还少吗?果真是术语只表达一个概念吗?"正如塔塔里诺夫所说,这些问题"对于术语学发展的那个阶段是具有革命性的"。戈洛温强调："术语永远是职业思维的工具又是思维的结果。"正因为如此，理想中的术语应该是单义的，并且具有严格的逻辑—语义界限。也正因为如此，术语实际上又与理想的品格相背离。认识过程作为专业性的对世界艰难的掌握过程，总是有两种趋势并存——一是术语向语义单义性与严格化靠拢的趋势，一是向新意义发展、模糊语义界限的趋势。术语科学不仅要关注术语的构成，而且还要关注术语的使用，也就是"现实的术语在现实的篇章……是如何行使其功能的"。只有这样，术语学才能获得不同术语的结构与功能的真实图景，才能找到术语类型的理论依据，提供术语构成与术语使用的合理推荐方案，才能描绘出或小或大的术语系统，才能看到这些系统的不断变换其界限与功能的活动性等。接着，作者提出了许多推进和改善术语研究的具体设想，其中涉及术语词典、术语信息语言，术语学与其他学科的关系。在文章的结尾，作者一口气列举了几十个术语学在近期内应该作出回答的问题，使人们不禁为作者的深刻的洞察力与广阔的思路表示赞佩。

从某一个学者在相关问题上主张的改变，也许更容易看得出70—80年代俄国的术语学研究在方法论方面所发生的、引人注目的变化。

达尼连科在《术语词的词汇——语义及语法特点》(1971)[18]以及《对标准化术语的语言学要求》(1972)[19]两篇文章中，从合乎语言规范的角度出发，为术语制定了7条语言学标准。但在1982年发表的《统一术语的规范化原理》[20]一文中，作者的立场已经有了很大的变化。这种变化集中体现在，从承认对术语的语言学要求转而承认在评价术语时语言学标准的"某些独立性"。这种独立性体现在,在遵守一般标准语规范的同时,也要承认科学语言的功能变体,包括某些与一般规范语言趋势不同的变体,作者对此称作"规范的职业变体"。

列依奇克把达尼连科这种观点的转变视为对传统术语研究方法的"背叛"。应该看到,这种研究方法论方面的改变,所带来的影响是相当深远的。它不仅导致对一些重要的理论认识需要重新估价,而且对于术语的整理、统一工作提出了新的标准。

研究方法的上述转变在术语的定义上是如何体现出来的?让我们先从几个不同的定义实例说起。

列福尔马茨基在1965年新版的《语言学引论》中给术语下的定义是:"术语是专业的、其意义受限制的词,这些词作为对概念的准确表示与事物的称名趋于单义。"另一位学者盖德认为:"术语是充当定义功能并以严格的系统性、单义性、在该科学范围或者知识领域内无同义词和同音异音词为特点的词汇—语义单位。"[1]

可以看出,规定论对术语的种种要求,在上述定义中是有明显体现的。而采用描写的方法,从术语功能出发,阿维尔布赫(Авербух К. Я.)则这样给术语下定义:"术语是术语总汇(术语系统)中的成分,它是表达与某一专业活动有关的某一词或稳定重现的词组的所有变体的总汇。"作者在提出这一定义的文章中,把"变体"看作是"语言单位存在的一种形式",而功能方法是研究变体的重要方法。术语也应该看作是个"功能概念"。术语的功能在于充

---

[1] 转引自 Даниленко В. П. *Русская терминология. Опгі лингвистического описания*. Москва. ,Наука,1977. 85。

当专业概念的符号，充当表达层面与内容层面都可能不同的一系列变体的常体。从这一观点出发，作者提出，任何学科基本概念的定义总要随着对研究对象性质新认识的出现而周期性地加以调整，而上述定义是在总结近 8—15 年间术语学的成就时形成的新定义。

作者认为，此前，在给术语定义时，术语系统是第一位的，术语成分是第二位的，术语之所以能够存在，是因为它是这个系统中的一个成分，但在实际下定义时，却总是针对术语，尔后才在术语定义的基础上给术语系统下定义。这从方法论上说是不合理的。因此，作者首先给"术语总汇"下出了定义，即"术语总汇是某一专业活动领域，与概念系统同形并服务于其交际需要的符号系统。而术语系统则是能显性地展示其系统特点的术语总汇"。但"术语是术语总汇（术语系统）中的成分，它是表达与某一专业活动有关的某一词或稳定重现的词组的所有变体的总汇"。[21]

在结束本章内容时，不妨作出以下几点归纳：

第一，术语的定义是术语学研究的首要问题与核心问题，也是关系到整个术语研究全局性的问题，它也是术语理论的基础内容。即使对术语的某个方面的研究，都在很大程度上受到术语定义的制约。

第二，术语本身是一个多方面的复杂概念。企图为它下一个无所不包、面面俱到的定义几乎是不可能的；不同的学科对术语的定义可以各有所侧重，各有不同，这是正常的，是应该允许的。

第三，术语的定义是随着术语研究向深度与广度发展而变化的。随着由规定论到描写论的转变，随着功能研究的深入，以及其他研究方法的运用，术语的定义也会不断地推陈出新。

六 我们自己的工作定义

在列举了上述从多方面、多角度给术语所下的定义之后,我们是否也可以试着给术语下一个自己的定义呢?回答只能是肯定的。即使我们的定义,可能会显得浅陋、片面,但是,作为一个学习与思考过程,这个"作业"还是非要完成不可的。

笔者在几个不同场合,在必须要对术语说出一个工作定义时,宁愿把术语说成是"术语是凝集一个学科系统知识的关键词。"这个定义也许并不是一无是处。首先,用"关键词"来作解释术语的中心词,凸显了术语在专业词汇中的所起的主要作用。而且,"关键词"既可能是词,也可能是词组,或者说是所谓词汇单位。这也正是术语的一个特征。其次,说术语"凝集一个学科系统知识"也体现了术语本身所包含的系统性、逻辑性等特征。而"凝集"也多少能体现术语的确定是对概念的归纳的概括的过程。最后,这个定义毕竟是用自己的话表示出来的,说来更容易上口。既然现有的那么多定义都不能令人满意,那么,再多一个不成熟、不令人满意的定义也无大碍。

参考文献

[1] Даниленко П. Н. *Русская терминология:Опыт лингвистического описания*,Москва,1977.83-86.

[2] Татаринов В. А. *Теория терминоведения*,том 1. Москва,Московский Лицей,1996,155.

[3] Лейчик В. Бесекирска Л. *Терминоведение:предмет. методы. структура*. Bialystok,1998.20.

[4] Звегинцев В. А. *Проблема знаковости языка*. Москва, 1956 // *Slovenskodborne nazvoslovie*. -Bratislava, 1957. -n. 7. -s. 342 - 349.

[5] Бесекирска Л. *Квопросу об определении термина*, 1996. 1 - 3. Москва, московскнй лнцей, 1996. 34.

[6] Лейчик В. Бесекирска Л. *Терминоведение: предмет. методы. структура.* Bialystok, 1998. 20.

[7] *Словарь лингвистических терминотв.* Москва, 1996. 474.

[8] Гринев С. В. *Введение в тереминоведение*, Москва, Московский Лицей, 1993. 25.

[9] Пеештуков В. П. *Линтвистика и терминоведение* // *Терминология и норма.* Москва, 1972. 102 - 105.

[10] Кузькин Н. П. *К вопросу о сущности термина* // *Вестник ПГУ*. 1952. No 20. Серия истории языка и литературы. Вып. 4. 136 - 146.

[11] Котелова Н. З. *К вопросу о специфике термина* // *Лингвистические проблемы научно-технической терминологии.* Москва, 1970. 122 - 126.

[12] Моисеев А. И. *О языковой природе термина* // *Лингвистические проблемы научно-технической терминологии.* Москва, 1970. 127 - 138.

[13] Капанадзе Л. А. *О понятиях "термин" и "терминология"* // *Развитие лексики современного русского языка.* Москва, 1965. 75 - 85.

[14] Татаринов В. А. *Теория терминоведения.* Москва, 1996. 6.

[15] Лейчик В. М. *Место терминологии в системе современных наук (к постановке вопроса)* // *Научно-техническая информация.* Сер. 1. 1969. 8.

[16] Лейчик В. М. *О языком субстрате термина* // *Вопросы языкознания.* 1986. 5. 87 - 97.

[17] Головин Б. Н. *О некоторых проблемах изучения терминов* // *Вестник МГУ. Филология.* , 1972. 5. 49 - 59.

[18] Даниленко В. П. *Лексико-семантические и грамматические особенности словтерминов* // *Исследованая по русской терминологии.* Москва, 1971. 7 - 67.

[19] Даниленко В. П. *Лингвистические требованая к стандартизуемой терминологии* // *Терминология и норма.* Москва, 1972. 5 - 32.

[20] Даниленко В. П. И. *Нормативние основы унификации*

166

терминологии // *Кульмура речи в технической документации*. Москва,1982.

[21] Авербух К. Я. *Терминологическая вариантностб : теоретический и прикладной аспекты* // *Вопросы языкознания*. 1986. 6. 38 - 49.

(原载于《词典·词汇·术语》,郑述谱著,黑龙江人民出版社,2004)

术语形成的经济律——FEL 公式

冯志伟

我国许多学者喜欢把术语叫做"名词"。这种叫法是极不确切的。事实上,相当数量的术语并不是名词,而是由名词或其他单词构成的词组。现代科学技术日新月异地发展,新的科学概念层出不穷,人们不可能给每一个新出现的概念都用一个新的单词来命名它,在大多数情况下,是采用原有的单词构成词组来表示新的概念,这样,就会形成许多以词组为形式的术语,它们叫做词组型术语。从目前发展的趋势来看,词组型术语越来越多,在整个术语系统中占了很大的一部分。这几乎成了现代术语发展的一个规律。

我在 1986—1988 年间,受中国科学院和中国社会科学院的派遣,在联邦德国夫琅禾费研究院新信息技术与通讯系统研究部研究汉语的术语问题,使用 VAX11/750 计算机和 UNIX 操作系统以及 INGRES 关系数据库建立了中文术语数据库 GLOT－C,该术语数据库收了国际标准 ISO－2382 从 1975 年以来的全部有关数据处理的术语,共计 1510 条。这些术语可以分为两类:一类是单词型术语,一类是词组型术语。

单词型术语是只由一个单词构成的术语。如名词术语、动词术语等等。在 GLOT－C 术语数据库中,单词型术语只有 375 条,其中包括:

名词术语：244条，如"数据"。

动词术语：53条，如"打印"。

名动同形词术语：75条，如"输入"。

名形同形词术语：2条，如"对称"。

名限同形词术语：1条（"限"指限定词），如"顺序"。

在GLOT-C术语数据库的375条单词型术语中，名词术语只有244条。

词组型术语是由单词组合而成的术语。如名词词组术语、动词词组术语等等。在GLOT-C术语数据库中，词组型术语有1135条，其中包括：

名词词组术语：838条，如"计算机/程序"。

动词词组术语：31条，如"改变/转储"。

形容词词组术语：27条，如"自动/的"。

名动同形词词组术语：239条，"信息/处理"。

词组型术语占了全部术语的75.17％，单词型术语占了全部术语的24.83％，而名词术语只占了全部术语的16.15％。可见，在整个术语系统中，名词术语并不占优势，把术语称为名词，显然是不恰当的。

如果我们从语言学的观点来看术语系统，那么，我们可以看出，单词只不过是术语的构成材料（它既是词组型术语的构成材料，也是单词型术语的构成材料），而术语（包括词组型术语和单词型术语）则是由这些构成材料形成的产品。因此，可以说，一切术语都是由单词构成的。在GLOT-C术语数据库中的1510条单词型术语和词组型术语，都是由858个不同的单词构成的。这858个单词，与1510条术语的数量比较起来，只是一个较少的数

169

目。这种由少量的单词构成大量的术语的语言现象,反映了语言使用中的经济原则,我们把它叫做"术语形成的经济律"。

早在19世纪初,德国杰出的语言学家和人文学者洪堡特(Von Humboldt,1767—1835)就观察到"语言是有限手段的无限运用"。但是,由于当时尚未找到能够证实这种论断的技术工具和方法,这种论断只是停留在假设的阶段。今天,我们有了电子计算机这个有力的技术工具,通过科学实验和数学计算来检验这个大胆假设的时机已经成熟。"术语形成的经济律"正是"语言是有限手段的无限运用"这一假设的一个科学实例。术语系统中单词数目是有限的,而由单词构成的词组型术语和单词型术语的数目却是无限的。由少量的有限的单词构成大量的无限的术语,这正是"有限手段的无限运用"这一原理在术语学中的具体表现。可见,"术语形成的经济律"是一个有着深刻的语言学和哲学背景的普遍性规律。

在本文中,我们将讨论术语形成的经济律的三个基本概念:术语系统的经济指数、单词的术语构成频率和术语的平均长度。并且提出"FEL公式"来描述这三个基本概念之间的关系。

一 术语系统的经济指数

为了说明什么是术语系统的经济指数以及术语系统的经济规律,需要先定义如下的初始概念:

1. 系统的术语数:在一个术语系统中,不同的术语的总数,也就是术语系统的容量。系统的术语数用 T 表示,它的单位是"条"。

2. 单词的绝对频率:在术语系统中,某一单词的出现次数(或使用次数)。单词的绝对频率用 α 表示,它的单位是"次"。

3. 不同单词数:具有同一频率的不同单词的数目。不同单词数用 ν 表示,它的单位是"词"。

4. 不同单词总数:在术语系统中,具有不同绝对频率的不同单词的总数。不同单词总数用 W 表示,它的单位是"词"。

不同单词总数的计算公式是:

$$W=\Sigma\nu$$

5. 运行单词数:具有同一绝对频度的不同单词 ν 和它的绝对频度 α 的乘积。运行单词数用 ρ 表示,它的单位是"词次"。

运行单词数的计算公式是:

$$\rho=\alpha\nu$$

6. 运行单词总数:具有不同绝对频率的运行单词的总数。运行单词总数用 R 表示,它的单位是"词次"。

运行单词总数的计算公式是:

$$R=\Sigma\rho=\Sigma\alpha\nu$$

术语系统的经济指数就是系统的术语数 T 被不同单词总数 W 来除所得的商。术语系统的经济指数用 E 来表示,这样,我们有如下公式:

$$E=T/W \tag{1}$$

E 的单位是"条/词",读为"每词多少条"。

在大多数术语系统中,E>1;如果 E≤1,则说明术语系统设计的经济效应不高。

例如,在术语系统 GLOT-C 中,T=1510,W=858,则该系统的经济指数 E 为:

$$E=T/W=1510/858=1.76$$

这说明,当术语系统有1510条术语时,每个单词平均可构成1.76条术语。可见,这个术语系统具有较高的经济效应,也就是说,在该系统中,每个单词构成的术语条数较多。

术语系统的经济指数的高低,受到系统中术语数的强烈影响。随着系统的术语数的增加,术语系统的经济指数也逐渐升高。在我们设计的"数据处理中文术语数据库"GLOT－C中,当系统的术语数为500条,不同单词数为342个词时,其经济指数为1.46;当系统的术语数增加到1000条,不同单词数增加到588个词时,其经济指数也增加到1.70;当系统的术语数进一步增加到1510条,不同单词数进一步增加到858个词时,其经济指数也进一步增加到1.76,如下表所示:

表1

T	W	E
500	342	1.46
1000	588	1.70
1510	858	1.76

这种情况,可图示如下:

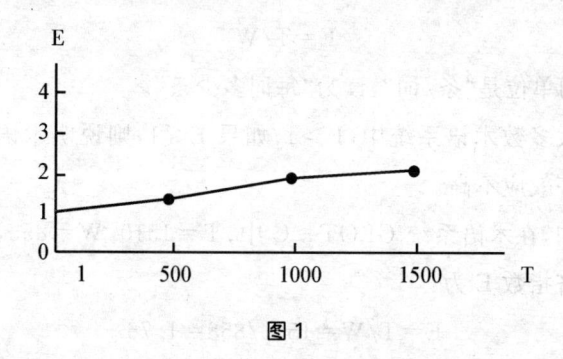

图1

在一定的学科领域内,如果具有大量术语条目的术语系统具有较高的经济指数,那么,这个系统必定具有大量的由少数基本单词构成的词组型术语,而这些词组型术语构成了该术语系统的主要部分。

二 单词的术语构成频率

在术语系统中,每个单词的绝对频率并不是一样的。有的单词经常使用,叫做高频词,有的单词不常使用,叫做低频词。随着术语条目的增加,高频词的数目一般来说也相应地增加,而新词出现的可能性越来越小。这时,尽管术语的条数还继续增加,不同单词总数增加的速率却越来越小,而高频词则反复地出现。在术语数 T 与不同单词总数 W 之间,存在着如下的函数关系:

$$W = \varphi(T)$$

这种函数关系可粗略地用下图表示:

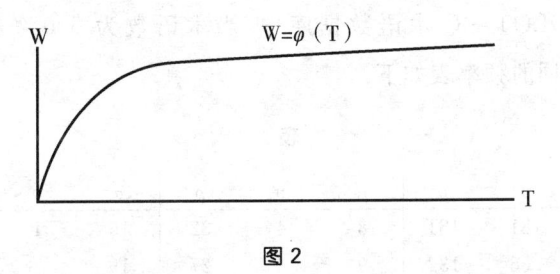

图 2

术语系统的高频词越多,则由这些高频词构成的术语也越多,单词构成术语的这种能力,叫做单词的术语构成频率。

单词的术语构成频率就是在一个术语系统中运行单词的总数 R 被不同单词数 W 来除所得商。单词的术语构成频度用 F 表示。

这样,我们有下面的公式:

$$F=R/W \qquad (2)$$

F 的单位是"次"。事实上,因为 R 的单位是"词次",W 的单位是"词",所以 F 的单位就是"词次/词",它恰恰等于"次"。

F 的值不能小于 1,即 $F \geqslant 1$;对于同一个术语系统来说,单词的术语构成频率 F 不能小于术语系统的经济指数 E,即 $E \leqslant F$,因为我们总是有 $T \leqslant R$。

在我们设计的"数据处理中文术语数据库"GLOT-C 中,1510 条术语的运行单词总数为 3216 个,而构成这 1510 条术语的不同单词总数为 858 个,即 R=3216,W=858,这样,我们有:

$$F=R/W=3216/858=3.75$$

这说明,当 GLOT-C 系统的术语数为 1510 条时,其单词的术语构成频率为 3.75,也就是说,平均每个单词可以出现 3.75 次。因此,这个值也可以代表这些单词构成术语的平均频率。

单词的术语构成频率也受到术语系统中术语数的影响。

在 GLOT-C 术语数据库中,当术语数为 500 条时(T=500),单词的频率表如下:

表 2

α	υ	ρ	α	υ	ρ	α	υ	ρ
1	181	181	8	4	32	16	1	16
2	66	132	9	3	27	19	1	19
3	32	96	10	6	60	20	1	20
4	19	76	11	1	11	26	1	26
5	8	40	12	1	12	27	1	27
6	4	24	13	4	52	37	1	37
7	5	35	15	1	15	49	1	49

在这种情况下，　　　　W＝Σ υ＝342

并且　　　　　　　　R＝Σ ρ＝987

因此　　　　　　　　F＝R/W＝987/342＝2.89

当系统中的术语数为1000条(T＝1000)时,单词的频率表如下：

表3

α	υ	ρ	α	υ	ρ	α	υ	ρ
1	295	295	12	6	72	25	1	25
2	103	206	13	2	26	26	1	26
3	54	162	14	2	28	29	1	29
4	36	144	15	2	30	33	1	33
5	19	95	17	2	34	37	1	37
6	16	96	19	1	19	48	1	48
7	12	84	20	1	20	51	1	51
8	10	80	21	1	21	52	1	52
9	6	54	22	1	22	64	1	64
10	6	60	23	1	23			
11	2	22	24	1	24			

在这种情况下，　　　　W＝Συ＝588

并且　　　　　　　　R＝Σρ＝2072

因此　　　　　　　　F＝R/W＝2072/588＝3.52

当系统的术语数为1510条(T＝1510)时,单词的频率表如下：

表 4

α	υ	ρ	α	υ	ρ	α	υ	ρ
1	411	411	13	5	65	26	2	52
2	150	300	14	3	42	27	2	54
3	73	219	15	2	30	33	2	66
4	52	208	16	3	48	34	1	34
5	44	220	18	1	18	35	1	35
6	24	144	19	3	57	44	1	44
7	14	98	20	1	20	47	1	47
8	14	112	21	2	42	55	1	55
9	13	117	22	1	22	56	1	56
10	5	50	23	2	46	63	1	63
11	8	88	24	3	72	68	1	68
12	7	84	25	2	50	79	1	79

在这种情况下， $W=\Sigma\upsilon=858$

并且 $R=\Sigma\rho=3216$

因此 $F=R/W=3216/858=3.75$

我们可得到如下的表：

表 5

T	W	R	F
500	342	987	2.89
1000	588	2072	3.52
1510	858	3216	3.75

从表中可看出,随着系统中术语数的增加,单词的术语构成频率也相应地增加,图示如下：

图 3

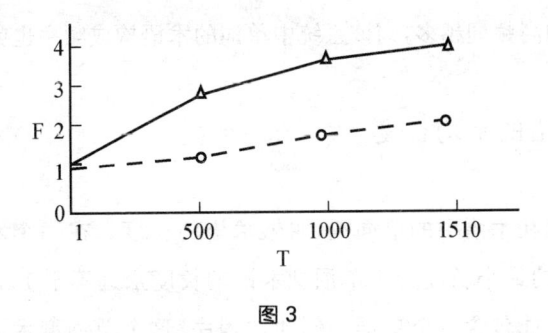

在上图中,虚线表示系统的经济指数 E 的变化情况,实线表示单词的术语构成频率 F 的变化情况,如果术语数 T 相同,单词的术语构成频率 F 的值不小于系统的经济指数 E 的值,即 F≥E。仅当术语数 T=1,系统中只有一个单词时,F 等于 E,在其他场合,F 永远大于 E。

从上面三个频率表中还可看出,随着单词绝对频率 α 的增加,具有同一绝对频率的不同的单词的数目 ν 相应地减小,这种关系可用下图来描述:

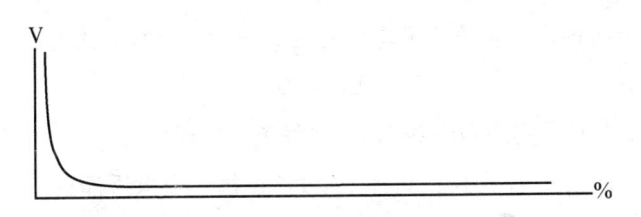

图 4

这说明,在一个术语系统中,高频词只占了不同单词总数的一小部分,而它们却能构成大量的术语。例如,在"数据处理中文术语数据库 GLOT－C 中当术语数 T 为 1510 条时,绝对频率大于 10 的高频词只有 62 个,而它们的出现次数却是 1342 词次,由这些高频词构成的运行词总数占了全部的运行词总数的 41.4%。术语系统中的高频词越多,则该系统中单词的术语构成频率也就越高。

三 术语的平均长度

包含在术语中的单词数,叫做术语的长度。在一个术语系统中,术语的最小长度为1,单词型术语的长度永远等于1,每个单词型术语只能包含一个单词。例如,"程序"这个单词型术语的长度为1。词组型术语的长度永远大于1。例如,"程序/设计"这个词组型术语的长度为2,"数字/字符/子集"这个词组型术语的长度为3,"条件/控制/转移/指令"这个词组型术语的长度为4,"平均/无/故障/工作/时间"这个词组型术语的长度为5。从术语经济原则的观点看来,术语的长度太长,不便于使用和记忆,因而,我们有必要研究术语的长度问题。

从术语系统的整体来看,还应该研究术语的平均长度。在一个术语系统中,术语的平均长度就是运行单词总数 R 被术语数 T 来除所得的商。术语的平均长度用 L 表示。计算公式为:

$$L=R/T$$

L 的单位是"词次/条",读为"每条多少词次"。

L 的值永远不小于1,即 $L \geqslant 1$。在每一个术语都只由一个单词构成的术语系统中,$L=1$;在其他场合,$L>1$。

在我们设计的"数据处理中文术语数据库"GLOT-C 中,R=3216,T=1510,所以,该系统的术语平均长度为:

$$L=R/T=3216/1510=2.130$$

这意味着,在 GLOT-C 中,当术语数等于1510条时,平均每条术语由2130个单词构成,即每条术语中含有 2.130 词次。

随着术语系统中术语数的增加,术语的平均长度也有增加的趋势。在 GLOT-C 系统中,当术语数为 500 条时,术语的平均长度为 1.974 词次/条;当术语数为 1000 条时,术语得平均长度为 2.072 词次/条;当术语数为 1510 条时,术语的平均长度为 2.130 词次/条。当然,术语的平均长度不能太长,每个术语系统都能在其运行过程中,不断地把术语的平均长度调节到最佳值。在这个调节的过程中,某些太长的术语被淘汰了,某些较短的术语变长了,这样,术语的平均长度就可以保持相对的稳定。

四 术语构成的经济律——FEL 公式

前面我们讨论了术语构成的三个主要概念:术语系统的经济指数 E、单词的术语构成频率 F 和术语的平均长度 L。现在我们进一步研究这三个概念之间的关系。仔细观察 GLOT-C 术语数据库的实验数据,我们可以发现:术语系统的经济指数 E 与术语的平均长度 L 的乘积与单词的术语构成频率之值是近似地相等的。实验数据如下:

T	E	L	E×L	F
500	1.46	1.974	2.88304	2.89
1000	1.70	2.072	3.52140	3.52
1510	1.76	2.130	3.74880	3.75

当 T=500 时,我们有 E×L=2.88304,而这时 F=2.89;当 T=1000 时,我们有 E×L=3.52140,而这时 F=3.52;当 T=1510 时,我们有 E×L=3.74880,而这时 F=3.75。可以看出,

$E \times L$ 之值与 F 之值几乎是相等的。

根据这些实验数据,我们可以在 E、F 和 L 之间建立如下的数学关系:

或者 $\quad E \times L = F$

$$F = EL$$

事实上,由于

$$E = T/W \tag{1}$$

以及

$$F = R/W \tag{2}$$

(2)÷(1)得到

$$F/E = R/T \tag{3}$$

根据术语平均长度的定义,我们有

$$L = R/T \tag{4}$$

比较(3)与(4),可以得到

$$F/E = L$$

因此,可有

$$F = EL$$

这就是上面的 FEL 公式。

由此,我们可以作出结论:**在一个术语系统中,术语系统的经济指数 E 与术语的平均长度 L 的乘积恰恰等于单词的术语构成频率 F 之值。**我们把这个规律,叫做"术语形成的经济律"。

从 FEL 公式,我们还可得到如下的推论:

1. 在一个术语系统中,当术语的平均长度 L 一定时,单词的术语构成频率 F 与术语系统的经济指数 E 成正比。术语系统的经济指数越高,单词的术语构成频率也越高。这时,FEL 公式变为:

$$F = k_1 E$$

k_1 是一个常数。

这说明,为了提高术语系统的经济指数,应该增加单词的术语构成频率,使得每个单词能构成更多的术语。

2. 在一个术语系统中,当系统的经济指数 E 一定时,单词的术语构成频率 F 与术语的平均长度 L 成正比。术语的平均长度越长,单词的术语构成频率越高。这时,FEL 公式变为:

$$F = k_2 L$$

k_2 是一个常数。

这说明,为了提高单词的术语构成频率,必须增加术语的平均长度,因为系统的经济指数是一定的,每个单词只能被包含到有限数目的术语之中,所以,只有增加术语的平均长度。

3. 在一个术语系统中,当单词的术语构成频率 F 一定时,系统的经济指数 E 与术语的平均长度 L 成反比。系统的经济指数的增加将会引起术语平均长度的缩小,而系统的经济指数的减少将会引起术语平均长度的增长。这时,FEL 公式变为:

$$EL = k_3$$

k_3 是一个常数。

这说明,在不改变单词的术语构成频率的条件下,如果我们想提高术语系统的经济指数使得每个单词能够构成更多的术语,那么,我们只好从原有的术语中,抽出一些单词来构成新的术语,这样,术语的平均长度就缩短了。因为在这种情况下,运行单词总数是不变的,我们必须从原有的术语中,一般是从较长的术语中,抽出一部分单词来造成新的术语,而这将引起术语数目的增加。其结果,术语系统的某些术语中所包含的单词数可能会减少,而新术语的长度不可能太长,因而系统中术语的平均长度就缩短了。

由此可见,FEL 公式反映了术语系统的经济指数、单词的术语构成频率以及术语的平均长度之间的相互依存和相互制约的关系,这个公式是支配着术语的形成和变化的一个经济规律。

从 FEL 公式,我们可得到:
$$E=F/L$$
由此我们可知,提高术语系统的经济指数的方法有两个:

1. 在不改变单词的术语构成频率的条件下,缩短术语的平均长度;

2. 在不改变术语的平均长度的条件下,提高单词的术语构成频率。

一般地说,在一个术语系统中,最好不要过大的改变术语的平均长度,术语的平均长度改变过大,往往会使术语系统改变到人们难以辨认的程度。由于这个原因,我们最好不要使用缩短术语平均长度的方法来提高术语系统的经济指数。看来,提高术语系统的经济指数的最好方法,还是在尽量不过大地改变术语的平均长度的前提下,增加单词的术语构成频率,这样,在术语形成的过程中,将会产生大量的词组型术语,使得词组型术语的数量大大地超过单词型术语的数量,而成为术语系统中的大多数。在我们设计的"数据处理中文术语数据库"GLOT－C 中,词组型术语占了 75.17%。这个事实,正是术语形成的经济律作用的结果。而术语形成的经济律又是洪堡特提出的"语言是有限手段的无限运用"这一普遍假设在现代术语学中的实际体现和科学证明。

(原载于《自然科学术语研究》,1989 年第 1 期)

专名与术语

石立坚

名称是事物(包括生命体和非生命体)的语言符号,在各种现代民族语言中都有专名与通名之分。专名是专用名称的简称。不应把专名误解为专业名称或专业名词,也不应把专名完全理解为专有名词[1]。通名是普通名称的简称。专名与通名的拉丁文术语分别为 nomen priprium(意为"各自名称")[2]和 nomen appellativum(意为"类别名称")[3]。专名只是单独事物的名称,不是他(它)们所属类别的名称。专名的命名,着眼点在于专名特有者的单独性、个体性、特指性或可鉴别性,不着眼于专名特有者的类别性(种属性)。由专名标记的事物总是独一无二的。与专名对应的通名[4]既是某个

---

[1] 专业名称是专业语言中的名称,其形式为名词或以名词为中心词的词组。专业名词是形式为名词的专业名称。专有名词与专用名称不是完全等同的术语,但二者往往互为可替换术语。从严格意义上讲,专用名称只是在其形式为名词的情况下,才与专有名词互为可替换术语。

[2] 专名的英语术语为 proper name,法语术语为 nom propre,德语术语为 Eigenname,俄语术语为 имя собственное。这些术语在其所属语言中的意思都是"各自名称"。

[3] 通名的英语术语为 common name,法语术语为 nom commun。它们的意思是"共用名称"。通名的德语术语为 Gattungsname,意为"类别名称",俄语术语为 имя общее,意为"共用名称"或"普通名称"。

[4] 在上海辞书出版社 1979 年出版的《辞海》中,通名被解释为"别名的对称"(见《辞海》缩印本 1055 页)。这种解释很值得商榷。笔者认为,应该把通用名称(≠普通名称)解释为专名(即非通用名称)的对称。国内外学者普遍认为,通名与专名是互为对应的术语。

单独事物的名称,同时又是他(它)们所属类别的名称。也可以说,通名是同类事物中不同分子的共用名称。通名命名的着眼点只在于事物的类别性。任何分类等级的事物类别名称都是通名。例如,生物的分类等级为界、门、纲、目、科、属和种。这些分类等级的事物类别名称都是通名。世界上的事物在各种现代语言中通常都有通名,但不是任何事物都有自己的专名。在逻辑学中,普通概念①的名称属于通名,单独概念②的名称一般说来都是专名。

专名与通名的不同,可以通过以下例子予以说明。例如,"湖"和"海"是自然地理名称,指的是不同类别的自然地理实体。它们是类别名称,当然属于通名。"咸水湖"、"淡水湖";"公海"、"领海"也是类别名称,是"湖"和"海"的下位类别名称,因而也是通名。但是,"兴凯湖"、"贝加尔湖"、"太湖";"黄海"、"红海"、"地中海"等单独水域的名称则是专名(自然地理专名)。又如,"革命"这个概念名称是类别名称,是通名。但是,"法国大革命"、"十月社会主义革命"或"土耳其资产阶级民主革命"等名称所标记的都是在特定地方和特定时间发生的革命。它们都是特指的,所以属于专名。根据专名与通名的定义,不难判断,"巴黎公社"③是专名,但"人民公社"④却是通名。同样,也不难判断,"行星"、"卫星"、"彗星"、"流星"是通名,但"金星"、"土星"、"天王星"和"海王星"则是专名。

---

① 普通概念是反映某类对象的概念,其外延是由几个或几种事物构成的一个类。
② 单独概念是反映特定的某个对象的概念,其外延是唯一的。单独概念的名称一般是专名,但也有属于通名的,如"亚洲美元"、"铀235"等。
③ 巴黎公社是1871年法国无产阶级在巴黎建立的工人革命政府,是人类历史上第一个无产阶级专政的政权。
④ 人民公社是我国1958年建立的政社合一组织,曾是我国基层行政区划单位的通名。

应该指出,民族名称及属于某民族的人的名称(如汉族、满族、俄罗斯人和突厥人)、家族名称(家姓)、氏族名称(包括古罗马人的氏族姓)以及某国或某居民点(城、镇、村等)的居民名称(如中国人、北京市人、汉堡人、芬奇村人)等虽然其命名着眼点不在于人的个体性,而在于人的群体性,但它们却是专名。这是把人的群体视作人的个体的结果。还应提到,若干独一无二的事物的名称习惯上,尤其是在日常生活中被视为通名,只是在正式场合(如在用作百科全书条头的情况下)才被视为专名,如"太阳"、"月亮"等。

在不同语言中,划分专名与通名的标准虽然基本相同,但并不完全一致。例如,周日(星期一、星期二……)和月份(一月、二月……)的名称在英语中属于专名(首字母大写),但在俄语和法语中却属于通名(首字母小写),在德语中也属于通名[①]。用拉丁字母文字或西里尔字母文字书写的专名一律大写。汉语拼音正词法基本规则(试用稿)规定,用汉语拼音字母拼写的专名也予以大写[②]。各种语言中的专名,其形式通常是名词或以名词为中心词的词组[③]。专名就其结构而言,分为含有通名的专名和不含通名的专名。标记同一事物或同一概念的专名在不同语言中,其结构有时并不完全相同。例如,德语专名 Oder 是不含通名的专名,其汉译名"奥得河"则是含有通名的专名。

通名属于一定的历史范畴。在语言产生初期,没有专名与通名之分。当时,只有专名,没有通名。通名是随着人对事物或概念

[①] 在德语中,普通名词与专有名词的首字母都大写。
[②] 发表在《文字改革》杂志 1984 年第 5 期。
[③] 形成为词组的专名,其书写规则在使用拉丁(罗马)字母文字或西里尔字母文字的不同语言中并不完全相同。例如,英语专名 Morning Star(《晨星报》)的俄译名为 Чтрення звезда,前者是两个词的首字母都大写,后者只是第一个词的首字母大写。

的认识深化,是在事物或概念分类基础上产生的。随着社会的发展,新事物、新概念不断出现,因而必然也不断地产生用于标记新事物、新概念的名称。在这些名称中,既有专名,又有通名。通名与专名相互转化的情况时常发生。有些通名转化为(或用于)专名。也有些专名转化为(或用于)通名。前者的例子如英语通名 great peasant revolt(农民大暴动)转化为英语专名 Great peasant Revolt(特指 14 世纪英格兰农民大暴动)。后者的情况更为常见。例如,英语通名 diesel(柴油机)是由柴油机发明者 Diesel(狄塞尔,德语家族姓)这个专名转化来的汉语专名"秦桧"也可用作通名。该专名用作通名时,指的是"像秦桧那样坏的坏人"。由于专名与通名可以相互转化,一些专名与通名的界限往往不明显。为了判断某个名称是否属于专名,有时不得不依据这个名称所处的上下文。

在任何语言的专名体系中,人名和地名都是数量最大的最重要的两类专名。因此,狭义的专名指的就是人名和地名,尤指人名。专名按其标记的事物或概念很难予以分类,但仍可大致分为以下几个类别。

(1) 有生命的或被认为是有生命的特指个体名(或群体名),其中包括个人名[1]、家姓连同个人名、鬼神名和动物的名字,还包括民族名、部族名、某国或某居民点的居民名、家姓、氏族姓等。

(2) 广义的地名,如历史地名、传说中的地名、洲名、国名、居民点名、江河湖海名、山名、山脉名、山峰名、森林名、草原名、耕地

---

[1] 属于个人名的还有作家的笔名、艺人的艺名。此外还有别名、小名、昵称和绰号等。

名、城市中的街道、广场名以及一切有位置意义的建筑物名等。

（3）特指的书刊报章名，如文艺作品名（小说名、诗歌名、戏剧名、电影名、曲艺名、绘画名或雕塑名）、音乐作品名、政治或军事著作名等。法律名、法案名、计划名、条约名、协定名或决议名可以列入这类专名之中。

（4）特指的组织（机构）名，如工厂名、学校名、工会名、学会名、基金会名、公司名、医院名、电台名、报社名、通讯社名、图片社名和各种国际组织（机构）名等。

（5）历史事件名，如战争名、战役名、起义名、革命名、案件名等。

（6）其他专名，如特指的物名（飞机名、船舶名、火车名[①]等）、语言名、奖金名、学派名、画派名、宗教名、节日名、时代名等。

专名还可以按其所属语种予以分类，即可分为拉丁语专名、汉语专名、英语专名、德语专名等。

"术语"一词在汉语中出现得很晚，至今只有几十年的历史，该词很可能是从日语中借用来的（日语中的汉字形式为"术语"）。术语究竟是什么，是个有争议的问题。由于在"术语"这个词中含有词素"术"字，术语又经常使用于科技领域，有人望文生义地把"术语"误解为"技术用语"。不少人把"术语"解释为"学术用语"。这种解释虽然有所依据（常见于日本工具书之中），但未能准确表达出"术语"一词的概念。引人注目的是，在包括百科全书在内的各种中文和外文工具书中，"术语"的定义常有不同，甚至相差甚远。

[①] 这里指的是标记单独个体的名称，如"伊丽莎白公主"号（客机）、"密苏里"号（战舰）或"毛泽东"号（机车）等。但飞机的型号名却是通名，如"快帆"型（客机）、"波音747"型（客机）等。

这种情况说明：人们对"术语"一词所表示的概念在认识上很不一致。在上海辞书出版社出版的大型工具书《辞海》中，"术语"的定义是，"各门学科中的专门用语。每一术语都有严格规定的意义"（见《辞海》缩印本第1248页。)词语的定义应该是对词语表示的概念的严格描述。笔者认为，《辞海》中关于"术语"的定义是值得商榷的。这是因为，"术语"不仅仅用于学科之中，术语的意义也不都是规定的，当然更谈不上"都有严格的规定"。假如每一术语的意义都有严格规定，也就无须提出"术语标准化"这个棘手问题了。此外，把"术语"只说成是"用语"，现在看来也未必妥当。应该指出，不少词语的定义不是一成不变的。随着人们认识的深化，某些词语的定义也应该随之予以改变。

现将有关"术语"定义的几个问题分述如下：

1. 术语与名称

在我国有关文献中，术语连同专名曾被统称为"名"。清代翻译家严复在谈到翻译问题时指出，"一名之立，旬月踌躇"，说的就是"术语或专名的译名定名不是轻而易举的事"。在生物学中，物种名称无疑属于术语。在医学中，疾病名称也是术语。然而，术语与名称并不是完全等同的概念。不能够说，任何名称都是术语，以产品名称为例，有些产品名称，如"针"、"线"、"毛巾"等日用产品名称不属于术语，而有些产品名称，如"发动机"、"雷达"、"火箭"等产品名称显然属于术语。凡是专名，即专用名称，如人的名字、姓氏、地名、特指的组织（机构）名、特指的书刊报章名以及独一无二的物名等都不属于术语。少数专名却可以用作术语。例如，"安培"在指对电磁学作出贡献的法国物理学家这个特定人时，即"安培"用作姓氏的情况下，不是术语，而是专名；"安培"用作电流强度单位名称时则是术语。这时,"安培"亦称"安",国际符号为 A。同样,"焦耳"用作姓氏时是专名,用作功和能量的单位名称时则是术语。专名与术语的交叉情况并不多见。通名,即普通名称与术语的交叉情况却十分常见,可以说,凡是用于专业知识领域的通名都可以被视为术语。

2. 术语与概念

术语是概念名称,尤指普通概念。术语所表示的概念既可以是物质的,也可以是非物质的;既可以是自然的,也可以是人为的;既可以是具体的,也可以是抽象的。对于概念名称的术语来说,既不存在正确与否的问题,也不存在科学与否的问题,只存在合适与否的问题。术语应该准确地反映概念。未能准确反映概念的术语通常要在术语标准化过程中予以调整。但是,确属众所采纳的惯用术语,尽管不理想,也不要轻易改动,以免造成新的混乱。"术语"一词也常指由术语表示的概念本身。例如,在"术语的定名"这个词组中,"术语"显然指的就是"概念"。在"术语标准化"这个词组中,"术语"有双重含义,既指"概念名称",又指"概念本身"。通常所说的"术语体系"实际上是指"概念体系"。"术语"也表示概念与概念间的相互关系,如甲概念与乙概念之间的"相等"或"相似"关系,甲概念"大于"或"小于"乙概念的关系等。表示概念间相互关系的词语也是术语。这点往往被人们所忽略。

3. 术语与语言符号

术语中最常见的形式是作为语言单位的词或词组(可统称为词语)。术语中的词,绝大多数是名词,也可以是其他词类的词,如动词"扩散"、"裂变"、"辐射"等。术语在特定领域中应该是单义的(术语的意义与其所处的上下文无关),并且不应该有褒贬的修辞色彩。各种语言中术语的形成都要遵循各种语言的构词规律和词组的构成规律。术语有长有短、长术语往往是字面意义明确,但不利于交流,而短术语的字面意义通常不明确,但便于用来交流。表示同一概念的术语也是如此。例如"爱滋病"(尚未标准化,另一种书写形式为"艾滋病")又称为"获得性免疫缺陷综合征"。后者是由11个汉字组成的词组,其字面意义明确,但不便于用来交流,尤其不便于口语。术语不仅仅是词语,还包括表示概念或概念间相互关系的其他语言符号或标志,其中有数理逻辑符号、物理学符号、化学符号或化学分子式、计量单位名称的符号、某种代号以及图示或交通标志等。但是,专名的符号、代号或标志,如国名的代号、国徽、团徽、书徽、国旗、党旗、市标(城市标志)等却不是术语。符号通常是概念的附加说明,在某种专业领域中却经常用来表示概念,在化学领域中就是如此。采用符号作为术语不仅能够解决大量的术语与有限的语言资源之间的日益增长的矛盾,而且也是术语的简化手段之一。在欧美国家的术语学理论中,人们早已普遍把表示概念或概念间相互关系的符号、图示、标志视作术语。

4. 术语与知识

术语是知识单位。术语与非术语[①]之间的最重要的界限就在于,术语只用于专业知识领域。术语形成的重要途径之一是共同语言中词语的术语化(借用外来术语是术语形成的另一重要途径)。在特定领域中形成的术语,有些又逐渐用于共同语言之中。正因为如此,术语与非术语的交叉是常见的语言现象。因为术语

---

① 非术语是共同语言(指语言集团中大多数人日常生活使用的语言,不是用于专门目的的书面语言)中的词或词组。

是知识单位,所以术语虽然也用于口语,但主要用于书面语。自然科学领域中的术语可谓浩如烟海,其数量之多是哲学社会科学领域中的术语无法比拟的。为使术语不造成歧义的术语标准化工作,无论在国际上,还是在我国,主要涉及的是科学技术领域。这并不意味哲学社会科学领域中的术语不存在术语标准化问题。从某种意义上讲,哲学社会科学领域的术语协调工作尤为困难。如果在"术语"的定义中只提"术语用于学科之中",这显然是不严谨的,因为诸如在体育、戏曲、曲艺、音乐、舞蹈等知识门类或在纺织、交通、运输等行业之中都存在着各自的术语,而上述的知识门类或行业都不能称为学科。关于术语使用领域的可取提法应是"专业领域"。专业领域的概念较宽,既包括学科,又包括行业,还包括其他知识门类。

综上所述,笔者认为,"术语"一词的概括性定义为,"术语是用于专业领域的表示概念或概念间相互关系的并应严格区分不同概念的词语、其他语言符号或标志。术语也常指由术语表示的概念本身"。

(原载于《自然科学术语研究》,1988年第2期)

术语·术语学·术语词典

陈楚祥

我们通常说的术语(term)有两种理解,狭义的指某一个(或几个)专业学科领域中表示专门意义的词项(lexical item),即术语词,广义的指术语的汇集。本文所谈具体的专门词语时指前者,涉及术语词所具有的各种特征时指后者。

以词的使用频率参数为标准,词有通用性和局限性两种性质。前者即所谓积极词,后者即所谓消极词。就总体而言,术语词具有局限性,因为某个术语词所表示的概念只与某个(或几个)专门领域的对象(事物、现象等)相联系。尽管它在该领域里使用频率可能很高,但在整个标准语词汇使用频率统计中其比例可能很低。

一 术语

术语是语言中的一个广泛的词层,是词汇体系中的一个有机组成部分,是语言社会确认的语言单位。

术语除自然语言中的词、词组等以外,还包括人工语言中所制定的可作为书写单位的符号(sign),包括字母符号,如化学中字母 H 指"氢",O 指"氧",U 指"铀"等,图像符号,如数学中的"＜"指"小于","＞"指"大于","∽"指相似;字母数字符号,如 A‑72 表示72号车用汽油,Б-100/130指100/130号航空汽油。

术语词的基本形式是名词和由名词构成的词组,如英crystallization,俄 кристаллизация〈化〉晶化;英 negative charge,俄 отрицательный заряд〈电〉负电荷。

语言是一个动态体系。语言词汇的发展决定于外部和内部因素,二者的关系表现为必要性和可能性。必要性指命名新事物、新概念的需要,如航天事业发展而出现的宇航学中的术语词;可能性主要指术语词构成的途径。

术语词的构成也像通用词一样有其理据性。以俄语术语词为例,不外各种合成法、词缀法、凝聚法(单词化法)、缩略法、借用法、语义法(建立新义)等。

术语词表示某个(或几个)专业学科中的某个明确概念,因此它的功能语义特点应是直接的、单义的、中性的,此外不应具有同义词,但语言事实表明,目前还有相当一部分术语词具有多义或同义现象。这是术语学标准化研究中所要解决的问题。

术语词作为一个词层,其内部的语义关系具有体系性,例如下列不同语言中的医学术语都各自有相同的后缀:

	英语	俄语	法语
肾炎	nephritis	нефрит	néphrite
胃炎	gastritis	гастрит	gastrite
支气管炎	bronchitis	бронхит	bronchite

就总体上说,术语词可分两大类:

(1) 通用术语词 指通用于各个学科中具有同一意义的词。这类词大量收入普通语文词典中,其中许多词甚至不作专业标注,如汉语中以"分"字领头的"分解"、"分布"、"分化"、"分裂"、"分流"、"分析"等。

(2) 专业术语词　指只用于某个（或几个）专业领域中具有同一意义的词,如英语 tillering⟨农⟩分蘖,secrete⟨生⟩分泌,fractional⟨化⟩分馏,decibel⟨理⟩分贝,molecule⟨理、化⟩分子。

语言词汇是不断发展变化的,尤其是跨专业术语词与通用术语词的界限并不是十分稳定的,最常见的则是专业向跨专业发展,跨专业则向通用发展。

有的学者将我们称之为"行话"的职业（行业）词作为半术语词列入术语词的分类中。职业词是从事某一职业的人或某一社会集团成员在口语中惯用的,而不为局外人所理解的词语,如俄国印刷业排字工人把书名号"《　》"叫做ёлочка（小枞树）,把通栏黑体字标题称做шапка（帽子）,汽车驾驶员称"跑空车"（порожний рейс）为холостяк（单身汉）,电气技工称"短路"（короткозамыкание）为коротыш（矮子）,物理学家常用кастрюля（锅）称"同步相位加速器"（синхрофазотон）等。其他的如海员、猎人、记者、医生等都有一套自己惯用的词语。

作为词层,术语与行话有原则的区别。如上所述,术语词的基本特点是意义上的专业性和语义界限的准确性、修辞上的中性、语法结构上的体系性,而职业词（行话）则多具有修辞色彩,通过联想、比喻、借代等转义手段将普通语词用来代替专业术语词,因此它们大多具有形象性和表情色彩。如上所述,这类词作为规范的对应术语词的俗称多用于某一职业阶层或社会集团成语的口语中,书写中则多用引号。

语言事实表明,有些原属行话的词语随着时间的推移已成了正式的术语词,尽管它们的表情色彩已消失,但其借代性质仍明显可见,如 зуб шестеренки"小齿轮",плечо рычага"摇臂",опорная ножка"支脚、支架",грозовой нос〈气象〉"飑鼻"等。

我国历来有所谓的江湖行话,例如"高买"(扒手)、"卷地"(换码头)、"摸簧"(试探)、"烂头"(银钱)等。这类所谓行话实际上是隐语、黑话(argot),它们显然不能与上述的行话相提并论。

专名(proper name)包括人名、地名等是否术语词,学术界有不同观点,有的认为二者应加以区别,有的则认为专名介乎术语和非术语之间,其中有的已成为术语词。还有以专名新创的术语词,例如美国几位科学家为纪念俄国伟大的化学家 Д. Н. Менцелеев 而将新发现的一种化学元素命名为钔(менцелевий,非大写起头)。

下列以专名构成的词组(以人物命名的理论、定律等)显然属于术语范畴,如:

英语	俄语	汉语
Newton's similarity law	закон подобия Ньютона	牛顿相似定律
Archimedes' prinple	закон Архимеда	阿基米得定理
Hamiltonian method	метод Гамильтона	哈密顿(计算 波浪)法

由于科技进步,人们知识领域的扩大和现代生活的多样化发展,术语词和非术语词处于不断的转换过程之中,尤其是术语词非术语化,即原属局限性的术语词成为通用性的普通语词的情形更为常见,如生活中常用的"反应"、"效应"、"调节"、"调控"、"轨道"、"潮流"等。

有时,人们将某个术语词用于日常生活中以赋予某种表情色彩(如戏谑、俏皮等)属另一种性质。例如"最近我银根很紧","这次涨工资属微调",俄语如 давай заправимся калориями("我们来补充点卡路里吧",意为"吃点东西"），давай свои координаты 告诉我你的坐标（地址）。

语言中某些成语也源于术语或属术语词的转义，如俄语中，заиас прочности 安全系数→可靠程度，нодводвос тсчсннс 潜流→潜在势力，чистая вода 纯水→真正的,货真价实的。

为了命名事物的需要，语言也常采取非术语词术语化的办法，亦即前面提到的语义法。例如：

英语	俄语	
error	погрешность	错误：罪过→误差
noise	муи	嘈杂声→〈医〉杂音；〈理〉噪音
detector	нскатеяь	觉察者：探索者→探测器

由通用的名词词组构成的术语词亦属常见，例如：

英语	俄语	
black hole	чсрная дыра	〈天文〉黑洞
heavy water	тяжелая вода	〈化、理〉重水

词的多义性和同音性的区分是个复杂的理论问题.术语词也不例外。前面谈到,术语词应避免多义,但现实说明,语言中不少词交织着普通义和专业义,此外,同一个术语词往往又可用于不同的专业领域,而且表示不同的概念,如俄语词 иефрнт〈矿〉软玉；〈医〉肾炎；редукцшя〈化〉还原；〈生〉退化；〈语〉弱化；〈数〉约化；〈医〉复位(术)；〈技〉减速,减压；〈经〉简化。

语言发展趋向于简化、趋向于节约语言材料,即所谓"语言经济规律"。术语除大量使用缩略词外,还大量采用能产的凝聚法或称语义紧缩法（уннвербизация 或 семантнческое стяжсине)，例如俄语中высоковояачи（высоковояьтная пинияэлектронсреяачи）高压输电线,

иортатнвка(портатнвная ишиущая маншшка)手提式打字机。

二 术语学

术语是传递信息的载体,在当今科技飞速发展的信息时代,新的术语词大量涌现。据估计,近半个世纪以来出现的新词中,术语词约占80％以上。由于术语在现代语言中所起的重要作用,已逐渐形成了一门专事研究术语的学问——术语学(terminology)。从事术语学研究的有语言学家、信息学家、科学学家以及有关专家。

学者们区分两类术语学,一是描写性术语学,其任务是对术语词作准确的描写,下科学的定义;二是规定性术语学,其任务是规定采用某个术语,即使术语规范化、标准化。

毋庸置言,科学术语应是科学的。但语言现象中却存在不科学的情形。А. М. Кузнсцов 举了一个有趣的例子:атомная энсргня(原子能)这个词组的内部语义就有矛盾,因为атом一词源于希腊语atoms,该词的意义是"不可分的",而атомная энсргия却恰恰是原子裂变分解而产生的能量。正因为如此,物理学家们都以"核能"(英 nuclear energy,俄 ядерная энергня)取代"原子能"。例如在我国称"核电站"而不称"原子能电站"。

术语学研究的内容包括:术语的规范化和标准化问题、术语的体系性和功能语义特征问题、术语的释义(双语术语学则为译义)问题、术语词的变体问题、术语语料库的建设问题以及术语词典(单语、双语、多语)编纂的理论与实践等问题。

术语的规范化和标准化虽然密不可分,但还不能等同。因为所谓"规范"有两层意思,一是明文规定;二是约定俗成。由权威机关或标准化组织审定并推荐使用的术语既是规范的,也是标准的,如我国过去称"宇航",现在称"航天",俄语中"宇航员"有众多的同义词：космонавт, астронавт, астрояетчнк, космоняаватсяь, космонрохоцсд, звсздоирохоцец, звсзцонлаватель, звсцояетчнк等,目前通行的则是 космонавт。语言是一种社会现象,因此语言（包括术语）的规范性应反映社会的规范性。社会上约定俗成的,亦即社会上众多人使用的就应当是规范的,尽管从标准化的角度而言可能是非标准的。正因为如此,许多术语有正式名称（标准的）、别称、通称、俗称（三者往往难以严格区分）之别。例如：

鳖〈动〉别称甲鱼、团鱼,俗称王八

鳗鲡〈动〉别称白鳝、青鳗,俗称鳗鱼

雾凇〈气象〉别称树稼,俗称树挂、冰花

宫内节育器〈医〉通称避孕环

消费者信贷〈商〉通称分期付款

便携式移动电话〈电〉俗称大哥大

术语学研究术语的规范化和标准化正是要区别各种名称,确定正式名称,有些民间流行的俗称如"王八"或带有方言色彩的,如"按揭"（广东方言,指分期付款购房）、"大哥大"等是不宜在术语词典里立目解说的。

标准化是组织现代生产和科学管理的重要前提。语言文字的标准化、规范化是现代社会的一个重要标志,而术语标准化则是当今信息时代处理信息的必要保证。标准化（包括术语标准化）水平反映一个国家的科技水平、生产和管理水平。

标准化的一个重要特点是它的国际性。采用国际标准是我国现代化建设的一项重要的科技政策。1985年在杭州成立了全国术语标准化技术委员会,它与1946年在伦敦成立的国际标准化组织下属专门从事术语标准化研究的第37技术委员会(ISO/TC37)对口。该委员会成立后已进行了大量的工作并将对我国的术语标准化作出重要贡献。

为使术语标准化,西方语言都大量采用源于希腊和拉丁语的国际通用词素来构成术语词,例如:

英语	法语	德语	俄语	意义
aut	aut	aut	авт	自动
agr	agr	agr	агр	农业
bio	bio	bio	био	生物
radi	radi	radi	ради	射线
-graph	-graphe	-graf	-граф	记录器

对一些新产生的术语,拼音文字大都采用音借的方法进入本语言词汇体系。最典型的例子如捷克剧作家卡尔·恰佩克的剧本《罗塞姆的宇宙机器人》问世(1920)后,捷语 robot 一词便不胫而走,为所有的西方语言所借用,试比较:

英	法	德	西	俄
robot	robot	Roboter	robot	робот

其他如英语 sputnik 借自俄语 спутник(人造卫星),俄语 компьютер 借自英语 computer(电子计算机)。显然,音借的术语词在拼音文字中比较符合标准化要求,有利于国际交往。

语言事实表明,存在外来的和本民族语固有的术语二者并存的情形,例如俄语中:

компьютер(英 computer)—ЭВМ(электронно-вычислительная

машина)

префикс(英 prefix)—приставка(前缀)

орфография(英 orthograpyy)—правописание(正字法)

сателлит(英 satellite)—спутник(卫星)

从术语应尽量避免同义词的角度而言,似乎应有所取舍,但从使用的情况来看,则各有存在的价值。

术语词的体系性是术语学研究的一个重要内容。从构成看,都有本身的构词规律。例如原苏联产的一些合成纤维如 лавсан（拉芙桑）,летелан（列季兰）,камелан（卡麦兰）等均为以-ан结尾的缩略词,如 лавсан 的全称是 лаборатория высокомолскулярных соединсиий Академии наук。而目前国际上表示这类合成纤维的术语大多以-on结尾,如英语 nylon（尼龙）,法语 crepon（重绉纹织物）,德语 Dederon（德德纶、涤纶）等。

术语的界定涉及术语作为一个词层所具有的功能语义特征问题。由于这方面研究不透,观点不一,给编纂术语词典带来很大的困难。首先是选词立目的困难。例如前面谈到术语与行话的一些功能语义特征,但在实际中它们往往还不能成为确定术语和非术语的泾渭分明的分界线。例如我国股市专门用语"牛市"、"熊市"、"鹿市",民航业的"混租",汽车行业的"走合"等。

词的变体是语言演变的必然结果。术语词的变体也和其他普通语词一样,涉及规范问题,包括绝对规范和任意规范两个方面。所谓绝对规范是只承认一种变体形式是正确的而不承认其他的异体形式,这正是术语学所需要研究确定的。任意规范是指两种变体形式在当前都是规范的,允许并存。如俄语中 секстан 和 секотаит〈海,空〉六分仪,пилястр 和 пилястра〈建〉壁柱,墙垛,

сиазм 和 сиазма〈医〉痉挛。

术语语料库建设是术语学研究的一个重要任务,是编纂术语词典所必需的一项庞大的系统工程。现代高度发达的计算机技术有可能储存和处理大量的术语信息。目前许多国家都在大力建设术语语料库,包括综合性术语库和按学科分类的术语库。例如前苏联建立了术语咨询库 СБТ(Сnравочный банк терминов)。这是收集了各个科技领域术语的综合性术语语料库。该语料库储存的内容包括:一、术语的统计分析、数据;二、标准化术语或建议使用的术语;三、标准化或建议使用的术语的简略形式;四、不容许使用的术语同义词或变体形式;五、英德法等语言中的等值术语词;六、术语词的科学定义、注解、图式;七、术语词的出处及使用年代。

其他如英美法加比等国自 60 年代起都建立了或正在建立较大规模的各类语料库。我国要在术语学研究和术语词典编纂上有所建树,也必须大力开展这方面的工作。

三 术语词典

术语词在现代语言中的数量与日俱增,其作用日益扩大。П. Н. Денисов 在《俄语词汇学与教学词典学》(МГУ,1974)一书中就不同年代所出的几部语文词典中所收体育词汇增长的情况所作的统计颇能说明问题:Даль 词典(1880)收 200 个,Ушаков 词典(1935)收 800 个,前苏联科学院编四卷本《俄语词典》收 1400 个,而他认为现代体育词汇已超过 25000 多个,Ю. Н. Марчук 在其《术语词典学基础》一书中所引统计数字更为惊人,据统计,本世纪初德语中的科技术语约 350 余万个,而今仅电子领域的术语词就达400万之多。

为适应科技工作者和专业翻译工作者的需要,许多国家都在大力编纂出版单语或双语(多语)术语(或专科、百科)词典。据不完全统计,世界上平均每天出版一部术语(或专科、百科)词典。我国自党的十一届三中全会以来也出版了约800余部。

词典种类繁多。有的学者将词典分为两大类:语词性和非语词性。认为术语、专科、百科词典均属非语词性词典,认为这类词典只提供相关事物或现象的专业性信息,而不提供语文性信息。这种观点值得商榷。应当认为,凡属汇集语言词汇单位的词典都是语文性的。黄建华同志提出的"词典是词的一份单子"的观点无疑是正确的。众所周知,语言是一套符号系统,而词典(包括术语、专科等词典)中的左项,即词目正是以自然语言符号(术语词典还包括人工语言符号)的形式存在的。术语词作为语言词汇体系的一个词层,无疑也是语言学研究的对象。

不可否认,术语词典虽然也是语词性的,但它还是有别于语文性的词典,因为,第一,术语词典立目的不仅是单词,还有词与词的组合、数字与字母的组合、符号与字母的组合等;第二,术语词典对词目的释义虽然也有描写性的,但主要是定义性的,如形状、构成、成分、特性、用途等;第三,术语词典的右项不像语文词典那样,提供大量的语文信息,如修辞、语用、例证以及详尽的语法注释等,但提供较多的图表、照片、公式等。

术语词典也有别于专科、百科词典。前者只收入术语,而后者除术语外,还收入专名,如某一学科的科学家、山川河流等地理名称,以××命名的事物等。如美国的《Hawker-Hunter》"霍克-猎人式"飞机,美国的《Hound Dog》"大猎犬"空对地导弹,俄国的

《Харьков》"哈尔科夫号"驱逐舰。

术语词典按收词内容分综合型和专科型(其中有些术语跨专业在所难免);按语种分单语、双语、多语;按规模分大中小型,此外还有特种术语词典,如机器翻译词典、自动化信息词典等。

编纂术语词典应遵循规范化和标准化的原则。有的学者主张,为了使读者能区分标准的或非标准的,不妨将作为半术语性的行业词、方言术语词、旧术语词以及言语术语词也可酌情收入立目,但必须有专门的标注或符号以资识别并引见标准的术语词。例如"扫帚星"〈俗〉见"彗星",俄语 омоль〈旧〉见 омуль〈动〉秋白鲑,лян〈印〉〈行话〉见 онечатка 排印的错误,коструктивный ряд* 见 ряд конструктивной арматуры 结构钢筋系列。

随着现代生活节奏的加快,为了符合"语言经济规律"即节约语言材料的要求,语言文字中大量出现了缩略词,术语也不例外。术语词典中对那些已为语言社会接受并广为流行的缩略术语词当然可以独立立目,例如"调控"(调节控制)、"卫视"(卫星电视)、"土建"(土木建筑工程)等。而对那些容易引起歧义的则不宜立目(或分别立目),例如"人流"(人工流产—人才流动)、"人保"(人寿保险—人身保护)、调幅(调幅广播—调整幅度)等。对于那些虽已见诸报刊标题,但不谈内容不知所措的缩略词也不宜立目,例如"定式"(固定模式)、"普九"(普及九年制义务教育)等。

单语术语词典主要供科技工作者使用,它对所收词目应下科学的准确的定义,而双语词典的对象主要是专业翻译工作者,它对输出语术语应找出等值的输入语的术语,例如 potassium permanganate 高锰酸钾。至于其形状、颜色、性能、用途等的说明,则不属双语术语词典的任务。

当然,对一些音译的术语、国外特有的术语或新出现的术语等用括注作扼要的说明是必要的。例如 TNT(trinitrotoluene)梯恩梯(炸药),codeine〈化〉可待因(碱),soap-opera 肥皂剧(一种以家庭事为主要内容的电视连续剧,肥皂商借以做广告宣传,故名)。另如"信息高速公路"(覆盖面广的光纤网络,通过电脑、传真等多媒体快速传输用户所需要的各种信息)。

由于术语有不少是外来词,在音译时附带指出词源是必要的。例如【来苏】药名,甲酚和肥皂溶液的混合物,棕色,有毒,用作消毒剂[美 lysol];俄语 ЮФО 不明飞行物(英 UFO—unidentified flying object)。

术语规范化和标准化包括术语的翻译,亦即术语的译名应采用通行的,并应力求名实相符。例如英语词 laser 的译名"激光"、"莱塞"、"镭射"三者中应取"激光",又如 supermarket 按字面意义译为"超级市场",其实译为"自选商场"更确切,因为一则这类"市场"并不都是超级的,也有中小型的;二则"市场"涵盖面广,包括金融市场、证券市场、期货市场等等,而"商场"正是人们购物的场所。

尽管最为理想的是术语场应为单义,但事与愿违,不少术语是多义的,既有兼具专业义和非专业义的,也有不同专业交叉使用的。对术语词典来说,重要的还应有不同的专业标注,对双语术语词典来说,重要的还应有不同的译名。例如 хобот〈动〉长鼻;喙,〈军〉炮架,炮尾杆,〈机〉悬臂,〈冶〉装料杆,〈建〉柱身;串筒,〈化〉(煮布锅的)象鼻管。

(原载于《外语与外语教学》,1994年第 4 期)

科学名词中的造字问题

曾昭抡

随着文化的发展,我们的词汇不断地丰富起来。旧的词汇,一部分逐渐趋于消失;新的词汇,则大量涌出。近百年来出现的新词汇,为数是非常惊人的。随便拿一本最普通的俄文或英文自然科学方面的教科书,如果用一本 18 世纪出版的字典去查那教科书中所含的专门名词,十有八九会查不到。同样的道理,中国语文中的词汇,一百年来,也在迅速地增长。像任何其他国家一样,我们的新词汇,一部分是自己创造出来的;另一部分,则是由外国文,以音译或意译的方法翻译出来的。其中以自然科学名词所占比例最大,这类名词迄今又主要系从欧洲文翻译而来。因此从原则上看,译名如何才算妥当,值得语言学家和自然科学家的共同注意。过去的名词工作,具体编订多,原则上的争论少,是一大缺点。在科学名词正在迅速走向统一的今天,我们在这方面多下点工夫,是非常有益而且是十分必要的。在本文中,仅就一个方面简单谈一谈,就是翻译与制定科学名词时创造新的方块字的问题。

一 造成新词的种种方法

新的词汇,是用以表示新的事物或观念。欧洲文字中,新词汇的形成,可采用下列几种方式:(1)创造新的,一般多是多音节的(但也有一些单音节的)拼音字(例如 hydrogen,entropy,mol……等等)。(2)借用旧有字,但予以新的意义(例如化学名词的 base,土木工程名词中的 concrete 等)或者更准确的,更科学的意义(例如物理名词中的 force,energy,power 等)。(3)用几个字拼成的复合词(例如 moment of force,atomic power 等)。一般地说,第一种方法是在自然科学名词中最常用的方法;第二种方法用得不多;第三种方法则往往系将第一法所创新字适当地复合起来。但各种欧洲文字之间,习惯也不完全相同[1]。因为他们所创新字是拼音字,读音不成问题,所以新字虽多,并不引起困难。而且因为所造新字许多是用的希腊或拉丁字根,这些文字为一般人所不识,所以不致由于望文生义而引起错误的了解。一个普通英国人看见 chlorine 一字,只知道它是一种元素,不会想到原来希腊字"绿"的意思。

拼音文字的一些便利条件,是我们方块字所没有的,这样就给中文科学名词的制定增加了额外的困难。汉文造成新词汇的方法,计有下列几种:

(1)创造单个的新的方块字、其中极大部分是形声字(例如氢、氧、熵等),或引用久已废去的生僻旧字而予以新的意义(例如羟、甾、甙、醯等),以成为单音节词。

(2)用单个常见的方块字而予以新的意义(例如物理名词中的克、米等)或更科学的意义(例如物理名词中的"力"、"能"等字),以成为单音节词。

(3)创造几个(一般是两个)新的方块字,连写在一起,成为多音节词,以作西文名词的音译(例如吗啡、咖啡、呋喃、赛璐珞、珂珞环酊等)。

(4) 将几个常见的方块字,凑在一起,成为多音节词,以作西文名词的音译(例如沙发、哥罗仿、阿司匹灵、伏特等)或意译(例如水泥、原子、分子等)。

(5) 将几个常见的方块字凑在一起,成为复合词,以作西文名词的意译,或作为中国自创的新名词(例如电话、混凝土、同系物等)。

(6) 将新造字典常见字结合在一起,成为复合词,以作为西文名词的译名或自创的新名词(例如氯化锌、活性碳、氯化、咖啡糖、氮杂苯等)。

以往各门科学所用名词,其所采制定方法,重点各不相同。上列各法中,物理名词,大都是用第二种及第五种方法造成;化学物质名词,则主要是用第一种及第六种方法,因此化学家所造新字特别多。其次生物学家也造了一些鱼旁、鸟旁的新字。

二 创造新方块字的必要性问题

翻译或制定名词,是不是需要创造新字?对于这点,专家意见不一致。有些人认为根本不必造新字,其理由为:(1)有些科学(例如物理),始终不过造了极少数几个新字,已能完全解决问题;而那少数几个新字,实际上也并不是非造不可。(2)人名地名的翻译,现在一般都用普通常见的方块字来译音,并没有困难;40年前,虽曾有人将音译地名的字加上土旁(例如欧洲的"欧"字加上土旁作"墆"),但此项习惯不久即完全归于淘汰。(3)我们能造新的方块字,但不能在汉语中添上新的字音,因此造新字的结果,是不必要地增加一些同音字。(4)真正不能很好地用方块字译出的西文名词,不如索性用注音字母、拉丁化等拼音方法写出,不必勉强去创新字以增加学习上的负担。(5)原有汉字太多,现已感觉要精简,造新字乃是与此种改革背道而驰。

另一方面,有些人认为特别在学术名词中,造新字实难完全避免。他们的理由是:(1)由于新事物的出现,千百年来,在一定限度内,造字多少成为一种自然倾向;而且所造之字,通行以后,用来并没有什么不方便。古人所造之字,有如葡萄、枇杷;近百年来所造俗字,有珐琅、咖啡、泵等。至于自然科学家所造新字,则为数更多;如硫酸钙、铝、呋喃、丙酮等等名词,广泛通行,并无不便之处。(2)由于方块字为一种象形文字,见文生义的可能性特别大(这点与拼音文字大有区别),造一些新字以作科学名词,可以避免与行文相混,可以避免误解,因此对于学习有一定的方便,不能单纯认作负担。(3)名词不宜过长,特别是方块字来写,否则太耽误时间。化学物质名词,如不创些新字,而只是在现行方块字中兜圈子,结果所成系统名称必将搞到冗长不合于用。(4)词汇总不免有新陈代谢,一面旧字趋于消灭或精简,一面必要的新字创造出来,这并不一定就是互不相容。新造的字并不太多,可是解决问题不小。

以上两说,究竟是哪种说法比较正确,还需经过争论,才能得到结论。有的人认为单个的新字(如氢、氧等)决不宜造,一对新字造成的双音词(如吗啡)则不妨用。这种说法,多少还是承认造字有一定的好处。现在许多自然科学家对于这问题的看法,似乎是认为只要名词限于用方块字来表示,造字终难完全避免,同时也没有绝对必要予以避免;但是如果名词可以部分地或者甚至全部用拼音文字来表示,则创造新的方块字当然就没有必要。这种说法并不是说,以前所造科学新字都是必要的或者都造得很恰当。相反的,其中若干新字造得不好,或是没有必要。

各类科学名词中,过去搞得比较好的是物理名词。例如作为长度单位的 meter,如果按照以往化学家定名词的逻辑,免不了会造一个有偏旁的字(如"咪")以作简化音译;但物理学家却不出此,大胆地用了一个常见的"米"字,结果行得很好,丝毫不引起误会,这是高明的地方。解放以前,物理名词中,只造了一个方块字,就是相当于西文 entropy 的"熵"字。但是仔细看来,连这个字也是不必造的。Entropy 一词,译意不妨译作"热熵",译音则可译作"恩特洛披"。有人说,这样做,则 isentropic(等熵线)一词不好译。但事实上该词译作"等热熵线"或"等恩脱线",并没有什么不妥。至于化学物质名词中,创了将近两百个新字,为数过多,且其中有些音译易于混淆,早就有人批评过了。

三 今后不宜轻于造字

制定与翻译科学名词时,虽然不能说造新字完全没有必要,也不必坚持绝对不再造字,但鉴于过去科学家造字太多太随便,是名词工作中(特别是化学名词中)主要的偏向,而且过去所造的字似乎业已够用,今后应着重反对滥造新字。化学家造字太多,引起各方面许多批评。但这种教训其他方面的科学家一般并不知道,反而有些人愿意走化学家的旧路。解放以来,别门科学的名词工作中,造字倾向反而有发展的趋势,这是值得警惕的。例如物理学家在解放前虽然不过造了一个熵字,解放以后却又造了"镍"与"焓"两个字,而这两字确实是不必造的。此外如部分工程名词,生物学名词,特别是生物化学名词,随便造字的风气很盛,如不及时纠正,引起的麻烦与困难可能会很大,必须及时提起注意。如果科学家能相约两年不造新字,对于科学名词的合理化与通俗化,可以产生很好的影响。

四 现有科学新字的整理问题

现有科学新字,许多都已通行,不论有的专家如何反对,事实上无法可以废掉。特别是一举而把它们去掉,是一种不切实际的想法。为着改进科学名词,减少新字的担负,唯一可行的办法似乎是逐字推敲,将其最易引起混淆或确无必要的,一一精简或改掉。这种工作,在化学界已经开始做了一点[2],不妨予以推广。同时精简汉字与提倡拼音化,并不是互相矛盾或各不相涉,而是可以配合进行[3]。所以即令我们的主要目的在于走向拼音化,费些工夫去研究科学新字的精简问题,也是有益的。

参考文献

[1] Б. А. 谢列布连尼柯夫,М. М. 古赫曼《论语言发展的内部规律》,《科学通报》,1953(7):81-82。

[2] 曾昭抡《化学物质命名扩大座谈会的总结报告》,《科学通报》,1953(6):44。

[3] 曹伯韩《精简汉字问题》,《中国语文》,1953(6):13-48。

(原载于《中国语文》,1953年8月号,第14期)

科学术语的构成方法

杜厚文

科学术语是在科学技术领域内使用的专门词语。它是人类深入认识自然界的正确标记物。科学术语本身遵从一定的构成法则。为了帮助外国留学生迅速而准确地理解、掌握科学术语,学好专业,我们有必要分析研究科学术语的构成方法。

一 科学术语中的单纯词

有一部分科学术语是由单纯词构成的。根据音节多少,这些词又可分为单音词和多音词两种。例如:

(1) 氢 氧 氮;碳 硅 磷;溴;铁 铜 银

这些词代表化学元素的名称。从词形上可以清楚地看到,每一个化学元素的中文名称都有明显的标志,即带有表意的偏旁:非金属元素的中文名称带有"气"字头("气")、"石"字旁("石")、三点水儿("氵"),分别表示元素通常处于气体、固体或液体状态。除汞以外,金属元素的中文名称都带有"金"字旁("钅")。在科学术语中,所有的化学元素名称都是单音词。

(2) 烃 烯 炔 醇 酚 醚 肼 腙 苯 茚

(2)中各词代表有机化合物的名称,它们分别带有"火"字旁、

"酉"字旁、"月"字旁、"草"字头来标志有机化合物的不同类属。

(3) 米 码 埃；克 吨 磅；升；卡；巴；泊

(3)中各词分别代表长度、重量、容量等度量衡单位,以及热量、气压的压强、黏滞系数等物理学单位。

(4) 数 和 差 积 点 线 面 角 圆 场 力
功 热 波 光 电 磁 酸 碱 盐

(4)中各词代表自然科学中最基本最重要的概念。它们在自然科学中长期使用,具有较强的构词能力,能不断地派生出新的科学术语来。例如,由"电"构成的科学术语有:电场 电子 电荷 电量 电势 电容 电流 电路 电阻 电源 电压 电解 电离 电磁波 电动势 发电机 无线电等等。

(5) 马达 雷达 以太 夸克 声纳 拓扑 加仑 伏特
安培 尼孟镍克(一种铬镍耐热合金)

(5)中各词是用译音的方法吸收到汉语中来的外来词。

二 科学术语中的合成词

合成词常见的构成方式有偏正式、附加式、补充式、动宾式、联合式和主谓式六种,下面分别讨论:

(1) 偏正式 由这种方式构成的科学术语,其中的两个实词素是修饰和被修饰、限制和被限制的关系。例如:偶数 折线 力矩 压力 硫酸等。

三个音节的科学术语,其结构关系有两种:

① A→BC 格式 后两个词素一起形成一个单位,被前一个词素来修饰、限制。例如:

极坐标 公切线 定积分 角速度 虚位移 点电荷 克分子 波函数 真分数 全微分

② AB→C 格式 前两个词素一起形成一个单位,修饰、限制后一词素。例如:

自然数 机械能 交流电 溶解热 硝酸银 向心力 近日点 紫外线 抛物线 同位旋

科学术语中时四音节词比较少,有些正在形成过程中,其结构关系为:①AB→CD 格式,如绝对零度、自然对数;②ABC→D 格式,如洛伦兹力、氢氧化物;③A→BCD 格式,如正三角形、助催化剂。

在科学术语中,双音节词最多,这与现代汉语词汇发展的总趋势是一致的。其次是三音节词。三音节词正在迅速增加。这是因为:随着科学技术的迅速发展,人们对自然界的认识不断加深,表达新事物、新现象的科学概念也日趋复杂细密。因而,科学术语向多音节词、首先是三音节词发展,正是满足了这样的需要。例如:在"函数"一词的基础上,出现了增函数、减函数、奇函数、偶函数、反函数、隐函数和 r 函数等三音节词。又如"角"受某些双音节词或词素修饰、限制,出现了对顶角、外错角、内错角、同位角、圆心角、圆周角、平面角、二面角、多面角等三音节词。在科学术语中,单音节词也有一定的数量,并且时有增加。下面是从《辞海》(理科分册,上册)得到的单音节词、双音节词和三音节词的统计表:

表1

名 称	数 目
单音节词	226
双音节词	986
三音节词	792

从意义关系来看,在科学术语中,表示修饰、限制作用的词素所表示的意义常见的有以下几种:

① 表示性质。例如:直角 切线 重根 变星 纵波 实像 合力 相似形 同位素 共价键

② 表示用途。例如:导线 烧杯 漏斗 量筒 滑轮 计数管 电离室 变压器 避雷针 蓄电池

③ 表示质料。例如:硅钢 钠云 钢锭 磷酸 氧气 氢弹 银粉 晶体管 碘钨灯 中子星

④ 表示数量。例如:三角 半径 八线 四维 单键 二极管 双曲线 二面角 三相点 三棱镜

⑤ 表示领属。例如:圆弧 数轴 球面 物镜 光源 音频 能带 电力线 原子能 定义域

⑥ 表示方式。例如:平动 对流 偏振 互感 串联 裂变 衍射 跃迁 公转 电解

⑦ 表示形状。例如:曲线 梯形 平面 圆柱 凸镜 彗星 丁字尺 正方形 云形规 环形山

⑧ 表示方位。例如:外角 旁心 中线 邻域 左旋 下弦 南极 对顶角 子午线 红外线

⑨ 表示程度。例如:微扰 真空 透视 极值 巨星 弱酸 短波 高频 遥控

⑩ 代表发明或发现者的名字。例如:伦琴管 本生灯 居里点 傅科摆 安培计 莱顿瓶 马赫数 科里奥利力

⑪ 表示颜色。例如:白热 红磷 黄金 绿矾 灰光 黑洞 白垩 赤道 紫铜 红宝石

⑫ 表示动力。例如:电话 电报 电视 电铃 汽锤 煤气灯 柴油

机 核潜艇 酒精灯 蒸气机

⑬ 表示地域。例如：英制 巴黎绿 大理石 钱塘潮 北极星 普鲁士蓝

⑭ 表示比拟。例如：水银 银河 天鹅座 龙卷风 珠母云 芥子气 香蕉水

由偏正式构成的科学术语，其词性的关系也有一定的规律可寻。

应该指出的是：一般来说，由偏正式构成的词，都是与这个词的后一词素属于同一义类，只是范围大小不同。但碳黑、铜绿、铁蓝等词分别代表一种化学物品或一种矿物，显然与后一词素黑、绿、蓝不属于同一义类。

（2）附加式　这类科学术语是由各种语缀（前缀或后缀）附加在词根、词或词组上面构成的。词根、词或词组是主要成分，表示具体、实在的意义。语缀是辅助成分。一般说来，语缀都有某种概括、抽象的意义。只有跟主要成分组合在一起时，它们的意义才明显地表示出来。在现代汉语中，有一大批科学术语是利用附加法构成的。使用附加法构成科学术语的情况如下：

1. 附加前缀

科学术语中常见的前缀有：反、超、非、相、单、被、多、总、类、准、半、自、过、分、第、逆、不、无等。

"反"表示相反、反向或对立。它构成的科学术语为名词或名词性词组。例如：反函数 反粒子 反对数 反正切 反作用 反时针 反散射 反电动势 反三角函数 反弹道导弹

"超"表示超过、超出。它构成的科学术语为名词或名词性词组。例如：超音波 超高压 超导体 超低温 超巨星 超音速 超固态 超氧化物 超几何级数 超精细结构

"非"表示不属于某类事物或某种范围。它构成的科学术语为名词或名词性词组。例如:非导体 非溶液 非零解 非金属 非静电力 非极性键 非电解质 非偏振光 非弹性碰撞 非理想气体

"相"表示彼此相关。它构成的科学术语多数为动词,少数为形容词。例如:相加 相减 相乘 相除 相差 相斥 相等 相交 相切 相似

"单"表示简单纯一。它构成的科学术语为名词。例如:单质 单根 单相 单体 单比 单原子 单名数 单细胞 单色光 单晶硅

"被"表示受动。它构成的科学术语多数为名词。例如:被加数 被减数 被乘数 被除数 被积式 被溶质 被诱物 被覆线 被吸附物 被开方数

"多"表示数量大。它构成的科学术语多数为名词。例如:多极 多相 多细胞 多环路 多项式 多边形 多面体 多元酸 多极矩 多重线

"总"表示全部。它构成的科学术语为名词或名词性词组。例如:总压 总温 总焓 总位移 总面积 总效率 总电导率 总信息量 总溶解热 总吸收系数

"类"表示类似。它构成的科学术语为名词或名词性词组。例如:类金属 类星体 类蛋白 类矿物 类新星 类氢离子 类地行星 类空矢量 类辐射物质 类正弦函数

"准"表示在一定的条件下,可以作为某类事物,或某种过程、状态、理论看待。它构成的科学术语为名词或名词性词组。例如:准元素 准原子 准卫星 准光波 准直线 准导电体 准电介质 准静态过程 准线性理论 准稳定状态

"半"表示介于……之间;不完全。它构成的科学术语为名词或形容词。例如:半影 半导体 半胶体 半微量 半透膜 半抗原 半变态 半透明 半流体 半自动

"自"表示自身。它构成的科学术语为动词、名词或形容词。例如：自转 自乘 自激 自旋 自感 自调制 自变量 自同态 自同步 自共轭

"过"表示超过某个范围和限度。它构成的科学术语为名词、动词或形容词。例如：过电压 过电流 过乙酸 过氧化钠 过硫酸钾 过耦合 过扫描 过饱和 过稳定 过冷

"分"表示分支、部分。它构成的科学术语为名词。例如：分力 分路 分点 分米 分克 分音 分相 分对数 分压力 分矢量

"第"表示序数次第，构成序数词。例如：第一项 第二层 第三列 第四维 第一级 第三纪 第二次 第三代

"逆"表示反向或对立。它构成的科学术语为名词、动词或名词性词组。例如：逆定理 逆元素 逆矩阵 逆算子 逆时针 逆反应 逆运算 逆平行 逆卡诺循环 逆康普顿效应

"不"表示否定。它构成的科学术语为名词或形容词。例如：不等号 不等式 不变量 不变点 不尽根 不锈钢 不定积分 不同类项 不规则 不科学

"无"表示没有。它构成的科学术语为名词。例如：无机物 无理数 无线电 无穷大 无旋场 无影灯 无核区 无条件 无定形碳 无坐力炮

2. 附加后缀

科学术语中常见的后缀有：性、度、率、化、体、子、质、剂、物、法、式、学、系、量、论、炎、素、计、仪、器、机、表等。

"性"表示事物的某种性质。它构成的科学术语为具有抽象意义的名词。例如：惯性 弹性 塑性 酸性 碱性 放射性 腐蚀性 挥发性 对偶性 有界性

"度"表示事物的性质所达到的程度。它构成的科学术语为名

217

词。例如：角度 弧度 散度 梯度 速度 密度 自由度 电离度 溶解度 灵敏度

"率"表示两个相关的数在一定条件下的比值。它构成的科学术语为名词。例如：斜率 曲率 几率 频率 功率 圆周率 离心率 折射率 放大率 电阻率

"化"表示性质或状态的变化。它构成的科学术语为动词。例如：液化 气化 氧化 风化 熔化 硬化 老化 极化 量子化 机械化

"体"表示物质存在的状态。它构成的科学术语为名词。例如：气体 液体 固体 流体 刚体 导体 磁体 晶体 天体 绝缘体

"子(zǐ)"表示微小的质元。它构成的科学术语为名词。例如：原子 分子 粒子 量子 光子 电子 中子 质子 胶子

"质"表示构成物体的材料。它构成的科学术语为名词。例如：媒质 介质 单质 胶质 杂质 电解质 顺磁质 抗磁质 电介质 蛋白质

"剂"表示有某种化学作用的物品。它构成的科学术语为名词。例如：试剂 氧化剂 还原剂 引发剂 干燥剂 防腐剂 催化剂 腐蚀剂 抑制剂 激活剂

"物"表示由物质构成的、占有一定空间的个体。它构成的科学术语为名词。例如：实物 化合物 混合物 无机物 氧化物 聚合物 参照物 媒介物 生成物 氢氧化物

"法"表示某种科学方法。它构成的科学术语为名词或名词性词组。例如：加法 减法 乘法 除法 合成法 图像法 速算法 变分法 优选法 数学归纳法

"式"表示有某种规律或关系的符号的组合。它构成的科学术语为名词或名词性词组。例如：等式 分式 因式 根式 代数式 行列式 分子式 方程式 化学反应式 质能关系式

"学"表示有系统的知识学科。它构成的科学术语为名词或名词性词组。例如：声学 光学 热学 力学 数学 化学 天文学 电磁学 原子物理学 微波波谱学

"系"表示一个有联属关系的个体所组成的系统。它构成的科学术语为名词或名词性词组。例如：晶系 物系 力系 坐标系 参照系 均相系 太阳系 银河系 光谱线系 元素周期系

"量"表示事物的数量。它构成的科学术语为名词。例如：矢量 变量 重量 质量 能量 动量 热量 电量 流量 原子量

"论"表示学说。它构成的科学术语为名词或名词性词组。例如：数论 场论 函数论 概率论 信息论 相对论 量子论 天演论 大爆炸宇宙论 气体分子运动论

"炎"表示一种疾病。它构成的科学术语为名词。例如：肺炎 肝炎 皮炎 发炎 脑膜炎 肠胃炎 腮腺炎 静脉炎 气管炎

"素"表示具有某种根本性质的物质。它构成的科学术语为名词。例如：元素 核素 卤素 色素 同位素 纤维素 抗菌素 叶绿素 胰岛素 维生素

"计"、"仪"、"器"、"机"、"表"等用来表示测量、计算、观测、检验、交换能量所用的装置、仪器。它们构成的科学术语为名词。例如：比重计 磁强计 光谱仪 陀螺仪 示波器 整流器 计算机 发电机 电表 水表

3. 同时附加前缀和后缀。例如：超星系 超导性 总效率 半自动化 非弹性体 非周期性 反铁磁体 准自由电子论

由上面所举的大量例子可以看出：在现代汉语的科学术语中，有着比较丰富的语缀。这些语缀多数是由具有实在意义的词根或词虚化而来的。在语言长期发展的过程中，有的已经完全虚化了，

如"第"、"子(zi)"、"老"、"初"等,这些是汉语中典型的语缀。有的正在虚化,现在仍表示一定的词汇意义,但这些意义比较抽象、概括。这些语缀可以确切地称为"类语缀"或"准语缀"。这种类型的语缀,在科学术语中用得比较多,而且正在发展,数量不断增加。这是一个值得注意的趋势。

我们还可以看到:语缀除了表示一定的词汇意义之外,还表示一定的语法意义。如上所述,带各种前缀的词,多数表示名词或名词性词组,少数为动词或形容词;带后缀"化"的词为动词,而带其他后缀的词则都是名词或名词性词组。

另外,有些语缀不仅可以附加在词根或词上面,而且还可以附加在词组上面。例如:反双曲函数、非线性规划、波粒二象性、同素异形体等。由此可知,使用附加法构成的科学术语可以是词,也可以是词组。

在科学术语中,有些语缀出现频率很高。请看从《现代科学技术词典》(共收科学术语十万六千余条,上海科学技术出版社出版)得到的前后缀出现频率统计表:

表2

前缀	自	无	多	单	半	超	非	不	反
出现次数	758	680	588	516	379	322	308	302	291

前缀	过	相	第	逆	总	类	分	准	被
出现次数	208	185	103	98	80	77	64	52	47

后缀	法	度	体	学	物	量	子	性	率
出现次数	1398	981	928	791	716	641	637	632	538

后　　缀	素	剂	化	式	炎	系	论	质
出现次数	535	451	403	382	357	288	236	221

统计表明:在汉语科学术语中,后缀比前缀更能产,它们出现的次数都在 200 次以上。

(3) 补充式

前一词素表示动作,后一词素表示动作的结果或趋向,补充说明前一词素的意义。由补充式构成的科学术语多数为动词。例如:扩散 吸附 溶解 凝固 稀释 合成 化简 击穿 沸腾 浓缩 证明 导出

另外,前一词素表示事物,后一词素是这一事物的计量单位,也属于补充式。这样构成的术语通常表示事物的通称。例如:星座 土方 钢锭 光束 壳层

(4) 动宾式

前一词素表示动作,后一词素是动作的对象,两者有支配和被支配的关系。例如:还原 绝缘 通分 移项 检波 调谐 积分 通讯 守恒 比热 失真

(5) 联合式

这类科学术语是由意义相同、相近或相对、对立的词素联合而成的。两个词素之间的关系是平等并列的。例如:计算 碰撞 摩擦 燃烧 膨胀 宇宙 信息 机械 阻抗 导纳 天关 涨落 起伏 伸缩 疏密

另外,复合量词也属于联合式。例如:吨公里 秒公方 千瓦小时

(6) 主谓式

前一词素表示事物,后一词素陈述说明这一事物。两者有陈述和被陈述的关系。例如:电流 色散 位移 磁暴 月食 相变 地震 像差 脉搏 血沉

上面我们分别讨论了合成词的六种构成方式。在科学术语中,由这六种方式所构成的词的数目是不同的。笔者查阅《辞海》(理科分册,上册)中的科学术语,得到如下的统计表:

表3

构造方式	偏正式	附加式	补充式	动宾式	联合式	主谓式
词的数目	1192	476	19	11	10	8

由上表清楚地看出:在科学术语中,由偏正式构成的合成词占绝对优势。其次是由附加式构成的合成词,数目也不少,而且正在迅速增加。这就是我们上面详细讨论偏正式和附加式的原因。

这六种合成词的构成方式都是最基本的。但很多科学术语并非单纯由一种方式构成,而是由几种方式,按照一定的层次组合而成的。例如,化合价:"化合",补充式;"化合"修饰"价",偏正式。氢氧化钙:"氢氧",联合式;"氢氧"加"化",附加式;"氢氧化"修饰"钙",偏正式。

另外,在科学术语中还使用一些简称,这种语言单位的作用相当于一个词。例如:

宇航:宇宙航行。　　　　物探:地球物理勘探。
液晶:液态晶体。　　　　欧:电阻单位欧姆。
传质:物质传递。　　　　伏:电压单位伏特。
层析:色层分析。　　　　安:电流强度单位安培。

三　科学术语中的词组

科学术语中的词组,根据词与词之间的关系,可以分为四种基本类型:偏正词组,主谓词组(如光谱分析,离子注入),联合词组(如三线八角,厘米·克·秒),动宾词组(如整流,充电)。不过它们在科学术语中的地位是不同的。请看从《辞海》(理科分册,上册)得来的统计表:

表4

词组类型	数　目
偏正词组	1227
主谓词组	50
联合词组	3
动宾词组	3

可见,偏正词组在科学术语中占绝对优势。根据调查,在偏正词组中又以中心语是名词的为最多。例如:直角坐标　余弦定理;饱和溶液　自由电荷;会聚透镜　集成电路;二重积分　三维空间;最小公倍数　能量守恒与转换定律(以上各中心语的修饰语分别是名词、形容词、动词、数量词和词组)。

最后讨论一下,科学术语中以名词为中心语的偏正词组与偏正式合成词的划界问题:

在科学术语中,双音节的和三音节的科学术语,绝大多数可以看作一个词。例如:重水,视差,假分数,圆频率,自由能等。这样做看来争议不大。可能引起分歧的是下面三组四音节的科学术语:

①　电流强度　元素符号　自由电荷　原子序数　立体几何　平均速度
②　常用对数　无理方程　绝对零度　圆偏振光　角加速度　正三角形
③　氢氧化钠　四氧化三铝　异戊二烯(合成橡胶的个体)甲基

丙烯酸甲酯(有机玻璃的原料)

①组各例两个组成部分都能独立成词,可以单用,结合起来以后仍保留原意,中间可以加"的",如"电流的强度",这样做不改变原组合的基本意思,但通常不这么说。这样的科学术语可以看作词组。但是这种词组跟所谓自由词组不同。自由词组是根据需要临时组合起来的。而①中各词组,在结构上是固定的,经常一起组合使用,好像一个单位,表示一个整体概念,我们把这样的词组叫做固定词组。科学术语中的词组,绝大多数属于固定词组这一类。在教学中,这样的科学术语应当作为一个整体教给学生,效果比较好。

②中各例两个组成部分也都能独立使用,组合起来以后,表示一个复杂的整体概念。但是组合起来以后,有的成分失去了原意;两个组合部分之间也不能加"的"字或别的成分,如"常用对数",不能望文生义理解为"常用的对数",而是有着特定的含义,意即"以10为底的对数";同样,"角加速度"也不是"角的加速度",而是一个用来描述角速度变化的快慢和方向的物理量。这类科学术语,各代表一个特定的概念,经常一起组合使用,已经融为一体,中间不能加"的"或别的成分,应该把它们看作词。

③中各例是无机化合物和有机化合物的名称,它们是按照一套规定的命名法组合起来的,表示一个特定的事物,不能随便拆开或扩展,因此无论多么长,都应该看作一个词。

把本文所讨论的内容总结一下,可以得出科学术语的构成方法如下:

(1)由单纯词构成。

科学术语中的单纯词多数为化学元素、有机化合物、度量衡单位名称和译音词等。

（2）由合成词构成。

① 科学术语中的合成词,从内部结构形式来看,以偏正式的为最多,其次是附加式的。

② 在偏正式中,最常见的是双音节词。三音节词正在迅速发展。

③ 科学术语中有比较丰富的类语缀。使用附加法构成的科学术语,多数是词,也有词组。

（3）由词组构成。

科学术语中的词组,以偏正词组为最多。其中最常见的是以名词为中心语的词组。

科学术语中的词组,绝大多数是固定词组。

（4）科学术语主要是由名词或名词性词组构成的。

（原载于《语言教学与研究》,1982年第2期）

现代汉语科学术语初探

夏中华

随着科学技术的飞速发展,现代汉语的科学术语日益丰富。术语的拟制和规范化已成为迫切需要解决的课题。多年来,尽管我们在这方面做了一些工作,但仍没引起人们的足够重视,术语混乱现象还很严重,影响着科学事业的发展。所以,在当前,认真探讨现代汉语科学术语问题是很有意义的。

一

术语是科学技术发展的产物。任何语言的词汇中都有术语这个组成部分。但是,由于人们对术语的认识不同,在对什么是术语的问题上就有不同的看法。有人说术语是"某门学科的专门用语"[1];也有人说:"术语可以是词,也可以是词组;它们是用来正确标记生产技术、科学、艺术、社会生活等各个专门领域中的事物、现象、特性、关系和过程的。"[2]有人认为"术语是一切专门词层的总和,构成词汇的专门词层的术语的总和就是语言的术语"[3];在国外,还有人提出语言中所有的词汇都是术语[4],等等。

上述关于术语的定义,仁者见仁,智者见智,反映了国内外学者对术语的不同看法。但作为科学的定义,其中有的外延过窄,未能反映出术语的全部特征,没有真实地揭示出术语的本质所在;有的外延过宽,以至于混淆了术语和非术语的区别。那么,什么是术语呢?要解决这个问题,首先要弄清术语具备哪些本质特征,它与非术语的区别何在。只有如此,才能给术语以准确、完整而又适用的定义。

术语具有单义性,这是它区别于非术语的最主要特征,也是体现术语本质的重要特征。术语是一种具有独特意义的词,它必须是一词一义,不允许存有歧义,即使是通用词汇里的多义词,如果借用作术语,在特定的专业中其意义必须是单一的、确定的。例如,"花"在《现代汉语词典》中有 16 个义项,但在植物学中通常只有"种子植物的有性繁殖器官"这一个义项。一个术语在某一专业内一旦有多种解释,就容易产生混乱,不利于学术交流。比方一般地把"最小的语音单位"叫"音素",可有人偏把"能区别意义的最小语音单位"也叫"音素",这样,"音素"的含义就混乱了。人们为了消除混乱,在使用中就要通过学术讨论等方式力求使其单义化。因为术语不单义是不行的,多义术语不利于科学的发展。不过,有时围绕着某些术语出现学术争鸣的局面,造成术语的一时分歧;从长远看,这是一种好现象。因为通过争鸣,可以使其得到准确的定义。如"死"这个医学术语,很长时间里,人们都把它定义为"心跳和呼吸的停止"。近年来,国际上许多专家曾对这个问题展开过讨论,通过学术争鸣,原来的定义被否定了,得出的统一答案是:"死,脑死。"[5]在讨论中,"死"的定义产生了分歧,但通过争鸣,却得出了正确的结论,反映了人类认识水平的提高和科学事业的发展。

术语单义性,一般是指它在某一专业范围内。在不同的专业中,同一个术语可以表达不同的概念。如"词"这个术语,在语言学中,一般认为是"语言中最小的可以自由运用的单位";而在文学理论中,则是指"一种韵文形式"。这种"多专业术语"在不同专业中各有不同含义,但在同一专业内,意义必须单纯,不允许有其他解释。

作为单义的术语应该是准确的。准确性又是术语的一个明显特征。所谓术语的准确性,是指术语的语义范围准确,要求精确地标记某一概念。术语词义总是和概念一致的,以反映客观事物的各种特征,特别是本质特征。在这方面,它不同于非术语,术语没有任何感情色彩,也不必借助语境来理解。任何一种语言词汇都有许多同义词,如"母亲——妈妈"、"生日——诞辰"等。同义词的存在可使语言表达丰富多彩。但作为术语在同一学科中就不允许有同义词存在。因为术语的任务在于给人以理性知识,理性意义的科学精确对术语来说是十分重要的;所以,术语要准确,所选用的语言材料也必须具有高度的概括性。在这个问题上,有人曾提出拟制术语要"先在群众的口语中找材料"。[6]这种看法,未免有些偏激。如果采用通俗的口语材料拟制术语,很容易使术语和日常用语相混淆,难以准确地表达某一术语所标记的事物或概念。

术语的准确性,要求术语用词必须标准化,必须排斥那种实同名异现象。像语言学中的"外来词",又叫"外来语"、"借词",物理学中的"共振"又叫"谐振"等都是同义术语。同义术语的存在不利于科学的发展,容易产生混乱,必须加以规范。

专业性也是术语的显著特征。与非术语不同,术语的通行范围有限,使用的人也较少,属于甲专业的术语从事乙专业的人往往不懂,即使懂,也不常使用。像"全浊"、"次清"、"洪音"、"细音"等音韵学术语,没有学过音韵学的人一般都不理解,也不使用。当然,有些术语,或者通过修辞的比喻可以突破本专业的使用范围,或者通过语义的引申等方式,转入非术语的通用词汇。像"温床"、"温度"等,现在已是人们交际中的常用词了。尽管如此,它们在某一专业使用时,仍是它原有特定的含义,仍具备其专业性。

术语还具有系统性的特征。在一门科学中术语不是孤立存在的,而是成系统的,每一门科学都各自成为一个体系,每一个术语只有在它所从属的体系中才能获得精确的含义。各门学科都有自己的术语体系,在这个术语体系中,每个术语又都有严格规定的意义:只有联系整个术语体系,才能正确地理解出每一个术语的含义。所以,有时同一术语形式在不同专业会有不同的内容,像"形态"、"功能"等在生物学和语言学中含义就不一样。

根据术语的这四点基本特征,我们认为:术语是用来准确地标记某一专门领域特有概念的单义词语。这,就是我们给术语下的定义。

我们这样给术语下定义,一方面在于尽可能地全面概括术语的本质特征;另一方面,也注意到术语与非术语的划界问题。

作为专业用的术语,是不同于非术语词的。有些术语直接用一般词语充当;有的又是在基本词的基础上新造的;或者最初是术语,后来发展成通用词了,它们作为通用词时,可以是多义的,有着通用词的性质。但作为术语用时,却又必须准确单义,带有术语的特征。关于这些,前边已述,这里不必多说。

就现代汉语科学术语来说,有相当一部分来自于外来词,如"雷达"、"马达"、"拓扑"等。尽管术语国际化趋势日益增强,在一些语言中越来越多的术语由外来词充当,这些术语和外来词的引进方式也有许多共同点;但二者还是不能画等号。它们的区别就在于看是否有专业性。有专业性的,既是术语,又是外来词;无专业性的,则只是外来词,不应看成术语。

术语的拟制有人为的一面,所以,术语有时也可能来自于人名等专有名词,像"瓦特"、"安培"等。一般的专有名词虽然也具有单义性特征,但不是术语。只有它们应用于某一专业表达特定概念时,才是术语。

谈到术语和非术语的区别,应当着重说明的是术语与行业词的区别。因为现在很多人都把二者混为一谈。如黄伯荣、廖序东主编的《现代汉语》认为"行业词是各种行业和科学技术上应用的词语"。马学良主编的《语言学概论》也认为术语是"在各个学科或各个行业里使用的词语"。我们承认,作为语言词汇中的特殊种类,行业词和术语确实有共同的特征:二者都有超地域性,不同地区可以有共同的术语或行业词;二者又都依附于民族共同语存在,都不能发展成独立的语言;二者都具有单义性和专业性。但是,术语和行业词是语言词汇体系中两个不同的组成部分。术语是应用于科学技术方面的,作为科学研究的工具,像语言学中的"语素",化学中的"氧化"等;而行业词是各种行业上应用的词语,表示某行业特殊事物或现象,像商业用语"盘点"、"采购",铁路用语"晚点"、"超员"等,它们大都产生于生产实践中。术语具有国际性的特点,大都通行于全世界;而行业词一般只为一定的行业服务,很少见到国际性的行业词。另外,行业词一般带有口语色彩,而术语大都带有明显的书面语体色彩。当然,行业词和术语也有互相转化的可能,但绝不能以此来混淆二者的界限。

二

从构成的语言材料看,现代汉语科学术语大都通过借用外来词和利用本族语词的途径产生的。

现代汉语科学术语中,有一部分是借用外来词的,像化学中的"钠"、"钾"、"锌"等都是仿照外文第一个音节的读音命名的,语言学的"音位"、"语素"等都是从外语中意译的。这类术语基本上是国外学者拟制的,我们通过音译、意译或半音半译等方式把它借用过来。在向日语借用术语时,汉语还有一种特殊的现象,就是由汉语固有的旧的词语成分构成的日语术语,或者由旧的汉语词通过转义而成的日语术语。有人把这种方式叫形译[7]。这主要是因为日语采用汉字书写,并且经常利用汉语语素制定术语,而汉语在借用这些术语时,就连形带义都搬过来了。像"瓦斯"、"情报"、"客观"等都是由日语中返借的术语。这类术语,表面上很难看出是外来的。

现代汉语科学术语更多的是利用本族语词拟制,或者由旧词转新义,或者利用原有语素构造新词,其中文言词是它的主要材料。术语的重要特征之一是它表意的准确性。为了这个目的,学者们往往从古代语言中选择一些习用的词,它们有确定的意义,一般不至于引起歧义。所以,现代汉语科学术语很多都是用文言词制定的。文言词构成术语,有一部分是作为独立的单音节词进入术语,更多的还是用作合成词的构词要素。如"唯物论"、"月食"等术语中的构成成分都是旧的单音节的文言词:"唯"、"物"、"论"、"月"、"食"等。在现代汉语科学术语中,有一小部分是直接承袭古代科学术语的,像音韵学中的"音和"、"类隔"等,它们是古代学者拟制的,直到现代仍保留着术语的原义。还有一些词语在古代汉语中并没有术语的性质,但在现代汉语中却获得了专门意义而被某一专业用为术语。如"经济",在古代汉语中是"经世济民"之义[8],而在现代政治经济学中却指"在历史上一定时期的社会生产关系的总和";"宗派",旧义是同源而分支,而在现代的政治术语中却是"思想上的小派别"……这种用旧词转新义构成术语的途径,有时是由于新术语的意义同旧词义相近,如"宗派";但也有的术语是在新旧词义之间失去了联系,如"经济"。由此可见,利用本族语词拟制术语的主要材料来源是文言词。就这个意义,有人认为"术语和成语是现代词汇中使用和保留文言词作为自己构成成分的主要形式"。[9]不是没有道理的。

无论是借用外来词,还是利用本族语的构成方法都要服从于汉语词,汉语术语词汇的存在和发展规律。术语是语言词汇的组成部分,它必须利用原有的构词材料,而且必须符合现代汉语的构词规则构成。否则,就很难为人们所掌握,其自身也不易存在于词汇体系之中。

从现代汉语术语的构成方法看,主要是采用合成式构成了大量的合成术语。合成术语的构成方式与现代汉语合成词的构成方式一样,有联合、偏正、补充、述宾、主谓、附加等类型。联合式的如"计算"、"摩擦"、"信息"、"开关"等,它们是由意义相同(近)或相对的语素构成,语素之间是平等并列的关系;偏正式的如"语法"、"半径"、"导线"、"遥控"、"向心力"等,它们的语素之间的关系是修饰和被修饰、限制和被限制的关系,这类术语为数最多;补充式的如"合成"、"溶解"、"化简"、"凝固"等,它们一般是前一语素表示动作,后一语素表示动作的结果或趋向,补充说明前一语素的意义;述宾式的如"绝缘"、"通分"、"移项"等,它们往往是前一语素表示动作,后一语素是动作所支配、关涉的对象;主谓式的如"电流"、"血沉"、"地震"等,它们前一语素表示事物,后一语素陈述说明这一事物,二者是陈述和被陈述的关系。至于附加式术语是由前缀或后缀附加在词根上构成的:附加前缀的如"反对数"、"超声波"、"非金属"、"类蛋白"、"递运算"、"准电介质"等,附加后缀的如"放射性"、"圆周率"、"绝缘体"、"坐标系"、"氧化"等。这类附加式,构词能力是很强的。

现代汉语科学术语中还有一些是单纯词。根据语音形式不同,可以把它们分为单音节和双音节两种。单音术语的如"氢"、"氧"、"碳"等化学名词,"烃"、"烯"、"醚"等有机化合物名称,"米"、"吨"、"升"、"克"等度量衡单位及"场"、"力"、"角"、"波"等自然科学中的基本概念。复音节的单纯术语大都是以音译方式吸收过来的外来术语,如"逻辑"、"伏特"、"马达"、"雷达"等。

现代汉语科学术语中也有一些是多音节的,像"直角坐标"、"集成电路"、"最小公约数"、"能量守恒与转换定律"、"多弹头分导重返大气层运载工具"、"金属氧化物半导体均效应晶体管"等。有人把它看作是词组[10]。应当指出的是:作为术语的词组不同于一般词组。一般词组是根据需要临时组织起来的,而作为术语的词组大都在结构上是固定的,经常组合在一起使用,表示一个整体概念。尽管有的可以插入别的成分扩展,意义也不变化,如"外墙涂料",可扩展为"外墙的涂料",意义照旧;但通常并不这样说。所以,这种术语无论多长,我们都应当把它看成是词的等价物——固定词组。

为了交流的方便,人们还通过缩略的方式把多音节术语变为双音节或单音节的术语。这样,现代汉语科学术语中就有一些缩略术语。如"宇宙航行"——"宇航"、"分析句子"——"析句"、"液态晶体"——"液晶"、电压单位"伏特"——"伏"等,通过使用,缩略术语的形式和内容都固定化了,其作用也相当于一个词,因而我们应当把它看成词。缩略术语在现代汉语科学术语中为数不少。应当注意的是:国外也有许多术语采用缩略方式,致使同形词越来越多。像"ICC"就有31个,"AA"有27个,"ABC"有26个……[11]这就人为地造成了术语混乱。尽管现代汉语科学术语中目前这种情况还少见,但却是应当引以为戒。

现代汉语科学术语中,双音节最多,这与现代汉语词汇发展总趋势是一致的。其次是三音节词,这主要是由于科学技术的发展和人们认识水平的提高,需要更精确的符号去标记科学的新发现、新事物和新概念。

三

科学术语的大量存在,是现代汉语词汇丰富的重要标志之一。一方面,术语是词汇的组成部分,它所表示的事物或概念在通用词汇中往往没有相应的词来表示,而术语的存在就弥补了词汇在标记这些事物或概念时的空白。有些事物或概念,在通用词汇中即使有所表示,也往往只有一般的名称,而在术语中却有区分入微的专用名称。另一方面,随着科学的发展,人们文化水平的提高,有些术语也可以转化为通用词,像"本质"、"客观"原是哲学术语,"温度"、"水平"原是物理学术语,但现在已为大家所熟知。术语进入通用词汇后,在一定的条件下,有的还可以引申出新义,成为多义词。如"背景",原来是指"舞台上的布景",现在却有"对人物、事物起作用的历史情况或现实环境"的引申义。可见,科学术语是丰富语言词汇的一个重要来源。

术语对科学技术的发展也有巨大意义。科学的发展一方面产生了相应的术语;另一方面,术语也把科学认识的成就固定于自身之中,即把人类认识的成果用词的形式固定下来。科学随着术语本身意义的精确化而不断发展;同时,术语的丰富,又是一个民族或国家科学文化事业发达的重要标志。

但是,也必须看到,术语越多,就越容易出现术语混乱的局面。其原因在于:(一)术语的产生有人为性一面,由于拟制者研究方法不同,认识程度不一,就可能出现同义异形或同形异义的术语;(二)人们认识水平的不断提高对已经产生的术语也会有不同的看法;(三)一般地说,科学术语产生于科学较发达国家,在借用过程中,不同的民族或国家,一个国家的不同地区或一个民族的不同部分,甚至不同的翻译者使用不同的翻译方式,同样会产生"实同名异"或"名同实异"的术语;(四)同一事物或概念也可能同时在不同的国家中探讨和出现,因而在不同的国度里就会产生许多内容相同而形式不同的术语。因此,在一定阶段,术语的混乱是不可避免的。这就需要进行规范化工作,力争在尽可能短的时间内达到术语的统一,以免出现更大的混乱。

我国很早就重视术语的规范化。很多学者在这方面都作出过贡献。早在战国时期,荀子的《正名篇》中,就有 5/6 的内容谈到有关术语的问题。到了本世纪初,术语工作更向前发展,1932 年,成立了南京国立编译馆,制定了严格的术语审订程序,出版了《化学命名原则》一书。解放后,我国的术语工作进入了一个新阶段。1950年,"学术名词统一工作委员会"成立(1956年改名为"自然科学名词编订室"),制订了"统一学术名词工作的初步方案"。1984年,成立了"全国自然科学名词审订委员会",1985年,又成立了"全国术语标准化技术委员会"。这些组织在术语的拟制和规范化方面做了大量工作,并取得一定成绩。但是,我们过去的术语工作,具体编订多,理论上研究少,这是一大不足。据统计,1949年以后,我国出版的各种术语词表、词典就近800种[12],而对术语理论的探讨只有50年代进行过一次范围仅限于化学名词命名原则的讨论,历时才三个月[13]。当然,编制出版术语词表或词典有益于术语研究。问题在于,与此同时,我们不应当忽视对术语的理论探讨。特别是当前,科学技术突飞猛进,新术语层出不穷,术语混乱现象又很严重的情况下,重视术语理论上的学术研究是非常有益和十分必要的。

术语规范化对于"四化"建设,特别是科学技术现代化有十分重大的意义。我们正处于新的技术革命蓬勃兴起的时代,世界范围内的以信息技术、计算机技术、工程技术为主要标志的新技术革命浪潮已经波及人类生活的各个方面,特别是计算机技术的广泛应用,更对人类社会产生难以估量的影响。要将计算机技术应用于语言文字的信息处理,首先就要求术语规范化;很显然,如果术语混乱,计算机将无法进行工作。另外,从一些较发达国家情况看,他们大都应用现代计算机技术建立了规模宏大的术语数据库,并在社会生活的各个方面发挥着作用,而术语数据库的建立也依赖于术语的规范化。

术语是进行科学技术信息交流的工具,术语不统一,势必影响学术交流。为了解决这个问题,许多国家的学者都倾向于术语国际化。术语国际化是当前术语研究的中心课题,这方面的工作已经在使用拼音文字的语言之间初见成效。但由于文字体制的不同,汉字是表意文字,不易通过字母转写方式接受外来词,所以,影响了汉语的术语国际化研究。有人提出汉语要首先解决汉字拼音化问题,然后再逐渐向术语国际化靠拢。我们认为,汉字拼音化问题并非短期所能解决的。目前最重要的工作是研究在汉字现状的情况下,如何使汉语术语实现国际化;就是说,要考虑汉语如何适应术语国际化要求翻译外来术语。过去,汉语在借用外来术语时,大量使用的是意译法,这是汉语术语翻译的缺点,也是造成汉语术语混乱的原因之一。像前几年,对 logic 一词就有几种译名:逻辑、名学、论理学、理则学等。其实,术语翻译还是以音译为上策,这不仅便于国际间的学术交流,而且还能促进汉语术语向国际化靠拢。因此,建议规定音译为借用外来术语的唯一方法,在音译过程中,由国家术语工作部门严格把关、审订,尽量避免术语混乱。这样,不仅有利于术语规范化,而且为广大科技工作者减轻了负担,免得花更多的精力去学习外语和记忆大量不同的科学术语。

从我国的情况看,说汉语的人数众多,分布面较广,由于种种原因,交往又少。这样,术语不一致的情况就很多。如"激光"在港澳地区就叫"雷射";"软件"和"硬件"在港澳地区又叫"柔品"和"刚品";语言学中的"兼语式"在台湾省被叫做"致使句"。这种情况的存在,给汉语的科技交流带来许多不便,长此下去,分歧越来越烈,不利于民族的统一。因为语言的共同性是民族的重要特征之一,术语的统一又是一个国家或民族科学技术发展的重要条件。此外,科学术语的规范化理应是语言规范化的内容之一。因而搞好术语统一,对于纯洁民族语言,促进汉语规范化特别是词汇规范化具有现实的重要意义。

总之,术语的研究,对于四个现代化建设,对于科学技术的发展,对于汉语术语向国际化靠拢,对于语言规范化,乃至对于民族统一大业,都有十分重大的意义。因此要求我们重视并加强对科学术语的研究。

参考文献

[1]《现代汉语词典》,商务印书馆,1978。

[2][12]刘涌泉《略论我国的术语工作》,《中国语文》,1984年第1期。

[3][4][9]〔苏〕B.B伊万诺夫《汉语术语的几个一般性特点》,见《语言研究译丛》(第一辑),南开大学出版社,1984。

[5]《南方日报》,1983年4月28日。

[6]刘泽先《对科学技术名词的几点意见》,《语文知识》,1956(8)。

[7]张永言《词汇学简论》,华中工学院出版社,1982。

[8]《辞源》。

[10]杜厚文《科学术语的构成方法》,《语言教学与研究》,1982年第2期。

[11]史群编《英语缩略语词典》,商务印书馆,1979。

[13]《关于化学名词问题的讨论》,《光明日报》,1956年12月27日。

(原载于《锦州师院学报(哲学社会科学版)》,1986年第2期)

中文科技术语中的歧义
结构及其判定方法

冯志伟

在《中文科技术语的结构描述及潜在歧义》一文中,我们论证了中文科技术语的 PT-结构中存在着潜歧义。在本文中,我们将进一步说明,当在 PT-结构中插入词汇单元之后,这种潜在歧义的种种变化情况和判定方法。这也是"潜在歧义论"的重要组成部分。

一 PT-结构的实例化

潜在歧义结构反映的是 PT-结构的潜在歧义。PT-结构是由词组类型标记和词类标记构成的,这些标记是"类"的标记,而不是具体的单词的标记,因而 PT-结构并不是由具体的词汇单元词构成的术语的结构,而是"类"的结构,这种"类"的结构所反映出来的歧义,并不是现实的歧义,而只是潜在的歧义。要想了解这种潜在的歧义是否具有现实性,只有在 PT-结构的潜在歧义具备了转化为现实歧义的可能性以后。

另外,PT-结构仅只是表示了词组型术语的树形图中,同一层级上的两个相邻的树枝结点之间词组类型的结构,并不能反映多层次的由整个树形图所代表的词组类型结构；而 PT-结构及其相应的 SF-结构的非同构情况反映出来的 PT-结构所具有的潜在歧义，也仅反映了树形图中某一层级上的潜在歧义，并不能代表整个树形图的潜在歧义，要想了解整个树形图的歧义情况，只有在研究了树形图各个层级上的歧义情况之后才有可能，而要想了解树形图各个层级上的歧义情况，首先必须插入词汇单元。

由此可见，词汇单元的插入，对于词组型术语的歧义研究来说，是一个至关重要的问题。

词汇单元插入后，PT-结构便成为了含有具体的词汇单元的词组型术语，这个过程叫做"PT-结构的实例化"。

PT-结构实例化之后，便可以判断 PT 结构所具有的潜在歧义是不是会变为现实的歧义。也就是说，实例化之前的 PT-结构只具有潜在的歧义，而实例化之后的 PT-结构才可能具有现实的歧义。

为了研究具体的词组类型术语是否有歧义，可分两步来做：

1. 在表示有关术语的树形图的前终极结点下方插入相应的词汇单元，使之成为这个树形图的叶子，从而使 PT-结构实例化。

2. 从树形图的叶子开始，自叶向根，自底向上，逐级研究各个层级的 PT-结构潜在歧义情况，观察其是否有可能转化为现实的歧义。如果根的两个直接后裔结点所形成的 PT-结构仍是有歧义的，则整个的词组型术语就是有歧义的，这时，潜在的歧义结构也就转化成了现实的歧义结构。

在 PT-结构实例化的过程中，当把词汇单元插入树形图时，由于词汇单元之间词汇意义的制约，或者由于词汇单元语法结构的影响，PT-结构的潜在歧义有可能消失，也有可能继续保持。在由下而上对多层次的树形图中各个层次上的 PT-结构进行解释时，由于各个PT-结构之间上下文环境的影响,PT-结构所具有的潜在歧义也会发生一些新的变化,这样,PT-结构实例化的过程中,可以产生四种不同的树形结构:无歧义结构,歧义消除结构,歧义结构,非法结构。因此,这四种树形结构才是反映具体的词组型术语歧义情况结构。其中,无歧义结构是由无歧义的PT-结构实例化之后形成的,而歧义结构和歧义消除结构则是由具有潜在歧义的PT-结构实例化之后形成的,非法结构的PT-结构本身就是不合乎其含义或者语法规则的,这种PT-结构不论实例化与否,都是非法的。

下面我们来讨论这四种不同的树形结构。

二 无歧义结构

在无歧义结构中,表示词组类型术语的树形图中的任何PT-结构均不是潜在歧义结构,绝无产生歧义之可能,因而实例化之后形成的结构也是没有歧义的。

例如,"大容量存储器"这个术语,在插入词汇单元之后,其树形图为:

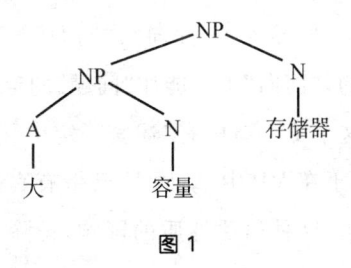

```
          NP
         /  \
       NP    N
      /  \   |
     A    N 存储器
     |    |
     大   容量
```

图1

自下而上观察,A+N 是一个无歧义的 PT-结构,根结点 NP 两个直接后裔形成的 NP+N 也是一个无歧义结构,所以,这个术

241

语是一个无歧义结构。

三 歧义消除结构

表示词组类型术语的树形图中,有的 PT-结构是潜在歧义结构,但是在这些 PT-结构的实例化过程中,在插入词汇单元之后,由于词汇单元词汇意义的制约,或者由于各个词汇单元的语法特性的相互影响,排除了歧义之可能,歧义消除,便形成了一个歧义消除结构。

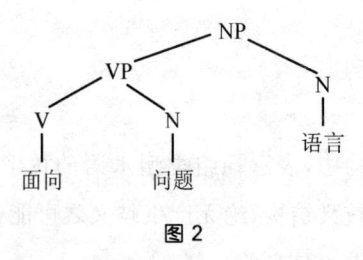

```
        NP
      /    \
    VP      N
   /  \     |
  V    N   语言
  |    |
 面向  问题
```

图 2

例如,"面向问题语言"这个术语,插入词汇单元之后,其树形图如上图。

自下而上观察,V+N 这个 PT-结构有"述宾—定中歧义",是一个潜在歧义结构,但插入了"面向"、"问题"等词汇单元之后,由于词汇意义的制约,"面向"不可能作"问题"的定语,排除了定中式之可能;VP+N 这个 PT-结构有"述宾—定中歧义",也是一个潜在歧义结构,但由于在 VP 中,动词 V 已带有宾语"问题",一般不能再带第二个宾语,这种语法性质的影响,排除了述宾式之可能;根结点 NP 的两个直接后裔 VP 和 N 形成的定中式结构,是一个歧义消除结构,这时,在树形图两个层级上的 PT-结构所具有的潜在歧义并未转化为现实的歧义结构。

四　歧义结构

表示词组类型术语的树形图中,有的 PT-结构是潜在歧义结构,在 PT-结构的实例化过程中,插入词汇单元之后,词汇单元之间的词汇意义的制约以及词汇单元语法功能的影响,并不足以消除这种潜在歧义,从而使这种潜在歧义转化为现实的歧义。在自下而上地解释树形图的歧义时,如果根结点的两个直接后裔组成的 PT-结构的潜在歧义仍未完全消除,那么,就可能形成一个歧义结构。

当然,在多层次的树形图中,除了根结点的两个直接后裔之外的其他下层结点的语法和语义信息,对于根结点的歧义也是有影响的,不过,这种彼此影响的情况是十分复杂的,目前,我国术语学工作者和中文信息处理工作者还没有细致地来考察这个问题,而且,一般说来,根结点的歧义情况主要应该由它的两个直接后裔组成的 PT-结构来决定,下层结点的语法和语义信息不可能使其基本的字面含义发生改变,因而可以暂时不考虑这些信息对根结点的歧义的影响。

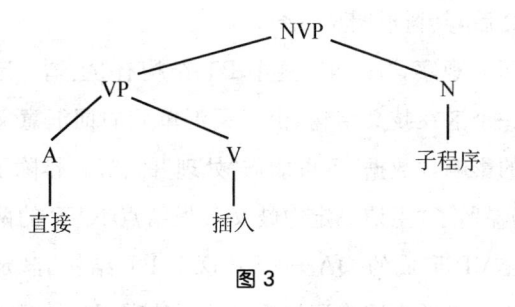

```
              NVP
           ／      ＼
         VP          N
        ／＼          ｜
       A   V        子程序
       ｜   ｜
      直接  插入
```

图 3

例如,"直接插入子程序"这个术语,插入词汇单元之后,其树形图如上图。

自下而上观察,"A+V"这个PT-结构是一个无歧义结构,但根结点 NVP 的两个直接后裔 VP 和 N 构成的PT-结构,VP+N 却是一个潜在歧义结构,存在述宾—定中歧义,而词汇单元的词汇意义的制约以及语法功能的影响,都不能排除这种歧义,于是,潜在的歧义转化为现实的歧义,形成一个述宾—定中歧义结构。这个术语的字面含义,可以解释为"直接插入一个子程序"(述宾式),也可以解释为"直接插入的子程序"(定中式)。

值得注意的是,我们所说的"潜在歧义",仅只是句法功能方面的歧义,而不是逻辑语义方面的歧义。不过,句法功能与逻辑语义是有联系的。句法功能歧义有时会导致逻辑语义歧义,从而使术语的字面含义发生改变。上例"直接插入子程序"这个术语的"述宾—定中"这种句法功能歧义,导致了逻辑语义歧义,因为它具有的两种不同的解释,其字面意义是根本不同的。然而,句法功能歧义并不一定总是导致逻辑语义的歧义。有时,一个术语虽然在句法功能上是有歧义的,但是,术语的字面意义并未改变,并未引起逻辑语义歧义。例如,"自动数据处理"这个术语,插入词汇单元并且实例化之后,其树形图见下图。

自下而上观察,N+NV 这个 PT-结构有"主谓—定中—状中歧义",是一个潜在歧义结构,由于词汇单元的词汇意义的制约和语法功能的影响,"数据"不可能作"处理"的状语,排除了状中式之可能,但仍保留了"主谓—定中歧义";根结点 NVP 的两个直接后裔 QA 和 NVP 形成的 QA+NVP 这个 PT-结构有"定中—状中歧义",这种歧义并未因为词汇意义的制约和词汇单元语法特性的影响而消除,最后形成一个定中—状中式的现实歧义结构。这个术语可以解释为"自动的数据处理"(定中式),也可以解释为"自动地进行数据处理"(状中式),其句法功能是有歧义的,但是,这种句法功能歧义并未引起这个术语字面意义在实质上的改变,并未导致逻辑语义的歧义。

为了区别这两种不同的歧义结构,我们把由于句法功能歧义而导致术语基本字面意义不同的歧义结构叫做"真歧义结构",而把句法功能歧义不导致术语基本字面意义不同的歧义结构叫做"准歧义结构"。

从实用的观点来看,对于歧义结构的限制应该严格一些,而对于歧义消除结构的限制可以宽一些。这样,在进行术语的研究和规范化时,就可以把注意力集中于那些最容易引起歧义的问题上去。为此规定:

1. 只有当根结点的两个直接后裔形成的 PT-结构是歧义结构时,整个术语的结构才算歧义结构。如果根结点的两个直接后裔形成的 PT-结构不是歧义结构,尽管在树形图的下层结点中存在歧义结构,整个术语也不算歧义结构。

2. 当根结点的两个直接后裔形成的 PT-结构是歧义消除结构时,整个术语当然要算歧义消除结构。但是,除此之外,如果根结点的两个直接后裔形成的 PT-结构是无歧义结构,只要在下层结点中还存在着歧义消除结构,整个术语也算歧义消除结构。

五 非法结构

如果术语的字面含义与它的学术含义发生矛盾,则该术语的结构就是非法结构。非法结构的术语应该重新命名。例如,"区段穿孔"这个术语其学术含义是表示"在十二行未穿孔卡片上部三行中的一行内所穿的孔",显然是指一个"孔",而不是穿孔的动作。从其学术含义来看,这个术语应该是一个名词词组。但这个术语的结构却是 N+V,在汉语中,N+V 这种结构是并不会形成一个名词词组,它违反了汉语语法结构的基本规则,术语的字面含义与学术含义发生了矛盾,故是一个非法结构,应该重新命名。

六 转换鉴定式

潜在歧义结构的各种类型只是术语歧义判别的基本出发点,在插入词汇单元并用 PT-结构实例化之后,如何判断一个术语是否已由潜在歧义结构转化为现实的歧义结构,如果只是根据术语的含义,一般来说是比较困难的,因为"含义"比较空灵,难于捉摸。为了使汉语术语歧义的判定有形可依,我们根据汉语语法的特点,专门提出了一套形式规则—转换鉴定式。

所谓"转换鉴定式",就是一种特定的转换公式,把实例化之后的 PT-结构按照这个公式进行转换之后,就可以判断它与什么样的现实的 SF-结构相联系。

化学中判断物质的酸碱性往往使用试剂。例如,化学家常常用石蕊试纸来鉴定物质的酸性。在术语学的研究中,是不是也可以找到某种类似于化学中的试剂那样的东西来鉴别术语的歧义呢?我们对这个问题的回答是肯定的。这种用于鉴别术语歧义的"化学试剂",就是转换鉴定式。我们在研究工作中发现,汉语中的每一个 SF-结构都有一个或多个特定的转换鉴定式。根据转换鉴定式就可以判断一个 PT-结构在实例化之后应该具有什么样的现实的 ST-结构,如果一个 PT-结构在实例化之后可以与若干个 SF-结构相对应,那么,这个 PT-结构必有现实的歧义,而这种歧义属于哪一类的歧义,就是由与 SF-结构相应的特定的转换鉴定式来决定的。这样,我们就能够根据 PT-结构可采用什么样的转换鉴定式来决定它的实际上的歧义类别。

例如,"模拟程序"这个术语,它的 PT-结构是 NV＋N 而这个 PT-结构具有潜在的"述宾—定中歧义",在插入词汇单元使其实例化之后,"模拟程序"具有如下两个转换式:

模拟/程序→模拟(这种)程序

和

模拟/程序→模拟(的)程序

前一个转换式是述宾式 SF-结构的转换鉴定式,后一个转换式是定中式 SF-结构的转换鉴定式。据此,可以判断 NV＋N 这个 PT-结构插入词汇"模拟"和"程序"而实例化之后,潜在的"述宾—定中歧义"已经换成了现实的"述宾—定中歧义"。

由此可见,转换鉴定式在术语歧义的判定中起着重要的作用。

七 联谓转换鉴定式

判断 PT-结构实例化之后其 SF-结构是否含有联谓式的转换鉴定式,叫做联谓转换鉴定式。

如果一个 PT-结构实例化之后的形式为 AB,并具有转换式

AB→A(并且)B

则 AB 的 SF-结构含有联谓式,而这个转换式就是联谓转换鉴定式。

例如,术语"输出/输入"是 PT-结构 NV+NV 的实例化,有联谓转换鉴定式

$$输出/输入 \rightarrow 输出(并且)输入$$

据此可判定"输出输入"的 SF-结构含有联谓式。

八 联体转换鉴定式

判断 PT-结构实例化之后其 SF-结构是否含有联体式的转换鉴定式,叫做联体转换鉴定式。

如果一个 PT-结构实例化之后的形式为 AB,并具有转换式

$$AB \rightarrow A(和)B \quad (1)$$

且具有否定型转换式

$$AB \nrightarrow A(并且)B \quad (2)$$

"$\nrightarrow$"表示"不能转换",

则 AB 的 SF-结构含有联体式,而这个转换式就是联体转换鉴定式。

例如,"字母数字"这个术语是 PT-结构 N+N 的实例化,有转换式

$$字母/数字 \rightarrow 字母(和)数字$$

而且有否定型转换式

$$字母/数字 \nrightarrow 字母(并且)数字$$

则可以判定"字母数字"这个术语的 SF-结构含有联体式。

由此可以想到,如果 PT-结构的实例化形式 AB 具有联体转换鉴定式

$$AB \rightarrow A(和)B$$

又具有联谓转换鉴定式

$$AB \to A(并且)B$$

则 AB 的 SF-结构必有现实的"联体——联谓歧义"。

例如,"输出输入"这个术语是 PT-结构 NV＋NV 的实例化,有联体转换鉴定式

$$输出/输入 \to 输出(和)输入$$

又有联谓转换鉴定式

$$输出/输入 \to 输出(并且)输入$$

可见,这个术语的 SF-结构既是联体式,又是联谓式,它具有现实的"联体——联谓歧义"。

如果 PT-结构的实例化形式 AB 中,B 的前成分为连接词(CJ),则其联体转换鉴定式为

$$AB \to (这种)AB$$

例如,"算术和逻辑"的联体转换鉴定式为

$$算术和逻辑 \to (这种)算术和逻辑$$

这是联体转换鉴定式的一种特殊形式。

九 述宾转换鉴定式

判断 PT-结构实例化之后其 SF-结构是否含有述宾式的转换鉴定式,叫做述宾转换鉴定式。

如果一个 PT-结构实例化之后的形式为 AB,并具有转换式

$$AB \to A(这种)B$$

则 AB 的 SF-结构为述宾式,而这个转换式就是述宾转换鉴定式。

例如,"编制程序"这个术语是 PT-结构 V＋N 的实例化,具有述宾转换鉴定式

編制/程序→编制(这种)程序

据此可以判定"编制程序"的 SF-结构含有述宾式。

十　主谓转换鉴定式

判断 PT-结构实例化之后其 SF-结构是否含有主谓式的转换鉴定式,叫做主谓转换鉴定式。

主谓转换鉴定式有两种,分述如下:

1. 主语为受事的主谓转换鉴定式:

如果一个 PT-结构实例化之后的形式为 AB,并具有转换式

AB→A(被)B(了)

则 AB 的 SF-结构含有主谓式,这时主语 A 是受事,而这个转换式就是主语为受事的主谓转换鉴定式。

2. 主语为施事的主谓转换鉴定式:

如果一个 PT-结构实例化之后的形式为 AB,并具有转换式

AB→(由)A(来)B

则 AB 的 SF-结构含有主谓式,这时主语 A 是施事,而这个转换式就是主语为施事的主谓转换鉴定式。

例如,"数据处理"这个术语 PT-结构 N+NV 的实例化,有主语为受事的主谓转换鉴定式

数据/处理→数据(被)处理(了)

则可判定"数据处理"的 SF-结构含有主谓式,而且,主语"数据"是一个受事主语。

又如,"机器学习"这个术语是 PT-结构 N+NV 的实例化,有主语为施事的主谓转换鉴定式

　　　　机器/学习→(由)机器(来)学习

则可判定"机器学习"的 SF-结构含有主谓式,而且,主语"机器"是一个施事主语。

十一　定中转换鉴定式

判断 PT-结构实例化之后其 SF-结构是否含有定中式的转换鉴定式,叫做定中转换鉴定式。

根据"的"字结构的有无以及其他条件,定中转换鉴定式有两种形式:

1. 如果一个 PT-结构实例化之后的形式为 AB,其中的 A 不是"的"字结构,或者,B 不是单音节名词,或者 A 不是单音节的限定词、形容词、方位词、名限同形词、名连同形词,并具有转换式

　　　　　　AB→A(的)B

则 AB 的 SF-结构含有定中式,而这个转换式就是定中转换鉴定式。

例如,"短期文件"这个术语是 PT-结构 N+N 的实例化,其中的 A 和 B 都符合以上条件,且有定中转换鉴定式

　　　　短期/文件→短期(的)文件

则可判定"短期文件"这个术语的 SF-结构含有定中式,而这个转换式就是定中转换鉴定式。

这里没有用转换式

　　　　　　AB→(这种)AB

来鉴定这一类的定中式,因为"这种"这个词的管辖领域不仅涉及B,而且还可能涉及 A;在这种情况下,就容易把定中式与联体式混淆起来了。只有当"这种"这个词的管辖领域仅仅涉及 B 时,AB 才是定中式。

2. 如果 PT-结构实例化后的形式为 AB,其中的 A 为"的"字结构,或者 A 为数词,或者 B 为单音节名词,或者 A 为单音节的限定词、形容词、方位词、名限同形词、名连同形词,并具有转换式

$$AB \rightarrow (这种)AB$$

则 AB 的 SF-结构含有定中式,而这个转换式就是定中转换鉴定式。

例如,术语"对十的/补码",其中的 A 为"的"字结构,且有转换式

$$对十的/补码 \rightarrow (这种)对十的/补码$$

则可判断这个术语的 SF-结构必定含有定中式,而这个转换式就是定中转换鉴定式。

术语"二十/进制",其中的 A 为数词,且有转换式

$$二十/进制 \rightarrow (这种)二十/进制$$

则可判定这个术语的 SF-结构必定含有定中式,而这个转换式就是定中转换鉴定式。

术语"处理/机",其中的 B 为单音节名词,且有转换式

$$处理/机 \rightarrow (这种)处理/机$$

则可判定这个术语的 SF-结构必定含有定中式,而这个转换式就是定中转换鉴定式。

术语"原/语言",其中的 A 为单音节限定词,且有转换式

$$原/语言 \rightarrow (这种)原/语言$$

则可判定这个术语的 SF-结构必定含有定中式,而这个转换式就是定中转换鉴定式。

术语"内/存储器",其中的 A 为单音节方位词,且有转换式
$$内/存储器 \rightarrow (这种)内/存储器$$
则可判定这个术语的 SF-结构必定含有定中式,而这个转换式就是定中转换鉴定式。

术语"异/运算",其中的 A 为单音节名限同形词,且有转换式
$$异/运算 \rightarrow (这种)异/运算$$
则可判定这个术语的 SF-结构必定含有定中式,而这个转换式就是定中式转换鉴定式。

术语"与/运算",其中的 A 为单音节名连同形词,且有转换式
$$与/运算 \rightarrow (这种)与/运算$$
则可判定这个术语的 SF-结构必定含有定中式,而这个转换式就是定中转换鉴定式。

十二 状中转换鉴定式

判断 PT-结构实例化之后其 SF-结构是否含状中式的转换鉴定式,叫做状中转换鉴定式。

状中转换鉴定式有两种形式,使用条件各不相同:

1. 如果一个 PT-结构实例化之后的形式为 AB,其中 A 不是副词(如"再"、"只"、"立即"等),或者 A 不是介词结构,或者 A 不是"的"字结构,并且有转换式

$$AB \rightarrow (按)A[(的方式)来]B$$
或
$$AB \rightarrow (按)A[(的方式)进行]B$$

则 AB 的 SF-结构必定含有状中式。这时,转换式中的"的方式"可以省略。

例如,术语"抽点/转储",其中的 A 不是副词,不是介词结构,也不是"的"字结构,且有转换式

抽点/转储→(按)抽点[(的方式)来)转储

或　　抽点/转储→(按)抽点[(的方式)进行]转储

则可判定这个术语的 SF-结构中必定含有状中式,而这个转换式就是状中转换鉴定式。

又如,术语"条件/转储",其中的 A 不是副词,不是介词结构,也不是"的"字结构,且有转换式

条件/转储→(按)条件[来]转储

或　　条件/转储→(按)条件[进行]转储

在这两个转换鉴定式中,省略了"的方式",由此可判断这个术语 JSF-结构中,必定含有状中式,而这两个转换式就是状中转换鉴定式。

在这些情况下,我们不采用转换式

AB→(进行)AB

因为"进行"的管辖领域总是直接指向 AB 中的中心成分,所以,这个转换式也可用于主谓式或述宾式。例如,"进行英语学习"中,"进行"后面的成分"英语学习"的 SF-结构就是一个主谓式。

2. 如果 PT-结构实例化之后的形式为 AB,其中的 A 是副词,或者是介词结构,或者是"的"字结构,并且有转换式

AB→(进行)AB

则 AB 的 SF-结构中必定含有状中式,而这个转换式就叫做状中转换鉴定式。

例如,术语"再/定序",其中的 A 是副词,且有转换式

$$再/定序 \rightarrow (进行)再/定序$$

则可判断这个术语的 SF-结构必定含有状中式,而这个转换式就是状中转换鉴定式。

术语"五中/取二",其中的 A 是介词结构"五/中",且有转换式

$$五中/取二 \rightarrow (进行)五中/取二$$

则可判定这个术语的 SF-结构必定含有状中式,而这个转换式就是状中转换鉴定式。

术语"极小延迟的/程序设计",其中的 A 是"的"字结构"极小延迟的",且有转换式

$$极小延迟的/程序设计 \rightarrow (进行)极小延迟的/程序设计$$

则可判断这个术语的 SF-结构必定包含状中式,而这个转换式就是状中转换鉴定式。

十三 述补转换鉴定式

判断 PT-结构实例化之后其 SF-结构是否含有述补式的转换鉴定式,叫做述补转换鉴别式。

如果一个 PT-结构实例化之后的形式为 AB,并具有转换式

$$AB \rightarrow A(得)B$$

则 AB 的 SF 结构必定含有述补式,这个转换式就叫做述补转换鉴定式。

例如,术语"读/出"具有转换式

$$读/出 \rightarrow 读(得)出$$

则可判定它的 ST-结构必定含有述补式,而这个转换式就是述补转换鉴定式。

十四 转换鉴定式与歧义判别

如果一个 PT-结构的实例化形式可以用不同的转换鉴定式来转换,那么,它就可以对应于不同的 SF-结构,在这种情况下,这个 PT-结构的实例化形式就是有歧义的,而它的歧义类型就可根据相应转换鉴定式所标示的 ST-结构的类型来决定。因此,各种类型的转换鉴定式为 PT-结构实例化形式的歧义的判定提供了一个形式化的手段,它们就像化学中的试剂一样,可以帮助人们直观地判别 PT-结构实例化形式的歧义之所在。

PT-结构的实例化形式,就是具有该 PT-结构的具体的术语。这样,就能够根据术语的转换鉴定式的不同类型,来直观地判别术语的歧义。

例如,对于"信息/处理"这个术语,有转换式

信息/处理→信息(的)处理

这是一个定中转换鉴定式,由此可知它的 SF-结构中包含定中式。

同时,还有转换式

信息/处理→信息(被)处理(了)

这是一个主谓转换鉴定式,由此可知它的 SF-结构中包含主谓式。

由于"信息/处理"这个术语同时具有定中转换鉴定式和主谓转换鉴定式,所以,它必定具有现实的主谓—定中歧义。

又如,对于"触发/电路"这个术语,有转换式

触发/电路→触发(的)电路

这是一个定中转换鉴定式,由此可知它的 SF-结构中包含定中式。

同时,还有转换式

触发/电路→触发(这种)电路

这是一个述宾转换鉴定式,由此可知它的 SF-结构中包含述宾式。

据此,可以判定这个术语具有现实的述宾—定中歧义。

对于"延迟/编址"这个术语,有转换式

延迟/编址→延迟(这种)编址

这是一个述宾转换鉴定式,由此可知它的 SF-结构中包含述宾式。

同时,还有转换式

延迟/编址→延迟(的)编址

这是一个定中转换鉴定式,由此能知它的 SF-结构中包含定中式。

此外,还有转换式

延迟/编址→(按)延迟[(的方式)来]编址

这是一个状中转换鉴定式,由此可知它的 SF-结构中包含状中式。

据此,可以判定这个术语具有现实的述宾—定中—状中歧义。

十五 同焦转换鉴定式和异焦转换鉴定式

如果一个 PT-结构的实例化形式的各个转换鉴定式所判别的 SF-结构都是同焦结构,那么,这些转换鉴定式就是同焦转换鉴定式。

例如,"信息/处理"这个术语的转换鉴定式所判别的 SF-结构,一个是主谓式,一个是定中式,而主谓式和定中式都是后焦型结构,它们是同焦结构。这样,"信息/处理"这个术语的两个转换鉴定式就是同焦转换鉴定式。

如果一个PT-结构的实例化形式的各个转换鉴定式所判别的SF-结构中,至少有一对是异焦结构,这些转换鉴定式就是异焦转换鉴定式。

例如"触发/电路"这个术语的转换鉴定式所判别的SF-结构,一个是述宾式,属前焦型结构,一个是定中式,属后焦型结构,它们是异焦结构。这样,"触发/电路"这个术语的两个转换鉴定式就是异焦转换鉴定式。

又如,"延迟/编址"这个术语的转换鉴定式所判别的SF-结构,一个是述宾式,一个是定中式,一个是状中式。其中,定中式和状中式属后焦型结构,述宾式属前焦型结构,因此,"定中式—述宾式"是异焦结构,"状中式—述宾式"也是异焦结构,"定中式—状中式"是同焦结构,有两对异焦结构。所以,"延迟/电路"这个术语的三个转换鉴定式就是异焦转换鉴定式。

由潜在歧义理论可知,根据术语的句法功能歧义是否导致术语字面意义的不同,可以把术语的歧义结构分为真歧义结构和准歧义结构两种。这种区分有着实用意义。因为在术语工作中,必须特别注意由于句法功能歧义而导致术语字面意义不同的那些真歧义结构。

但是,"导致术语字面意义的不同"这个区分标准是比较空灵的,不易掌握,用起来见仁见智,因人而异。我们能否为这个区分标准找到一个比较可靠的形式标志呢?回答是肯定的。这个形式标准,就是看歧义术语的根结点的两个直接后裔组成的PT-结构在实例化之后的转换鉴定式,是同焦转换鉴定式还是异焦转换鉴定式。如果是同焦转换鉴定式,那么,该歧义术语的结构就是准歧义结构。如果是异焦转换鉴定式,那么,该歧义术语的结构就是真歧义结构。

由于同焦与异焦的区别,是由汉语术语的句法功能结构中功能焦点的位置来决定的,所以,功能焦点的位置对于汉语术语的歧义的研究,起着决定性的作用,我们对此必须给以足够的重视。功能焦点的位置对于汉语术语的歧义问题具有举足轻重的影响,这是汉语术语结构的重要特点之一。

十六　术语的几何歧义

术语的 PT-结构与 SF-结构的非同构现象引起的歧义,仅只是术语结构的代数值方面的歧义,因为这种歧义,只牵涉到表示术语结构的树形图中的同一层级上两个结点的代数标记,并不涉及树形图的几何形状问题。

但是,任何一个术语的线性符号串都隐藏着一个多层次的树形图。这种树形图不仅有代数标记,而且还有几何形状。树形图的几何形状也会影响到术语的字面含义。

一般地说,判断两个术语 X 与 Y 在几何方面是否同一,应该满足下列条件:

1. 这两个术语所包含的单词的数目相同。如果术语 X 含有 n 个单词,那么,术语 Y 也应含有 n 个单词。

2. 这两个术语所包含单词的词形相同。如果术语 $X = a_1 a_2 \cdots\cdots a_n$,术语 $Y = b_1 b_2 \cdots\cdots b_n$ 那么,应有 $a_1 = b_1$,$a_2 = b_2$,$\cdots\cdots$,$a_n = b_n$,"="表示相等关系。

3. 这两个术语所包含的单词的线性顺序相同。如果术语 $X = a_1 a_2 \cdots\cdots a_n$,术语 $Y = b_1 b_2 \cdots\cdots b_n$,那么,应有 $a_1 \Rightarrow a_2 \cdots\cdots \Rightarrow a_n$,$b_1 \Rightarrow$

$b_2 \cdots \cdots \Rightarrow b_n$。"$\Rightarrow$"表示前后关系。

4. 这两个术语中各个单词的几何层次相同。如果两个术语满足前面的 1、2、3 三个条件,但它们的几何层次不同,那么,它们仍然是不同的术语。

这正如下面的三个立方体,A 与 C 是不同的,但 B 看起来有时像 A,有时像 C,这就产生了几何歧义。

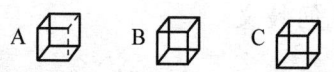

A　　B　　C

例如,"控制/转移/指令"这个术语,其树形图可以为下左图。

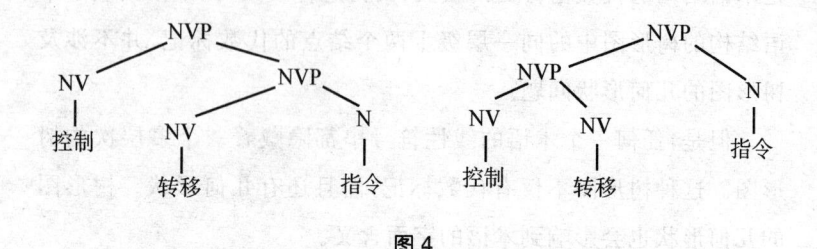

图 4

这时,有代数歧义。因为可有述宾转换鉴定式:

控制/转移指令→控制(这种)转移指令

其字面含义是:"控制某种转移指令"。

还可有定中转换鉴定式:

控制/转移指令→控制(的)转移指令

其字面含义是:"具有控制能力的转移指令"。

因此,这个术语有述宾—定中歧义。这是一种代数歧义。

同时,这个术语还有几何歧义,因为它还隐藏着另一个树形图(见上右图):

这个表示为这个树形图的术语也有代数歧义。因为它可有述宾转换鉴定式：
$$控制转移/指令 \rightarrow 控制转移（这种）指令$$
其字面含义是："控制并且转移某种指令"。

还可有定中转换鉴定式：
$$控制转移/指令 \rightarrow 控制转移（的）指令$$
其字面含义是："具有控制和转移能力的指令"。

可以看出，术语的几何歧义，对于术语的字面含义也是有影响的。在术语歧义问题的研究中，也要注意由于构成术语的各个单词的几何层次不同而导致的几何歧义。

术语的几何歧义是由上下文自由文法本身固有的歧义造成的。一般说来，在用上下文自由文法来生成术语的过程中，如果对文法的重写规则的使用顺序不一样，就会造成几何歧义。

术语的几何歧义也是很重要的，在用潜在歧义理论来研究术语的代数歧义时，不能忽视术语的几何歧义。

十七 术语树形图中各结点的相互影响

术语树形图中各个结点之间可以互相影响。有时这种相互的影响有助于判别术语的代数歧义。

我们经初步的研究后发现有如下的规律：

1. 如果某一层级上的 PT-结构是 VP＋N，而动词词组 VP 本身的 PT-结构是 V＋N，其 SF-结构是述宾式，那么，PT-结构 VP＋N 中的 N 绝不能是 VP 的宾语，这个 PT-结构 VP＋N 的 SF-结构绝不能是述宾式。

例如,"面向/过程/语言"这个术语的树形图如下左图。

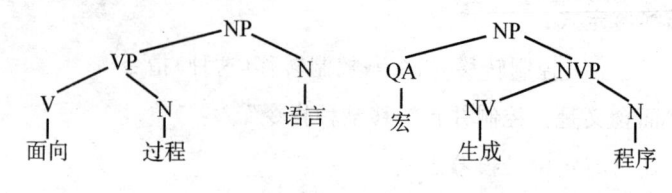

```
        NP                          NP
    VP      N                QA        NVP
  V    N   语言              宏      NV     N
 面向  过程                        生成    程序
```

图 5

在这个树形图中,"面向/过程"这个 VP 的 SF-结构已经是述宾式,其中的动词 V 已经有宾语,因此,"语言"这个名词 N 就不能是动词词组 VP 的宾语。

2. 如果某一层级上的 PT-结构是 QA＋NVP,而其中 NVP 的 PT-结构是 NV＋N,那么,结点 QA 将使 NVP 中的名动同形词 NV 失去动词特性,使得 NVP 的 SF-结构不可能是述宾式。

例如,"宏/生成程序"这个术语的树形图如上右图。

在这个树形图中,"生成/程序"这个 PT-结构由 NV＋N 组成,其 SF-结构存在着述宾—定中歧义,但由于其前面的"宏"结点是个 QA,使得名动同形词 NV 失去了动词的特性,排除了 NV＋N 的 SF-结构为述宾式之可能。

树形图中各个结点的这种相互制约相互依存的关系,对于术语歧义的研究有很大参考价值。

十八　潜在歧义与术语命名规范

我们的"潜在歧义论"是在 GLOT-C 中文术语数据库的研究实践中提出来的,这种理论反过来又可以指导术语的命名与研究工作,它为原有科技术语的审定和新的科技术语的命名,在语言学方面提供了理论根据和方法论基础。

在 GLOT-C 中文术语数据库中,当 PT-结构实例化之后,产生的无歧义结构、歧义消除结构、准歧义结构、真歧义结构、非法结构以及单词型术语在整个术语数据库中所占的比例如下表所示:

表1

结构类型	数目	百分比
单词型术语	375	25%
无歧义结构	251	17%
歧义消除结构	637	42%
准歧义结构	169	11%
真歧义结构	72	4.7%
非法结构	6	0.3%

从上表中可以看出,真歧义结构仅占 4.7%,准歧义结构仅占 11%,它们在 GLOT-C 中文术语数据库中所占的比例并不大,但是数量不多的歧义结构,对于术语系统的质量却有着很大的影响,我们绝不可对它们掉以轻心。

有三类 PT-结构常常会导致术语的歧义:N+NV,NV+N,V+N。

PT-结构 N+NV 具有主谓—定中—状中歧义。由于主谓式、定中式、状中式全都是同焦结构,在 PT-结构实例化之后,如果歧义不能消除,由这种结构形成的词组型术语只能为准歧义结构。而准歧义结构并不能导致术语字面含义的根本改变,因而它并不影响我们对术语的字面意义的理解。

例如,"二进制/运算"这个术语,其 PT-结构为 N+NV,实例化之后排除了主谓式之可能,但仍有定中—状中歧义,这是一种准歧义结构。

PT-结构 NV+N 具有述宾—定中歧义,由于述宾式和定中式是异焦结构,在 PT-结构实例化之后,如果这种歧义不能消除,那么,实例化之后的词组型术语就是真歧义结构,术语的字面含义是各不相同的。

在 GLOT-C 中文术语数据库中,PT-结构为 NV＋N 的词组型术语有 143 个,它们的句法功能结构有的为真歧义结构,有的为歧义消除结构,但是没有为准歧义结构的。歧义消除结构有 110 个,占 76.9％,真歧义结构有 33 个,占 23.1％。如下表所示:

表 2

结构类型	句法功能结构	数目	百分比
歧义消除结构	定中式	110	76.9％
真歧义结构	述宾—定中歧义	33	23.1％

例如,"模拟/程序"这个词组型术语,其 PT-结构为 NV＋N,实例化之后具有述宾—定中歧义,是真歧义结构。PT-结构为 NV＋N 的具有述宾—定中歧义的词组型术语还有"生成/函数,组合/电路,记忆/符号,控制/功能,控制/字符,承认/字符,否认/字符,移入/字符,移出/字符,取代/字符,删除/字符,擦除/字符,模拟/数据,输入/数据,输入/过程,输出/数据,输出/过程,传送/过程,翻译/程序,编译/程序,解释/程序,调用/序列,检验/程序,转移/指令,生成/地址,合成/地址,控制/语言,控制/程序,控制/计算器,转移/信息,处理/数据"等。

如果 NV＋N 结构中,名词 N 在语义上不能作名动同形词 NV 的宾语,那么 NV＋N 就不能为述宾式,这时,它的句法功能只能为定中式,成为一个歧义消除结构。例如,"开关/函数"这个术语,名词"函数"在语义上不能作名动同形词"开关"的宾语,尽管

"开关"有及物性,但它的宾语不能为"函数",因此,"开关/函数"只能解释为定中式,排除了述宾式之可能。

如果 NV+N 结构中,名动同形词 NV 是不及物的,这样,NV 后面的 N 就不可能为它的宾语,这时,NV+N 的句法功能只能是定中式,成为一个歧义消除结构。例如,"退格/字符"这个术语,名动同形词"退格"是不及物的,名词"字符"不能作它的宾语,这个术语只能解释为定中式,排除了述宾式之可能。在很多情况下,定名动同形词 NV 的构词方式是述宾型的,即前一语素表示动作、行为,后一语素表示该动作、行为所支配关涉的事物,那么,这个 NV 就不能带宾语,NV+N 的句法功能就只能是定中式。

可见,当用 NV+N 这种结构来命名术语时,要使其不产生歧义的条件是:

1. N 在语义上不能作 NV 的宾语;

2. NV 是不及物的,或 NV 的构词方式是述宾型的。

在 GLOT-C 中文术语数据库中,PT-结构为 V+N 的词组型术语有 71 个,其中,有 62 个的句法功能结构是歧义消除结构,占 87.33%;有 9 个的句法功能结构是真歧义结构,占 12.67%。在 PT-结构实例化之后,V+N 可以为真歧义结构或歧义消除结构,但是不能为准歧义结构。如下表所示:

表3

结构类型	句法功能结构	数目	百分比
歧义消除结构	定中式	56	78.87%
歧义消除结构	述宾式	6	8.46%
真歧义结构	述宾—定中歧义	9	12.67%

例如,"分割/字符"这个术语,其词组类型结构是 V+N,由于名词"字符"在语义上可以作动词"分割"的宾语,其句法功能可以解释为述宾式,它的含义是"分割某个字符",表示一种动作或行为;但是,与此同时,由于名词"字符"在语义上也可以受动词"分割"的修饰,其句法功能也可以解释为定中式,它的含义是"具有可分割性质的字符",表示一种事物。"分割/字符"这两种不同的解释是不可兼容的,其学术含义和字面含义都是截然不同的。在GLOT-C 术语数据库中,具有"述宾—定中"歧义的 V+N 型的词组类型术语还有:"链接/程序,触发/电路,预置/参数,监督/程序,引导/程序,分派/程序,装入/模块"等。

如果 V+N 中,名词 N 在语义上不能作动词 V 的宾语,那么,V+N 就不可能为述宾式,歧义消除,成为一个定中式的术语。例如,"开/子程序"这个术语,名词"子程序"在语义上不能作动词"开"的宾语,排除了其句法功能为述宾式之可能,"开"是定语,"子程序"是宾语,其句法功能为定中式。这时,尽管"开"是一个及物名词,它后面的名词"子程序"仍然不是它的宾语,动词"开"只不过说明名词"子程序"的某种性质而已,它对于名词"子程序"并没有支配作用。

如果 V+N 中,V 为不及物动词,那么,名词 N 就不可能作宾语,排除了 V+N 为述宾式之可能,歧义消除,V+N 成为一个定中式的术语。例如,"停机/指令"这个术语,动词"停机"是一个不及物动词,不可能再带宾语,排除了名词"指令"为宾语之可能,"停机"是定语,"指令"是宾语,其句法功能为定中式。在大多数情况下,当动词 V 的构词方式是述宾型时,就不能带名词宾语。

可见,当用 V+N 这种词组类型结构来给术语命名时,要使术语不产生歧义的条件是：

1. N在语义上不能作V的宾语；

2. V是不及物动词，或V的构词方式是述宾型的。

这种条件与用NV+N来给术语命名的条件是类似的。

在术语标准化工作中，我们必须注意术语命名的语言学条件，才能保证术语命名的科学性。

在《中文科技术语的结构描述及潜在歧义》和本文中，我们对"潜在歧义论"作了简要的介绍，这是一种新提出的研究汉语科技术语的理论，这种理论经过GLOT-C中文术语数据库的检验，证明是可行的。我国著名物理学家钱三强教授指出，汉语科技术语的命名应该符合于汉语语法的特性。汉语语法究竟具有一些什么样的特性，在术语工作中如何来体现这些特性，这都是我国的现代术语学亟待解决的问题。我们希望，"潜在歧义论"的提出，对于这个问题的解决能起到抛砖引玉的作用。

"潜在歧义论"还为汉语词组型术语结构的自动分析提出了基本的理论和方法。由于汉语词组型术语的结构同时也反映了汉语一般词组的结构，而汉语一般词组的结构与汉语句子的结构又是十分类似的，"潜在歧义论"也可以推广到汉语句子结构的自动分析中去。因此，我们还希望，"潜在歧义论"也能给汉语句子的自动分析提供出一套新的理论和方法，从而对中文信息的计算机处理有所裨益。

参考文献

[1] 冯志伟《中文科技术语的结构描述及潜在歧义》，《中文信息学报》，1989(2)。

［2］冯志伟《物理语言学》,知识出版社,1987。

［3］冯志伟《现代语言学流派》,陕西人民出版社,1987。

［4］Feng Zhiwei, Analysis of Formation of Chinese Termsii Data Processing, FraunhoferGesellschaft, IAO, Stuttgart, 1988.

（原载于《中文信息学报》,1989 年第 3 期）

科技术语结合汉字汉语的一些问题

高景成

科技术语结合汉字汉语的一些问题里要考虑的主要原则是要重视科学性、国际性、民族性和通俗性，还要注意到约定俗成。这些原则的相互关系是复杂多样的，有时有些甚至是对立的矛盾，不易解决，但它们的关系又是辩证的，应全面地看问题，给以较好的解决。如火车、汽车、轮船等名称的科学性都不够，几十年前就有人说火车应改名汽车，汽车应改名电车，现在有电气化火车，那火车也可以改名电车。但这些名称都是通俗的、约定俗成的，深入人心，不容易改了。如果首先要求科学性，恐怕暂时也不好改，要等待创造条件，将来合适时，适当地改。又如译音不准确的外国国名，如西班牙、葡萄牙的"牙"应译作"加"（或"咖"、"嘎"），是由于闽南人翻译的，他们把"加"说成"牙"；又"孟买"应译"邦（或崩）拜（Bombay）"，也因闽南人把普通话的声母 m-读 b-。又普通事物如"沙发"应译"索发"，因上海人把"沙"说成 suo(so)，就把 sofa 译成"沙发"了。又如冰激凌 ice-cream，前边意译，后边音译；都成了习惯，不易改，改时要慎重。

我们研究科技术语的制定结合汉字汉语的问题，要重视研究汉字汉语的规律，特别要注意研究它们的发展规律，认识它们发展的方向、趋势。国际性同民族性发生矛盾时也要从长远考虑、从汉字汉语发展的趋势看问题。比如说我们主要发展多音节的术语，但有条件的、少数情况下还可有些单音节的术语作为发展中的过渡阶段，汉字汉语的发展趋向和术语的整个趋势仍是多音节化的。再如不管音译意译，我们都可采用双轨制，即在译名后，加括号注出原名的拼音写法，这也是有历史渊源的。几十年前的数、理、化、地理、外国历史课本和有些文学书、许多科技和社会科学书，就常在汉字译名后注出原文拼法，这也有利于科学化和国际化。

现在提四点个人体会。

一 科技术语尽可能多音节化

这是符合汉字汉语发展的趋向和科学化、国际化的。汉字汉语古代虽单音节化，但从古到今历史的发展趋势是多音节化，现在仍向多音节化发展。从历史上看来，语词越古越单音节化（例证详下）。

1. 这和一个音节的演变特点有关。秦代以前的古汉语一个音节的音头（声母）有许多塞辅音浊声母，还应有复辅音的声母，如"孔"音近窟窿，"瓠"音近葫芦，还有 st-、sp-等音头，与印欧语的英、法、德语相似；音节尾（韵母尾）有-m、-p、-t、-k 等，一个音节有许多种不同的结构，单音节词容易区别，所以语词可以单音节化。复辅音到汉代才逐渐消失。许多塞辅音浊声母和闭口韵(-m)及入声-p、-t、-k 等仍存在于江浙闽广方音里。但宋元以来的普通话里这些特别的声韵母就消失了。所以现代普通话北京语音的音节结构简单得多。声母约 21 个,韵母连带 i-、u-、ü-约 35 个。所以不同的音节才约 400 个,加声调区别也才约 1200 个,太少了;发展多音节词也是为了语音上区别的需要,到现在多音节词就大大发展了。

2. 社会发展,事物增多,语词需明确、准确、精确,多音词,即使主要是双(复)音词也比单音节词强得多。

3. 特别是专用名词术语,越是多音词越精确,较科学。

现看一些历史例证情况。

3300 年前商代甲骨文里主要是单音节词,真正双音节词很少。常用句如"王田(猎)向(地名,或'盂、宫'等),往来无(亡)灾","王(或'贞')旬无咎(田),""其牢兹用","侑(又)于父庚犬","其遘大风","兹御获鹿六"。其中一般都是单音词;"父庚"和"大风"是松散的词组,可不作双音词。《易经》里的《卦辞》和《爻辞》有些词语同甲骨文相同,也是商代的,文献里说是周文王所作,正是商末。如丰卦"虽旬无咎","既济"卦"高宗伐鬼方",乾、需、师、比等卦辞里都有"无咎",贲、剥等卦里有"无尤",恒、萃里有"悔亡",即"无悔",咸卦等有"往来",坤卦等有"王事",其他有"吉"、"利"字的很多,都和甲骨文相合。

商代是奴隶社会,畜牧业和农业较发达。不只马、牛、羊、鸡、犬、豕各有专字、单音词,就是对于不同的牲畜公母和不同牲畜的牢也各有专字,单字区别细微,说明畜牧业的单音词的丰富。如牡字写牛旁指公牛以外,还有写羊、豕、鹿等偏旁的,指公羊、公豕、公鹿;母牛写牝字以外,也还有写羊、豕、犬、马、虎等的,指母牛、母羊、母猪、母狗、母马、母老虎,等等。牢字也是偏旁写牛之外,还有写羊、写马的,牛牢可能就是大牢,羊牢是小牢,马牢即装马的牢①。这种区别细微的单音词,很像《尔雅·释畜》里面颜色有细小差别的马的不同的单音词。如它说:四条小腿都白的马叫驓,前右脚白的马叫启,前左脚白的马叫踦(qī),后右脚白的马叫骧,后左脚白的马叫馵(zhù)等;这里所举这类例组,大约只占《释畜》的1/5。《说文》第二篇上牛部里说两岁牛叫牬(èr),三岁牛叫犙(sān),四岁牛叫牭(sì)。《尔雅》的《释诂》等篇可能是周初写的,《释畜》可能是战国时写的;《说文》是东汉时写的;②不过可能保留了商、周时或更古的字、词。一个字即一个词,作为复杂、细微区别的概念的代表,是不容易的;这是我所看到的单字、单音词含义如此复杂细微区别的概念的最高峰。其产生的条件之一可能就是当时社会生产、生活、文化的水平不高,但商代已经是成熟的奴隶社会,文化水平已相当高了。如甲骨文的文字成熟,内容丰富,青铜器制作精美,艺术高超,种类繁多,所以可能是商代以前,甚至是原始社会时保留、流传下来的单音词。狩猎的对象也是单音词,如鹿、象、虎、兕(sì)等。中国最古的百科词典周代的《尔雅》和中国最古的字典汉代的《说文》还保留着。

甲骨文里饮酒、吃菜、饭和烹调的器具也是单音词,如鼎、鬲、俎、豆、簋(guǐ)、爵、角、觚(gū)、壶、卣(yǒu)等。农业作物等如

---

① 甲骨文、金文参看郭沫若《甲骨文字研究》和《两周金文辞大系图录考释》,科学出版社,1956年重印。陈梦家《殷虚卜辞综述》,科学出版社,1956年版。李孝定《甲骨文字集释》全8册,台湾"中央"研究院历史语言研究所,1970年出版。罗振玉《三代吉金文存》全3册,中华书局,1983年影印。拙作《殷虚书契前编》等释文,1941年等稿。

② 关于十三经的参看《白文十三经》,上海古籍出版社,1986年影印;《十三经注疏》上下两册,中华书局1980年影印;《经典释文》,上海古籍出版社,1985年影印;清代阮元、王先谦《清经解·清经解续编》12册,上海书店,1988年影印。关于《说文》,参看清代陈昌治刻本许慎《说文解字》,中华书局,1977年影印;《说文解字段注》,成都古籍书店,1981年影印;《说文解字诂林》全20册,中华书局,1988年影印。

禾、麦、黍、粟以及米、耒等也都是单音词。亲属称谓祖（且）、妣（匕）、父、母、妇、兄、子等，人名王亥、王恒、季、土、侯虎、小臣丑咸等，贞卜人名壳、喜、宾、永等，官名臣、尹、射、卫、工等，地名商、亳（bó）、洹（yuán或huán）、盂、召（shào）、雍等，天文历法日、月、星、云、风、雨、启（晴义）、山、水、干支（甲、乙、子、丑等）、旦、夕、昃、祀（年）等，常用的、主要的都是单音词。

一部分两字相连的词组，结合不是紧密的，或不算双音词；如祖甲、父乙、母丙、小臣、多尹、东吏、西吏。地名单字前加东、西方位字或上、下等单字，或后加京、邑、阜、泉等单字的，国名单字后加方（邦）字，如土方、邛（qióng）方、鬼方、邢（井）方等，好像现在说美国、英国、法国等；结构松散、自由，当时可能不算双音词。

甲骨文里有些特殊写法，不知是否把几个字算作一个多音词。即甲骨文刻写一般直行，但偶有亲属称谓连单名横着合写的，如 即祖（且）甲（十），即祖乙；还有"几月"连写的，如 即八月， 即三月， 是十二月（字形参考孙海波《甲骨文编》，中华书局，1965年版）。

总之，它们应不算是真正的多音词。

西周开始以后，多（双）音词明显增多。如周初青铜器《大丰簋》铭文除松散自由结合的"大丰、四方、天室"外，有文王（和武王也合称"文武"），不（丕）显；周代中期《大克鼎》文有"穆穆、文祖、忽襄（冲让）、宁静、淑哲、恭保"等，这时复音词"天子"也出现；文献里《书经·大诰》有"多邦、御事、无疆、天命、小子、前人"等；《诗经·大雅·文王》有"旧邦、有周、不显、陟（升）降、左右、翼翼、济济、穆穆"等不少多（双）音词；西周中期《颂鼎》晚期、《毛公鼎》、《虢季子白盘》、《诗经·小雅·鹿鸣》等更多。不过这时仍以单音词为主。

273

西周时期虽复(双)音词渐多,但钟、鼎金文常有韵,还有古诗里双音词是多些,散文如《书经》里《大诰》、《酒诰》等则较少。

春秋以后,金文、韵文和《诗经》里双音词相当多。如《黄帝内经·素问》是中医医学书,文体近骈(pián)文,对偶句多,近韵文;有"天真、调神、真言、秘典、阴阳、离合、六节、五藏(脏)、生成、气象、精微、血气、脉络、肠胃、清浊"等诸多双音词。《诗经·周南·关雎》则双音词更多;如"关关、雎鸠、窈窕、(苗条)、淑女、君子、参差、左右、寤寐、辗转、反侧、琴瑟、钟鼓",约占全诗一半。春秋时的散文里双音词就少得多。如《左传·隐公元年》郑伯克段于鄢一段,约550字,除"郑武公、庄公、武姜、姜氏、共叔段、祭仲、颖考叔、廪延"等人名地名外,双音词只"滋蔓、蔓草、黄泉、小人、融融、泄泄"等10个左右。如《论语》里双音词更少。开头《学而》篇的一段,"子曰:'学而时习之,不亦说(悦)乎?有朋自远方来,不亦乐乎?人不知而不愠(yùn),不亦君子乎?'"只"远方"和"君子"可算两个双音词。左丘明《国语》和《左传》、《论语》相似。

春秋战国间金文韵文较多,双音词也较多。从略。

战国里现举《楚辞·离骚》作例。《离骚》开头的两段只105字,双音词有"高阳、苗裔、皇考、伯庸、摄提、孟陬、庚寅、皇览、初度、嘉名、正则、灵均、内美、修能、江离、辟芷、秋兰、年岁、木兰、宿莽",有40字,约占2/5。[①]

《战国策》是散文,和《左传》等近似,双音词少。[②]

我国古代医学书是个丰富的宝藏,明代李时珍《本草纲目》引

[①] 参看清代蒋骥《山带阁楚辞》,上海古籍出版社,1984年版。
[②] 参看清代吴楚材等《古文观止》,中华书局,1981年版。

古书277种,主要是从战国到明代的书籍。①

现看谷部目从胡麻以下73种中单字的单音词只19种,只约1/4。许多从古以来就是单音词,如黍、粱、粟、酒已见于甲骨文,麦、豆[古用尗(术)字]等都成为复音词。至于菜(瓜类)部、果部、木部等里单、复音词比例大致和谷部内的比例相近。里面许多单音词商周时甲骨文、金文等已有,如麻、饼、稻、粥、(糟)糠(康)、酱、韭、瓜、李、杏、桃、栗(枣、梨见周代等古书),柏、桐、柳、桑等,特别是《说文》和古文献里保存秦代以前单字单音词更多。另外如盐碱(硷)等也是从古有之的。但也有个别单字或单音词是后来产生的,除去改名的不算,如"豆"原叫"尗","醋"原叫"醯(xī)","糖"本作"餹","糕"本作"餻"都见于西汉时代扬雄《方言》,本作"饧",见西汉《急就章》;如粽,见于宋代初年的《说文新附》。总之,科技术语越到近代、现代,在汉语里是复音词越多。②

汉代到唐代初年和春秋战国间语文有近似处。即韵文、赋、骈文里双音词特多,散文里特少,特别中唐以后韩愈、柳宗元提倡所谓"古文",学《书经》、《左传》、《史记》等,把四字六字的语词对偶都删去,双音词特少。

现只举唐初王勃《滕王阁序》为例,如故郡、新府、三江、五湖、蛮荆、瓯越、物华、天宝、龙光、牛斗、人杰、地灵、星驰、台隍、夷夏、宾主(东南)、都督(阎公)、雅望、棨戟(宇文)、(新州)懿范、襜帷(十旬)、休暇、胜友、千里、逢迎、高朋、满座、腾蛟、起凤(孟学士)、词宗、紫电、青霜(王将军)、武库、家君(名区)、童子、何知、躬逢、胜

---

① 参看李时珍《本草纲目》,人民卫生出版社,1979年版。
② 参看《辞海》合订本,中华书局,1948年再版。又1979年版,上海辞书出版社,1980年版。

饯"这些双音词,只在一段 148 个字 30 句话里;差不多 50 多个双音词,占字数的 2/3,每句话将近有两个双音词。就因这篇是赋、骈文对偶的关系。①

韩、柳提倡"古文"、"复古",叫"文起八代之衰",就是反对汉魏六朝的诗赋骈文,也反对双音词。韩、柳文章尽是单音词,学《书经》、《左传》、《史记》等,这种文件一直到清代末年,基本上到了"五四"运动前。

但是另一条路线,不走"古文",而走"白话",那就是唐代、宋代的小说、"语录"等,因为是极接近口语,语言音节简化,所以双音词就多了。

比如宋代刊本《大唐三藏取经诗话》(见刘复等编《宋元以来俗字谱》书前影印的一页,文字改革出版社,1957 年翻印)的一页里,约 150 字,但有 20 几个字看不清,约有"行程、行者、当日、起行、法师、谨慎、已(以)来、白衣、秀才、正东、和尚、万福、西天、取经、合掌、贫僧、奉敕、东土、众生、佛教、生前、遭难、此廻(回)、如何、(得知)"约 24 或 25 个双音词,可能占 1/3 左右。

元代《水浒传》"武松打虎"一小段里[1],复音词有"那个、大虫、地下、和身、半空(里)、下来、冷汗、那时、扑来、背后、前爪、腰胯、起来、一边、半天里、起个、霹雳、山冈、铁棒、虎尾、倒竖、原来、只是、提不着、气性、先自、没了、一半、一声、翻身、回来、双手、抡起、哨棒、平生、气力、下来、听得、簌簌地、那树、劈脸、定睛、枯树、那条、两截、一半、手里"47 个,另外还有 10 来个重复的。这一段约 300 来字,即复音词占 1/3 还多些。

---

① 参看清代吴楚材等《古文观止》,中华书局,1981 年版。

明代《薛仁贵跨海征东白袍记》第1页(见《俗字谱》开头影印)有"新刻、出像、音注、薛仁贵、跨海、征东、白袍、上卷、金陵、书坊、富春堂、开场、西江(月)、一段、新奇、故事、羽省、驰名、腹中、正是、华筵、四座、惊动、五灵神、一本、传奇、诸人、君臣、夫妇、今日、般(搬)演、一回、般(搬)动、(沁园春)、昔日、仁贵、博览、古今、父母、柳氏、招赘、美满、和谐、不料、高(补)丽(国)、葛苏文、机谋、刺诗、辱骂、唐君、苦练、辽兵、(不听)、梦中、详论、举鼎、功勋、朝廷、黄榜、军(兵)卒、(张)仕贵、奸心、毒意、忠良、埋藏、营中、察(查)探、原因、白袍(将)、刀鞭、(定)输赢"。几乎都是多(双)音词,约占80%-90%。

清代《红楼梦》第三回[2]有"黛玉、一一的、答应(着)、忽见、一个、丫鬟、老太太、那里、晚饭、王夫人、携了、黛玉、后房门、后廊、往西、角门、一条、南北、甬路、南边、倒座、小小、抱厦厅、北边、立着、一个、粉油、影壁、一个、半大门、小小、一所、房屋、王夫人、笑指、黛玉、这是、凤姐姐、屋子、回来、(往)这里、找(他)去、什么、东西、只管、就是(了)、这院、门上、几个、总角、小厮、垂手、侍立"。几乎句句都有几个多(双)音词,比《白袍记》还多,在文字里约占90%左右或以上。

清代雍正、乾隆年间刊的《儿女英雄传评话》第四回中一段复(双)音词带虚词尾及词组的有"女子、说道、这块、石头、(何)至于、闹的、这等、马仰( )人翻、张三、手里、拿着、镢头、看了( )、一眼、接口、怎么、(这)家伙、这么、问(得)动、打谅、顽儿、女子、跟前、那块、端向(了)端相……"每句中尽是复音词,比《红楼梦》还多,约90%以上[3]。这几乎是现代普通话的最后来源,极接近于口语。

"五四"运动以来的白话文,则是现代书面上的普通话了。

277

如鲁迅在1925年写的《论"费厄泼赖(fair play)"应该缓行》里的一段有复音词"听说、刚勇的、拳师、已经、倒地的、敌手、(实)足使、我们、楷模、以为、尚须、附加、敌手、斗士、之后、自愧( )自悔、尚须、堂皇地、报复、当然、无不可……"[4]比"五四"以前所占分量更大。

毛泽东同志《矛盾论》第一段说:"事物的矛盾法则,即对立统一的法则,是唯物辩证法的最根本的法则。列宁说:'就本来的意义讲,辩证法是研究对象的本质自身中的矛盾'。列宁常称这个法则为辩证法的本质,又称之为辩证法的核心。因此,我们在研究这个法则时,不得不涉及广泛的方面,不得不涉及许多的哲学问题。如果我们将这些问题都弄清楚了,我们就在根本上懂得了唯物辩证法。……"(见《毛泽东著作选读》上册137页,人民出版社,1986年版。)又如他在1963年9月写的《把我国建设成为社会主义的现代化强国》第一段:"我国从19世纪40年代起,到20世纪40年代中期,共105年的时间,全世界几乎一切大中小帝国主义国家都侵略过我国,都打过我们,除了最后一次,即抗日战争,由于国内外各种原因以日本帝国主义投降告终以外,没有一次战争不是以我国失败、签订丧权辱国条约而告终。……"(《毛泽东著作选读》下册848页。)

《矛盾论》是哲学理论研究的文章,术语多,复(双、多)音词极多;《建成社会主义现代化强国》这篇文章是政论的,复音词也不少。这都是现代的和当代的白话文的典范。

由此可以看出,我们汉语里越古单音词越多,越到后来,到现在,复(双、多)音词越多。现在发展复音词,就符合汉语语词发展的趋势。虽然宇宙间事物发展不平衡,不能笔直,如解放前旧社会书报里古汉语化单音词"兹、闻、此、云、之、乎、者、也"还不少,所谓"公文"里"等、因、奉、此"成一套,而解放区书报则是白话化。

现代汉语里多音词常占大多数。蔬菜水果里如萝卜、胡萝卜、白菜、菠菜、白薯、芋头、香蕉、苹果、橘子等,有些是外国出产而我国译音的,如葡萄,来源于古波斯语 budaw,《史记》写作"蒲陶",《汉书》写作"蒲桃",后造专用字"葡萄"。萝卜、菠萝等也是音译。萝卜《尔雅·释草》作"芦菔",中古语音转为"莱菔",近代转为"萝卜"。清代郝懿行《尔雅义疏》、明代李时珍《本草纲目》都这样说(见《清经解》卷1270,318页中栏第7册《尔雅义疏·释草》,上海书店,1988年影印本;又李时珍《本草纲目》第3册1615页菜部26卷"莱菔"条,人民卫生出版社,1979年出版)。还有汉语单音词转变为复音词的,如先秦古书"瓠"转为"壶卢",又写作葫芦。也见《本草纲目·菜部28卷》第3册1692页。这也好像先秦以来的"孔",近代以后变为"窟窿"。这都像两个字给一个字拼音似的,不过上古时可能有复辅音,后世变为多音词。

现代普通话里的多音词常常增加词尾虚词。名词多加"子"、"头"、"儿"等,如屋子、桌子、石头、砖头、末儿(粉末)、垫儿等;动词加"着",如"走着"、"写着",又加"上来"、"下去"等,如"走上来"、"走下去"等;形容词、副词加"的"、"地"等。

个别词组把双音词压缩成了单音词;如"机器"在"录音机、电视机"里压缩成"机";"氧气"在"氧化铁"、"氧化铝"里压缩成"氧",这有些像"体制改革"说"体改","瓦特"说"瓦",免得名称太长,不方便;所以"电子计算机"有说"电算机",也有说"计算机"的。这是在特定条件之下,主要是在词组之内。氧、氢、氮等在清代末年还意译作"养气、轻气、淡气"等,氧、氢、氮等是从意译里造出来的。

二 以音译为主,意译附括号注原文拼音,逐渐过渡到音译

音译好处是较准确,科学性强,也是名从主人,国际性强;便于科学化、国际化。还有更大的好处是快速,能最大限度地吸收新的外来词汇,现在国际上每年新术语以几十万计。周有光同志在研讨会上《漫谈科技术语的民族化和国际化》的文章里,指出日本国现在快速吸收外来术语就是音译,不然按意义翻译赶不上。缺点就是暂时不懂,习惯了慢慢掌握。

我国术语先音译后改意译的不少。清代末年说"德律风"telephone,后改"电话","五四"运动时讲 democracy 和 science,后改民主与科学。学英语说"仆役 boy",后改"服务员"。打球、踢球说 pass 后说传递。现在莱塞 laser 译"激光",盘尼西林译青霉素,维他命译维生素。这样容易理解。但权衡利弊,仍是音译较好。意译可暂时附注原文拼音,适当过渡到音译。

音译中特别是许多人地名已很习惯,而且家喻户晓。如马克思、恩格斯、列宁、牛顿、瓦特、爱迪生、莫斯科、华盛顿、纽约、伦敦、巴黎等,好多人都熟悉会说。

其实音译,三千年来不断有之。如西周青铜器《虢季子白盘》有"玁狁",《诗经·大雅·六月》也有。春秋《左传·定公四年》等有"勾践、阖庐、夫概、夫差"等。《尔雅·释天》干支的甲说阏逢、乙说旃蒙、丙说柔兆……子说困敦、丑说赤奋若、寅说摄提格等。郭沫若同志《甲骨文字研究·释干支》讲是从古代巴比伦星座译音而

来。《释地》有昭余祁、医无闾、珣玗琪、昆仑虚、邛邛岠(巨)虚等。西汉《史记·匈奴传》、《汉书》也有，匈奴即后来被汉武帝赶出中国，到中欧成立的匈牙利帝国。始祖名"淳维"，有马名"駃騠[jué tí]"、"騊駼[táo tú]"，王叫单[chán]于，太子叫冒顿，妻后叫阏氏[yán zhí]，还有左右谷[lù]蠡王等等。又有《朝鲜传》。朝鲜国传在《后汉书》叫《高勾骊传》，后来叫高丽，都是音译名称。少数民族各种名称音译的很多，姓氏如拓跋、慕容、乞伏、秃发(髪)、赫连等[5]。唐代，光佛经音译的就极多，如阿弥(无烦恼)、南无(nā mó 敬礼)、波罗密(到彼岸)、涅盘(槃)(灭度)等。唐宋以后，海运大通，音译更多，不胜举例。[6]

这些音译词，在汉语里一般是多(双)音词。

实际上各国各民族的语言里都有外国外族语里的词。不只我们汉语里有外来词，外语里也有汉语的词(当然更不只国内少数民族语了)。如"茶"在英(包美国)、法、德、西、俄语里都有。英语、法语作 tea，德语作 tee，西班牙语作 té，日语作 tya，都是"茶"的古代汉语语音，俄语作 чай 是近代汉语语音。其他如"丝"，英语作 silk，是古代汉语语音，或再有变音。"纸"日语 kami，沈兼士先生说是古汉语"简"的变音，也是义通换读[7]。

三 选用通用汉字，不用生僻字和新造汉字

十年前国家标准局规定哩、呎、吋是不规范的，要使用英里、英尺、英寸等，这是正确的。国家现在各方面都要求规范化、标准化，对于汉字的字形要求标准，对字音、字数也都要求标准，国家技术监督局的做法是正确的。汉字本身的规律和规范是一字一音，呎、

时等是一形两音,是不规范的,过去如"囶"读作图书馆三个音,是不规范的,到现在也没成为正式的文字。1985年后,我们讨论过化学元素字106至109号的可不造字,也是正确的。又如动物名称"鸸鹋"(emu)是澳洲一种像驼鸟的动物,是当地语言的名称。也可考虑改译,如"而苗"等。汉字本来有这两个字,古书用鸸于鹓鸸,指燕子,见《庄子·山木》,鹋是另一种鸟名,见《玉篇》,都与今义不同。

四 有些原造字或原用字的字形或读音复杂难记,难学难用,可以考虑修订

这类例子如氨、铵、胺分阴平、上、去三种声调;氰、阳平,读"晴",腈读"精",不读"晴"。有些化学专家和教师记不住,更不用说学生。氨等三字可否都读阴平,它们在书面上字形已经有区别,说话时有上下文也可区别(过去实际上已如此了)。过去锡在《普通话异词审音表》规定读阴平,但后来硒也读阴平,不能区别;1985年后曾建议普通话审音委员会把锡改读阳平,以便区别。但审音会对专名尚未多作审定。我个人考虑,如仿氨三字例,暂时不区别两字同音也可以。

参考文献

[1]《水浒全传》,人民出版社,1973年重印本,23回,273-274页。
[2]《红楼梦》,人民文学出版社,1973年第4版,23页,末段。
[3][4]《儿女英雄传评话》见鲁迅《中国小说史略》,人民文学出版社,1975年版,239→241页。又《论"费厄泼赖(fair play)"应该缓行》,见鲁迅《坟》,223页,人民文学出版社,1973年版。

[5][6]《史记》、《汉书》等见《二十五史》全 12 册,上海古籍出版社,上海书店,1986 年影印。

[7]见《沈兼士学术论文集·汉字义读法之一例》,中华书局,1985 年版。

(原载于《自然科学术语研究》,1991 年第 2 期)

我国化学物质命名中的汉字探讨

王宝瑄

化学名词包括化学物质名称和化学术语两个方面。这一点与生物学有类似之处,较之其他科学,则有区别。

中国最早出版与化学有关的译著,当推《化学入门》(1868)、《化学鉴原》(1871)等,其中就出现了大量化学译名。

1918 年成立的科学名词审查会和 1928 年大学院设立的译名统一委员会,开始名词审定和统一工作。1932 年公布的《化学命名原则》是第一部较为系统的化学命名文件。后又经过半个多世纪的增补和修订,逐步完善,才达到目前的情况。

化学术语一般使用已有汉字制定的名词就能确切反映出概念的内涵,而化学物质名称(包括元素名称和化合物名称),因为是新的事物,不完全能用已有的词汇表达,所以在化学物质命名中创用了近 200 个新字。现就中国化学物质命名中使用的新汉字问题作初步探讨。

一 元素用字

元素名称是组成化学物质名称的基本单元。所以元素名称的制定显得特别重要。现在中国使用的汉语元素名称有 111

个,这些元素名称都是单音节词,概括起来可以分为以下几种情况:

(一)有些名称在中国古代已有,沿用下来的如:

金(Au)、银(Ag)、铜(Cu)、铁(Fe)、锡(Sn)、硫(S)等。

(二)元素名称的制定方法:

早在1932年公布的《化学命名原则》(以下简称《原则》)中就规定了:元素定名取字,应依一定系统,以便区别,而免混淆。所取之字,必须便于书写,在可能范围内,应以选用较少笔画,并避免三文(即三个独立偏旁)并列之字为原则。所取之字须便于读音。对已有的名称,可用者,尽量采用。旧名有两种以上的应根据上列原则选取。这些原则总结了多年来订名的经验,切实可行,因此所制定的绝大部分元素名称一直沿用至今。

1932年《原则》对造化学新字还作了一些具体规定:元素名称用一个字表示,在取字时与国际通用名称相应,以谐声为主,会意次之。并且规定元素单质在普通情况下为气态者,偏旁从气;液态者从水;固态的金属元素从金;固态的非金属元素从石。

谐声字:氦(He)、氖(Ne)、氩(Ar)、氪(Kr)、氙(Xe)、氡(Rn)……为气态均从气。

锂(Li)、钠(Na)、钾(K)、铷(Rb)、铯(Cs)、钫(Fr)……为金属元素均从金。

砷(As)、硒(Se)、碲(Te)……为非金属元素均从石。

会意字就是取意造字,氢、氯、氧、氮……就属于此类。

"氢"曾名为"轻气",因为它是最轻的气体,改为单个字时,将轻字的偏旁去掉加气字头;"氯"曾名为"绿气",因其单质状态是绿色的气体,故把绿字的偏旁去掉加气字头;"氮"源出自淡,表示把空气中氧冲淡了,故把淡字去偏旁加气字头;"溴"带水旁表示其单质为液态,溴单质有恶臭味,故将臭加水旁而会意。

另外,还有些谐声字如:钌(Ru)、钫(Fr)、铋(Bi)、钯(Pd)、钐(Sm)……这些字在古字里均可以找到。"钌"在古代指金饰器,"钐"指大铲,"钯"指箭镞,"钫"指量器,"铋"指矛柄。但作为元素用字,它们都失去了原有的意义,而作为化学新字存在。根据《原则》规定假借之字,得定新音。

(三) 从1932年《原则》公布到现在,已半个多世纪了。但元素名称的订名改动不大。历次公布的《原则》因订名有循,故对新发现的元素都遵守定名原则制定了名称。

1944年《原则》(增订本)共包括92种元素名称,其中91号元素名称定名为"镤"(Pa),85号元素名称暂定为"硸"(alabamum, Ab),87号元素名称暂定为"铈"(virginium, Vi)。修改的名称有:64号元素"鉫"改为"钆"(Gd),86号元素名称"氩"改为"氡"(Rn)。这两处修改在原文件上没有说明,可能是为了减少笔画吧。

1951年《原则》共包括98种元素名称,新增的元素及其名称有:93号元素"镎"(Np)、94号元素"钚"(Pu)、95号元素"镅"(Am)、96号元素"锔"(Cm)、97号元素"锫"(Bk)、98号元素"锎"(Cf)。修改的元素名称有5个。这次修改是因为国际上修订了这些元素的名称。43、61、85、87号元素修订的原因是原发现人的工作并不可靠,其后这4种元素均在核反应中获得,故重新定名。新旧名称见表1:

表1 4种修改元素的新旧名称

原子序号	中文名称 新名	中文名称 旧名	英文名称 新名	英文名称 旧名
43	锝	鎷	technetium(Tc)	masurium(Ma)
61	钷	鉫	promethium(Pm)	illinium(Il)
85	砹	𥧂	astatine(At)	alabamine(Ab)
87	钫	锗	franeium(Fr)	virginium(Vi)

1953年《原则》(修订本)共包括98种元素名称,对1951年《原则》中的元素名称没有增改,只是根据国际上对元素符号的变更,将39号元素"钇"的元素符号"Yt"改为"Y",69号元素"铥"的元素符号"Tu"改为"Tm"。

1955年《原则》共包括102种元素名称,新增的名称有:99号元素名称"锿"(Es)、100号元素名称"镄"(Fm)、101号元素名称"钔"(Md)、102号元素名称"锘"(No)。为避免元素名称的同音混淆,将14号元素名称"矽"(读音 xī)改为"硅"(读音 guī),避免了与50号元素名称"锡"和34号元素名称"硒"重音。另一个更改是将71号元素名称"镏"(读音 liú)改为"镥"(读音 lǔ),这一更改有两方面好处,既避免了与16号元素名称"硫"重音,又与日常用字区别,镏字本义即有镏金镀金法之意,又可与戒指的方言"镏子"区别开来。

1980年《原则》中元素名称增至107个。新增的元素名称有:103号元素名称"铹"(Lr)、104号元素名称"钅卢"(Rf)、105号元素名称"𨧀"(Ha)。106号元素和107号元素未订名。

1984年《原则》共包括元素名称109个(其中108号元素名称缺),106号、107号、109号元素名称无中文单字命名。使用"10×号元素"表示,元素符号用Unh(106号)、Uns(107号)、Une(109

号)表示。为什么要这样定名呢？103号以前的英文名称都是经依据国际纯粹与应用化学联合会(以下简称:IUPAC)推荐的名称,国际上并无争议。从1971年以来,IUPAC曾多次开会讨论,均未能确定统一的英文名称,出现了混乱。1977年8月IUPAC正式宣布100号以后的元素名称,终止使用以人名、国名、地名和机构名等来制定新元素的名称,英文名称采用拉丁文和希腊文混合数字词头加词尾-ium来命名,元素符号采用三个字母来表示,以区别以往元素采用的一个或两个字母的方法,具体办法是:0＝nil、1＝un、2＝bi、3＝tri、4＝quad、5＝pent、6＝hex、7＝sept、8＝oct、9＝enn,并规定新元素不论是金属还是非金属,在数字词头后均加词尾-ium,如:104号元素名称为unnilquadium,元素符号为Unq。想从根本上解决命名的分歧。我国中也只从106号以后元素采用了IUPAC的建议。中文定名为"10×号元素"。

　　IUPAC 1997年8月27日发表正式文件,仍以科学家人名和发现该元素的科研机构所在地命名新元素名称,对101—109号元素重新定名。1998年,全国科学技术名词审定委员会(以下简称全国科技名词委)公布了101—109号元素的中文名称(见表2)。

表2　101—109号元素名称表

原子序数	英文名称	符号	中文名称	读音	同音字例
101	mendelevium	Md	钔	mén	门
102	nobelium	No	锘	nuò	诺
103	lawrencium	Lr	铹	láo	劳
104	rutherfordium	Rf	𬬻	lú	卢
105	dubnium	Db	𬭊	dù	杜

续表

原子序数	英文名称	符号	中文名称	读音	同音字例
106	seaborgium	Sg	𨭎	xǐ	喜
107	bohrium	Bh	𨨏	bō	波
108	hassium	Hs	𨭆	hēi	黑
109	meitnerium	Mt	䥑	mài	麦

IUPAC 2003 年 8 月 16 日对第 110 号元素正式确定的英文名称。2004 年,全国科技名词委公布了 110 号元素的中文名称(见表 3)。

表3　110 号元素名称

原子序数	英文名称	符号	中文名称	读音	同音字例
110	darmstadtium	Ds	𫟼	dá	达

IUPAC 2004 年对第 111 号元素正式确定的英文名称。2007 年,全国科技名词委公布了 111 号元素的中文名称(见表 4)。

表4　111 号元素名称

原子序数	英文名称	符号	中文名称	读音	同音字例
111	roentgenium	Rg	𫟷	lún	伦

二　根词用字

为了把化学物质名称制定得科学、系统,中国化学家们根据学科的概念体系,为各类化合物的母体制定了一套根词,并参考国际通用名称,选取其部分音节或谐声或会意或两者兼顾。使制定出来的名称既符合我国的汉语习惯,又与国际通用名称产生某种有机的联系，所造之字，字形简洁，偏旁会意，使用起来非常方便。

（一）为了简化化合物的名称，中国化学家们给最常用的化学基团创用了一些切音新字。如：

"羟"（读枪）表示"氢氧基"；"羰"（读汤）表示"碳氧基"；"烃"（读听）表示"碳氢化合物"；"羧"（读梭）表示"含氧酸基"；"巯"（读球）表示"氢硫基"。括号中的读音均为切音读法，如：碳氧切读汤，氢硫切读球。

（二）有机化学中采用会意法造字的类名。如：

（1）链烃中根据化学链的饱和程度分别用"烷"（读完）表示化合价完足之意，"烯"（读希）、"炔"（读缺）表示化合价稀少或缺乏之意。烯中含有双键，炔中含有三键。它们都用火字作为偏旁以表示属链烃之类名。

（2）有机含氧化合物的类名，以酉旁表示，会意者居多。

醇(alcohol)、醛(aldehyde)、酮(ketone)、醚(ether)、酯(ester)、酐(anhydride)、酚(phenol)、醌(quinone)。

其中醛、酮为假借字，"醛"原义为酒味变，"酮"原义为酒欲酢也，作为化学新字分别表示醇的一级和二级氧化物。"酚"、"醌"二字会意兼谐声。

（3）含氮化合物的类名，以月字旁表示，多为谐音。

胺(amine)读安、肼(hydrazine)读井、脒(amidine)读米、胍(guanidine)读瓜、肟(oxime)读握、腈(nitrile)读睛、胩(carbylamine)读卡、脲(urea)读尿。

其中腈和脲为会意字。

（4）氮族元素的烃化物

磷、砷、锑同属氮族，它们的氢化物中的氢原子被烃基取代而生成的化合物与胺类似,所以也从月旁。

膦(phosphine)读吝、胂(arsine)读慎、䏡(stibine)读涕。均为会意字。

(5) 非金属有机四价根,有类似金属的性质,故其名称以金字旁表示。

铵(ammonium)读俺、锡（selenium）读喜、锍(sulfonium)读柳、锑(tellurium)读底、钟（arsonium）读神、鏻（phosphonium）读吝、䥽(hydrazonium)读镜。均为会意字。

(6) 芳香环烃的母核特定名称所创新字均加草头,读谐声。

苯(benzene)读本、萘（naphthalene）读奈、蒽（anthracene）读恩、菲(phenanthrene)读非、茚（indene）读印、薁（azulene）读奥、苊(acenaphthene)读厄、芴（fluorene）读勿、芘（pyrene）读比、苉(picene)读匹、茈(perylene)读北……。

(7) 杂环母核的特定名称,所创新字一般加口旁,谐声,读半边音。

噻吩(thiophene)、呋喃（furan）、吡喃（pyran）、吡咯（pyrrole）、咪唑（imidazole）、吡唑（pyrazole）、吡啶（pyridine）、吡嗪（pyrazi-ue)、嘧啶（pyrimidine）、哒嗪（pyridazine）、吲哚（indole）、嘌呤（pu-rine)、喹啉（quinoline）、蝶啶（pteridine）、咔唑（carbazole）、菲啶(phenanthridine)、咔啶（perimidine）、吩嗪（phenazine）……。

以上例子中"吡咯"读"比洛","嘌呤"习惯读为"漂玲"。"蝶啶"和"菲啶"中第一个字均没有口旁,是个特例。

(8) 象形字。

在 1932 年《原则》中规定不重象形的原则是完全正确的,通过半个世纪的实践证明象形字,不易被使用者接受。50 年代化学创用的"畾"字(读灾),"畾"的造字法是下面的田字代表四个环,上面的三个角代表环上有三个支链,这个字造字用心良苦,虽在化学中得到推广,但因其字形怪异读音困难,一直未被其他学科接受。后又根据象形法造了一个代表有四个环的化合物"䂂"(读雷)就没有能推广开来。

三 海峡两岸化学用字差异

台湾海峡两岸生活着同根同源的炎黄子孙,由同样的文化传统所造就。两岸同行们应当互相交流,研讨协调两岸科技名词,现将见到的化学用字的差异列举如下:

元素用字

原子序号	符 号	大 陆	台湾地区
43	Te	锝	鎝
71	Lu	镥	鎦
85	At	砹	砈
87	Fr	钫	鍅
93	Np	镎	錼
94	Pu	钚	鈽
95	Am	镅	鋂
97	Bk	锫	鉳
98	Cf	锎	鉲
99	Es	锿	鑀

根词用字

英文	大陆	台湾地区
arginyl	精氨酰基	筋胺醯基

chromanyl	苯并二氢吡喃基	㙡基
cresoxy	甲苯氧基	茚氧基
epoxy	环氧基	䎃基
fenchyl	葑基	莇基
fluorenyl	芴基	茀基
morpholinyl	吗啉基	吗福啉基
oxazinyl	噁嗪基	䎃䁔基
perimidinyl	咕啶基	呾啶基
phenazinyl	吩嗪基	啡𠯗基
phthalazinyl	酞嗪基	呔𠯗基
pyridazinyl	哒嗪基	𠯗𠯗基
thuiyl	苧基	荽基
xanthenyl	咕吨基	屾基
xylyl	二甲苯基	茬基

由以上所列的名称可以看出,两岸在制定新的化学用字时,使用的原则是相同的,但所用之谐声字不同,这主要是长期的隔绝,另外是汉语的文字词汇丰富,同一谐音字和同义近义字多,因而选字的余地就大,相信通过交流,共同切磋会达到共识,使海峡两岸学术交流渠道更通畅。

四 未来化学用字展望

(一)造字问题

1987年中国化学会组织修订1960年《原则》,提出三个修订原则:(1)尽量少造新字;(2)力求遵循习惯;(3)尽可能与国际习用的命名方法一致。实践证明使用上述三条原则修订的101～111号新元素名称,得到普遍的应用。今后再有新的元素仍可按此原则命名。

(二)化学根词用字中有两个问题

第一是化学新字读音问题,前面已谈到的,氨、胺、铵;氢、氰、腈;砷、胂、钟;磷、膦、鏻;肼、䏡等以往是按四声区别的,但日常使用中并未严格按此发音如:氨基、苯胺、氯化铵中氨、胺、铵均读为谐音"安"。但术语不仅需要写出来看得懂,还要念出来听得懂,以适应传声技术的时代要求。口念出来听不懂的术语,以及有同音混淆的术语,不再是理想的术语。因此对化学新字读音,今后还要认真研讨。第二对以后出现的一些化合物类名,仍存在音译和谐音造字问题,在选字时应严格按《原则》的规定,不用生避字和古怪字,订名时应考虑系统性,使化学命名更完美。

(原载于《自然科学术语研究》,1991年第2期)

汉语科技术语构词字数及
有关问题初步研究[*]

梁际翔

一 前言

长期以来,特别是近百年来,我国许多学者创立和翻译了大量科技术语。特别是新中国成立后,在党和政府的关怀下,许多有志于我国科技术语事业的科学家、翻译家、教育家、语言学家、编辑学家和术语学家,发扬前辈学者"一名之立,旬月踟躇"精神,为建立和完善我国科技术语事业,呕心沥血地继续创立、翻译和修订了大量科技术语,并对汉语科技术语领域进行了多方面的探讨,为建立中国汉字系统的科技术语学奠定了基础。

汉语科技术语的总数量,难能确切定出。因为它决定于统计的范围和深度,也由于随着科学技术的不断发展,新学科、新术语不断涌现,有些老的术语需要淘汰或更新,所以要确切计算出术语总数量是难以做到的。根据有的学者广泛收集和悉心研究的结果,现在汉语科技术语至少有 140 万条以上。这样庞大的科技术语群,其订名情况如何,统一与规范化如何,是个普遍关注的大问

---

[*] 原稿在写作过程中,吴凤鸣同志提出了宝贵意见,特此深致谢意。

题。因为它是国家发展科学技术所必需的基础条件之一,是关系到国内外学术交流、教育、科研、经贸、生产和国防等各方面的大问题。同时科技术语状况如何,也是国家科技发展的重要标志。

总的来看,我国科技术语虽已有自己的独立体系,并发挥着巨大作用,但人们也深深体会到我国有些科技术语还处于不统一,甚至是混乱状态,也发现不少科技术语的订名尚需进一步改善。不少学者对我国科技术语开展了多方面研究,如从科学概念内涵角度、从术语学角度、从语言学角度、从词源和历史角度开展的研究等。但从科技术语的构词字数角度来探讨汉语科技术语和改善它们,则未见系统研究。而这方面与审定我国科技术语使之规范和完善,有着密切关系。故笔者拟根据现代术语学,对汉语科技术语的构词字数及有关问题,作些探讨。本文仅先以《物理学名词》(基础物理学部分)[①]和《电子学名词》(征求意见稿的修改稿)[②]为例,对此进行初步研究。

二 统计与分析结果

1. 表1、表2分别列出《物理学名词》(基础物理学部分)和《电子学名词》(征求意见稿的修改稿)的术语构词字数及其百分率的统计结果。图1是它们的分布曲线。

2. 从图1我们可看到,两个学科汉语术语构词字数分布都有个极大值,而且均属4字术语,即4字术语最多(4音节术语最多)。它们占词条总数的百分率亦很相近,皆为30%左右(接近31%)。

[①] 物理学名词审定委员会,物理学名词(基础物理学部分),科学出版社,1989。
[②] 电子学名词审定委员会,电子学名词(征求意见稿的修改稿),(待审定公布、出版)。

3. 从基础物理学术语的分布曲线可见,曲线在字数较少半边的分布百分率明显地高于字数较多的半边,即由3、2、1字构成的术语明显多于由5、6、7或更多字构成的术语,就是说作为基础学科的物理学基础部分的术语,多为字数较少的术语,3字、2字的很多,1字的术语也不算很少。字数为7字、8字以上的术语的百分率,衰减很快,甚至只是个别的了。1至7字术语总和占术语总数的97.72%。

表1 《物理学名词》(基础物理学部分)术语构词字数状况

字数	数量(条)	百分率(%)	字数	数量(条)	百分率(%)
1	17	0.67	8	25	0.98
2	500	19.69	9	21	0.87
3	638	25.12	10	6	0.24
4	783	30.83	11	4	0.16
5	347	13.66	12	1	0.04
6	128	5.04	13	0	0
7	69	2.71	14	1	0.04

表2 《电子学名词》(征求意见稿的修改稿)术语构词字数状况

字数	数量(条)	百分率(%)	字数	数量(条)	百分率(%)
1	17	0.32	9	76	1.44
2	594	11.26	10	25	0.47
3	856	16.23	11	17	0.32
4	1633	30.96	12	4	0.08
5	1033	19.59	13	6	0.11
6	583	11.05	14	1	0.02
7	300	5.68	15	0	0
8	128	2.43	16	1	0.02

297

曲线1:《物理学名词》(基础物理学部分)
曲线2:《电子学名词》(征求意见稿的修改稿)

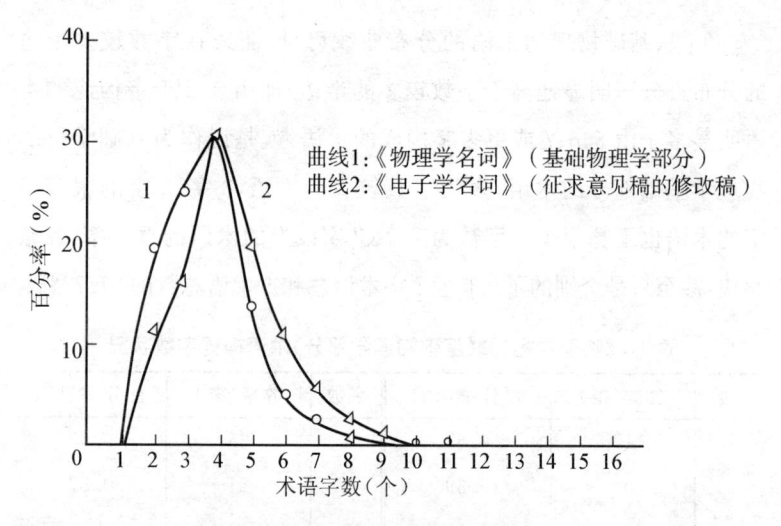

图1 术语构词字数分布曲线

4. 从电子学术语的分布曲线可见,4字术语两侧曲线几乎是对称分布,由3、2字构成的术语数差不多与由5、6字构成的术语数目相等。1字术语很少,7、8、9字术语不少,10字以上术语也有一定数目。1至7字术语总和占术语总数的95.09%。

5. 从"物理"和"电子"两条术语分布曲线的对照上可见,曲线的低字数一侧(少于4字),物理学名词的百分率比电子学名词的百分率高;在曲线的多字数一侧(多于4字),电子学名词的术语百分率比物理学名词的术语百分率高。就是说作为基础学科的物理学名词(基础物理学部分)比作为技术学科的电子学名词,术语构词简短,在术语的简明性方面颇具特色。而随着新技术术语的增加,术语的构词字数明显增多,这可能是目前新技术术语的一个特点(术语较长)。

三 讨论

1. 术语是概念的命名,是其语言符号。人类长期以来通过术语交流科技信息。虽然许多科学家、翻译家等学者为科技概念订名作了巨大贡献,但从现在我国科技界存在的大量术语中,还是可以看到有些术语是不尽妥善的。其中有的是一个概念出现多个术语;有的一个术语对应多个概念;也有的术语名不符其义。不少文献对此作了论述。全国自然科学名词审定委员会正在组织科技界各学科专家和术语学家全面进行科技术语的审定,使之达到统一和规范化。

一个好的汉语科技术语应具有科学性、系统性、单义性、简明性、汉语特性、国际性和科技语体特性;在审定现有科技术语时,还要考虑其现实性(约定俗成)和协调统一性。我在对《物理学名词》(基础物理学部分)和《电子学名词》进行调研时,看到不少经前辈和当代学者精心研究出来的术语是很符合术语的特性的,如衍射、阻尼、激光、电视等。但也有一部分术语我认为仍应进一步改进。

2. 从表1、表2和图1可见,这两个学科的基本术语中字数在7个字以上的还有不少,物理学名词(基础物理学部分)中有约2%,电子学名词中有约5%。其中有的术语长达14、15、16个字,甚至更多字(电子学中有的术语甚至有20字)。术语字数如此之多,有悖于术语的简明性,不利于口头和书面应用,对我国的科技术语体系也有不良影响。如在不影响术语的科学性、系统性、单义性、汉语特性和约定俗成等特性的前提下,适当使其简化,则应是所求的。

考察该二学科术语构词字数多的原因,可有如下几种:

(1) 用字不够简练。如:

自适应雷达(adaptive radar),可简化为"自适雷达";

直接检波式接收机(direct-detection reciver),可简化为"直检式接收机"。

(2) 含多人名术语,人名全部译出。如:

亥姆霍兹-拉格朗日定理(Helmholtz-Lagrange theorem),麦克斯韦-玻耳兹曼分布(Maxwell-Boltzmann distribution)。如分别简化为"亥-拉定理"(或 HL 定理)和"麦-玻分布"(或 MB 分布),人们用惯了的话,可起到表达该概念的同等作用,而比较简洁,在口头和书面应用上均比较方便。

(3) 表达过于详细。如:

场效应晶体管(field effect transistor),金属-氧化物-半导体场效应晶体管(metal-oxide-semicon-ductor field effect transistor),低压化学汽相淀积(low pressure chemical vapor deposition)。如它们分别订为"场效晶体管"、"MOS 场效晶体管"和"低压 CVD",则可使之简洁。当人们用习惯了,也可同样起到前面复杂表达的作用。在学术交流和书刊文献上用这些简化表达,很有好处(适当采用一些国际通用缩写词,还可改善汉语科技术语的国际性)。

3. 上面(2)、(3)两点中提出的术语简化方法,我认为它不单单是一般求得文字上的简练,而是跨上了一个订名术语的新台阶。术语的这个订名方法,可称之为合成法。它是以代表概念内涵的少数关键汉字或缩写词加上关键汉字构成术语的方法。著名的术语"激光",固然是根据其概念内涵订出的,但从某种意义上讲,也可看成是以合成法形成术语的典型代表。"激光"的英文全称是 light amplification by the stimulated emission of radiation，译成中文为"光受激辐射放大"或"激射光辐射放大"。后经钱学森先生订名为"激光"。这个订名既是其概念内涵的高明标示，也是上述全称的巧妙合成。类似的还有"崩越二极管"。它的英文名为 impact avalanche transit time diode，曾译为"碰撞雪崩渡越时间二极管"。后来将其订名为"崩越二极管"，这不仅仅是全名的简单简化，因为它省略了很多也带有一定意义的字，只取出少数几个关键字表达其概念，形成单义的独特的术语（有别于一般词汇）。这个术语的形成，实际上也是运用了合成法。

四　结语

因为术语是概念的语言符号，其符号属性决定它不应繁复，而要简明。所以在全面顾及科学性、系统性、单义性、汉语特性和约定俗成等特性之后能使汉语科技术语的构词字数减至最少，是改善汉语科技术语，使之更符合术语学，更便于运用，并使之达到规范与统一的重要问题。订名术语时，不能把术语与定义混为一体，有些术语在简明订名之外，可运用定义使人们对其有清晰了解。

对汉语科技术语构词字数的研究，有助于我们对我国汉语科技术语的全面了解，并有助于改进与完善汉语科技术语体系。

用合成法订名汉语科技术语，可适当运用于各个学科领域，可在改善汉语科技术语的简明性方面发挥作用。

（原载于《自然科学术语研究》，1991年第2期）

论术语创制中的结构选择

王吉辉

术语,可以分成形式上为一个词的单词型术语和形式上为一个词组的词组型术语。

一 单词型术语

从结构组成上看,不外乎以下几种情形。
1. 由单纯词构成
1) 单音节的 例如:"幂、群、熵、场、力、势、功、根、相"等。
2) 多音节的 这种情形多是音译外来词。例如:"安培、伏特、欧姆、拓扑"等。
2. 由合成词构成
这其中又包括复合式、派生式两种。
1) 复合式 术语中的复合式结构主要表现为:
a. 联合型:由两个语素并列、相反、相对而成。如:信息、语言、本原、存在、运动、阻抗、质量、断裂、拗陷。
b. 偏正型:其中的一个语素用以说明另一个语素的特性或状态。例如:日斑、地线、鼻音、盆地、史前、内焰、复眼、纵波、串联、胎生、辐射、涡流、共振、共鸣、稀释。

一般地说,绝大多数由偏正型构成的限制性术语,都与该术语中的后一个语素属于同一个语义类别,只是存在着范围大小的差异。例如,"复眼"是"眼"的一种,只不过是复式的罢了,"眼"的所指范围显然比"复眼"的所指范围大。只有极少数的情况例外,如在"碳黑、铬绿、铬黄、铜绿、铁兰"等术语中,后一个语素表颜色而整个术语却是表示矿物的,整个术语的意义与后一个语素的意义各不相同。

c. 动宾型:前一个是动词性语素,后一个是名词性语素,前者支配后者。比如:还原、守恒、失真、移项、检波、穿脉、变位、涌潮、倾角、断层、载波、导频、结晶。

d. 补充型:一个语素对另外一个语素作补充性说明,如"合成、隆起、调谐"等。有时,前一语素表示事物,后一语素是这一事物的计量单位,如"星座、光束、壳层"等,这亦属于补充型,它们通常表示事物的通称。

e. 主谓型:前一个是名词性语素,后一个是动词性或形容词性语素,彼此之间存在陈说、说明的关系。如:位移、语用、电流、质变、磁滞、磁阻、色散。

2) 派生式 在主要语素上附加前缀或后缀而成的合成词就是派生式。如:反函数、反作用、非导体、非零解、多相、逆反应、准光波、类金属、半群、散度、速率、极化、迭代法、场论、超导性、单原子。

二 词组型术语

除单词型术语之外,词组型术语现也已大量出现。据粗略的统计,词组型术语约占化学学科术语的71.5%、数学学科术语的71.2%。词组型术语在化学、数学还有其他各学科中都占有非常明显的优势。出现这种局面并非偶然。科学文化日新月异的发展,使得新事物、新概念层出不穷。人们在给新出现的科学概念命名时,不可能都选用"词"这一表达方式,因为词表达的单义概念毕竟有限。欲以有限的"词"来表达无限增长的新概念,必然会引起多义,从而最终导致术语使用的混乱。但是,词组则不然,它通过词与词的组合,可以表达无限多的单义概念。因而在大多数情况下,新出现的科学概念都是用词组来标志的。词组型术语在各学科专业中占绝对优势也就不足为怪了。

词组型术语在结构上表现为下列各类:

1. 偏正词组充当的词组型术语

例如:全息光栅、复式励磁、器质性精神病、病毒性脑膜炎、软弱结构面、反双曲函数、非标准模型。

2. 由主谓词组充当的词组型术语

例如:地磁异常、重力异常、离子注入、水质评介、水动力弥散。

3. 由并列词组充当的词组型术语

如"三线半角"等。

虽然,不论上述的哪一种结构都可以用来而且事实上也被用来创制科学术语,然而,这并不意味着,所有这些结构在适应术语创制的能力上是相等的。无论是单词型术语还是词组型术语,其中的限制性偏正结构都占据主要地位。例如地质学中限制性结构的术语约占单词型术语的66.6%,约占词组型术语的86.9%。这表明,术语各结构中以限制性的为最多。我们以为,这种情况是由限制性偏正结构自身的特点决定的。

限制性结构词语本身都是通过词素或词对中心词素或词加以限定说明来表达概念的,意义明确而且单一,这就为术语单义地表达概念提供了最大的方便和可能;而且,词素或词对中心词素或词的限定说明又可以是多角度的。正因为如此,限制性结构往往很容易被用来创制出术语。无疑,偏正型结构也是术语创制过程中的首选结构。

偏正型结构中,词素或词对中心词素或词的限定说明的角度,粗略说来,就达 17 种之多,具体表现为:

1) 从领属的角度加以说明 例如:圆周、圆弧、球面、柱面、层面。

2) 从处所的角度加以说明 例如:希腊历、北极星、大理岩、南极圈。

3) 从形状方面说明 例如:直线、折线、长方形、扇形。

4) 从质料的角度说明 例如:硅钢、氧气、淀粉、晶体管、氢弹。

5) 从动力方面说明 例如:电话、电灯、蒸汽机、核潜艇。

6) 从原因方面说明 例如:药疹、寿斑、褥疮。

7) 从性质方面说明 例如:冷云、切线、纵波、流行性感冒。

8) 从方式角度说明 例如:胎生、串联、电导、衍射、复式励磁。

9) 从用途方面说明 例如:导线、变压器、避雷针、蓄电池。

10) 从数量方面说明 例如:三角、四边形、双曲线、多糖、单键、复眼、半径。

11) 从序数方面说明 例如:伯胺、仲胺、叔胺、甲烷、乙烷、丙烷、丁烷、第三系。

12) 从方位角度说明 例如:外角、旁心、中线、南极、东径、对顶角。

13) 从程度方面说明 例如：极矩、微星、巨星、高云、短波、遥控。

14) 从颜色方面说明 例如：黄道、灰光、白道、黑洞、赤道。

15) 从发明或发明者名字的角度加以说明 例如：高斯-克吕格投影、居里点、马赫数、科里奥力。

16) 从所属的角度说明 例如：调类、声部、骨科。

17) 从比拟方面说明 例如：银河、天鹅座、珠母云、芥子气、罗盘座。

我们说偏正型结构是术语创制过程中的首选结构，这一点只是就单词型术语中的复合式结构和词组型术语而言的。如果术语创制过程中选择了单纯词或采用派生式，那自然就不存在结构选择问题了。

（原载于《自然科学术语研究》，1994年第1期）

简述科技术语规范化的基本环节

刘 青

科技术语规范化在促进科学技术进步、繁荣社会文化方面发挥着重要作用。科技术语规范化既是一种文化创造活动，也是一种文化传播活动。它以研究术语模型构建规律和制定术语规范的方式参与文化创造，同时又以审定公布等方式形成社会定约，使术语成为人类共有的知识财富。科技术语规范化是社会文化活动的基础建设和重要内容。

术语规范化的过程，包括建立术语审定机构，进而开展术语的收集、分类、鉴别、选择等工作，将术语编辑成册并通过国家授权公布以成为社会定约等基本环节。术语工作是由这些环节构成的，术语规范化也是在这些环节中得以实现的。

1. 建立专职术语工作机构

在人类发展过程中，由于生产劳动的逐步社会化，人们需要经常交流思想，密切协作，正是基于这种交往与合作的要求，人类在长期的实践过程中创造了语言。自从人类创造语言以来，就已存在了语言的规范问题，即语言的正确性与标准性问题。语言规范作为一种社会现象，同道德、意识、风尚等社会现象一样，在很大程度上制约着人们的行为，维系着社会的正常运转。

语言规范大体上有两种情况：一种是自发的规范。由于语言是一种交际的工具,为满足交际的需要,使用同一语言的社会集团中的每一个体不得不与周围其他人保持一致,否则就难以完成交际的目的。这种比较零碎的、局部的,或为一时一事而习得用语的现象带有较大的自发性,因此可称之为自发的规范。另一种与自发规范相对应的是自觉的规范。这种自觉的规范是由国家机关、语言决策机构、语言研究机构和语言专家所发起和从事的宏观的、全局的、大规模的规范活动。它以国家民族的总体利益和长远发展为目标,是在研究语言文字构成、发展和演变规律的基础上进行的,目的是要推行一种本语言应用区域中所有人共同使用的标准语,从而消除语言差异所形成的障碍,以促进经济、文化、科学技术的发展。

中国历史上曾有过几次较大规模的语言规范化活动,都在很大程度上促进了国家的统一和文化发展。但由于历史的原因,这些语言规范化活动大都仅有政治和文化方面的意义,而不可能同经济和科学技术的发展直接相关。而我国近代的科技术语规范化是在统一语言载体的宗旨下,力求建立、推广和普及规范的共同语和标准语,把这一目标同国家走向现代化这一重大历史进程联系到一起,并成为其重要的基础和支撑条件。

中国近代的科技术语规范化是在总结历史经验的过程中发展起来的,是一种自觉的规范化活动,因而十分强调国家机关和专家群体的介入,旨在建立一个稳定、专职的审定工作机构来开展这项工作。例如,我国早在1909年就成立了科学名词编订馆;1919年成立了科学名词审定委员会;1928年成立了译名统一委员会;1932年成立了国立编译馆。新中国成立后,政务院设立了学术名词统一工作委员会;1985年经国务院批准成立了全国自然科学名词审定委员会，其任务和职责都是一致的：作为国家授权的专职、权威性机构，推进科技术语规范化，服务于国家经济建设和社会文化发展。建立权威性的术语工作机构，成为实现科技术语规范化的首要环节。

2. 开展术语审定工作

术语收集是建立审定组织之后所要首先完成的任务。任何社会文化，都是人类共同劳动的成果，都是人类通过长期劳动创造，逐渐累积而成的。现代社会文化是在前人劳动成果之上取得的，倾注着历史上每一代人辛勤劳作的心血，放射着无数先人智慧的光辉。科技术语也是如此，是人类在长期的社会实践过程中逐渐积累起来的。在保存下来的各类文献（如科学专著、辞书、教材、专利文献、科技文献、国家标准等）中都使用和保有了大量的术语，在收集过程中，应当根据学科框架和学术特点，在确定收词方案的基础上，按照术语的性质有组织地加以甄别和收录。

在收集术语过程中，确定收词方案非常重要，关于这一点，全国科学技术名词审定委员会制定的《科学技术名词审定的原则和方法》中作了一些规定：如，各学科审定委员会负责审定本学科的专有名词。这是因为科技术语体系是一个大的系统，此系统中各子学科均与其他子学科相互交叉渗透，各学科在确定本学科收词时一定会有一些同其他学科重复的词，因此定名时就有可能对同一个概念确定了不同的术语。例如，对物质世界中"不仅有大小而且有方向的量"这一概念，物理学中称其为"矢量"，数学中称其为"向量"，这样就同审定名词非常重要的一条原则"一个概念只有一个对应的术语"，也就是"单义性原则"相矛盾。因此我们确定了一条原则，这个概念主要属于哪个学科就由哪个学科去审。专有名词是指具有本学科学术特点、构成本学科概念体系的名词。本学科的专有名词可系统收录，从其他学科渗入或借用的名词应尽量少收，并注意协调一致的原则。又如，要注意选收科学概念清楚、相对稳定的新词，使审定工作能反映当前学科发展水平。这点也非常重要。由于审定机构集中了一大批处于学科发展前沿的专家，这是一般的辞书编纂工作难以具备的优势，所以一般辞书中都没有收集到的，反映最新研究成果的词汇要注意收集和审定。此外，已淘汰的、无现实意义的术语一般不审定。通过贯彻这些原则，既保证了所收集术语的学科完整性、先进性，又保证了审定工作的整体性、权威性，为下一步工作打好了基础。

术语的分类、选择和修订是审定工作中关键的环节，这是一项由科学家和术语学家一道，按照审定术语应遵循的命名原则进行筛选、确认、扬弃的创造性活动。例如，"ergonomics"这一英文词汇，表述的是一门研究人与其所处工作和生活环境之间相互关系，以适应人体解剖学、生理学、心理学要求，从而达到提高工作效率和以安全、健康、舒适为目的的学科。过去在15家出版单位出版的21部词典中就有"人机学"、"劳动经济学"、"人类工效学"、"人机工程学"、"人体功率学"等22种称谓。全国科技名词委在审定这个词时，按照单义性、科学性等原则，组织专家按概念进行研讨，最后选择了"工效学"作为表述这一概念的定名，并给予了严格的定义，有效地消除了混乱。又如，石油工程中有个"Wild Cat Well"，过去曾称为"野猫井"，审定中根据此术语指称概念的内涵，修订为"预探井"，使人可以根据这个术语，理解事物的特性，很快明白其所指，最后在《石油名词》中予以公布。

术语审定工作中还包括术语的创新过程。由于现代科技的不断发展,新术语层出不穷,如果不及时予以规范,在交流中往往不知其意,有的需通读全文后才能确切地知其所指,有的甚至必须查对原文才明确其准确语义,这些显然都会降低交流效率。新术语的命名是件非常艰苦的工作。"一名之立,旬月踟蹰"的名言,反映了其中的艰辛。这句话还只是道出了个人苦思求句的艰难,如果一个术语要征得大多数专家的同意,取得社会的认可,就是难上加难了。确立术语不仅要反映出事物的本质属性和科学含义,还要考虑到汉字结构、读音、书写以及定名的诸项原则,并且要集各家之长,于优中选优,因此,"每确立一条术语,均可成就一篇科研论文"当在情理之中。例如,目前风行全球的计算机网络 Internet,是由美国阿帕网(ARPAnet)发展而成,主要采用 TCP/IP 协议,已成为全球最大的、开放的计算机网络。由于它是一个专指的网络,是个专有名而不是一类网络的通称。Internet 一词从 1994 年引进至 1996 年短短两年时间内就产生了 15 种不同的汉语称谓,如国际互联网、全球互联网、交互网、网间网、网际网络、国际电脑网络等,造成学术界和一般读者,特别是各种媒体的术语应用严重混乱,亟须统一。为此,全国科技名词委专门召开了四次会议,先后聘请了几十位专家反复研讨,将 Internet 命名为"因特网",明确了其专指性。确定之后,经全国科技名词委予以正式发布,取得较好效果,得到广泛使用。术语定名过程中需考虑的众多因素,可从此例略见一斑。

3. 推广普及规范术语

经审慎定名而得到的术语如何取得社会的普遍承认而成为全社会的定约,也是术语规范化中非常重要的一环。术语工作者在术语的收集、整理、审定、创新工作之后,还要为术语建立传播模式,以得到社会的公认。这里主要有两种传播模式:一是以术语标准的形式进行规定和以行政方式进行普及;二是将规范术语编辑成册,以"辞书"的形式向社会推广。

(1) 以国家颁布标准的形式进行规定和推广。

一般的通用语言有些可以通过不同的角度进行解释、表达,体现了语言的丰富多彩。而术语与此有明显的区别,一个术语只表达一个概念,不允许有歧义。因此,对重要的、基本的术语,要求以一定的社会法令形式予以公布,要求社会共同遵守。

在汉字、标点、数字符号方面,国家颁布了《简化字总表》、《第一批异体字表》、《现代汉语通用字表》、《标点符号用法》、《出版物数字用法》等一系列行政法规、文件和规章,起到规范社会用语的作用。

在科技术语规范方面,国务院授权全国科技名词委审定公布有关的科技术语,至今已有40多个学科的术语,在实现术语规范化方面,发挥了重要作用。如1998年8月全国科技名词委向全国公布101—109号元素名称,就是采用颁布标准的形式,向社会进行约定。1997年8月全国科技名词委收到国际纯粹与应用化学联合会(简称 IUPAC)对101—109号元素定名的决定后,即组织重新拟定101—109号元素的新的中文名称。在全国征集意见过程中,各方面专家提出了40余个汉字供选择。1998年1月13日在京召开了101—109号元素中文名称审定会,最后确定了这些元素的中文定名意见,并征得国家语委同意。在此基础上,全国科技名词委通过新闻媒体向全国发布,得到各有关部门的采用,如词典、各类教材等均编发了新的元素表,使新的元素名称很快得以广泛传播和应用。

(2) 通过编纂辞书推广规范术语。

中国最早的语文辞书是战国时期的《尔雅》,东汉中期的《说文》则奠定了中国辞书的基本格局。在此之后近两千年间,语言规范化的基本途径之一是靠辞书这一跨越时空的"无言之师"完成的。作为文化载体的辞书同其他书籍相比,具有信息量大、读者范围广、流传历史久的特点,因而在传播术语方面发挥着无可替代的重要作用。

科技类辞书是科技术语的主要传播媒体,众多的辞书中收录了大量的术语,成为人们统一用语和交流思想的重要工具。例如,国防工业出版社出版的《英汉科学技术词典》自 1978 年成书以来,共出版 5 个版本,60 个印次,发行近 160 万册,在科技人员中广为流传。又如《现代汉语词典》自 1978 年正式出版以后,共印行 180 多个印次,发行总量达 2800 多万册。近期新修订的《现代汉语词典》共收字、词 6 万余条,其中 7000 余条科技条目在修订过程中由全国科学技术名词审定委员会予以审定,在传播规范术语上发挥了重要作用。编纂科技辞书应当注意同全国科学技术名词审定委员会已公布的规范名词保持一致,以加强规范科技名词的推广使用。为此,中国辞书学会从首届中国辞书奖评选活动开始,即把科技类辞书的名词是否符合全国科技名词委已公布的,作为评奖的一项重要标准。这一规定进一步强调了辞书的规范化,使科技类辞书更好地发挥推广普及规范术语的作用。

综上所述,由于语言文字的多样性和随意性,人们对语言文字的运用不可能自然地趋向整齐划一,然而社会交际的效率原则又要求人们对语言文字的选择和使用遵守一定的规范和标准,这种规范和标准当然不能由个人制定,而只能在对语言文字的历史、现状、发生和发展规律作充分调查研究之后,汇集众多专家学者的意见,由国家职能部门组成专门委员会草拟出方案,然后通过一定的渠道下达实施和推广普及,逐步成为一种全社会的定约,这一过程就是普遍意义上的语言文字规范化。科技术语规范化是语言文字规范化中尤为重要的一环。这首先是因为当今时代是科学技术飞速发展的时代,每日每时都在产生新的科学概念,原有的概念也会产生变化或衰亡,因而表达上述概念的术语也需要时常修订或创新。其次,科技术语用于表达事物的本质和客观规律,要求有非常精确的表述,否则将会在交流中形成歧义而造成巨大损失。再则,由于术语是某一个学科中的专用语言,使用频次低于日常用语,为了使交叉学科或社会其他成员能了解和懂得其内涵,更应慎重用语并严格遵守社会定约,才能达到传播和交流科学知识的目的。由此,我们应当通过上述的科技术语规范化的基本环节,在研究、遵循术语学的客观规律的基础上,为科学概念确定名符其义的定名,使科技术语规范化工作发挥好促进科技发展和社会进步的作用。

(原载于《科技术语研究》,2001年第1期)

略论我国的术语工作[*]

刘涌泉

一 术语研究的两个方面

中国的术语问题可从以下两方面研究:一是汉语的术语问题,二是少数民族语言的术语问题。本文只讨论前者。后者的问题也相当复杂,是自造还是借用;是借用汉语的,还是借用其他语言的;是按普通话语音借,还是按方言音借,等等,需专门讨论。

二 术语工作发展概况

1. 一般情况

术语是科学文化发展的产物,科学文化越发达,术语越丰富,术语的制定和规范化问题也就越来越受重视。从这个观点看问题,荀子的《正名篇》之所以出现在百花齐放、百家争鸣的战国时

---

[*] 本文于1983年9月在美国夏威夷举行的"华语社区语文现代化和语言规划学术会议"上宣读。原来的题目是《中国术语工作的发展和组织》。

代,也就不难理解了。①

术语工作和翻译工作是密不可分的。翻译工作越发达,术语出现得越多,术语的意译和音译问题也就越来越尖锐。

佛典的翻译始于汉朝,极盛于唐朝。这期间吸收了大量梵文的佛教术语。当时组织了不少译场,规模最大的要数玄奘法师主持的译场。为了解决意译和音译问题,玄奘提出了"五不翻"原则。②

科学著作翻译事业始于明朝。中外学者合力译出不少有关天文历算、舆地测绘、农田水利和力艺之学的著作。19世纪下半叶,以京师同文馆和江南制造局为中心翻译了大量科学技术著作。这期间引进了大量科学术语。例如,在徐寿译《化学鉴原》之前,我国只有一些最普通的化学元素名称,如金、银、铜、铁、锡、养气、轻气、氯气等。《化学鉴原》一书里开始使用按照西文第一音节造新字的命名原则,于是出现了钠、钾、锌、钙、镁等。

19世纪末和20世纪初,伟大的翻译家严复在翻译新名词时,一方面冥思苦索选用意译词,另一方面又大胆创造了不少音译词。这个时期,出现了一篇专门论述意译和音译的文章《论译名》,作者胡以鲁虽然力主"意译",但也提出了不妨音译的十类词。③

从上面可以看出,术语的制定和规范化问题虽然早已提出,有些翻译机构(包括译场)还制定了自己的一些原则,但缺乏集中领导。集中管理全国科学术语的审定工作,可以说是由前南京国立

---

① 《正名篇》主要包括以下六个论点:1)论语词起源;2)论构词原则;3)论"名""实"与"数"的关系;4)论语词规范化与确指性的关系;5)关于方言和标准语;6)论语句。(详见邢公畹《谈荀子的"语言论"》,1962年8月16日《人民日报》)荀子所谈的"名",远远超出"术语"范围,但其前五个论点都与术语问题有关。

② 详见《翻译名义集》序。

③ 详见胡以鲁《国语学草创》附录。

编译馆开始的。① 1949年以后,术语工作开始了一个新阶段。

2. 编辑审定单位和编辑审定程序

前南京国立编译馆于1932年成立。根据该机构的工作报告统计,1933—1948年间,通过该机构审定出版的各科名词有18种,初稿在编订中的有13种,初稿在油印中的有1种,初审在整理中的有7种,在初审中的有3种,二审在整理中的有1种,在复审中的有3种,在整理付印中的有1种,共47种。② 从上面不难看出,审定程序还是比较严格的。该机构除审定科学名词外,还于1932年出版了《化学命名原则》。

1950年5月间,在中央人民政府政务院文化教育委员会的领导下组织了"学术名词统一工作委员会",下设自然科学、社会科学、医药卫生、艺术科学和时事名词五大组。另外,还制定了"统一学术名词工作的初步方案"。

关于各种术语的审订程序,大致如下:以自然科学组为例,先由中国科学院编译局推定局内外专门人员,搜集各种名词及旧有译名,加以取舍,其无旧译者,另予译订补充,汇成初稿;次则提付各科工作委员,加以审查;初审完毕,由编译局将审查意见汇编整理,再付复审;一编之成,时有审核三四次者。在审定程序中,召开座谈会讨论,或将名词草案先予刊行(如《化学名词草案》就曾先载于中国化学会的刊物上),广泛征集各有关科学、教育及生产部门工作者的补充和修正意见,本着群众观点,尽力提高命名的正确程

---

① 在此之前,1915年博医学会等单位曾着手审查医药方面的术语。后来审查范围逐步扩大。1927年大学院在上海设立译名统一委员会。1928年大学院改组为教育部,译名工作又归教育部编审处办理。该机构尚未进行多少工作,又转交编译馆。

② 详见《科学通报》,1950年第6期。

度,尤其注意所拟订各名词的普及性。最后经院长核准后,呈请文委学术名词统一工作委员会公布。[1]

1956年文化教育委员会撤销,国务院将学术名词统一工作交给中国科学院,成立了"中国科学院自然科学名词编订室"(中间曾改名为"中国科学院翻译出版委员会名词室")。1966—1976十年动乱期间,该机构被撤销,学术名词统一工作停顿。

现在,由中国科学院牵头,又成立了"全国自然科学名词审定委员会"。该委员会的任务是确定工作方针;拟订全国自然科学名词统一工作的规划、实施方案和步骤;负责审定自然科学各学科名词术语的统一名称,并予以公布施行。办事机构设在中国科学出版社,具体负责中国科学院主管的数、理、化、天、生、地基础学科名词审定的组织工作,并协助工业、农业、交通、卫生等部门进行名词统一工作。

3. 术语词表、词典的编辑出版情况(有关汉语的)

首先应该声明:这里收集的材料是很不完全的,对于海外的材料来说,更是如此。① 不过从这份不完全的材料中也能得到一些很有意味的信息。

(1) 1949年(含1949年)以前共出版165种,最早的几种当中有《中外病名对照录》(1909),《英汉汉英军语词汇》(1911),《汉英商业用语手册》(1913),《华德英法铁路词典》(1916),《船学名词表》(1916)等;1949年以后共出版766种。两项加起来共931种。1949年以后,33年来的出版物为以往50年的四倍半还

---

① 在搜集有关材料时,作者参考了B. Dunn的《Chinese-English and English-Chinese Dictionaries in the Library of Congress》,1977。

要多。由此可见科学文化发展的情况。1949年以后的术语出版物中大陆占658种,台湾占57种,香港占43种,其他地区(美国等)占8种。

(2)从语种上看,英语的占绝对优势。1949年以前英汉的和汉英的共出版111种,占当时出版总数(165种)的2/3强。如果再加上多语的(34种),就会占得更多,因为多语的术语词表、词典中一般均有英语。1949年以前,未见俄汉或汉俄对照的,俄语只是在某些多语的术语词表、词典中出现。

1949年以后,英语的也占绝对多数。台湾、香港和其他地区出版的几乎都是英汉、汉英或多语中包括英语的,共108种,约占出版总数的1/7,大陆出版的658种当中,英汉和汉英的为302种,约占一半,如果再加上100种多语的(其中都有英语),则占得更多。

1949年以后,大陆出版的术语词表、词典当中,俄汉和汉俄的占98种,约占大陆出版总数(658种)的1/7强,如果再加上100种多语词表、词典当中有不少是俄语的,则占得更多。这些俄语的词表和词典大多出版于20世纪50年代和60年代初。

除英语的、俄语的以外,法语和德语的占一部分,梵汉、朝汉和越汉也各占1种(《中国佛学手册》(1904),《朝汉植物名称词典》(1982),《越汉医学词汇》(1982))。拉汉和汉拉的有28种,它们只是出现在生物和医药卫生方面。

从术语词典的出版情况还可以看出另外一些问题。例如,有关测绘的术语词表、词典,共出版8种,其中德汉或包括德语的就有4种。这说明德国在测绘方面是比较先进的。

关于多语的术语词表、词典,可以总结如下:

1949年以前共出版34种多语的,其中3语的17种,4语的5种,5语的10种,6语的1种,9语的1种。1949年以后共出版108种,其中大陆占100种(3语的75种,4语的5种,5语的8种,6语的3种,7语的4种,8语的3种,9语的1种,10语的1种),台湾占6种(3语的5种,4语的1种),香港占2种(均为3语的)。目前发现的最多的一种是10种文字的《国际电工辞典》(汉、俄、英、法、德、西、意、丹、波、瑞典,1962年出版)。

另外,单语的有83种(1949年以前占15种,1949年以后占68种)。

(3) 这次统计,粗略地分了13类,大致情况是:1)综合类40种(其中包括《博物辞典》《日语外来语辞典》《英汉缩略语词典》《现代科学技术词典》《文献与情报工作词典》等)。2)数学类(包括计算机科学)37种。3)物理类35种。4)化学类62种。5)天文类(包括气象)17种。6)地理类(包括地质等,但不收地名辞典)43种。7)生物类93种。8)工业类177种。9)农业类(包括林业、畜牧业和水产)54种。10)交通类(包括电讯)89种。11)医药卫生类100种。12)军事类29种。13)社会科学类155种。

(4) 从术语出版物的性质来看,大凡称作《辞典》或《词典》的均有或长或短的注释,其他则一般是对照词表。同时,还可看出这样一个趋势:多语的术语出版物日益增多,带解释的术语出版物也日益增多。

另一个值得指出的现象是,科学技术越来越发展,各行专家为了交际的方便大量使用缩略语,致使缩略语中的同形词越来越多。例如,随便一翻就可见到俄语 ДП 有 35 个同形词,另外还有两个 ДП(-),一个 Дп,一个 д.п.(见《俄汉缩略语词典》317-318页);英语 TC 有 17 个同形词,Tc 一个,TCA 四个,TCAA 两个,TCB

三个,TCC 九个,TCCC 一个(见《英语缩略语词典》1026 页)。为了解决这个矛盾,目前出版了不少专业性的缩略语词典,如《英汉电子技术略语与缩语词典》(1981),《英汉计算机缩略语词汇》(1982),《英汉工程技术缩略语词典》(1983)。

三 对一些问题的讨论

1. 什么是术语

术语可以是词,也可以是词组;它们是用来正确标记生产技术、科学、艺术、社会生活等各个专门领域中的事物、现象、特性、关系和过程的。术语有以下四个特征。

(1) 专业性:术语是表达各个专业的特殊概念的,所以通行的范围有限,使用的人较少。属于甲行业的术语,从事乙行业的人往往不了解。

(2) 科学性:术语的语义范围准确,它不仅是标记一个概念,而且还使其精确,使其与相似的概念分别开来。科学一方面产生相应的术语,另一方面把科学认识的成就固定在术语中,并随着术语本身意义的精确化而向前发展。

(3) 单义性:术语与一般词汇的最大不同点在于它的单义性。我们说它具有单义性,一般是指它在某一特定专业范围内是单义的。来自一般词汇的术语往往与一般词汇构成并行的同音词,如物理学术语中的"疲劳"和一般词汇中的"疲劳"。属于多门专业的术语又构成"多专业术语"。例如,"运动"这个术语,在物理学中指"物体位置的移动",在哲学中指"物质存在的形式",在体育里指"锻炼身体的活动",在政治生活中指"有组织有目的的群众性的社会活动"。①

（4）系统性：在一门科学或技术中，术语之间彼此不是孤立地存在的，而是成系统的，换句话说，每个术语的地位只有在该专业的整个概念系统中才能加以规定。这种系统性在一门科学的范畴表或分类表中表现得十分清楚，像语言学中带-eme 的术语应属于一个层次，而带-allo 的术语属于另一层次，就是比较明显的例证。

术语往往由本民族的一般词汇构成（包括由一些词素组成），成为术语后，便与原词的意义部分地或完全失去了联系（见上面的例子）。术语也可来自专名（人名、地名），如"瓦（特）"（Watt），"喀斯特"（Carst）等，但一般的专名不是术语，尽管它们也以单义性为基本特征。术语还常来自外来语，通过音译、意译或半音半意等方式借入。② 尽管术语国际化趋势日益增强，在一些语言中越来越多的术语来自外来语，这些术语和外来语的引进方式也有不少共同点，但二者之间不能画等号，有无专业性是二者的基本区别。有专业性，既是术语，又是外来语（或借词）；无专业性，则只是外来语。

由此可见，上述四性，可以说是鉴别什么是术语的基本标志。

2. 术语的产生、移植和发展，规范化，标准化

随着科学技术的发展，新事物新概念不断涌现，人们不得不在自己的语言中利用各种手段创制适当词语来标记它们，这就是术

---

① 对应这几个术语的，俄语有 Движение 和 Спорт 二词，英语有 motion, movement 和 sport 三词。

② 一般来说，通过音译和半音半意方式引进的词才算借词。前者如"雷达""苏维埃"，后者加"啤酒""拖拉机"。

语的最初来源。

随着文化交流的发展,术语连同它们所标记的新事物新概念传播开来,各族人民通过不同方式(自造或借用)把它们移植过来,并使其在自己语言中生根发展,这是术语的移植过程。

一般说来,科技术语产生于科学技术发达的国家。同一事物或概念也可能同时在不同国家探讨和出现,因而在不同国度里会产生许多内容同而形式不同的术语。另外,在移植过程中,不同国家或民族,一个国家的不同地区或一个民族的不同部分,甚至不同的移植者(译者),常以自己惯用的方式移植,这样也产生了不少同义不同形的术语。很久以来,术语的产生和移植过程就是这样自发地进行的,因而导致术语混乱是必然的。这就需要语言学家和科技工作者共同努力解决术语规范化的问题。

如果把术语规范化问题扩大到国际范围,问题就显得更为严重。今天,在科技革命的时代,一方面科技术语成倍增加,如英俄计算技术词典1974年版的词条比十年前的一版多一倍(第一版12000条,第二版24000条);英汉的计算技术词汇也同样,1977年版有14000条,1982年版增至大约40000条。另一方面,学术交流又是科技发展的必要条件。这样,作为学术交流基本信息的这些义同而形不同的术语,便成了影响国际学术交流的障碍。因此,不少国家的学者正在倡导通过转写方式创制术语,从而达到术语的统一和标准化。国际标准化组织(ISO)设有专门的委员会(TC37)从事这项工作。

3. 术语标准化与民族统一

术语标准化是一个国家或一个民族科学技术和文化教育发展的重要条件。这个问题对国土小或分布不广的民族来说比较容易

323

解决。但是,对于汉语社会却是一个复杂问题。说汉语的人数众多,分布的面又广,由于种种原因,彼此交往也少,他们在发展各自的文化时都分别吸收了大量术语充实自己的语言。这样一来,不一致的情况时有发生。像下列一些常见的计算技术名词在中国大陆和海外一些地区就有不同。

中国大陆	计算机	软件	硬件	程序	位	位组字节	终端	磁盘
海外某些地区	电算机 电脑	柔品 软体	刚品 硬体	程式	别、爻	挂	端末	磁碟

显然,上述情况给汉语社会科技人员相互之间的学术交流带来许多不便,同时也给后辈学生造成了不应有的负担。更为严重的是,长此下去,分歧愈演愈烈,不利于民族的团结和统一。须知,语言的共同性是民族的重要特征之一。

汉族是世界上古老的民族之一,这个民族有特殊的民族心理,这就是民族团聚力强。任何不利民族团聚的因素都是不受欢迎的。术语问题也不例外。可喜的是,海外不少地区已直接翻印中国大陆的术语词汇。[①] 海外的某些术语词典也流入中国大陆。无疑地,这对术语的逐步统一大有好处。看来,从现在起就有必要把加强汉语社会术语标准化的工作定为语言规划的重要课题之一。我希望,这个倡议能得到响应。

4. 术语标准化与国际文化交流

这个问题前面已经提到,下面再着重谈谈。在当今的世界,科学技术的发展一日千里,新词术语每时每刻都在增加。据有的材

---

① 例如,《英汉火箭技术辞典》(原版 1963 年)、《英汉计算技术词汇(第二版)》(原版 1982 年)等书就曾在海外翻印。

料说,"目前在发达的语言中 90% 的词汇是科技术语"。[1] 为了克服语言障碍,便于相互交流,不少学者越来越倾向于术语的国际化。1936 年成立了第 37 国际化联合会(ISA37),该组织的基本方针是为各国、各语言创制统一的、人为的国际术语。第二次世界大战爆发后,ISA37 于 1939 年停止了活动。战争结束后,成立了国际标准化组织(ISO),其中的国际术语委员会(TC37)专门负责术语整理和统一工作。1951 年,决定术语不再利用世界语(Esperanto)。为了加强术语工作,1971 年还成立了国际术语情报中心(Infoterm)。有的地区(如经互会国家)组织了术语协调委员会,协调术语方面的工作。除此之外,还有人提出统一族际间术语的主张。这种主张的具体内容是:世界上有五大语团,或五大语域(即欧美、中近东、苏联东欧、印度斯坦和印度洋国家、远东),每个语域中的术语有自己的同言线,因此,更有必要在本语域加强术语的统一工作。[2]

上述各种主张的提出和各种组织的建立,都说明一个问题,即术语的标准化和国际化问题迫切需要解决。术语国际化,如果能够促成,的确是一件大好事。目前,各国科技工作者为了掌握世界上先进的科学技术,不得不花费很多时间学习外语和记忆大量不同的科学术语。术语的国际化定会减轻他们学习的负担,促进科学技术的更快发展。

术语国际化工作,近年来虽然取得了不少成绩,但它的发展并不是一帆风顺的。最主要的问题是,不同文字体系的术语难于国

---

[1] В. В. Акленко: Вопросы Инторпационализашпи Словарного Состава Языка, 1972, Москва.

际化。因此,这项工作只是在使用拉丁字母的语言之间或使用斯拉夫字母的语言之间取得了较好的成效。

5. 术语与文字体制

前面谈到,文字体制不同,影响着术语国际化的发展。事实根据是什么呢？我想,在回答这个问题之前,把汉语为何不易容纳音译借词的问题先谈一下,不是没有好处的。

汉语借用外来语或移植外国术语时,很少采用音译法,这是一个众所周知的事实。原因何在呢？说法纷纭,归纳起来不外三种：一是民族心理说("意译表现着汉族人民的民族自尊感"),[3] 二是语言结构说("语言系统同它们——指欧美语言——不同,是单音缀语……音译词既不符合中国语言固有的音义联系,又不合于中国语言的发音习惯,更不容于中国的构词规则。"),[4] 三是文字工具说("外来语不被汉人欢迎,主要的原因是我们没有利用恰当的工具来写它")。[5]

以上几种说法都或多或少地有一定道理。但我的看法同后一种接近。我认为,最主要的原因是文字体制不同造成的。在使用汉字的情况下,音译法发挥不出自己的优越性,相反,意译法倒会增加一些"熟悉感",或"察而见意"的效果。汉字的文章无词的界线,音译词夹杂其中,模糊不清,当然不受欢迎,拼音字是音符,汉字是意符,用意符表音符不仅不经济(一个汉字是一个音节,音译拼音字时音节增多,如三个音节的 president 变成了五个汉字"伯理玺天德"),而且还增加了模糊性,因为每个汉字本身都有一定意义(如"伯"等于"伯父","理"等于"道理"……),当作音标使用,必然会产生混淆。

由此可见,不是汉语不易接受外来语,而是汉字不易接受外来语。如果汉语拼音化实现以后,我想,汉语也完全有可能像其他拼音文字一样,可以大量吸收音译借词(起码在纯术语范围内),可以逐渐向术语国际化靠拢。最近,作者对日语计算技术词汇作了一个统计,统计结果足以说明完全有可能使这种靠拢变为现实。

《日汉计算技术词汇》一书的统计说明:1)在日语全部计算技术词汇中,外来语竟占 3/4 的样子。数量如此之大,并没有引起日语词汇的混乱。看来,也不会引起混乱,因为日语音译的外来语是以片假名形式出现的,一目了然,对于词的划分不无帮助。2)日语原先多借助汉字采用意译方式移植外来术语,现在多借助片假名采用音译方式移植外来术语。为什么能发生这种变化呢?单从语言文字内部找原因的话,我们知道,这期间日语本身的结构并没有发生多大变化。显然,主要原因不在于语言结构,而在采用了不同的标记手段,即原先借助汉字,现在借助片假名。

日语和汉语有不少相同之处,它们都是不同于印欧语系的语言,都使用汉字(当然,日文中还用假名),既能横写,又能竖写,句中无词的界线等。因此,日语如何处理新词术语的问题,对我们来说,有较大的参考价值。

术语国际化有不少好处,起码是可以免去"一名之立,旬月踟蹰"之苦,可以减轻学生的负担,可以促进学术交流。逐渐向术语国际化靠拢,这应该是一个方向。否则,十分不利。当然,对于汉语来说,程度上还会与其他某些语言有所区别,因为汉语历史悠久,在不少方面已有相当深厚的基础。

四 术语数据库和语言规划

1. 术语工作现代化和术语数据库

目前科技文献量每年都在急剧上升。世界各国为了使自己的科学水平跟上世界科技发展的总趋势,不得不求助于翻译、机器翻译或人机合作的机助翻译。无论是哪一种翻译,都离不开术语问题。正因为如此,不少研究机器翻译的单位早就从事术语数据库的工作了。

据一般统计,一个翻译工作者在进行科技文献翻译时往往要花费 1/3 的时间去查各种词典(普通词典、成语词典、专业词典、缩略语词典、新词词典、人名词典、地名词典等等)。查来查去,还可能查不到,查不到的原因很可能是碰到了新词,而现有的词典又尚未更新。

如果我们把上述词典作为不同文件存储于数据库中,查词典时,只需在终端的键盘上打一下该词,屏幕即可显示该词的意义。由于数据库能及时更新,因而几乎能做到有求必应。试想,这对翻译人员是多么大的福音。据说,应用了这种先进工具的翻译人员,的确已使自己的产品成倍增加。

问题的关键还不仅是提高翻译速度,而且更主要的是能提高翻译的质量,促进术语的统一。前些年,小小的 bit 曾有多种译名:"比特"、"毕特"、"二进制数"、"二进位数"、"位"等。如果术语数据库很好地建立起来,这类情况显然可以避免。

术语混乱往往是在没有一定之规(即术语词典尚未出版或更新以前)的情况下产生的。而数据库的最大优点是能迅速增补新术语,这样,它便可以起到防止混乱发生的作用。

关于数据库的技术问题,即如何输入(个别输入或成批输入)、如何存储(概念系统方式或其他方式)、如何输出(屏幕显示、打印成册或制成磁带磁盘)以及各种标准格式等问题,这里就不作详细讨论了。

总之,术语数据库已经显露出它的巨大优越性,为术语工作的现代化铺平了道路。近年来,加拿大、美国、西德等国家已建立几十个术语数据库,并早已提供咨询服务。加拿大的术语数据库(Termium)规模最大,存有四百万术语,它实际上已成为全国的术语中心,向全国翻译工作者提供咨询服务。

"工欲善其事,必先利其器"。术语的整理和统一问题,也是如此。只有在今天的条件下,有了大存储的电子计算机,有了计算机网络,有了既经济又方便的微处理机,才有可能做到。

2. 语言规划和术语统一

术语工作的现代化给术语统一创造了有利条件。我们完全可以利用术语数据库来达到术语统一。因此,关于术语问题,我认为,应该有这样的语言规划:

(1) 全国性的术语组织和术语数据库:从各地区遴选出各专业的代表人物,包括语言学家,组成全国术语统一工作委员会。委员会之下,根据专业分若干工作组,这些工作组的任务是建立各科的术语数据库。委员会要制定出术语数据库建立的原则、方法和格式,并要求各工作组遵照执行,以避免各个专业术语数据库之间产生矛盾。术语数据库建立后可以通过计算机网络供各地使用,也可移植到各地。术语数据库的改动、扩充和更新,由工作组掌握,统一进行。

（2）国际性的术语组织和术语数据库：目前这样的组织已经存在，即上述的 TC37，但其工作必须加强。方向是：1）同 TC46 密切配合，①抓紧标音（transcription）和转写（transliteration）的研究和各种文字转写方案的设计，须知，这同术语工作有直接关系；2）建立若干多语种的术语数据库，供各国参考和使用；3）推荐建立术语数据库的先进方法和标准格式；4）支持不同文字体制的国家的术语工作，尤其是术语数据库的建立。

通过以上的措施，即加强语言规划的工作，充分利用术语数据库这个新工具，我想，定能改变术语发展的方向，使之摆脱日益驳杂的道路，逐步向统一发展。

参考文献

［1］郑作新《科学院编译局半年来的科学名词统一工作》，《科学通报》2卷3期。

［2］В. В. Акленко Вопросы Интсрнанионализапйи Словарного Состава Языка，1972，Москва．

［3］王力《论汉族标准语》，《中国语文》，1954(6)。

［4］陶坤《化学物质的中文命名问题》，《科学通报》3卷6期。

［5］刘泽先《科学名词和文字改革》，1958。

（原载于《中国语文》，1984 年第 1 期）

---

① TC46 是国际标准化组织（ISO）中的第四十六个技术委员会，负责制定文献加工方面的标准。在这个委员会之下还有一些分委员会，其中第二分委员会负责制定书面语言的转写标准。

中国科技术语的规范化

黄昭厚

统一科学技术术语,实现科学技术术语的规范化,是一个国家发展科学技术的基础性工作,是支撑性的系统工程,也是一个国家科学技术发展的重要标志。

统一科技术语,对科技知识的传播,新学科的开拓,新理论的建立,国内外科技交流,学科与行业间的沟通,科技成果的推广使用和生产技术的发展,科技书刊和教材的编辑出版,科技文献情报的检索传递,特别是对计算机的推广应用,数据库的建立,都是非常重要的。

一 科技术语的现状

随着科学技术的发展,不断产生新学科、新概念、新理论、新方法,也相应地不断产生大量科技术语需翻译或定名。但长期以来,中国科技术语不是由一个统一的权威机构负责定名,而往往是由各学科领域的专家学者自己翻译或定名,加之许多外来术语本身就不统一,因而造成汉文术语不统一的现状,有些甚至达到相当混乱的程度。如 ergonomics 一词,其外文就有约 6 个同义词而中文译名竟有 21 个之多。同一概念的外文译为不同的中文的例子是很多的,如 redundancy 就有羡余性等 8 个术语。complex 就有长期争议的络合物和配合物两个术语。在不同学科中同一概念的外文具有不同汉文术语也是很多的,如 vector 在物理中为"矢量",数学中为"向量"。不同概念的外文译成同一汉文,如 quality 及 mass 均为"质量"。而质量 mass 和重量 weight 的单位也被混用。还有的同音异义词如声呐 sonar 和声纳 acoustic susceptance 也常被混淆。还有中、外文都不一样的术语如 vasopressin 血管升压素和 antidiuretic hormone 抗利尿激素,而概念完全一样。还有把不同的品种译成同一汉文如 crayfish 与 fresh water prawn 均译为"淡水虾"曾导致一对外合同的作废。至于以外国科学家命名的术语也十分混乱。如物理学家 Kelvin 就有三个译名。凡此种种,不胜枚举。大陆和台湾的术语,如计算机术语约 80% 不一致。

二 全国自然科学名词审定委员会的成立

新中国成立以后,政府很重视科技术语的统一工作。1950 年中央人民政府政务院就成立了"学术名词统一工作委员会",以当时的中国科学院郭沫若院长为主任,组织了全国各学科领域的科学家第一次较系统地审定了一批自然科学名词。这批名词对我国近 30 年科学技术的发展起到重要作用。但以后特别是"文革"期间,科学术语的审定工作完全中断了。进入 80 年代以来,中央提出一系列改革开放的方针、政策,我国社会主义四个现代化的建设出现了新局面,科学技术迅速发展,对统一科技术语提出了更紧迫的要求。为了适应这一形势的需要。经国务院批准,1985 年正式成立了全国自然科学名词审定委员会。它标志着我国科技术语的统一工作进入了新的历史时期。

全国科技名词委在中国科学院和国家科委双重领导下,并与国家教育委员会、中国科学技术协会、国家技术监督局,国家新闻出版署、国家自然科学基金委员会共同组成常委会,负责理、工、农、医及交叉科学各学科术语的审定与统一工作。全国科技名词委由著名科学家钱三强教授任主任,聘请了全国各学科专家学者80余人担任委员。委员会成立后,到目前为止,已根据学科划分与有关学会共同组织了天文、数学、力学、物理、化学、地理、地质、古生物、地球物理、土壤、大气、测绘、海洋、动物、植物、微生物、生化、生物物理、生理、细胞、遗传、人体解剖学、组织胚胎学、农学、林学、医学、电子、自动化、计算机、石油、公路、铁道、航海、土木、建筑、煤炭、水利、化工、电工、船舶、冶金、自然科学史、自然辩证法等43个学科分委员会及交叉学科和外国科学家译名两个协调委员会,组织了千余名专家参与术语审定工作。还有更多的专家学者参加书面审查、座谈讨论等各种形式的审查,形成了一支具有一定规模、学术上有较高水平,又有权威性的审定队伍。全国数千位科学家组成一个整体从事系统的术语审定工作,这是具有历史意义的大事。到目前为止,已审定公布了20个学科的名词。它们是天文、大气、土壤、地理、地球物理、物理、微生物、林学、医学、遗传、生理、测绘、海洋、化学、生物化学、生物物理学、自动化、古生物、人体解剖、植物等。

国务院一些领导人对科技术语的统一工作十分重视,如李鹏、方毅、严济慈、钱伟长、宋健等曾先后多次书面或当面给予指示,给术语工作者极大鼓舞。1987年当第一个审定完成的《天文学名词》即将公布时,国务院又批示经全国自然科学名词审定委员会

"审定的自然科学名词具有权威性和约束力,全国各科研、教学、生产、经营、新闻出版等单位应遵照使用"。去年国家科委、中国科学院、国家教委、国家新闻出版署等单位又联合发文要求全国各有关单位要贯彻使用全国科技名词委所公布的各学科领域的规范的科技术语。

三 科技术语审定的原则

科技术语是反映科技概念的一种形式与意义结合的语言符号(词或词组)。根据术语学理论,结合我国科技术语规范化工作的实践经验,在术语审定过程中应遵循以下几项主要原则:

1. 按概念定名。即按科学概念的内涵定出规范的汉文术语。配以相应的尽可能规范的外文(主要是英文)术语。

2. 单义性。科技术语应是单一的,专用的。即"一词一义"。在审定术语时,对一个概念具有多个术语的,应据与概念相符的程度,选取较贴切的词,只定一个术语。如 ergonomics 的21个译名现统一为"工效学"一个术语,并给出较明确的定义。对于跨学科的同义词一时难以统一的,可推荐一个规范词,保留一个同义词,如 electric potential 定为"电势",又称"电位"。

对"一词多义"的术语,特别是概念易混淆常被混用的术语需区分开并分别定名。如 constant 有"常数"和"常量"两个常混用的术语,现将无量纲的常量称为"常数",带量纲的称为"常量"。pressure 有"压力"和"压强"两个概念不同的术语,压强专指单位面积上承受的压力,现分别定名。一个外文在不同学科中具有不同含义的两个汉文术语的情况还是不少的。均应分别定名。如

plasma 在物理中为"等离子体",在医学中为"血浆"。

3. 科学性。科技术语应从科学概念出发,准确而严格地反映所指事物的特征。这次审定中,一方面对过去定名错误的予以改正。如 lagoon 一词长期以来多被称为"泻湖",实为"潟湖"的误写和误称。这次地学界一致认为应予纠正,定名为"潟湖"。又如 bombesin 曾称"蛙皮素",但据动物分类学的划分确定为铃蟾,而不是蛙,现正名为"铃蟾肽"。

另一方面,过去有些术语定名不准确,不科学,这次审定时也予以纠正。如 uncertainty relation 原为"测不准关系",实无测的含义,现定为"不确定度关系"。又如"心肌梗塞"一词,实际上血管可以阻塞,肌肉只能坏死而不能阻塞,因此应定名为"心肌梗死"。

4. 系统性。科技术语在一个学科内或相关领域中不是孤立的、随机的,而应遵照学科概念体系和逻辑相关性。包括上位与下位(属与种)概念关系、整体与部分关系、部分与部分关系,以及时间、空间和因果联系的关系。同时还应考虑术语的构词能力。如化学的命名原则的系统;动、植物中门、纲、种、属、科、目的分类系统等。

5. 简明通俗性。指科技术语应简单明了,使人易懂、易记、易写、便于使用。如 radar 为"雷达",optical fiber 为"光纤"等。

但应注意勿过于简化以致词义不明。如"数控"是指数字控制 digital control 还是数值控制 numerical control。又如"电工"是指电机工程 electric engineering 还是电力工程 electric power engineering 还是电子工程 electronic engineering,还有电气工程以及电器工程等。

6. 习惯性(或约定俗成)。即有些术语的定名虽不尽合理,不

335

太名符其义,但已使用很久,应用范围很广,大家都已习惯,则宜继续延用,而不轻易改动。否则会造成新的混乱,而不利于统一。如 mechanical motion 并非指简单的机械运动,天体运动也是重要的方面。一些专家建议改称"力学运动",但多数专家认为这一混乱源于外语,国际国内延用已久,不宜再改动,现仍定名为"机械运动"。又如 robot 译为"机器人",并不准确,因本质上不是人,有人建议叫"拟人机"或"智能机",考虑到大家已习惯了,暂不改。

7. 尽量采用惯用并有中国特色的术语。如天文学中已定名的"金星"、"木星"就具有中国特色,而不采用外来术语的"爱神 Venus"和"大力神 Jupiter"。又如中医中的许多术语都是中国古代医学家所创用的,具有中国特色和传统,外国则鲜有。又如 Kaschin-Beck disease 曾为卡一贝二氏病,现未按外国人名音译定名而按中国的惯用名定为"大骨节病"。

8. 对外来术语和缩略语的译名,应按意译为主、音译为辅的原则。如 servo 定名为"伺服",gene 为"基因",这是个音译与意译结合得较好的例子。又如 laser,全文是 light amplification by stimulated emission of radiation 曾有过 10 多个译名,有的很长也很难记,现按钱学森教授推荐的名定为"激光",既是意译,又很简明,深受欢迎。

但有些缩略语复合词如译全文则很长,目前又未能找到相应的且简明的汉文术语,则可按国际上已惯用的缩略语直接采用。如 DNA 为脱氧核糖核酸,而 complementary deoxyribonucleic acid 则可定名为"互补 DNA",transfer deoxyribonucleic acid 则可定名为"转化 DNA"。

9. 对以外国科学家命名的术语应尽可能采用意译定名。如

Bastholin cyst 不采用巴多林的译音,而采用意译定名为"前庭大腺囊肿"。但还有许多人名需译名。其音译定名应遵守"名从主人、尊重规范、约定俗成、服从主科"等原则。其中主要的是名从主人。即以本人的国家民族语言和习惯为准。对于科学界通行很久、人所共知的著名科学家,即使发音不准确或用字不够妥当,也就不宜再改。对于新出现的科学家的译名则要求尽量规范化,即参照新华社编的译名手册和地名委员会的译音表。

10. 各学科之间交叉重复的术语必须协调统一。在协调时应本着"副科服从主科,主科尊重副科,民主协商统一"的原则。如 probability 在许多学科中称"几率"或"或然率",但主科是数学,现均按数学定名为"概率"。又如 coefficient of stiffness 和 coefficient of rigidity 曾有多个译名,物理定为劲度系数,但广大工程学科习惯用刚度系数,故物理定为劲度系数,又称刚度系数。但涉及人名的译名,协调时只能统一为一个,不能有同义词。此外,涉及国家标准中的术语,除必须改动的以外,应尽量协调一致。

11. 定名中除上述原则外,在用字(或词)上还应注意学术性。应尽量避免采用生活中普通名词。如化学中的术语 cow"母牛",根本不是牛,现按学术性订名为"放射性核素发生器"。计算机中的术语 menu"菜单",根本没有菜,也应订一学术性术语。如一时难以定名必须借用普通名词的则需附以专业定义或注释。

四 我国科技术语审定工作规划

1. 按自然科学体系(包括理、工、农、医及交叉科学)分学科进行术语审定。在学科安排上遵循先基础后应用、先单科后综合、先主科后副科等原则。在内容上除术语外，还包括命名原则及符号等。

2. 分批进行审定公布。第一批审定各学科基本词，对有争议、易混淆的术语及新术语加定义注释。交叉学科的术语则普遍加定义。争取 2000 年完成第一批各学科名词审定近 100 本的任务。

3. 第二批将在第一批术语公布 5 年左右的基础上修订、补充、普遍加定义注释。

4. 为加强与港、台、华语地区及外籍华人之间的交流，为今后的统一创造条件，同时出版各学科的繁体本术语。

5. 对不断出现的新术语，将单独进行审定并尽快以草案本形式公布，以广泛征求意见。待条件成熟时再正式审定公布。

6. 组织编制与港台科技术语的对照表或手册。

7. 筹建并不断完善规范的先进的科技术语库。

五 加强与国际术语学界的交流合作

我们十分重视学习国际上各术语学派的理论及术语工作的经验，并与许多术语学组织及术语学者建立了交流合作的关系。

自 1985 年以来，我们三次参加 ISO/TC37 全体会议，并参加了一些国际术语学术讨论会，和与会各国学者建立了联系，交流了经验。

我委员会曾邀请奥地利的 H. Felber 教授、加拿大的 A. Landry 和 R. Dubic 教授，捷克斯洛伐克的 J. Holecky 以及国际术语标准化委员会的 C. Galincky 及 Budin 先生来我委员会访问并作学术报告。

我们还应邀访问了加拿大，学习其术语数据库及术语工作经验。

我们特别注意探索与港、台、华语地区及华人之间的科技术语交流。通过委员会派人到这些地区访问、通过各名词审定分委员会大批专家学者的关系、通过参加国际会议或华人学术会议与之交流,为汉字科技术语的规范化和统一创造条件。

组织翻译出版一些国际术语学家的著作。

六 加强中国科技术语学的研究探讨

中国科技术语是以汉字为基础的词或词组。汉字与拉丁化的拼音文字迥然不同,具有象形、指事、会意、形声、转注、假借等特点。它使人一看而知其意,有望文(或字)生义的鲜明特点;遣词用字又极为精炼;构词能力及其信息能力均很强,辨义能力也很强。科技术语更具有科学性、系统性、简明性等特点。许多学者认为汉字是科学、易学、智能型、国际性的优秀文字。

当前世界上使用汉字的人口约占总人口的1/4。汉字又是联合国的工作语言文字之一。汉字不仅限用于中国,许多东南亚地区、国家也用汉字,因此加强中国科技术语的研究具有重要意义。

目前我们正在借鉴国际术语学理论,结合汉字理论及我国科技术语的工作实践,探讨并促进中国科技术语体系的建立。

科技术语的规范化,统一科技术语是一项艰巨的、严肃的、百年大计的科技基础性工作。在统一过程中,会不断出现新问题,也会有定名不当的,需全社会各界人士的关怀与支持,并不断修订补充,以最终达到较理想的统一的规范的定名。

(原载于《自然科学术语研究》,1991年第2期)

中国少数民族语术语工作

宝斯尔

术语工作是语言工作的一部分,同时也是标准化工作的重要组成部分。在科学技术突飞猛进,新概念层出不穷的时代,在改革开放带来的机遇和挑战面前,如何运用术语学理论知识和有关文献工作的方法、经验,使我国少数民族语术语工作在科学理论指导下很快发展起来,更好地促进少数民族内部,各民族之间,乃至国际间的交流与合作,促进民族地区的社会进步、经济发展,已成为人们关注的问题。本文就有关民族语术语工作作一简要介绍。

一 我国民族语言基本情况

1. 民族语言政策

我国的民族语言政策是实行各民族语言平等并强调"分类指导"原则。《中华人民共和国宪法》规定:"各民族都有使用和发展自己的语言文字的自由。"《民族区域自治法》还规定:"自治地方的自治机关……同时使用几种通用的语言文字执行职务,可以以实行区域自治的民族的语言文字为主。"由于我国少数民族的历史、文化背景、语言文字发展状况和语言环境均不相同,对使用国家通用的语言文字和当地通用的民族语言文字的要求也不同,因此,我国政策中还强调"从实际出发,分类指导"的原则。

2. 民族语言概况

我国是一个多民族、多语种的国家。55个少数民族中,除回族、满族使用汉语外,其他民族都有自己的语言。新中国成立前,只有十几个民族有本民族文字,其中传统通用的文字不足10种,其余文字或不通用,或不统一,或不完备。新中国成立后,政府除了不断组织发掘和研究少数民族语言外,依据少数民族"自愿自择"原则,通过"创、改、选"三条途径,即帮助少数民族创制新文字,改进原有文字,选择其他民族现有文字,解决了文字问题。

现在的基本状况是:将近30个少数民族使用30余种民族文字,有几个民族使用一种语言的情况,也有一个民族使用几种语言的情况,总计上百种民族语言分属于5大语系8大语族。由于我国各民族大杂居小聚居的分布特点,以及民族间交往的悠久历史,形成了民族间互学语言的传统。建国后,特别是改革开放后,随着民族间的交往日益频繁,使用汉语的少数民族越来越多。每个民族中掌握双语的人都在不断增多。但是还应看到:大多数少数民族是以民族语言为主要交际工具的,因此,民族语言工作仍是政府关注并支持的重要工作。

二 少数民族语术语工作

1. 历史回顾

我国少数民族中,主要是有传统通用民族文字的民族,对语言(包括术语)的研究与应用有着悠久历史。早在11世纪,就有维吾尔学者用阿拉伯文详解的《突厥语大辞典》问世。该书被誉为当时的百科全书。明朝的"华夷译语"规模巨大,载有汉语与十几个少数民族语,以及汉语与十几种外语的对照,其中"西洋馆"就涉及了英、意、法等 6 种语言。清朝有著名的满、藏、蒙、维、汉等五种文字对照的 36 卷本《五体清文鉴》和蒙、藏对照的《日光辞典》和《月光辞典》,民国年间有《蒙文分类辞典》、《蒙汉词典》和《格西曲扎藏文词典》,其中包含了许多专用术语。

2. 方式

少数民族很重视术语工作,但解决术语问题的方式不同。一般来说,掌握了国家通用的汉语的少数民族,愿意直接使用汉语术语,而其他少数民族则愿意使用本民族术语。目前民族语术语比较丰富的语种已进入中、高等教育体系和科技活动之中,他们有民族文字信息处理基础,并有国际交流背景。

3. 机构

为发展民族语言文字,从中央到少数民族聚居地区,各级政府都建立了专门的民族语言工作部门,形成了管理工作和学术研究两个有机联系的网络(如图):

```
民族语言工作
 ├─ 国家民族事务委员会
 │    民族语言办公室
 │    ├─ 民族语言工作委员会
 │    ─ 民族事务委员会
 │       民族语文办公室
 └─ 省区 ─┬─ 八省区蒙古语 ─┐
          ├─ 三省区朝鲜语   │ 协
          ├─ 四省区彝语    │ 作
          └─ 五省区藏语    ┘ 组
```

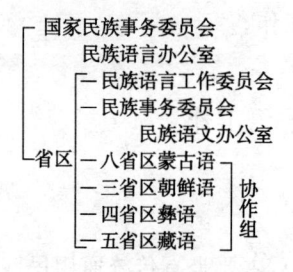

术语工作

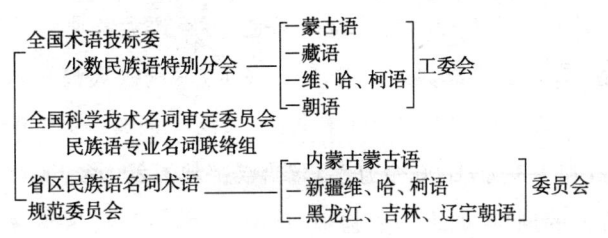

```
                    ┌─ 蒙古语
全国术语技标委        │─ 藏语
  少数民族语特别分会 ─┤─ 维、哈、柯语  ┐工委会
                    └─ 朝语          │
全国科学技术名词审定委员会
  民族语专业名词联络组
                    ┌─ 内蒙古蒙古语
省区民族语名词术语 ──┤─ 新疆维、哈、柯语  ┐委员会
  规范委员会         └─ 黑龙江、吉林、辽宁朝语

```

上述各级管理部门为术语工作提供政策指导,组织协调和资金支持,而学术、技术部门则从事术语研究和规范、统一工作。

4．工作简况

民族语名词术语的统一工作有两个层面:

①规范化指传统的民族语名词审定及普及工作。目的是在民族内部和民族之间的交际中统一科学技术语词。几乎所有领域的新词术语都需要统一规范,所以工作面很宽。经全国科学技术名词审定委员会审定后的名词由各省区或省区协作组组织公布。
②标准化则强调名词术语要与国家乃至国际标准接轨,它要求概念、定义的统一,由国家标准化部门发布,具有国家技术法规性质。相对上述规范化工作,标准化工作面窄一些,目前主要对象是技术领域的名词。

(1) 规范化工作方面

自 50 年代以来,内蒙古、新疆等自治区名词术语规范委员会,还有八省区蒙古语、三省区朝鲜语、五省区藏语等协作组,采用首先挖掘固有词汇,赋予新意,其次用母语词素构造新词,同时通过借词,主要借汉语或亲属语言等方式,已分期分批地审定公布了几万至几十万条名词,同时形成了各自的规范原则。在国家民语委和省区民语委的支持下,新中国成立至今约出版有 27 个文种的,单语、双语或多语对照的,综合或单科的等大量辞书,仅蒙文词典就有好几百种。有影响的大型辞书是《突厥语大辞典》(维吾尔文版,3卷)、《藏汉大辞典》(3卷,3千多页)、《满汉大辞典》(约500万字)、《汉维大辞典》(53000多词条)、《汉彝词典》(53000词条)、《朝鲜辞典》(3册,1000余万字)、《哈汉辞典》(200多万字)。科学技术方面的词典,如维语版物理、化学、数学、石油、林业、建筑、金融等专业词典,又如参照汉语名词审定标准而出版的藏、汉、英对照专业词汇也有多种。

(2) 标准化方面

民族语术语工作是结合各民族的特点,诸如语言文字、文化、心理等特点及经济、科技、文教的发展水平及需求来规划和研究的;同时,民族语术语工作还要强调以术语学理论为指导,并注意与国际标准接轨。由于概念和定义是对事物的认识和描述,其基本原则及方法与语种个性无关,对各语种均具有普适性,相互间是可以借鉴的,所以我们不论在民族语内部,在民族语之间,还是在民族语与汉语,甚至与国际通用语之间,均寻求个性与共性的统一。我们的做法是:

• 在术语命名和建立术语体系时,依据民族语言内部规律和民族文化心理特性,如概念的形成和体系构成、书写习惯、构词与逻辑思维方式等;参考国内外其他民族的经验,向少数民族介绍术语学理论并着手培养术语人才。

• 在机构建制和建立信息源时,注意与国际标准化组织(ISO)的联系。由于我们在全国术语技标委和全国科学技术名词审定委员会内建立了分支机构或联络渠道,因此可以通过他们获得业务指导和ISO术语委员会及其成员的动态、资料、信息。

• 在起草民族语文件和标准时,尽可能等同或等效于ISO标准和与ISO接轨的我国通用语国家标准(GB)。

标准化工作进展

——术语标准化领域。已开展术语标准化的是蒙古、藏、维吾尔、哈萨克、柯尔克孜、朝鲜等6个语种。两年来,全国术语技标委少数民族语特别分会先后与西藏、甘肃、新疆、青海、吉林、内蒙等省区民语委或民委联合举办了8个术语标准培训班,就"术语学与术语标准化"、"标准的制定修订工作"、"计算机辅助术语工作"等基础知识,对少数民族专业技术人员近400人进行了专门培训。特别分会还组织少数民族专业人员积极参加各种国内、国际学术活动。特别分会已着手标准研制工作,目前已立项并研制的标准是为上述6个语种的"确立术语的一般原则与方法"。

——文献标准化领域。已开展文献标准化工作的也是以上6个语种。几年前,民族名称,蒙古、藏、维吾尔等语的书报刊名称,地名等国家标准已出台;近年来,蒙古文拉丁字母转写国际标准已在有关国际会议上取得共识,朝鲜文转写标准草案也早已提交国际标准化组织。

——信息标准化领域。进入信息标准化领域的是上述语种加彝文,西双版纳傣文,德宏傣文,托忒蒙文,锡伯文(满文)。这些文字都已有编码字符集、键盘、点阵字形等方面的国家标准,而通用编码字符集国际标准(ISO/IEC 10646)已提交ISO,其中藏文方案已纳入ISO/IEC 10646。还有彝文方案和为维、哈、柯等文所需要而针对阿拉伯文的ISO/IEC 10646的修订方案,也基本获得认可。

三　结束语

科技的发展，计算机的应用，提供了信息资源和科技成果共享的良好条件，造就了全球经济一体化和全球共同进步的趋势。为了适应这一形势，我们将加强以计算机信息技术促进社会进步为中心的术语工作，包括：

——编译术语词汇、辞典（科技类为主）。

——举办各类术语标准化培训班，并加强有关的国家标准和国际标准的宣传贯彻。

——制定民族语言的基础性术语标准。

——加强计算机辅助术语工作，建立民族语术语数据库，出版电子辞典。

——必要时组织开发与术语相关的本民族软件，使计算机对民族语言文字（首先是术语）有更大的适应能力。

我们的任务很重，我们将努力工作。我们欢迎与国内、国际有关机构、团体建立合作关系，以便共同促进中国少数民族地区的发展和进步。

（原载于《科技术语研究》，1999年第1期）

描述性术语工作和网上术语论坛[*]

全如瑊

我们先介绍术语的整理工作,然后再讨论如何建立网上术语论坛和动员广大用户参与到术语工作中来。

一 术语的动态变化和术语的整理工作

客观事物在不断地变化,人的认识也在不断地深入,而变动的概念就会要求指称也作出相应的更动。有时是维持指称不变,只是更改了定义,而有时则是创造了新的指称。由20世纪进入21世纪,科技的发展在不断地加速,反映在老词定义的不断更新和新词的指数式增长。现在有必要对概念的变化和术语的变迁作进一步的考察,才好拟订有效的应对策略。而在描述性术语工作中,我们着重谈到术语的整理工作,并介绍了两种整理术语的基本方法。

人类的联想活动是很自由的,根据客观事物的特征可组合成任意多的概念,但为了交流却必须使用已由约定俗成的语言指称所固化的概念(事物特征的习惯组合)以求对方的理解。事实上,人们由牙牙学语起便不断地从家庭、学校、社会各方面吸收已定型

---

[*] 原题为《术语的理论与实践(第四部分)·术语工作》。

在语言中的本土文化。不过,当他学习了外语、接触了异方文化,却又发现原来不仅同一事物可有不同的指称,而且人们组合特征形成概念(概念化conceptualization)的方式本身就有很大的不同。在两种语言之间大部分具体的词语还好翻译,但一些比较抽象复杂的概念常常难以找到严格的对应词语。顺便指出,在历史上异源文化发生碰撞的时代常常也是文化跃进的时代。异源概念相遇时既有取代,也有融合,更有进一步的引申发展,这便孕育着新观点和新思路的出现和发展。

人们遇到新事物而感到无以名之的时候,有人是用类似的概念来比拟,因此就借用类似概念的指称,还有人把这个新事物划归在某个更大的类(上位概念)之下使用上一位的指称,不过这两种方法都还要附加上适当的形容词来刻画新事物本身的突出特征以区别可能混淆的类似概念。当有人创建出表征比较确切而且简洁易记的称谓并在语言共同体中得到承认时,一个新的名称便固定下来了。到了现代社会,随着产业和技术的发展,为产品命名的情况日益增多。不过为产品命名比较直截了当,名称大多是由生产者出于销售目的考虑而命名的。应该说,人类为事物命名时是有相当的人为任意性的。

反过来说,一个固定的名称也可随着时地的变迁而不断更改它的含义。以"成人"这个概念为例,它有生物学和社会学两方面的内容,一方面指发育成熟已具备了生育能力的人,另一方面则指已具备在社会上独立生存能力的人。在过去的封建农村,一个农民子弟到了十三四岁结了婚便是成人了,他仍和父母同住并同在一块农田上劳动,不存在出外独立劳动的问题。但到了现代的城市,一个人可能需要在学校一直学到二十多岁才具备社会所要求的技能和学会了为人处世的社会规范,此后还要求职谋业才能谈得到独立生活。因此,成人这个概念如果换算成年岁的话,前后发生了很大的变化。

在中国,大部分科技术语都是译自外文,这个跨文化的传递过程也会带来概念的变化。对于具体事物如果是中国没有的,那么就要创造一个汉语的名称,例如照上面所讲的用类似概念或上位概念再加特征描述的方式来造词。这时若类比不当或归类不当再加描述不准确就可能导致误解。如果是复杂的特别是抽象的概念,通常是找不到确切的对应词,问题更多。例如当初用中国古词"文化"来翻译英语的 culture(德语 Kultur)一词时,把原文中"培养"和"教化"等含义没有突显出来,而古汉语中"文化"本有同"武功"相对的含义却是原文所没有的。汉语中的"文"字使听者联想到语言文字,于是就有人在解释词义时在"文"字上大做文章,认为"文化是通过语言文字媒介继承的精神遗产"。在引进外来文化时常有下述情况:早期为了便于国人理解,多强调双方类似相通之处,直接用我国的类似名称来翻译,但用久之后,发现很多问题,这时才又开始强调双方概念的差异,于是在原有译名的前面加上种种定语来标明其"异"。再者,类似的汉字常只能传达一个外来的复杂概念的一个含义,于是译者就组合几个汉字(汉字符主要都是表意的)力图综合这几个汉字的含义全面表达原词。例如中国哲学家把德语 aufheben 一词译为"扬弃",意指该词兼有"扬"和"弃"两个方面。但顾此失彼的情况也很多,如把英语 meaning 译为"意思"、"意义"、"意图"等汉语时,哪一个译名都只涵盖了它的一个侧面。

另一个导致概念变化的场合就是术语跨领域借用的情况。在前科学时代,拟人论盛行,很多词语源于神话。但到现在,经验科学成为主流,不仅数理化方法广泛用于各门学科,就连数理化的概念也被借用到各个领域。例如力学术语"力"、"能量"、"应力"、"场"等等常被引用来描述生命现象、心理现象和社会现象。借用时常被赋予新的内容,也就是说概念发生了变化。正像前面所指出,同一名称含义截然不同时,自可当作不同术语来处理,分化为不同的名称(术语分化),"但还有不少名词是在不同领域间流传时,语义逐渐变化才走向多歧。如果将一个词分析出若干个语义特征,那么每一次的变化常常仅仅是增减了个别特征,因而在某些语境之下它们是可以通用的,这也就造成人们一直使用着同一个名称来表述这些具有不等程度差异的同源概念(homologous concepts)"。也就是说,当人们着眼其共性时,人们还是愿意使用这同一术语来泛指这一切。

由上面的讨论,可以看到术语工作中要面对的一组特殊矛盾,就是概念的流动性和名称(包括术语)的规定性。概念时常在流动,甚至可以说"概念的流动性是派生新概念,引发新思路,促进知识进步的源泉之一",但为了便利交流却要求名称和概念之间保持稳定的关系。当然这个稳定也只是相对的,随着人们对客观事物的认识不断扩展和深化以及习俗的变迁,规范的术语也要不时加以修订。

在人文学科以及目前迅速发展的领域如生命学和信息技术中,一些概念是各家解释不同,而另一些概念则流动性太大,总在不断改变。对于这类概念,要想加以标准化,也就是说把原来尚处于"浮动状态"的术语"冻结"在某一个定义上,首先从理论上讲就不见得适当,可能不利于学术的发展。在这一点上,描述性术语学要比规范性术语学更为优越。因为它并不想消灭掉现实存在的动态多样性,反而是以动态多样性作为出发点。

再说,规范性工作总是相对滞后的。要使学界对于相应概念取得一致的认识可能需要相当时间做概念协调工作,在概念协调之后才谈得到指称的统一。而在中国对指称的讨论常常是纠缠在外文术语的翻译上,几个用户群体各自习惯于某个译名,互不相让,争执不休,学界没有达到共识,最后常常就搁置不议了。

但在目前新学科新术语不断涌现的时代,广大用户迫切要求对这些新术语有个正确的理解,它的定义是什么(可能各家解释不同而有几个定义并存),它和已有术语的关系(这涉及概念系问题),在中国,科技新术语常常是由国外引进的,那么已有的译名是否确切(如果已然有几个译名,哪个较好,或者全有问题),如果尚无译名应该给它拟订一个什么样的暂用对应词好,等等。总之,用户的需求是迫切的,是不能等待规范后再予以解决的。那么,及时的描述工作就是非常必要的了。

我们都有这样的经验:在交流时,尽管各方对同一关键术语理解可能不同,但只要各自交代明白各自的解释,或给出各自的定义,便不会产生误解而影响沟通。其实,这正是描述性的术语工作。我在前面曾指出概念的流动性和名称(包括术语)的规定性这样一组矛盾。从本质上说,我们搞术语规范工作也就是在部门、行业、国家或甚至国际范围内对这个规定性做统一工作(依据是在搞哪一个范围的术语标准化,搞的可能是行业标准、国家标准或是国际标准),而这里谈的描述性术语工作也并非抛弃规定性,而只是把规定性的范围缩小到专指在某一个场合(时、地、论述领域)下某一个言者(人)在使用某一个词(指称)时使用的是哪一个含义(概念)。因为若全然抛弃规定性,在一篇文章里的同一个词,时而指东、时而指西,便根本谈不上交流了。不过,有时也可见到这样的情况:一个学者概念漂移,同一个词使用时,时而用其广义,时而用其狭义,时而用其俗义,时而用其学术义,甚至由此导出似是而非的结论。这正是因为他不自觉地抛弃了规定性。在这里抛弃了规定性不仅影响了同读者间的交流,也干扰了自己头脑中的逻辑推理过程。

顺便说明,强调描述性工作的重要性并不是说不重视规范性术语工作了。目前较成熟的领域还是占大多数,根据其中相对稳定的术语构建的概念系是宝贵的知识财富,也是一切术语工作的基础。新兴领域大多是建立在老领域基础上的,这些母领域为它们提供了大量的老术语,而大多数新术语也都和老术语有种种渊源:如新术语是出自旧词的复合或缩略、出自旧词的借用引申、出自旧词的借鉴创新,等等,这些都是衍生新词的常用方法。

二 术语的描述和整理

描述性术语工作,最简单的一种就是在发现一个新术语后把所能找到的有关资料,特别是它的定义,及时如实地公布到网上以满足用户释疑解惑的需求。

但提到整理就不那么简单了。整理可由指称入手,也可由概念入手。两者比较,前者历史最久,也好着手,所以先由它谈起。

(1) 由指称入手(semasiological approach)是针对某个特定指称,研究同它对应的种种概念。过去很多词典学家,特别是研究词源的,做了不少这方面的工作。整理出来的资料多是按历史顺序排列,甚至查考出其中的演化渊源。不过研究的对象大多属于文史哲方面的。及至 20 世纪也有人在自然科学方面做过类似的工作,例如在遗传学词典中"基因(gene)"这个条目下,按历史顺序列出不同学者先后给出的定义(包括文献出处)。搞这些专业词典的人大多是领域专家。不过这种理解多歧的现象在自然科学中要少得多,远不如在社会科学中多,例如美国人类学家 A. L. Krober 和 Clyde Kluckhohn 在 1952 年综述"文化"一词的概念和定义时,曾引用了 164 个定义。

再一种是对一个指称现存的不同理解作横断面的比较分析,这多见于专业综述类文章中。根据对应同一指称的概念间的差别,可以作出种种逻辑分类:较抽象的概念间的差异可能是出于不同的理论背景,观点不同;描述客体的概念间的差异可能是由于观察的范围不同,视角不同;出于实验的概念间的差异,还可能是因为采用的方法技术的不同,等等。此类文章还常对这不同定义进行评价,不过和过去搞词源重考据的人不同,后者总是力求寻根溯源一直找到最原始的出处,认为这才是他们要追求的"正确答案",而科技工作者关心的却是这个概念是否源于事实、这个概念所概括的对象是否更能反映出客观真理,以及这样一个概念是否更有利于科学工作的开展和成效的取得(功能观点)。

考察一些含义变动较大或众说不一的术语可以看到好几种情况。仍以前述"基因"一词为例,它的含义在 20 世纪中经历了极大的变动。1909 年丹麦学者 Wilhelm Ludvig Johannsen(1857—1927)第一次提出 gene 这个术语时,它还只是一个用以说明孟德尔遗传现象的假设因子,对其性质、结构等等还一无所知,而要说明的现象也限于宏观性状,如植物种子的形状和花朵的颜色。早期的遗传研究多依据对突变型的分析,20世纪50年代曾有人根据在病毒突变型中所做的互补实验而提出顺反子(cistron)概念,很多人认为这个概念等价于基因概念,而且这个概念是基于互补实验,可以说为基因提供了一个操作式定义。不过随着分子生物学的兴起和发展,生化层次的研究越来越受到重视。这时人们逐渐认识到遗传信息是存储在DNA中,在表达时才转录到mRNA上,最后被翻译成多肽。于是,基因就被理解成编码一种多肽的一个DNA片段(fragment),对应的遗传现象则被归结到分子层次的多肽。这是最早期的转录因子(transcription unit)概念。到1977年连续发现了两个事实,多少动摇了上述概念。第一个是发现了重叠基因(overlapping gene):即一段DNA里由于阅读的方式不同而读出两种不同的基因来。原来,DNA里共有4种不同的碱基,连续的3个碱基组成一个密码子,编码一种氨基酸。但这个碱基链并没有标点符号标明哪3个碱基是必须连在一起读的密码子。因此从理论上讲,沿着一个方向去读,由于选择的起点不同,可以读出3种不同的密码子序列。因此,基因这个概念对应的不应说是DNA的一个片段,实际上应说只是其中的一个密码子序列。另一个事实就是在真核生物及感染真核生物的病毒中发现的割裂基因(split gene):即编码出一个蛋白质的DNA片段中还夹杂着若干不编码的部分(称内含子 intron),于是基因的转录产物还要经历一个剪接(splicing)的工序,去掉内含子并把编码的部分(称外显子 exon)联接起来,这样才能成为成熟的mRNA并用作翻译的底本。因此所谓的转录单位概念要扩大到把内含子包容进去。不过最大的变动还是后来又发现的,同一个DNA片段的转录本可因剪接方式的不同而得出多个不同的翻译底本,从而编码出多个不同的多肽(这个现象称为可变 RNA 剪接,alternative RNA splicing)。这样就打破了原来"一个基因只对应一种多肽"的想法。不过这些不同的多肽是同源的,结构中有许多相同的部分,因而被称为蛋白质同形物(protein isoforms)。此外,自 20 世纪 60 年代起人们就陆续发现若干调节基因转录的成分,包括同通用转录因子及聚合酶结合并启动转录过程的启动子以及同各种基因调节蛋白结合并影响转录速率的调节序列。它们分布广泛,可能远离对应的编码部分。于是基因的现代概念就把这一切都包容进去了:编码部分,内含子,和这一切转录调节部分。这个例子说明随着人们认识的深入而不断更改定义,但据以更改定义的实验发现为学术界所公认,因而对定义并没有异议。这个词完全是可以规范的,只是给出的定义是随科学的进展而要不断修订的。

再举一个心理学中的例子,智力(intelligence)。这是一个在日常会话中常用的词语,但每个人的具体理解并不相同,甚至在心理学界也是众说纷纭、莫衷一是。这不像基因概念可以落在物质实体上,智力是属于所谓的心理构想(mental construct)。乍一看,智力看不见、摸不着,虚无缥缈。不过细加考察,却会发现使用此词的言者是由许多具体的、可验证的智力指标出发的。他想到的可能包括:观察力,理解力,言语能力,记忆力,计算力,学习能力,解决实际问题的能力,适应力,等等。大多数心理学家持一元观点,认为智力一词包容这一切成分,不过究竟该包容哪些成分以及分别给予各个成分的多大的权重,这在心理学家之间存在一定的分歧。也有的学者持多元观点,认为智力有多种,上述每种智力指标都标志着一种智力。现代科学家在 20 世纪中设计了种种智力测验,借以用实证的方法来研究这些心理构想。这些测验不仅有实用价值,如帮助我们选才和诊病,但更重要的是它们为智力提供了操作式定义。于是在科学论文中我们可以说:"这里所谈的智力一词是指根据某某测验所界定的智力"。因此,"智力"是一个现在还不能统一,也许从理论上讲根本就不宜统一的术语,目前所能做到的只是描述。正如上面所谈,在严谨的科学论文里著者首先要对所使用的关键术语进行界定。

再次,讨论一个现在很流行的词,information,它在中国的译名主要有"信息""情报"和"资讯",但本文只采用了第一个译名;在前面还介绍过它同术语学的渊源。英语"information"本是个普通词语,是动词"to inform"的名词形式,原义就是指"音信传递"这样一个过程;意味着一端有音信的来源,或称发送方,另一端有接收方。但在英语中,大量源于动词并以"-tion"为词尾的抽象名词转而又取得更具体的含义,兼指这个过程的对象、内容或结果,information 在这里就是又指传递的内容。当我们把"information"翻译为汉语时,我们只取其后一含义乃译为"音信""消息""信息"等。不过,有一部分学者强调"information"就是个"过程",他们只考虑信息是如何传递的,他们不关心传递的内容是什么,更不考虑传递信息的目的。信息这个普通词语被引用为科技术语主要发生在 20 世纪中叶,电信工程师仙农(Claude Elwood Shannon,1916—　)从通讯的角度来探讨信息传送问题时,对信息概念给出一个操作式的、定量定义。而数学家、哲学家维纳(Norbert Wiener,1984—1964)则从更宽广的眼界谈到信息概念。正如他的著作《控制论:动物和机械中的控制和通讯问题》(*Cybernetics*:*or, Control and Communication in the Animal and the Machine*)的副题所表明,他更多地考虑到生物界自然存在的以及人为设计的产品中的信息和控制现象。在学术界,信息一词迅速得到多种解释。对一部分哲学家和有哲学倾向的科学家看来,物质结构便蕴涵着信息。但更多的学者却倾向于把信息现象限制在生物界和仿生的人工制品中。对于他们来讲,信息现象至少要求有一个感知和控制的主体,不管是一种生物结构还是自动机中的传感器和控制装置。Wiener 在解释信息的含义时也联系到结构、有序性等概念,但他的解释更多是贴近常识的,如说信息是通讯的内容,是用于控制的指令等。不过,不管不同学者对于"信息"一词如何理解和解释,它本是一个普通词语,它要随着人们的使用而在不断演变中,既有引申又有分化。对于许多人来讲,用言语或文字表述的数据、资料,不管是仅仅涉及个别事实,还是概括了一个庞大领域的系统知识,都是信息。而对于一些有生物学背景的人,特别是行为生物学家,他们多强调通讯的生物学意义。例如鸟兽鸣叫互通讯息(如召唤、求偶、告警、恐吓),其作用都是引发听者作出一定行为反应,而这些行为有助于个体的生存或种族的延续。对于他们来讲,这个作用、这个意义才是信息的内容。综合上述,这个词有种种学术义,还有模糊多变的俗义,甚至在一篇学术文章中也常可见到同一著者前后用义的漂移变动。这个例子也是一个目前还无法统一的术语,由描述性术语学的角度出发,我们只能要求言者或著者首先言明自己采用的定义,并在同一段论述或文章中坚守同一定义。

在社会科学中术语的情况更为复杂,因为大量的术语不仅用来指称客观事物,它们还有其他的功能意义(如规范、控制、管理等)。例如许多法律用语所描述的情况一旦确立,就意味着要实施相应的法律措施。其实不仅社会科学,应用科学如医学也有类似情况。就以获得性免疫缺陷综合征(英语首字母缩略词为 AIDS,

在中国音译为"艾滋",但错误地在综合征的后面又加了个"病"字)为例,在初发现时还不知道病因,只能根据临床表现来诊断。防治机关的做法是根据当时的认识拟定一个病案定义(case definition)及时公布供防治人员参考,并随着认识的深入而随时修订这个定义。但这个定义不仅要反映实际情况,还要考虑后果。因为这时还没有研究出确诊方法,在拟定定义的时候有两个方面需要考虑:一方面,因为定义意味着诊断标准,而如果标准定得过严,则有可能漏掉大量轻症患者(假阴性)而放任疾病的传播;另一方面,若把诊断标准定得较松,又有可能将许多非本病患者(假阳性)误诊在内,让他们接受不必要的、甚至对个人不利的处理。因此这个定义常是一种折中产物。这种带有人为规定性的术语常只适用于一定范围之内。例如由于社会结构、伦理传统、风俗习惯等的差异,一般法律的术语大都只适用于一个国家之内。目前只有涉及工农产品之类的术语,出于国际贸易的需要,才有必要国际化,而且随着经济全球化的发展有日益加强的趋势。

由上所述可知,暂时或甚至永久都不能规范的术语众多,因此描述性术语工作的任务是非常繁重而且迫切的。

(2) 由概念入手(onomasiological approach)是先建立领域概念体系,然后再考虑表述该概念的已有指称,从中优选或另提出新的建议指称。

20世纪80年代国际社会科学理事会的概念和术语分析常务委员会(International Social Science Council, Standing Committee on Conceptual and Terminological Analysis, ISSC/COCTA)启动了一个概念和术语分析的国际和跨学科合作项目(International and Transcisciplinary Co-operation on Conceptual and Terminological·Analysis，INTERCOCTA）；他们就是采取这种方法来整理民族学的术语。他们的一个中心工作就是搞出一部概念词典（conceptual glossary）。为此，他们首先要划出领域范围，有鉴于目前学科互相渗透广泛交融的状况，他们突破传统学科界限而环绕主题搜集资料。他们选择有代表性的文献构建术语语料库，然后再从中提取术语、定义和相关指称。不过它的最大特色就是它的条目格式（在电子版上，这个条目可表现为数据库的记录或超文本中的节点）。在一般的术语词典中，术语是标引词，其后再以义项的方式分列出同它对应的诸概念。但在概念词典中，带头的是标识该概念在概念系中位置以利查找的概念标识符，其次是简短的概念描述（上位概念＋区别特征），再后才是同它对应的指称。因为若不如此而任选一指称来作标引，都有可能被误解为："这便是优先或推荐的术语"。这些指称又细分为三类：单义的；多义的、易产生歧义的；编者建议的。再一大项则涉及它的分类体系。值得注意的是，如果本概念还用作特征以定义其他概念，则这个"特征与概念"的关系（在词典中被称为 Tracings）也在这里注明。最后则是一些典型引文，说明所列出的指称的实际使用情况。在词典中，一切资料都注明来源出处。在电子版中还可以采用多维分类，不过他们使用的主要分类的第一个层次就是依据达尔贝里（Ingetraut Dahlberg）给出的 4 个范畴：实体，特性，活动和维度。

三 有用户参与的网上术语论坛

互联网的出现为我们提供了一个便捷且容量近于无限的工作平台。对于规范性术语工作，互联网提供了前所未有的便利。术语规范机构可通过这个门户广泛搜集术语资料,术语标准可通过它及时公布给社会,它更便于广大用户把意见及时反馈给规范机构。一个新的术语是否被用户所接受在这里可以清楚地看到,当然这里也是宣传推广术语标准的理想场所。不过对于描述性工作它更不可缺,这是因为描述性工作一开始便要求广大用户的参与,而互联网则提供了一个便利的对话平台,即术语论坛。用户可以随时同术语服务机构及规范机构对话,用户与用户之间可以自由对话,这里不存在资历的限制,普通用户和专家都平等地对话,群众的智慧可以得到充分的表现。另一方面,这里可为广大用户提供及时的服务。

前面说过,当前新术语如潮水一般层出不穷,广大用户迫切要知道:"新术语的定义和来源是什么?""外文新术语的汉语对应词又应是什么?"等等。滞后的规范性术语工作是应付不了这个局面的,只有及时的描述工作才能满足这方面的需求。再一个重要工作就是组织专家从权威外文科技文献中筛选新术语,及时根据术语学原则拟订汉语对应词并公布于论坛上,这不仅可满足广大科技工作者的迫切需求,也可避免不恰当的甚至是错误的翻译谬种流传难以更改。这些成果通过群众的检验和规范机构的研究,还可更快地得到规范。

1) 术语论坛与规范性术语工作

这里所说的术语论坛,实际上并不只是一个讨论问题和发表意见的场所。它还是一个术语工作站。术语规范机构可通过它搜集用户(这其中藏龙卧虎,有各行各业的专家)提供的资料和意见,包括他们建议的术语指称和拟写的术语定义。术语规范机构可以通过它公布初步规范的结果征求意见(试用)以及发布最终结果。

术语规范机构也可以通过它搜集用户的反馈信息。

此外,它还是一个术语服务站,术语规范机构可以通过它向广大用户提供术语服务,最主要的服务项目就是术语查询。这里设置的术语数据库,是一个可以及时更新的电子词典,广大用户可以随时查阅规范术语,这可能是最有效的推广的方式了。不过它收录的不应限于规范术语,里面还要包括不规范的(拒用的和陈旧的)和未规范的(未定的)术语,只不过是要同时标注出它们这些"术语级别 term acceptability"。

2) 术语论坛与描述性术语工作

术语论坛可能对于描述性术语工作更为重要,甚至应说是不可或缺的,因为我们强调术语工作者和用户以及用户之间的自始至终的互动。面对目前人文学科中众说纷纭的多义词和新兴领域中不断涌现的、但尚未定型的新词,对于这些暂时或永久都不能规范的术语,用户迫切需要的是描述性的术语资料。这是术语论坛要为用户提供的服务,但更应指出,术语论坛还要吸收和接纳广大用户的贡献。科学技术蓬勃发展到今天,已不是少数术语工作者和领域专家所能应付得了的。用户中"各行各业的能人"会提供多方面的资料或资料线索,他们中的"智者"会在指称的构词和定义的撰写上想办法、出点子。大量有争议的问题,只有通过群众的讨论才能越辩越明,逐步找到最佳的解决方案。经验早就证明了群众互补互助的威力。

上面谈到的术语数据库也不是一个一般意义的电子词典,它应是一个以术语概念系为基础的知识网络,每个词条都提供基于多维定义的全面知识介绍,查阅者可以通过关系数据库机制和超级链接进行多途径检索。术语库应是多媒体的,而且除了英语以外,还要逐渐增加其他主要语种。

3）新词工作

鉴于新术语的大量涌现,各国的术语机构都非常重视新词工作,出现了许多新词工作机构甚至专门搜集新词的网站。还有人设计计算机软件以辅助新词工作,这包括从海量的原始文献中提取术语和定义的程序。

一般说,新词工作至少要包括下面几项内容:

① 从原文献中发现新词;

② 从原文献中搜集材料编写定义;

③ 将新词纳入已建立的术语概念体系,必要时可能需要建立新的概念子系统以容纳新词(整理工作);

④ 将结果公诸术语论坛,并注意收集用户反馈;有问题时展开讨论;

……

不过,在中国还有一个重要工作要做。既然中国科技新术语大部来自国外,就应从源头做起,对国外权威期刊不断追随,从中筛选新术语和查找材料编写定义,组织专家及时制定对应汉语术语,在网上和期刊公布试用,待充分收集用户反馈后再对汉语指称做最后敲定。在1996年本刊创刊号中,我就曾提出这个倡议,但没有响应。现在回过头来看,这需要有人牵头和提供必要条件。例如由国内权威术语机构(最好是标准化研究院和全国科技名词委联合起来)牵头,吸收各界专家组建新词委员会及其各领域分会,并提供一定的物质保证。

其实,从外语(例如英语)中提取术语和提取编写定义所需的资料比从汉语中提取要容易,印欧语系的语言形态较发达也不存在汉语中的切分问题,术语工作辅助软件开发得较早也较成熟。但我们必须提供条件,使参与工作的专家能及时在网上接触到(电子版的)权威期刊,并应给予合理的报酬。

这样做的好处是,这不仅可以及时满足广大用户对新词释义的要求,而且也可以避免出现过去那种"不恰当的甚至是错误的翻译谬种流传难以更改"的局面。

(原载于《术语标准化与信息技术》,2004年第3、4期,2005年第1期)

海峡两岸科技名词差异问题分析与试解

刘 青 温昌斌

一 两岸科技名词差异问题的产生与一致化的重要意义

近 20 年来,随着海峡两岸关系坚冰的破解,两岸各个领域的交流合作逐步扩大。经贸与科技方面尤为迅疾,2006 年贸易额已超过 1000 亿元。科技交流与合作也更加频繁和广泛,其中,在求解两岸科技名词差异带来的语言交流障碍方面,也取得很大进展。

回溯既往,1993 年"海协会"和"海基会"举行的第一轮"汪辜会谈",即把"探讨两岸科技名词统一"问题列入"共同协议"之中。这说明海峡两岸有识之士,特别是两岸科技界对此问题体会深刻。从中也可以看出,解决两岸科技名词差异问题,对于促进两岸各个领域的交流与合作具有十分重要的意义。

语言是人类最重要的交际工具[1]。词汇是语言的建筑材料。海峡两岸科技名词不一致,在交流中所造成的障碍是两岸专家有目共睹的。在两岸恢复往来之初的一些学术研讨会中,专家们用两岸各自的通行语表达,造成一些理解上的困难,致使必须使用大量的时间来探讨各自用语的意义,学术研讨是在大陆普通话、台湾国语和英文交替互译中进行的,十分影响交流的效率。例如,大陆专家所用的"遥测"是英文 telemetry 的意思（如无线电遥测），而台湾专家所说的"遥测"对应英文 Remote sensing，在大陆 Remote sensing 则译为"遥感"。有一次，大陆遥测领域专家从台湾资料中看到台湾中央大学有一个"遥测研究所"，就准备了一些无线电遥测技术方面的资料，但到台湾一看，才知道是资源卫星的一个地面遥感者，"风马牛不相及也"。又如大陆术语"地志学"相对于英文 chorography，台湾术语"地志学"相当于英文 regional geography（大陆译"区域地理学"），同样的中文词又有不同的含义。这些不仅直接影响到彼此间的交流，也给信息处理自动化带来了很大困难，在两岸恢复交往之初，这些误解比比皆是，不胜枚举。

当前，两岸各方面的交流日益频繁，经济互补性也越来越密不可分，及时规范两岸科技名词并使其逐步一致，在交流中提升两岸科技、经济发展速度，实现互利双赢，其作用也是十分明显的。

二 两岸科技名词异同现象分析

在讨论两岸科技名词差异问题时，我们应当首先看到两岸科技名词中也有很多相同之处，因而具备了解决好这一问题的基础。

1. 两岸科技名词相同性分析

科技名词是科技、语言（包括已有科技名词）、文化共同作用的结果，两岸具有相同的语言背景、文化渊源。近年来，两岸共同定名，又形成了一批新的一致的名词。因此，我们完全具备缩小两岸科技名词差异的基础。

（1）两岸具有相同的语言背景

两岸同属中华同胞，同文同种。自秦始皇提出"书同文，车同轨"国策以来,幅员辽阔的中华大地,汉语言虽有很多方言,但都使用汉字。台湾和大陆使用的共同语都是现代汉语,大陆称为"普通话",台湾叫做"国语",两者同属于汉民族共同语。它们本是一体,都是源自五四时期大力倡导的白话文。只是由于不同的语言政策和不同的外界环境等原因,才造成了两岸语言各有特点。两岸用语中虽各有一些特点,但在科技名词构词方面,还具有很高的一致性。例如"牺牲阳极利用效率",这一术语虽有 8 个字,但两岸用词完全相符。此外,即使有些词汇不完全一致,也有部分相同。例如,"软件"和"软体",前面的一个字是相同的,虽后面的字不同,但"件"和"体"也有相近的含义。

(2) 两岸具有相同的文化渊源

两岸具有相同的文化渊源,在对很多问题的理解上具有较高的一致性。中华文化有几千年历史,许多历史传说、文献典籍、文学故事等为两岸共同传诵,因此在给科技概念定名时可以不谋而合。例如,大气科学名词"蜃景"是"海市蜃楼"的传说而来的,两岸都用此词表示了这一大气科学现象。

(3) 两岸具有共同的基础科技名词

科技的发展,离不开对以往知识的继承。科技名词中的基础部分,是比较稳定的。民国时期,负责当时科技名词规范工作的"国立编译馆",编译审定了几十个学科的名词。1949 年之后,台湾"国立编译馆"和大陆的"学术名词统一工作委员会"都接收继承了当年"国立编译馆"遗留下来的名词。可以说,两岸现在科技名词中的基础部分,主要来源于 1949 年以前的国立编译馆所制定的名词,所以,很多基本科技名词是一致的,例如绝大多数的学科名和基本词是一致的,动物学里"灵长类""原生群落"等分类词和基本名词,两岸用词都是一致的。据统计,传统学科物理学中,约有80％的名词,两岸是一致的。

(4) 近年来两岸共同定名,形成了一批新的一致的科技名词

随着十多年间海峡两岸各方面交流合作的扩大,有很多科技名词是通过两岸专家共同讨论确定的,两岸形成了一批新的一致名词。例如,目前共有111个元素确定了名称。其中前1—92号元素是1949年前确定的,两岸名称相同。93—100号等8个元素由两岸各自定名,因而不同;加上大陆为避免使用同音字,"矽"改为"硅","镥"改为"鐒",共有10个不同。1998年之后,国际纯粹与应用化学联合会(简称IUPAC)陆续确定了101—111号元素的英文名,为此,两岸专家共同确定了这11个元素的中文名称,因而两岸使用的101—111号元素名称是完全一致的。再比如,大陆在传统上使用"空间","空间科学",台湾使用"太空"表示space这个概念,由于"空间"包含的义项过多,虽然由于习惯性还在一些场合使用,但也有很多地方以"太空"组成词汇,名词委公布名词也使用了"太空"(外层空间)、"太空碎片"等航天科技名词。

2. 两岸科技名词差异性分析

近几十年以来,全球科技迅猛发展,20世纪中期开始了以电子计算机为代表、以信息技术为标志的第三次技术革命。这次革命在70年代达到高潮,80年代后又以更大的势头向前发展。迅猛发展的科技产生了大量的新概念,影响了各个国家、各个地区的语言面貌。

台湾和大陆使用的共同语都是现代汉语,但由于不同的语言政策和不同的外界环境等原因,造成大陆普通话和台湾国语各有特点:大陆普通话具有更多的中原传统文化所具有的重实践理性的色

彩,台湾国语则明显表现出南方文化所具有的重具体感性的色彩;大陆普通话更大众化、通俗化,台湾国语保留了更多的文言色彩,因此台湾使用的古语词要多于大陆;台湾跟外界的接触比大陆时间长,音译术语要比大陆多;[2] 20世纪50至80年代,两岸在世界联系上有不小差别,台湾同英美日等国接触多些,大陆则和苏联联系广泛。受上述诸多原因的影响,两岸的科技名词产生了一些差异。

两岸科技名词的差异,大致可分为以下几类:

(1) 对科技概念的理解不一致造成的差异

两岸专家在各自开展科学研究时,对科技概念上有不同理解,就会造成科技名词差异。例如大气科学中 Younger Dryas event 一词,两岸分别译为"新仙女木事件"和"扬朱事件",原因在于双方对此概念理解不同。后经两岸专家在一起研讨,澄清了这个名词的科学概念,因而共同使用了"新仙女木事件"这个科学名词。

(2) 定名原则不一致造成的差异

两岸专家依据的定名原则不一致也会导致差异产生。术语定名的首要原则是从概念到定义再到名称,但这贯彻起来并不容易。比如:计算机科学名词 garbage,大陆按概念内涵定为"无用信息",台湾则按字面意思定为"废料"。[3]

(3) 术语来源不同造成的差异

两岸分隔之后,大陆方面引进的一些技术主要来源于苏联,台湾方面引进技术则主要来源于英美。两岸科技名词因词源不同而产生差异。例如:航空科技名词中表示"仪表着陆系统中引导着陆时航空器对准跑道中心的设备",大陆用"航向信标"这个名词,它是从俄文 локализатор 翻译来的,台湾则用"定位器"这个名词,它是由英文 localizer 翻译过来的。大陆的"有色金属"和台湾的"非铁金属",也是同物异名,前者来自俄语 Цуетной металл,后者来自英语 nonferrous metal。

(4) 翻译方法不同造成的差异

中华文化在吸收外来语时,有音译、意译、造字等多种翻译方法。每个术语,不管是以什么样的定名原则获得,只要是来自另外一种语言,就跟翻译有关。在翻译方法上的不同,也会导致两岸科技名词的不同。比如,英文 bit,大陆音译为"比特",台湾意译为"位元";相反,英文 rabal,大陆意译为"无线电探空气球",台湾又音译为"雷保"。[4]

(5) 选字和字序不同造成的差异

对概念的理解、定名原则、翻译方法等不一致,会产生科技名词的不一致。另外,即使这些方面完全一致,也可能在用字方面产生差异。

a. 意译用字的不同。如(大陆名/台湾名):hardware 硬件/硬体,program 程序/程式,communication 通信/通讯,security audit 安全审计/安全稽核。

b. 音译用字的不同。如:化工名词中的 Bernoulli equation,大陆名为"伯努利方程",台湾名为"白努利方程"。

c. 缩略不同。有的术语,台湾缩略了,大陆没有缩略,如:计算机科学中的英文缩略词 MOS,台湾定名为"金氧半导体",大陆定名为"金属氧化物半导体"。[5]有的术语,大陆缩略了,台湾没有缩略,如:化工名词 residual error,台湾定名为"残留误差",大陆定名为"误差"。

d. 表述习惯不同,如计算机科学名词中,英文词 line 的大陆名为"行",台湾名为"列",column 的大陆名为"列",台湾名为

"行"。

e. 字序的不同,如(大陆名/台湾名):dissociation　离解/解离,waveguide　波导/导波。[6]

以上分析了两岸科技名词差异问题产生的一些原因以及差异的一些类别,从中可看出很多问题都是由于两岸分隔之后交流不便所形成的,其中不少差异都可以在语言共同性的基础上,通过两岸专家一起研讨得以对照了解和最终解决。

三　缩小两岸科技名词差异的途径

十余年来,为了缩小科技名词差异,两岸专家都在进行尝试和努力。全国科学技术名词审定委员会(以下简称"全国科技名词委")的主要工作是规范科学技术名词。自1985年成立至今已按学科建立了70多个分委员会,审定公布了70多个学科的科技名词。自1996年开始,全国科技名词委积极促进并开展了海峡两岸科技名词协调工作。我们认为,要更好地开展这项工作,首要是两岸各自实现科技名词规范化。目前,两岸都有相应的科学名词工作机构,起到了规范两岸科技名词的作用。在两岸各自审定的70多个学科的科技名词中,交叉的学科近50个,这是我们开展两岸科技名词对照的基础。

自1993年"汪辜会谈"以来,全国科技名词委一直在采取积极行动,寻求缩小两岸科技名词上的差异。在两岸科技名词对照中,我们采取的方法是:

1. 两岸专家形成命名共识

在近些年来开展的对照工作中,两岸术语专家经过讨论形成了一些双方认同的定名原则。例如，2002年8月在成都召开的第一届海峡两岸信息科技名词学术研讨会上以及其他许多会议上，两岸专家首先就拟订科技名词的一些理论和规则展开讨论，形成了共识，这非常有助于实现在对照基础上的科技名词一致化。

2. 两岸名词首先以对照为主，逐步实现统一

全国科技名词委在两岸科技名词对照工作中采取了"积极推进，求同存异，择优选用，逐步一致"以及"先急后缓，先易后难"等工作方针。例如，对两岸各已习用的科技名词，采用两岸名词对照、择优推荐给两岸共同使用的方式进行。近十年来，已有大气、航海等20多个学科已经或正在编订两岸名词对照本，涉及科技名词十几万条。此外，还有一部分学科也在酝酿和陆续启动之中。实践证明，这种工作确有实效。比如，2006年10月10—15日在新疆召开的第四届两岸大气科学名词学术研讨会，讨论了两岸专家精心选定的大气科学常用新名词共342条，经统计，讨论前的一致率仅为38%，经过深入、热烈的讨论，两岸专家对很多名词取得一致意见，把一致率提高到80%以上。

对于近来年来新出现的科技名词，采取联合定名的方式进行。对于那些在大陆普通话和台湾国语中尚未命名的科技新词，两岸应该及时联合定名，以方便双方的使用。甚至其他华语区，也可加入到这项工作中来。实践证明这种方式也是有效的，比如，2007年6月在扬州召开的第三届两岸天文学名词研讨会上，讨论了国际天文组织新命名的矮行星汉文定名问题，两岸专家根据此矮行星Eris的定名由来及中国传统文化，取历史典故"兄弟阋于墙"中的"阋"字寓意，命名Eris为"阋神星"，作为两岸天文学界共同使用的名称。

3. 扩大两岸专家间的交流与合作，减少科技名词差异

近年来，两岸科学界专家之间的来往更加频繁，这在很大程度上减小了两岸科技名词之间的差异，或者增进了对这些差异的了解。全国科技名词委开展这项工作以来，组织过数百名专家专题讨论两岸科技名词的差异问题，在缩小两岸科技名词差异上发挥了重要作用。通过两岸专家间更广泛的交流，两岸科技名词中的差异也一定能够进一步缩小，为两岸各个方面的交流与合作创造更好的条件。

目前，两岸科技名词协调工作，主要是科技专家在做。但是两岸科技名词的差异，也是一种语言学现象，所以全国科技名词委希望更多的语言学家也参加进来，和科技专家一道，共同为缩小两岸科技名词差异而努力。

参考文献

[1] 叶蜚声，徐通锵《语言学纲要》，北京大学出版社，1997。

[2] 蒋有经《海峡两岸汉语词汇的差异及其原因》，《集美大学学报（哲学社会科学版）》，2006(3):36。

[3] 张伟《试论海峡两岸计算机名词协调一致问题》，《科技术语研究》，2004(2):40。

[4] 周其焕《为促进海峡两岸科技名词对照统一而努力》，《科技术语研究》，2006(1):58。

[5] 张伟《试论海峡两岸计算机名词协调一致问题》，《科技术语研究》，2004(2):40。

[6] 周其焕《为促进海峡两岸科技名词对照统一而努力》，《科技术语研究》，2006(1):59。

（原载于《中国科技术语》，2008年第3期）

海峡两岸计算机名词异同浅析

张 伟

一、引言

随着大陆与台湾、香港、澳门地区（以下简称两岸四地）的科技交流、商贸活动的日益频繁，人们越来越感到海峡两岸计算机名词（以下简称两岸名词）的差异，已成为一个不小的障碍，影响着正常的业务工作。因此，人们越来越感到，在两岸计算机名词方面开展交流与合作，共同研讨名词的定名工作，探寻缩小两岸名词差异的途径或方法，势在必行。关于两岸名词的异同众说纷纭，有的说两岸名词差别甚大，有百分之七八十的名词不同；也有的说，约有六七成不同。为了了解两岸计算机名词异同的数量、差异性质和程度，并从中寻找一点规律及解决办法，本人对两岸计算机名词的异同，作了较为系统的定量分析。分析的对象主要是常用的基本名词及少量固定搭配的复合词，而未抽选松散搭配的复合词。这是因为常用的基本名词是术语体系的基础，是构成大量复合词的源词。也就是说，只要基本名词的异同情况摸清楚了，那么由基本名词构成的大量复合名词的异同情况也就基本清楚了。关于取材方面，尽量选用两岸已正式公布的，或权威性的计算机名词或词典。在大陆方面，以全国科学技术名词审定委员会于1994年颁布的

《计算机科学技术名词》为蓝本,参考已经完成审定工作的第二批计算机科学技术名词(审定稿)。在台湾方面,采用台湾"教育部"1998年公布的,"国立编译馆"出版的《电子计算机名词》,"中央图书出版社"1996年出版的《英汉计算机百科词典》及其他有关两岸名词的资料。在分析研究时,采用的办法是,首先抽取400条核心名词,即最基本的、常用的名词,对其进行分析。根据它们的异同情况及差异的性质,决定把两岸名词分为四类,即:完全相同名词、基本相同名词、基本不同名词和完全不同名词。其次是,抽取几个英文字头的基本名词,以便进一步验证分类原则及各类名词的数量。通过分析,得出了各类名词的数量及其比例关系:完全相同名词占总数58.25%,基本相同名词占总数20%,基本不同名词占总数10.25%,完全不同名词占总数11.5%。

二 产生差异的基本原因

1. 在两岸隔绝长达三十余年的期间,人们无法进行科技交流,无法了解和学习对方的技术,各自处于自行发展阶段。

2. 这段期间正是计算机科学技术、计算机产业、计算机应用飞速发展的时期。各方的计算机科学技术、信息产业是在相互无关,相互隔离的情况下快速成长起来的。各方的计算机名词是按自己的理解和习惯定名的,因此,产生差别是十分自然的。

3. 自从大陆实行改革开放政策以来,两岸四地的科技交流,海外华人的科技交流,逐渐多起来,名词的交流也多了起来,此后,两岸名词的差异开始逐渐缩小。

三 名词差异的影响

1. 影响科技交流及商贸活动。在计算机及其网络大普及的时代,由于各方名词(或术语)存在差别,汉字编码和中文信息处理不同,计算机硬件和软件的中文平台互不兼容,大大妨碍了信息或资讯直接交流,影响了产品销售市场。

2. 影响思想沟通,两岸之间的交流必须借助中间语言。同是炎黄子孙,但是由于两岸专业名词存在差异,人们口语交流时不得不借助英语作为中间语言,才能达到相互理解。即使是在只有华人进行交流的场合,大家也得用英语来沟通,才能取得共识。这常常会引起双方尴尬。在双方交谈时,由于名词的差异,讲话常易被误解。往往需要反复几次补充说明,才能准确地表达自己的想法,从而造成了时间、感情、精力的浪费。不妨讲个事例。十年前,台湾同仁来访,他们说单位的主要工作,是软体开发和程式规划,为台北做了很多很好的程式规划。由于"程式规划"的发音与"城市规划"完全相同,又由于是初次见面,不好意思打断对方,我们一直认为他们是为城市规划开发软体的。他们讲完,当我们问到做城市规划如何与交通、道路、水电、通讯、建筑部门合作时,他们顿时感到疑惑不解,互相交头接耳。然后,当一位先生用英语说:"我们的工作是 software development and program design"时,引起了我方恍然的笑声。(注:台湾地区在1998年公布的名词中把"程式规划"定名为"程式设计")

3. 妨碍文字交流。两岸四地的科技工作者和海外华人可能都有过这样的亲身经历或感受。大家使用的都是汉语,书写的都是汉字,但是在书写合同、协议书、备忘录时,常常由于名词的差异,不得不加注释或写两个名词。例如,我们有一次与香港电脑学会在名词合作方面曾写过一个协议书,为了做到表述准确和互相尊重,不得不用括号方式注明对方名词。现摘抄一段作为示例:"双方愿意在计算机(电脑)名词审定方面进行合作,甲方负责完成程序设计(程式规划),建立术语数据库(资料库),最后将磁盘(磁碟)交给乙方。"短短一句话中,竟加了四个注释,造成了文字、时间及精力的浪费。后来,由于大家已经熟悉了,在交换文件时名词的使用也就随意多了。

四　两岸计算机名词异同分类

基于对两岸计算机名词异同情况(包括词形和词意等)及差异的程度或性质的分析,笔者认为将名词按异同分为四类是比较合适的,即:完全相同名词,基本相同名词,基本不同名词,完全不同名词。

A类:完全相同名词,即名词的用词、构词、字序等完全一致,例如:

计算机　电脑　代码　二进制　指令　命令　处理器
算法　　字长　预处理　编码　通道　中断　链接
编译语言　计算机辅助设计

B类:基本相同名词,即名词的表面词意基本相同,只是用词、构词或字序有所不同(大陆—台湾地区,下同),例如:

网络—网路　地址—位址　存储器—储存器　软件—软体
硬件—硬体　框图—方块图　奇偶检验—奇偶检查
人工智能—人工智慧　外围设备—周边设备　接口,界面—界面

C类:基本不同名词,即名词的表面词意基本不同,用词、构词

或字序虽然有相似之处,但是差别较大,例如:

字符—字元(character)　　适配器—配接器(adapter)

消息—讯息(message)　　打印机—列印机(printer)

数字—数位(digit)

D类:完全不同名词,即名词的表面词意,用词、构词和字序等都不一致,易引起歧义,例如:

信息—资讯(information)　　位,比特—位元,比(bit)

数据—资料(data)　　字节—位元组,拜(byte)

作业—工件(job)　　假脱机—排存(spooling)

汇编—组合(assembly)　　流水线—管线(pipeline)

转储—倾印;倒出(dump)

五　两岸计算机名词异同的数量

从400个核心名词,近1000个基本名词以及随机抽取名词的异同情况分析,得到基本相似的结果。在400个核心名词中,完全相同的名词有233个,基本相同的名词有80个,基本不同的名词有41个,完全不同的名词有46个。

1. 完全相同名词,即A类名词,有233个,占总数的58.25%。

2. 基本相同名词,即B类名词,有80个,占总数的20%。

3. 基本不同名词,即C类名词,有41个,占总数的10.25%。

4. 完全不同名词,即D类名词,有46个,占总数的11.5%。

上述四类名词的比例关系分别是:

完全相同名词与不同名词的比例关系为:

$$A:(B+C+D)=58.25\%:41.75\%$$

完全相同名词与完全不同名词的比例关系为：
$$A：D=58.25\%：11.5\%$$

因为基本相同名词只是词序或构词略有差别，所以对名词不作任何修改，都可理解其意义，不会影响使用。而且通过交流与合作，取得共识，达到统一的可能性很大。

六　结论

从上面的分析结果，可以得出如下3点结论：

1. 两岸完全相同名词占58.25%，有很好的交流与合作的基础；

2. 两岸不同名词（其中20%的B类词比较容易沟通、交流）占41.75%，有逐渐减少的可能；

3. 近几年来，随着两岸来往和交流的增加，差异名词出现了逐渐减少的趋势，有了可喜的变化。例如，在台湾地区1998年公布的名词中，"程式规划"（program design）改为"程式设计"；"定标程式"（benchmark program）改为"基准程式"；"资料通讯"（data communication）改为"数据通讯"；"滑鼠"（mouse）一词增加了"鼠标器"；"再新"（refreshing）增加了"刷新"等。在大陆方面已建议将"光盘"正式定名为"光碟"，建议将"调试"（debug）一词增加"除错"之称谓等。

大陆和台湾地区在计算机名词定名方面都做了很多细致的工作，都积累了很多经验，可以说是各有所长，因此大家只要互相学习，取长补短，吸取精华，就可以达成共识，并且能大大提高名词的质量与水平。大陆方面在定名时注重从名词的内涵或概念出发，用适当的汉字加以定名，如：menu定为"选单"（台湾地区定为"选项单"），dump定为"转储"，Internet定为"因特网"。台湾方面在定名时尽可能做到精简,例如:把 scheduling 定为"排程",把 routing 定为"选路",把 write-protection 定为"防写"等。再如,台湾方面力求用表意的汉字定名,而少用或不用外来语定名,例如:把 copy 定为"复制"和"副本",而不用"拷贝"。

难度较大的名词,是那些最基本的,常用的,互相牵连的不同名词。这些名词一经改动会影响全局,如程序—程式,数据—资料,信息—资讯,位—位元,汇编—组合,过程—程序等。对于这类名词,乍看上去,是很难协调一致的。但是仔细分析起来,要想使各方都能容易理解和便于交流,解决的办法还是应该能找到的。比如说,把两岸不同名词按其概念,适当地分分类或分分层次,编一个不同名词转换表或对应表。只要我们大家共同努力,积极探索,问题总是可以解决的。

七 几点建议

1. 尽快编撰一本权威性的"两岸计算机名词对照",以利于海内外华人参照使用。全国科学技术名词审定委员会计算机名词分委员会非常愿意同两岸四地的同仁及海外华人携手合作,共同完成这一具有重要意义的任务。

2. 我们无论是居住在何处,工作在哪里,同是炎黄子孙。我们应在华人范围的各种活动中,尽可能使用汉语,不用或少用英语作为中间语言,以求在汉语环境中互相了解和熟悉。

3. 在新名词的审定方面,加强两岸四地的合作,建立一个常设的名词审定小组,通过各种便利手段,如因特网(Internet),经常交流新名词,讨论新名词的定名,使得新名词的定名取得共识,争取不再出现新的差异。

结束语

无论在数量上,还是在程度或性质上,两岸计算机名词存在着不小的差异。但是两岸科技交流和商贸活动的日益增加,带动了两岸四地科技人员及海外华人对名词(或术语)的重视和交流。反过来,为了推动科技交流和商贸活动,两岸四地科技人员及海外华人有义务积极开展名词交流,增进相互了解,为逐步缩小两岸名词差异作出努力。只要我们炎黄子孙进一步扩大交流与合作,消除不同名词的障碍指日可待。

附录:海峡两岸部分计算机名词差异对应表

1. 信息和数据方面

英语	大陆	台湾地区	英语	大陆	台湾地区
information	信息	资讯	bit	位,比特	位元,比
data	数据	资料	byte	字节	位元组,拜
message	消息	讯息	character	字符	字元
database	数据库	资料库	digit	数字	数位
file	文件	档	alphanumeric	字母数字	文[字]数[字]
document	文档	文件			

2. 软件方面

英语	大陆	台湾地区	英语	大陆	台湾地区
software	软件	软体	assembly	汇编	组合
operating system	操作系统	作业系统	job	作业	工件
program	程序	程式	statement	语句	陈述

续表

英语	大陆	台湾地区	英语	大陆	台湾地区
program design	程序设计	程式设计	dump	转储	倾印;倒出
benchmark	基准程序	基准程式	scheduling	调度	排程
routine	例程	常式	spooling	假脱机	排存

3. 硬件方面

英语	大陆	台湾地区	英语	大陆	台湾地区
hardware	硬件	硬体	MODEM	调制解调器	数据机
architecture	体系结构	架构	magnetic disk	磁盘	磁碟
memory	存储器	储存器	screen	屏幕	萤幕
peripheral equipment	外围设备	周边设备	bus	总线	汇流排
printer	打印机	列印机	pipeline	流水线	管线
mouse	鼠标	滑鼠,鼠标器	disk drive	磁盘驱动器	磁碟机

4. 网络方面

英语	大陆	台湾地区	英语	大陆	台湾地区
network	网络	网路	cable modem	线缆调制解调器	电缆数据机
LAN	局域网	区域网	Web,WWW	万维网	全球广域网路
Internet	因特网	网际网路	scalability	可扩缩性	延展性
gateway	网关	闸道	Ethernet	以太网	以太网路
server	服务器	伺服器	smart card	智能卡	精明卡
video conferencing	电视会议	视讯会议			

(原载于《科技术语研究》,2000年第4期)

试论汉译术语规范的原则与方法

黄忠廉　　李亚舒

一　汉译术语规范

语际词汇的输入最能反映语际影响,因为翻译是一把双刃剑,既可丰富汉语词汇,也可影响其规范。辜正坤[1]说:"术语翻译一方面固然可以丰富本族语,活泼学术风气,但如果处理不当,也可以玷污、破坏本族语,败坏学术风气,尤其是那些具有重大意义的关键性术语一旦进入中文,常常会产生连锁反应,引起中国学术用语的相应变化。若翻译不当,这些术语会破坏原有民族语言的规范性,甚而至于喧宾夺主,迫使汉语的某些术语改变自己的本意而屈从于外来术语强加的内涵与外延,并进而造成中国学术界一些奇怪的说法、理论或不良风气。"

术语规范是汉语规范之一种,汉语界多数从汉语词汇学角度批评、分析外来词,一般只涉及外来词的正误、构词分析、汉化分析等问题。翻译界多半限于外来词翻译,讨论具体译法。

目前,汉语界呼吁加强汉语规范的理论建设,其中少不了考察汉译词汇的规范。术语规范能为汉语规范清理一个主要源头。借助词汇学理论,切入汉译作品,从语际转换角度探讨汉译词汇的规范问题,以济汉语界研究之不足,其研究成果可为翻译界、影视界、辞书界、编辑出版界乃至外国作品教学活动提供可操作、可参考的理论指导,清理规范的源头,严把作品问世的关口,减少翻译对汉语的影响等。

严格的专科词典所收的词目一般可算作术语。"汉译术语"指科学翻译中的术语,包括音译、意译、音义兼译、形译、借用、创造等手段输入汉语的术语。

二 术语规范的原则

1. 标准化原则

术语标准化旨在管好术语的使用。标准化以公认和权威为基准,以便使既定术语为大家接受,确保交流通畅。如罗斯主编的《10000英文新字字典》对 active transport 的释义:

a movement of a chemical substance by the expenditure of energy through a gradient(as across a cell membrane)in concentration or electrical potential and opposite to the direction of normal diffusion.

原译:化学物质借能量之力穿过集中或带电势的坡度(如细胞膜),与正常的滤渗方向相反。

Concentration 是多义词,其义项有"集中"、"浓缩"、"浓度"、"精选"等,编者选了第一个,就有了叫人看不明白的"电势的坡度"。原文讲的是细胞与外界进行物质交换的方式,即细胞通过细胞膜从外界浓度较低的溶液中吸收物质。浓度的高低之差,专业术语叫"浓度梯度"。同时双语词典释义,原译译成了句子,体例上不专业。

改译:消耗能量使化学物质通过浓度梯度或电位梯度(如在细

胞膜的两侧)并与正常滤渗方向相反的一种运动。(顾孟耀 译)

2. 方便性原则

方便性指以最少的词表达尽可能多的信息。有必要避免曲折和复杂的说法,拼法及发音很难的词也要避免。方便就是强调实用,保证汉译术语通俗易懂,规范实用,力戒生涩费解。

3. 合理性原则

合理性,指术语本身是否有示意价值,合理的术语使用者至少通过其成分简析,就能理解其意。合理主要指符合语言道理,符合词法形态和构词规则的术语一般是合理的。

4. 科学性原则

术语科学与否,确切与否,是指名称是否符合所概括的事物的特征。名符其义,正反映了规范的科学性。科学性涉及一种单义性关系,指术语的真正含义,使译文术语和原术语力求等值,表达同一概念。

比方说,东西方均有悲剧、喜剧和正剧等,五四前译入的"悲剧"一词,与汉语原有的悲剧含义部分重合,部分相异,学界一直误用,习焉不察。原词希腊语含义主要不是悲,而是恐怖,要求观众看后产生恐惧和怜悯,涵盖这一意义的词,汉语中没有。不如音译过来,加注说明。套译为"悲剧",虽有一个可读可解的译名,也多了一个产生误解的渠道,读者就会望文生义,重点会落在"悲"字上,但是汉字"悲"不含"恐惧"义。辜正坤[1]说:"不难看出,这是它们硬译成了'悲剧',强行地霸占了汉语的'悲'字,强行赋予它原来没有的东西"。

5. 高频率原则

使用频率是衡量术语流行的一项重要指标。语言是一件约定俗成的事,因此频率问题显得很重要。以往术语学家并非总是用科学手段确定术语的使用频率,常是凭经验去衡量。现在逐渐在建一些大型语料库,可以通过语料库来检测术语的使用频率,这也是术语规范的有效途径。不过,频率问题也要看所涉专业领域的宽窄大小,对术语的使用要看所定领域,不能一刀切。

譬如 dry gas 既译成了"干气",又译成了"贫气",据使用频率,双语专科词典释义时将频率高的译词放在前面,低的放在后面,石油工业出版社出版的《英汉石油技术词典》(1989)和《石油工业主题词表(第一分册)》(1994)正是如此处理的,相应的俄语词目 сухойгаз 的处理方法也相同[2]。所以有人认为 dry gas 译作"干气"不规范,是值得商榷的。

6. 一致性原则

某类翻译方法一旦确定,要保持相对的稳定和一致。如人名、地名、民族名等采用音译,著作、机构名等则采用意译,这是一般原则,两类不可时而音译,时而意译,交叉使用。当然,少数人名、地名可以音义兼译。

7. 约定性原则

"约定俗成谓之宜,异于约则谓之不宜。名无固宜,约之以命。约定俗成谓之实名"(荀子《正名》)。在规范译名时,约定性与科学性发生矛盾时,有时需要以约定性为首要原则,因为一个译名已为受众接受,再去更改,又会造成不必要的麻烦。如"剖腹产"已为大家认同,就不一定按科学性原则改为"剖宫产"。许多术语或专名早有定译,按现在要求虽不规范,但已为人们接受,译者不必另译,一是多记已定译名,二是多查词典,以免混淆。如 Adam Schall-von Bell 译作汤若望等。《英语姓名译名手册》将 Huxley 译作"赫克斯利",这是按译音表转写的规范译法,但严复所译《天演论》原作的作者也叫 Huxley,所以,该手册也收有严复所译的名字:赫胥黎。

三 术语规范的方法

规范方法在此是一种行为。汉语的名词或形容词带上后缀"化",构成了动词,表示转变成某种性质或状态。

1. 汉语化

用字要大众化,规范化,不用冷僻字,不用方言土语,以免造成混乱,要望文生义,有中国味,制定术语要符合汉语构词规律。总而言之,要汉语化,使术语具有汉语的词汇特点。如 laser 音译雷射后,经钱学森推荐定名为"激光"。

同时,汉语化要遵循汉语字词的内涵。据辜正坤研究,当前学术界流行的"元××"术语,如"元理论、元语言学、元科学、元心理学"等,其中的"元"到底意为如何?据汉语的理解,"元者,万物之本",应理解为"根本的、首要的或大的意思",而与"元"相对应的英文前缀是 meta-,义项有"和……在一起、在……之后、在之外、在之间、在之中、超、玄"等,没有"要、本、始"等义,而许多译者遇上 meta-就不加思索,定为"元……"读者则望文生义,以为"元语言学"就是本体语言学,结果错了,因为"元语言学"不是本体语言学,而是超越本体语言学的一种关于语言学的语言学理论。同理,元伦理学是关于普通伦理学的抽象伦理学理论。从某种程度上看,现行译法"元"刚好把原词的意思弄反了,在中国学术界,造成了汉语概念释义的混乱。

2. 意译主体化

尽管音译与借用已成趋势,但尚不能成为主体,意译仍是传达信息的最佳方式,音义兼译次之。音译与借用如果起到主导作用,必然会增加使用者的记忆负担,汉语词汇体系本身也不会全部接纳,而意译具有传承性,言简意丰,便于接受。音译也是一种直译,在音译与意译选择中,意译占主体,正如直译与意译中意译占主体一样。

音译与意译也要看领域,音译不可滥用,尽量缩小音译的范围,音译与意译相比,只能传达原词的音符,而不能揭示意义,使读者不能顾名思义,难于掌握记忆,效果远不如意译,是不得已而为之。正因为如此,许多已先有音译术语现已逐渐被明确易懂的意译术语取代,有的暂兼用并存,如 engine"引擎"为"发动机"所代,vitamin"维他命"为"维生素"所代,penicillin"盘尼西林"为"青霉素"所代,microphone"麦克风"为"话筒"所代等。

音译有其主要运用领域,如人名、地名、部分实物名、部分机构名、最新问世但内涵暂不明的术语等。

3. 简洁化

新名定译,是十分紧要而煞费脑筋的事。现代汉语有一个优点,两个汉字一并就可产生新名词。这表明汉语的简洁化优势:用字力求少,烦琐的译语术语不利于交流就采用缩略的方式,如 WTO(世贸组织)从原来的全文翻译到现在作为一个词素,构成其他的新词(如"入世"等)。

董乐山认为某些汉译社科术语的简洁化过程妙趣无穷[3]。20世纪 50 年代初 guided missile 刚出现时曾译为"定向飞弹",后改为"导向飞弹",虽亦差强人意,总不如最后定译"导弹"明白简洁。

有些政治学新概念,新名词,至今还不能很好地应用汉语组词的这一优势,如 technocrat(专家治国论者)就是。首先,这个名词的翻译本身就是错误的。应译为"技术政治家"或"专家从政者"才是,译为"专家治国论者"仿佛是持有这种理论的人,而不是技术人员从政的人。但从汉语组词简洁化这个角度来看,"技术政治家"或"专家从政者"尽管词义确切,但还不尽理想。"民主政治家"可以简化为"民主派","技术政治家"或"专家从政者"能否简化为"技术派"或"专家派"?

类似的有:dissident"持不同政见者"。严格地说,不是翻译,是解释。"异见派"不是很好吗?在没有找到更好答案之前,恐怕也只好暂时凑合了。

4. 大众化

大众化是指规范过程中的一种从众特性。大众化方法与术语规范的"约定性"原则相关。从术语初次译出来看,译者心中必有接受的读者,他要从众,以便接受;从术语译出为人使用来看,规范者要有从众心理,不能过于执拗。从众性还表现为制定新术语或字典上查不出的术语,需用语法知识、上下文的逻辑关系来分析,依靠间接资料推测,查技术手册、百科全书等工具书,有多种译法时,不妨选择浅显平易的为妥。浅易化的特点是简单明了,易解易记易写,如 noise,有人译作"噪音"和"噪声",中国古代早就有声与音的区别的记载,成调之声即有规律的声才叫音,全国科学技术名词审定委员会定为"噪声",可是人们用惯了"噪音",有人专门著文批评了《英语学习》1995 年第 4 期 The Noises That Infiltrate My Study 一文中几个句子及其注释译文的不规范之处[4],可是就在当年"噪音"一词进入了 1996 年修订的《现代汉语词典》中①。这说明该术语虽不尽合理,不太名符其义,但使用很久,应用范围很广,宜继续延用,不轻易改动,不然,会造成新的混乱。

5. 专业化

(1) 术语化。专业化首先表现为词语翻译的术语化,即使原语概念所对应的译语词具有术语的特点,如名词性、严密性、单义性等,使术语与普通词汇区分开来。如:

When a rock is heated by the sun, its surface expands more than its interior and a layer may break off. When rock is frozen, it may not contract at a uniform rate and may split. When water seeps into a crack in rock and freezes, it expands and increases the size of the crack.

原译:岩石受到日晒时,其表面比内部更为膨胀,就可能引起岩石表层破裂。岩石冻结时,其收缩的速度不一致,也可引起破裂。当水渗进岩缝并冻结时,它就膨胀从而使裂隙扩大。(黄大方用例)

its surface expands more than its interior 实际所指是"其表层比内部膨胀得更快更猛",原译照字面译,尚欠具体。layer 在此是"岩石表层",不是"岩层"。break off 不是"破裂",而是"剥落"。第二句的 freeze 在此只"冻"不"结",因为 water 尚未渗入。

改译:岩石受到日晒,其表面比内部膨胀得更快更猛,引起岩层剥落。岩石遇冷时,其收缩程度不一,也可引起破裂。一旦岩缝渗水受冻,就开始膨胀,裂隙也随之扩大。

(2) 专业具体化。所译术语除了具有有别于普通词汇的特点

---

① 《现代汉语词典》(2002年增补本)已将"噪声"作为主条目。——编者注

外,还要注重它在不同专业中的不同词义的选择。全国科学技术名词审定委员会关于"名从主科"的原则,要求的就是所定术语要与相关学科公布的名词一致。前面讨论的"干气"与"贫气"的问题,也属于这一性质。石油领域使用频率较低的术语可采用"又称"附后,在词典中"贫气"则作为较常用的释义列于"干气"之后。譬如 telecommunication 在自动化专业中为"远程通信",在通信专业中为"电信"。再如:

By the age of 19 Gauss had discovered for himself and proved a remarkable theorem in number theory known as the law of quadratic reciprocity.

原译:高斯十九岁时已经独立地发现并证明了数理定理——二次互反律。

译者因词害义,见 number theory 就逐词译出:数字+理论,又按中国缩略语的构成方式,从中各取一字,形成"数理"。"理论"的取字是不对的,通常取后一个字,如"翻译理论"简略为"译论","白猫黑猫理论"简略为"猫论","摸着石头过河理论"简略为"摸论"等。"数理"容易被理解为取自"数理化"。

改译:高斯十九岁时已经独立地发现并证明了数论中的一个卓越定理,名为二次互反律。(黄河清、张天熙 译)

6. 国际化[①]

术语规范尽量采用国际通用术语与符号,有的词,尤其是缩略语,采用全称翻译啰嗦,不便于记忆与使用,即使是采用全译的译

[①] 全国科技名词委所定的"国际化原则"是指概念上与国际对接,避免所定的词与国际上对应的词不是一个意思,而不是直接采用外文及其缩略词。——编者

语缩略,又会引起误解,也会增加新词的记忆负担,不如直接采用原文,如 IBM、WTO、IT、IQ、CPU、BASIC、FORTRAN 等。仲伟民认为在汉语文出版物中单独使用 WTO 不妥,非要写成"WTO(世界贸易组织)"或"WTO(世贸组织)"不可[5],我们认为这一处理有待商榷。因为初次用 WTO 时,有必要注释其内涵,一旦使用开来,就不必了。

国际化方法可以采用,但要慎用。主要用于缩略语、大众媒体中非常通用的外语词,以及专业行业内通用的外语词汇。

7. 系统化

一个词的规范最好是将它放回它所属的术语系统中去考察,从系统的角度来规范它,修改它,因为术语不是孤立随机的,系统化要从学科概念体系、逻辑相关性和构词能力三个方面去规范之。如 CD、VCD、DVD、CD-ROM、CD-DA 等,TV、MTV、KTV 等。

8. 通俗化

与专业化相对,术语规范中还要注意其相反的一面,即专业术语的通俗化。专业术语离开专业领域,进入新闻报道、政府时文、科普作品、文艺作品甚至日常生活,其义已变,译法也随之而变。术语一经俗化,就变成了借喻,术语原来所指的概念成了喻体。术语在原语文化环境中的比喻义在译语中形成空缺,直译不可能,只有舍喻体而留喻义。[6]换言之,就是去掉原语术语的专业意义,而取与之相似的逻辑含义,从作用、性质、事理、功能等方面译出其喻义。如电学术语 shortcircuit 本义为"短路",请看其俗化为"使……半途失败"的例子:

After all, our engineers would face the same obstacle that had short-circuited the other efforts: the sad state of battery technology.

原译：我们的工程师终归还得碰上造成别人中途失败的那个障碍——蓄电池技术太落后了。（罗进德 译）

参考文献

［1］辜正坤《外来术语翻译与中国学术问题》,《中国翻译》,1998(6)。
［2］黄忠廉,刘丽芬《DRY GAS：贫气呼？干气呼？——与胡晓翔同志商榷兼论科学名词的翻译》,《上海科技翻译》,1996(3)。
［3］董乐山《译余废墨》,生活·读书·新知·三联书店,1987。
［4］黄忠廉,刘丽芬《NOISES：噪音,还是噪声？》,《科技英语学习》,1996(7)。
［5］仲伟民《WTO不能单独使用》,《中国语文》,2001(6)。
［6］罗进德《术语俗化和语用调整》,《中国科技翻译》,1995(1)。

（原载于《科技术语研究》,2004年第3期）

《现代汉语词典》科技名词规范的处理

曹兰萍　李志江

科技词语,特别是已经进入日常生活的科技词语,是社会语言的有机组成部分。随着科学技术的飞速发展,随着新理论、新产品的不断产生,大量科技新名词不断涌现,而且日益深入生活。语文辞书中收录适量的科技词语,既是辞书自身性质所决定的,也是时代发展所要求的。一部语文辞书,它在科技条目的收词、释义上的处理,几乎成为衡量它是否与时俱进的标尺。

《现代汉语词典》(以下简称《现汉》,如不注明,则指第五版)的编写和修订,始终坚持科学的规范观,不仅全面贯彻国家语委颁布的各项语言文字规范,也认真贯彻全国科学技术名词审定委员会(以下简称"名词委")公布的科技名词规范。下面,将《现汉》科技名词规范的处理情况及其原因分别加以说明。

一　《现汉》词目与《名词》规范相一致

《现汉》从1956年开始编写,科技词语的规范问题就在编写细则中作了较为详细的规定,那时主要参考科学出版社名词室编写的学科名词。1985年全国自然科学名词审定委员会(后改名"全国科学技术名词审定委员会")成立以后陆续颁布的学科名词又成为参照的基本依据。《现汉》正式出版以来,经数次修订,先后收录科技词条一万多条,内容涉及自然科学的几十个学科,凡是已经颁布的学科名词(以下简称《名词》),都认真查对,参照执行。正是基于这一点,《现汉》科技词语的收词立目,绝大多数都与科技名词规范相一致。

《现汉》科技词语异名的处理方式为:当一个概念或事物具有两个或两个以上不同名称时,以规范名词立目,作为主条,详注;另外的常见名称也出条,作为副条,简注。

《名词》所列的非规范名词较少,有"又称"和"曾称"两种,个别的也有"简称"。"又称"即这个名称不在推荐之列,但是也还通行,暂不淘汰,依然可以使用;"曾称"即这个名称已经成为历史,不但不推荐,而且不允许继续使用了。

《现汉》中的非规范名词,常用的注释格式有"通称"、"简称"、"也叫"、"有的地区叫"、"俗称"、"旧称"等几种。其中"也叫"与《名词》的"又称"大致相当,"旧称"与"曾称"大致相当。

在非规范名词的处理方面,由于划分层次不尽一致(《名词》概括一些,《现汉》细密一些),所以,有些处理二者看起来稍有不同,实际上并没有什么本质区别。试举例如下:

  月球 ……又称月亮。(《天文学名词》1998)

  月球 [名]……通称月亮。

  月亮 [名]月球的通称。(《现汉》)

"通称"是指"通常的称呼",比规范名词更为人们熟知。"月球"与"月亮"在风格色彩和使用范围上是有区别的,前者多限用于地理、地质等专业领域,后者则可以应用于社会的各个方面。词典用"通称"更为确当。

  地下铁道　……简称"地铁"。(《铁道科技名词》1996)

  地下铁道　……简称"地铁"。(《土木工程名词》2003)

  地下铁道　……简称地铁。

  地铁　|名|地下铁道的简称。(《现汉》)

  赤潮　……又称"红潮"。(《水产名词》2002)

  赤潮　……也叫红潮。

  红潮　|名|③赤潮。(《现汉》)

《现汉》与《名词》处理基本一致。

  选单　……又称"菜单"。(《地理信息系统名词》2002)

  选单　……俗称"菜单"。(《计算机科学技术名词》2002)

  选单　……俗称菜单。

  菜单　|名|②选单的俗称。(《现汉》)

《现汉》的"俗称",有些是指"通俗的称呼",有些是指"叫错了的称呼"。这里显然指前者。英文 menu 有"点菜的菜谱"和"计算机操作选择项目表"两个义项,我国内地最初将后者也译为"菜单",虽不准确,却相当通俗。为了区别"点菜的菜谱",规范作"选单"是合适的。"菜单"作为"俗称"比"又称"表义要明晰一些。

  概率　……曾用名"几率"。(《物理学名词》1996)

  概率　|名|……旧称几率、或然率。

  几率　|名|概率的旧称。

  或然率　|名|概率的旧称。(《现汉》)

"曾用名"就是"曾称",《名词》只列出了"几率"一个异名,《现汉》还列了"或然率",因为"或然率"至今在社会生活中仍然常见,交代它与"概率"之间的关系,对于推广规范名词很有必要。

  喷头　……也叫喷洒器。(《水利科技名词》1997)

  喷头　|名|……有的地区叫莲蓬头。

  莲蓬头　〈方〉|名|喷头,因形状略像莲蓬,所以叫莲蓬头。(《现汉》)

"喷洒器"在《现汉》中未立目,因为日常生活中几乎没有人这样说。"莲蓬头"虽然是方言词,但在语言实际中是活生生的,《现汉》应该将这个方言词与普通话的对应词向读者作一交代。

二　《现汉》词目对《名词》规范的变通处理

  《现汉》中有很少一些科技词语,收词立目与《名词》规范不完全一致。之所以如此,主要在于:语文词典科技条目的收录和编写一定要适合广大读者的知识水平和理解能力,既要考虑科技规范名词在本学科中的地位,又要考虑它在社会生活中的普及程度,还要考虑社会语言实际的发展变化。《现汉》本着科学的精神和实事求是的态度,分别不同情况,予以适当的变通处理。

  1. 科技名词基本上以事物的学名为规范,有些规范名词在社会上并不通行,普通读者熟悉的反而是它的异名。对这种情况,《现汉》有两种处理办法。

  一是规范名词词形不长,符合语文词典的收词原则,则以规范名词作主条,以它的通称作副条。但是,考虑到规范名词在社会上尚未得到广泛使用,当其他条目释文涉及这一概念时,可以采用它的通称而不用其规范名词。如《人体解剖学名词》(1991)将人们熟知的"食指"、"无名指"定名为"示指"、"环指",否定了早已约定俗成的定名,颇有些令人不解。《现汉》注意到社会的认知程度,在立目和释义上还是遵照《名词》规范,但在其他条目的释文中仍然使用"食指"、"无名指",以免费解或造成误会。

  示指 |名|紧挨着拇指的手指头。通称食指。

  环指 |名|紧挨着小指的手指头。通称无名指。

  五指 |名|手上的五个指头,就是拇指、食指、中指、无名指、小指。(《现汉》)

二是规范名词词形较长,跟语文词典收词原则不相合的,规范名词不立目,改在释文中交代。以"获得性免疫缺陷综合征"和"艾滋病"为例:

  获得性免疫缺陷综合征 ……简称"艾滋病"。(《医学名词》1995)

  艾滋病 |名|获得性免疫缺陷综合征的通称……(《现汉》)

从词汇学的角度来看,"艾滋病"并不是由"获得性免疫缺陷综合征"缩略而来。"获得性免疫缺陷综合征",英文 Acquired Immune Deficiency Syndrome,缩略词 AIDS,音译为"艾滋",人们通常称之为"艾滋病"。"获得性免疫缺陷综合征"只限于专业范畴内使用。就语言的经济原则而言,如此长的术语很难在语言交际中流通开来,在《现汉》中立目也显得极不协调,所以《现汉》未将这类规范名词立目,只在相关条目的注释中作出交代。同样的处理还有"多动症"和"注意缺陷障碍"等。

2.《名词》中有些定名只涉及某一方面的某一个词,《现汉》在执行规范时,不仅按照科技定名立目,还注意兼顾到相关的词,实际上这也是对规范的一种变通。以"发热"、"发烧"等一组词为例,《医学名词》(1997)收有"发热",《中医药学名词》(2004)收有"低热"。"发热"就是体温增高、超出正常范围,南方多说"发热",北方多说"发烧"。《现汉》按照《名词》以"发热"、"低热"为正,以"发烧"、"低烧"为副,同时还调整了一系列相关的词目。

发热　②体温增高。人的正常体温在37℃左右,如超过37.5℃,就是发热,是疾病的一种症状。也说发烧……

发烧　动 发热②。

低热　名 人的体温在37.5℃—38℃叫低热。也叫低烧。

低烧　名 低热。

高热　名 人的体温在39℃以上叫高热。也叫高烧。

高烧　名 高热。

退热　名 高于正常的体温降到正常。也说退烧。

退烧　动 退热。 　　　　　　　　　　　　　　　(《现汉》)

3. 在我国,全国科技名词委审定的科技名词具有权威性和约束力,各科研、教学、生产、经营、新闻出版等单位都应遵照使用,这是没有疑义的。应该看到,名词规范本身也分成不同的层次,首先是专业规范,然后才是社会规范。在学术范围内,一旦规范公布,规范名词、非规范名词的处理可以立竿见影;而在社会生活中,无论规范名词的确立,还是非规范名词的淘汰,都会有一个逐渐接受、逐渐适应的过程。所以,《现汉》一直抱着积极引导、循序渐进的态度,使收词立目既符合规范,又易于读者理解接受。例如《动物学名词》(1996)定名"白细胞",未收"白血球"。《现汉》各版处理如下:

  白血球　……也叫白细胞。(1978年第一版)

  白细胞　……也叫白血球。

  白血球　白细胞。(1996年第三版)

  白细胞　……旧称白血球。

  白血球　白细胞的旧称。(2005年第五版)

《现汉》第一版"白细胞"未出条,盖因上个世纪80年代以前,人们对"白细胞"不熟悉,除了医务人员,很少有人使用"白细胞"一词,以"白血球"立目,并且交代"也叫白细胞"是适宜的;90年代中期,科技名词以"白细胞"为规范,《现汉》遵从,由于"白血球"依然使用频率颇高,所以交代它"也叫白血球",同时"白血球"出条,以帮助读者对照;十年后的今天,"白细胞"已经非常通行,《现汉》把"白血球"改为旧称,表示它将在词汇系统中逐步退出、淘汰。这种处理,尽管给人以"慢半拍"的感觉,但是社会大众普遍接受,反而有利于规范的推广。

  "海拔"的旧称"拔海"早已不用,《地理学名词》(1988年海外版)作为曾用名列出,《测绘学名词》(2002)已不收。《现汉》一、三版都将"拔海"立目,注为"海拔"。如果说1978年版的处理尚有其理由的话,那么1996年版的处理就明显滞后了,应该把"拔海"列为旧称才妥当。2005年版删去了"拔海",表明它已然被淘汰了,跟上了规范的新脚步。

三 《名词》规范与语言文字规范的协调统一

前面已经说过,在贯彻执行科技名词规范的同时,也要切实遵守语言文字规范,两者同等重要,缺一不可。由于它们所包含的各项规范内容是陆续完成、陆续公布的,而且着眼点、侧重点并不完全一致,所以相互之间难免出现一些抵牾。

出现了抵牾就要解决,解决要实事求是、有所取舍,而不能机械地执行,盲目地照搬。在涉及词语的音、形、义方面,尤其要尊重汉语的发展历史和人们的语言习惯。下面试举三例:

  癫痫 ……又称"癫痫"。(《心理学名词》1999)

  癫痫 名……通称羊痫风或羊角风。(《现汉》)

"癫痫"是一种由脑部疾患或脑外伤等引起的疾病。其中的"痫"传统读作 xián,但近年来很多人读作 jiān,到底读 jiān 对不对,需要在字源上作些分析。"痫"的繁体是"癇"。《说文》:"癇,病也。"《唐韵》户闲切,折合成今音,读 xián。"癫痫"读作 diānxián 自古而然。读作 diānjiān,是因为"癇"类推简化以后造成的误会。"癇"的声旁是"閒","閒"有两读,一读 xián,简化为"闲";一读 jiān,简化为"间"。"癇"读 xián,应类推简化为"痫",而不能简化为"痼"。因此,"癫痫"应该作为规范词形,读作 diānxián。至于有人误读,应该给予纠正和引导。

  光碟 ……曾称"光盘"。(《计算机科学技术名词》2002)

  光盘 名……也叫光碟。

  光碟 名光盘。(《现汉》)

把"光碟"定为规范名称,判定"光盘"是过时的、要淘汰的,有些语言学、辞书学专家持有不同意见。"光盘"是普通话词语,"光碟"是方言词语,原来主要流行于港台地区。科技界为了将磁介质(disk)和光介质(disc)加以区别,把前者称为磁盘,后者称为光碟,在专业范围内有它的道理,但如此高频的普通话词语,强令它退出历史舞台,显然不合适。"磁盘"、"光盘"都是偏正式结构,介质区别已经在"磁"与"光"两个词素上作了限定。因此,《现汉》在新版本中仍以"光盘"为主条,同时交代"也叫光碟"。

《铁道科技名词》(1996)中的"道碴"一词,《现汉》作"道砟"。这个词在语言实际中读作 dàozhǎ。"碴"字读音为 chá,"砟"字读音为 zhǎ,因此,这个词写成"道碴"是误写,写作"道砟"才对。

《生物学名词》(2002)中有"河鲀毒素"一名,《现汉》收"河豚",释文中说明"也叫鲀"。"河豚"是一种鱼,因外形呈圆筒形,略像豚(小猪)而得名。公元 2 世纪《山海经》中即有"河豚有毒,食之丧命"的记载。"鲀"字始见于南北朝时期的《玉篇》,是为"河豚"造的专用字,后来"河豚"也有写作"河鲀"的。现代生物学上"鲀"用作鲀形目鱼类的统称,包括刺鲀、鳞鲀、河豚等。"河豚"一名由来已久,而且从词形上能够看出得名之由,至今使用广泛;"鲀"字本身就指河豚,再和"河"组合显得累赘,而且失去了命名的理据,况且"鲀"字比较生僻。因此,用"河豚"作为规范名称并无不妥。

《现汉》出版几十年来,我们一直关注着科技名词规范的新进展。历次修订都根据科技名词规范来检查收词立目,同时考虑辞书自身的性质和特点,在尽量与《名词》保持一致的前提下,尊重语言事实,有所调整。这次修订,我们听取了许多专家的意见和建议,力争在规范方面做得更好一些。由于词典修订总要有一个周期,加之我们的工作尚有疏漏,因此《现汉》个别条目处理还不够得当,诚恳地希望继续得到大家的批评和帮助。

参考文献

［1］李志江《论〈现代汉语词典〉的百科条目》,《〈现代汉语词典〉学术研讨会论文集》,商务印书馆,1996。
［2］李志江,曹兰萍《〈现汉〉科技条目的修订》,《辞书研究》,1997(1)。
［3］刘春林《权威工具书应使用规范科技名词》,《辞书研究》,2005(2)。
［4］刘庆隆《语文词典中百科词汇的注释问题》,《中国语文》,1982(6)。
［5］吕叔湘《现代汉语词典》编写细则(修订稿)》,《〈现代汉语词典〉五十年》,商务印书馆,2004。
［6］吕天琛等《科技词条的处理》,《辞书研究》,1981(3)。

(原载于《辞书研究》,2007年第1期)

侨词来归与近代中日文化互动

冯天瑜

对译西洋术语的近代汉字新语,多在"中—西—日"三边互动过程中生成,有的经历了长达一两个世纪,甚至三四个世纪的游徙、变迁,方得以定型。因此,这些新语的源头及发展脉络,往往在漫长的时空转换中变得模糊不清,以致若干有影响的论著及外来语辞典,也将某些新语的来源张冠李戴,尤其是常将本为在中国创制的新语,当作"日源词"。之所以发生此类问题,原因之一是,有些中国典籍(如明末工艺集成之作《天工开物》、造园集成之作《园冶》)在中国失传,却在日本流行,近代方逆输入中国,其中的词汇便被国人当作"日源词"。据张薇的博士论文《园冶文化论》考辨,一直被园林界视作日本进口的关键词"造园",其实是"中源词",明末郑元勋为计成的《园冶》撰题词,已用"造园"一词,该题词曰:"古人百艺,皆传之于书,独无传造园者何"。园林学家陈植20世纪20年代留学日本,得见清代以来失传近三百年的《园冶》,他后来在《造园学概论·自序》(中国建筑出版社,1988年版)中说:

---

* 本文作者于2009年8月在原稿基础上作了修订,为作者主持的教育部哲学社会科学重大课题攻关项目(07JIDH040)的阶段成果。原题为《侨词来归与中日文化互动——以"卫生"、"物理"、"小说"为例》。

> 造园之名……不谙其源者,当亦以为我为日本用语之贩者耳!抑知日人亦由我典籍中援用邪?斯典籍为何?乃明季崇祯时计成氏所著之《园冶》是也。

这种误将失传的中源词当作日源词的情形,有一定代表性。

原因之二是,明清之际入华耶稣会士、晚清入华新教传教士与中国士人合作创制的一批对译西方概念的汉字新语,当时在中国并未流行,却很快传入日本,在日本得以普及,有的还被重新改造,至清末民初中国留学生赴日,把这些新语转输中国,国人亦将其当作"日本新名词"。这也是一批逆输入词汇,称其为"回归侨词",较之"外来词"更为恰当。

本文以卫生、物理、小说三词为例,略论"侨词来归"的情形。

一 "卫生"的娘家

许多论及中日语汇关系的著述和外来词辞典,都把"卫生"当作日源词。厌恶"日本名词"的彭文祖在《盲人瞎马之新名词》中,还专门将"卫生"当作有"日本语臭"的词语,指责其不合文法、理数,应予取消。其实,"卫生"是一个地道的中国古典词,完全符合汉语构词法,也易于从词形领悟词义(保卫生命)。近代日本人借用这一汉语古典词对译西洋相关术语 hygiene,而且曾经恭请访问日本的中国士子为之溯源,论证该词合乎理数、文法。

"卫生"典出《庄子·庚桑楚》。该篇讲到,楚人南荣朱拜谒老子,求教治病之术,于是有与老子的一番对话:

"朱愿闻卫生之经而已矣。"

老子曰:"卫生之经,能抱一乎?"

郭象的《庄子注》将"卫生"诠释为:"防卫其生,令合道也。"

庄子还有"养生"之说,《庄子·养生主》:"文惠君曰:'善哉!吾闻庖丁之言,得养生焉。'""卫生",即"防卫其生",较之养生,其保护生命的含义更强烈。庄子以后,"卫生"一词常为人用,东晋·陶渊明《影答形》:"存生不可言,卫生每苦拙。"清·唐甄《潜书·五形》:"贵人之处,卫生常谨。"这些用例中的"卫生",均指防卫其生、保卫生命。古籍中还有以"卫生"作书名的,如元·罗天益的《卫生宝鉴》,明·胡㽦的《卫生易简方》。晚清入华传教士编纂的《英华字典》将 to protect one's life 译作"卫生",稍后,傅兰雅于1881年译著《化学卫生论》刊行。足见"卫生"一词,从古代至近代中国沿用不辍,其含义也一以贯之,是"防卫其生,保卫生命"。

幕末、明治间,日本在译介西方医学及保健知识时,曾用"摄生"、"养生"、"健全"等古汉语词翻译 hygiene,最后定格于以"卫生"译之。明治年间,日本不仅在医学、保健类书刊中广为使用"卫生"一词,而且于明治十年(1877)以"字面高雅"为由,将内务省下辖主管医疗、保健业务的部门从"司药局"、"医学局"更名为"卫生局"。但这一新的官署名并没有被认同,在日本朝野尚存争议,有人主张以"养生"代"卫生"作局名。

清光绪十三年(1887),总理衙门议奏遣员游历章程,朱批"依议",于是举行考试,选举派出人员,兵部郎中傅云龙名列第一,被派往游历日本及美洲。同年八月傅氏抵日本,于明治二十年底(1887年12月13日)访问内务省卫生局。其时正困扰于署名正否的卫生局局长兼元老院议官长与专斋,请教傅云龙:"卫生之目当否?"傅云龙当即为之作《卫生论》一篇(收录于傅云龙《游历日本图经余记》),首先从问题的提出说起。

> 卫与医,皆所以遂其生也,意将毋同,然而说异。医恒施于已疾,卫则在于未疾也。先是,明治八年设司药,医学一端耳;十六年,易名卫生试验所。表饮食之比较,图服用之损益,固合化学、算学、医学、物理学,而自成一卫生学矣。长与氏犹虑名实未符,问云龙至再。

可见,直至明治二十年,即"卫生局"命名后十年,日本内务省卫生局之名,尚争议未决,故长与专斋局长希望得到来自汉字文化母国的华人学者的论证。傅云龙不负所望,在《卫生论》中洋洋洒洒,详考"卫生"一词的来龙去脉:

> 案《说文解字》"卫(繁体字"衞"——引者注),宿卫也,从韋、帀,从行,行。衞也,帀之言周。"《史记》卫令曰周庐以此。然则卫生云者,有护中意,有捍外意,不使利生之理,有时而出;不使害生之物,乘间而入。秽者,洁之仇也,去秽即以卫洁。赝者,真之贼也,辨赝即以卫真。过而不及者中之弊也,退过进不及,即以卫中。洁也、真也、中也,皆所以生也,独医云乎哉。或谓何不曰养?曰:养,难言也。以心以气曰养,有自然之道,以力以物曰卫,有勉然之功。今日之勉然,未始非自然基;然以学言,则不必高言养也。目以卫生,谁曰不宜?

傅云龙从"卫生"一词的结构、内涵分析入手,论证该词含义的纯正,较之"养生"更为适合做主管医疗、保健的官署名称。

从傅云龙应答日本内务省卫生局局长的专文《卫生论》,可以清楚得见,"卫生"一词作为古汉语词被日本人所借用,中国是"卫生"的"娘家"。当近代日本人为此名目的含义聚讼未决之际,还得请"娘家人"来作疏解、诠释。在傅云龙访日十余年后,亡命日本的梁启超1900年在《清议报》第41号发表的文章中,述及日本"设卫生洁净诸局,以卫民生",将"卫生"诠解为"以卫民生",也是"娘家人"对"卫生"一词的精彩阐释。当然,日本人以摄生、保身、健全、养生、卫生等多个汉字词翻译hygiene,对清末中国人的译事也有影响。1908年上海商务印书馆出版的译学进士颜惠庆等编纂的《英华大辞典》便将hygiene译作保身学、卫生学;1928年商务印书馆出版的黄士复等编纂的《综合英汉大辞典》,将其译作卫生学、健全学。可见,现代义的"卫生"一词,是在中—西—日三边语汇互动中形成的,走过了"中国古典词—传入日本—日本以之对译西方术语—传输回中国"这样一条跨国度、跨文化的旅程。"卫生"是"侨词来归"的事例,而这一"归侨",已非出国前的原态,其气质、内涵皆带有外来新义。

二 "物理"与《物理小识》

近代日本"新汉语"的制作方式之一,是将中国古典词的词义加以引申,以对译西洋概念,"物理"为其一例。获得现代义的"物理"或"物理学",通常被认作"日源词"。然而,这一判断尚可商榷。这是因为,不仅源于中国的"物理"古典义提供了现代义的基础,而且,其现代义的获得,也与明末清初的中国学术用语颇有干系。故可以将"物理"列入"回归侨词"。

作为古典词的"物理",由"物"与"理"组合而成,是"物之理"的省文。"物"指存于世上的万物,《说文解字》曰:"物,万物也。""理"指条理、规则,《韩非子·解老》曰:"理者,成物之文也",这里的"文",意为文理、规则。"物理"形成整词,首现于战国佚书《鹖冠子》,《汉书·艺文志》存其文,"庞子云:愿闻人情物理。"这里的"物理"泛指一切事物之理。西汉成书的《淮南子·览冥训》"耳目之察,不足以分物理",《晋书·明帝纪》"帝聪明有机断,犹精物理",均指事物的道理。晋·杨泉撰《物理论》涉及天文、地理、工艺、农医,其书已佚,清·孙星衍辑有佚文一卷,可见该书探究"物之理",批评晋时流行的玄学。宋代理学家二程及朱熹常论"物理",朱熹的《大学章句·补格物传》称:"天下之物,莫不有理","格物而穷其理",其"物理"仍泛指"事物之理"。

明末耶稣会士入华,带来西方学术,包括西方古典物理学。在欧洲,物理的原词是拉丁文 physis,由希腊文"自然"推演而来。古代欧洲物理学(physis)是自然科学的总称。这虽然是一个宽泛的概念,但较之古汉语中"万物之理"的"物理",稍具学科性和特指性。至中世纪晚期、近代初期,欧洲已形成物理学(自然科学)与人文学(文、史、哲等)、神学并列的学科分野。意大利人华耶稣会士艾儒略(1582—1649)撰《西学凡》(1623 年刊行),介绍欧洲大学学科——文、理、医、法、教、道六科,其中"理科"(音译斐录所斐亚)又分六门,之一为"落日伽"(意译"理则学"),指对自然的研究,是自然科学的总称。这种文、理、医、法、神学(教、道二科指神学)分途发展及自然科学与社会科学相区分的学科观,不同于中国传统的自然科学与社会科学混融一体的状态,对明末清初开明士子有着潜移默化的影响,如徐光启(1562—1633)将西学的科技类知识称之"格物穷理之学"[1],已颇近西方古典物理学(自然科学的总称)的含义。徐氏认为此学为中国所缺。另一"有穷理极物之癖"的学人方以智(1611—1671)也意识到西学能"补开辟所未有"[2],即认为西学可以弥补中国传统学术之不足。方氏在西学启发下,对"物理"这一古汉语词有所因革。他所著《物理小识》(清康熙三年,即1664年刊行)一书,是在"万历年间,远西学人"[3]影响下撰写的,其"物理"已从"万物之理"义演化为"学术之理"义,主要指自然科学各门类,略涉人文学的某些分支,这从该书的卷目可以得见:卷一 天类、历类,卷二 风雪雨旸类、地类、占候类,卷三 人身类,卷四 医药类上,卷五 医药类下,卷六 饮食类、衣服类,卷七 金石类,卷八 器用类,卷九 草木类上,卷十 草木类下、鸟兽类上,卷十一 鸟兽类下,卷十二 鬼神方术类、异事类,《物理小识·总论》关于"物理"在各类学问中的地位与作用,有一说明:

> 言义理,言经济,言文章,言律历,言性命,言物理,各各专科,然物理在一切中,而易以象数端几格通之,即性命死鬼神,只一大物理也。

这段话有两点值得注意:其一,将"物理"与义理(儒家的哲理)、经济(经世济民之学,指政治学)、文章(文学)、律历(天文历法)、性命(人性天命之学)相并列,作为"各各专科"的一种,这显然指自然科学及技术知识,已不同于传统的"万物之理"的"物理"。其二,认为在各种事物及现象中,皆包藏有"物理",这又是在"万物之理"意义上使用"物理"一词。可见,明清之际的方以智所论"物理",兼有"自然科学之理"和"万物之理"的双重含义,其重点又在前者,即论述作为与义理、经济、文章相并列的专科性"物理",这是方以智的一个新贡献。

日本江户时期输入大批汉文西书(《坤舆全图》、《职方外纪》、《远西奇器图说》等),方以智的《物理小识》也随同入日。"洋书解禁"之后,日本进口汉文西书更多,《物理小识》的输入量大增,据《唐船持渡书籍目录》载,文化二年(1805)从长崎进口《物理小识》353部,这在当时是一个不小的数字,表明日本学界(主要是兰学家)对这部书的热烈需求。兰学的开山之作,杉田玄白(1733—1817)的《解体新书》(1774年刊行),志筑忠雄(1760—1806)的《历象新书》(1798年刊行)等兰学著作均多次引述《物理小识》,视其为"座右之书"。兰学者山村才助(1770—1807)的《订正增译采览异言》列举西洋、汉土、本朝三类"引用书目",其中汉土书便有《物理小识》。与《物理小识》在日本传播相同步,该书中的大量词语进入日本兰学语汇,重要者如"天类"的"空中、石油、植物、太西(泰西、远西)、蒸馏","历类"的"赤道、黄道、质测、恒星、岁差、望远镜、经纬度、地球、乘除","风雪雨旸类"的"西洋布、冷气、发育","地类"的"死海、空气、地震、水晶、穷理","人身类"的"循环、肺管、食管、贲门、幽门、直肠、筋、动脉、膀胱","医药类"的"经络、霍乱、外科、骨折、按摩","饮食类"的"密封、消化","金石类"的"镀金、试金石、净水、舶来、洋船","鬼神方术类"的"裸体、透画法、雷电铁索、写真"。与此同时,《物理小识》的"自然科学之理"意义上的"物理"一词,也被日本人所接受,兰学家不再只将"物理"泛解为"万物之理",同时还看作自然科学之总称,这为近代日本人以"物理"对译西方近代物理学(Physics)奠定了基础。

在近代欧洲,随着工业革命的展开和自然科学的发展,自然科学各门类纷纷成长为独立学科(如天文学、地质学、化学、生物学等),物理学不再指自然科学之总和,而成为与其他自然科学学科相并列的一门学科。日本自江户幕府末期以降,对西方物理学有所译介,其译名先后出现过"究理学、理学、究理术、自然学、穷理学、博物、格物、学性理、性理之学、格物总智、格物之学",等等,直至明治五年(1872),福泽谕吉的《改正增补英语笺》仍使用"穷理学"一词。同年,福泽《训蒙穷理发蒙》3卷刊行,仍然突出"穷理"一词。以后又有以"穷理"命名的多种书籍出版。这些译名受到来自中国的晚期汉文西书的影响,如《英华字典》(1843)将Physics译作"性理、格物之学",合信(1816—1873)的《博物新编》译作"博物",丁韪良(1827—1916)的《格物入门》译作"格物"。这些译名尚未脱出自然科学总称的含义。

日本将西方近代自然科学的一个专门——Physics称之"物理",始于明治五年(1872)文部省编纂、片山淳吉(1837—1887)执笔的小学教科书《物理阶梯》(1875年刊行),明治九年(1876)又发行《改正增补物理阶梯》。该书根据英国和美国的两种物理学少儿读物编成,其内容有总论,物体论,物性论,偏有论,动静及速力,单动及复动论,双力运动论,运动力论,重心论,运重器,杠杆论,滑车论,斜面、楔及螺旋论,摩轧论,静水论,水压论,诸体本重,动水论(流水论),大气论,空气的碍性论,音响论,音的速力论,温论,光论,阴影及光的反射论,越历论(电气论),天体论,四季论,等等。可见,《物理阶梯》的"物理"已经不是自然科学总称,而是指近代物理学,包括力学、声学、光学、电学等方面。而这种近代义的"物理"概念,得之来自中国的晚期汉文西书。明治八年(1875)刊行的《物理阶梯》的题言说,其"译字"来源于《博物新论》、《格物入门》、《气海观澜》诸书。前二书皆"在华西洋人所著书",《气海观澜》则为兰学家青地林宗所著书(1827年刊行),其中参考汉文西书不少。《物理阶梯》出现"化学、物理、亲和(化合)、蒸发、分子、固体、流体、大气、引力、重力、元素"等一系列术语,有的采用自汉文西书,有的则在旧词注入近代义,"物理"为其一例。

哲学家西周1874年所著《百一新论》中论及"心理"与"物理":

> 相同的道理,说起来是一样的,其实理有两种……其一叫心理,其一名为物理。物理云者,乃天然自然之理。……物理叫做"APRIORI",是先天之理,心理叫做"APOSTERIORI",是后天之理。

这是从哲学层面区分"物理"与"心理"。

明治八年(1875),东京大学的前身开成学校所设学科中,有"物理学"一目,这已是指自然科学中一个专门的物理学。明治十年(1877)东京大学成立,理学部设物理学科,此"物理"是英文Physics的对译,为今义的"物理"。1888年,日英德法语对译《物理术语辞典》出版。

1890年,日本人藤田平八将盛挺造编的反映近代物理学的书译成中文,定名《物理学》,中国人王季烈对该书作了文字润色和重编,由江南机器制造局刊印,此为第一部中文《物理学》。郑观应的

《盛世危言》首先在政论文中从近代义上使用"物理"一词。1912年,京师大学堂更名北京大学,理科设"物理学门",1917年设"物理学系"。近现代学科意义上的"物理"一词自此流行中国,指自然科学中的一个基础部门,研究物质运动最一般的规律和物质的基本结构,"物理"的古典义——"万物之理"不再常用;"物理"的"自然科学总称"义则为自然科学或博物学所表述。

概言之,"物理"原为古汉语词,意谓"万物之理";明清之际方以智的《物理小识》赋予"物理"以"自然科学之理"的意蕴;明治初年日本的《物理阶梯》将"物理"对译 physics,指自然科学一个专门的物理学,完成此词词义的现代转换。其间,《物理小识》在"物理"概念的古今演变中起了重要的中介作用,日本人是在接受《物理小识》的"物理"概念的基础上,进而完成"物理"与 Physics 的对译工作的。在这一意义上,"物理"可以视作"回归侨词",不过在回归之前,已在日本接受了现代义的洗礼。

三 "小说"归故里

今日人们耳熟能详的"小说",指文学上的一种样式,它以独特的叙事方式,具体地描写人物在一定环境中的相互关系、行动和事件,以及相应的心理状态和意识流动等。这种意义上的"小说",是经由日本人翻译英语 Novel 而成的一个外来词,但在翻译时借用了中国古典词"小说",承袭其固有含义,又加以引申,铸就"小说"的现代义。在这一视角上,"小说"也可称之"回归侨词"。

古汉语词"小说",典出《庄子·外物篇》:"饰小说以干县令,其于大达亦远矣。"①这里的"小说",意谓民间传言,卑琐而无宏旨,尚不是指一种文体。而古汉语将"小说"赋予文体义,首见于东汉初年桓谭的《新论》:"若其小说,合丛残小语,近取譬论,以作短书,治身理家,有可观之辞。"而关于"小说"的经典论说,见于《汉书·艺文志》。班固在《艺文志》中将先秦以来的学派、流别归纳为"十家":儒、墨、道、名、法、阴阳、农、纵横、杂、小说。对小说家的诠释是——

> 小说家者流,盖出于稗官,街谈巷语,道听途说者之所造也。孔子曰:"虽小道,必有可观者焉,致远恐泥。"是以君子弗为也,然亦弗灭也,闾里小知者之所及,亦使缀而不忘,如或一言可采,此亦刍荛狂夫之议也。

颜师古注:"稗官,小官。"又引如淳曰:"细米为稗。街谈巷说,甚细碎之言也,王者欲知闾巷风俗,故立稗官,使称说之。"古代"稗官"、"野史"并列,与"大言"、"正史"相对,成为小说或小说家的代称。《艺文志》所论"小说",指篇幅短小、题旨低微、带传闻性的记述,但亦反映民间意向,有可采之处。鲁迅认为,《汉书·艺文志》所称"小说","这才近似现在的所谓小说了"。[4]

在中国古代,"小说"指街谈巷语、逸事异闻,反映民情风俗,故朝廷设小官(稗官)搜集,以观民风。在中国图书的"经、史、子、集"四部分类中,小说书多划入子部,或作为"史遗"而划入史部。但大

---

① 鲁迅在《中国小说的历史的变迁》中指出:"'县'是高,言高名;'令'是美,言美誉。但这是指他所谓琐屑之言,不关道术的而说,和后来所谓小说并不同。"

体言之,"小说"长期被视作上不了台面的"次文化",虽有可观之处,但毕竟是"小道",所以"君子不为"。然而,街谈巷语,道听途说的"小说"因其生动地表现大众生活及心理状态,故深受民间喜爱,东汉、魏晋、隋唐以来,神话传说、志怪志人之作、传奇讲史等不断得以发展,开小说之先河。宋明以降,话本小说、章回小说竞起,特别是明代《三国演义》、《水浒传》、《东周列国志》、《西游记》、《封神演义》、《金瓶梅》、《三言二拍》等长短篇面世,小说蔚为大观。反映到文学理论上,李贽(1527—1602)力主提升小说在文学中的地位,以为其与《论语》、《孟子》、《左传》、《史记》有同等的教化功能。清初金圣叹(1608—1661)更称《水浒传》为"天下六才子书"之一,其《水浒传》评点本著称于世。

古汉语词"小说"很早就传入日本,但对街谈巷语、稗官野史义的表述,日本更多用"物语"(意谓故事、传奇),如镰仓初期的《宇治拾遗物语》。江户时代小说家曲亭马琴(1767—1848)指出,"物语"即相当于"稗官小说"。日本古代、中世和近世盛行的"物语文学"(代表作如《竹取物语》、《伊势物语》、《源氏物语》等),正是小说这一文学样式的展开。近代以来,日本多以"小说"称描写人物故事的非韵文的文学样式。小说家兼文学评论家坪内逍遥(1859—1935)1885年撰《小说神髓》一书,以"小说"翻译英文Novella。该英文词从拉丁文Novel(意谓"新")演变而来,引申为想象的、非真实、伪造及虚构故事诸意。坪内逍遥指出,"小说的主脑在表达人情和世态风俗",又说"小说的主要特征在于传奇性,在于对社会风俗的描写,对人生事件的展开。"这既承袭了古汉语"小说"的固有含义,又向前作了引申——"再现人生",使"小说"具有了现代义。诺贝尔文学奖得主川端康成(1899—1972)在坪内逍遥小说论的基础上,强调小说表现"人生",认为小说是"人生的叙事诗"[5],当然,这里的"诗"是借代语。川端指出,小说是散文艺术,与韵文艺术(诗歌)相对应。[6]坪内逍遥对小说特征的另一概括是虚构性,他在《时代小说の脚色》中指出,"小说家与正史家的区别在于",小说家有"多少妄诞故事的嗜好",认为正史是不能虚构的,而小说允许并需要虚构,小说家必须有虚构故事的癖好与能力。[7]同时,坪内又强调小说要"写实",川端则力主小说反映人生,要追求"艺术的真实",作"美的表现"。[8]幕末作家曲亭马琴参考金圣叹《水浒传》评点,概括"稗史七法则":主客、伏线、衬染、照应、反对、省笔、隐微。后来夏目漱石的《文学论》以此作为小说构成论的基本内容。总之,近代日本形成的"小说"概念及"小说论",既汲纳了西方小说理念,又承袭并发展了中国传统的小说观。

自坪内逍遥赋予"小说"以现代义以后,明治中晚期小说一词在日本普遍使用,"长篇小说"、"短篇小说"、"社会小说"、"政治小说"、"问题小说"、"私小说"等语常见于书籍报端,并传播至清末中国,一批启蒙思想家试图借助小说这种通俗的文学样式,开启民智,遂有清末"小说界革命"之兴起。1897年,严复、夏曾佑在天津《国闻报》发表《本馆附印说部缘起》,译介新小说,此为"小说界革命"之先声。不过,严、夏尚未用"小说"一词,而是用"说部"。1898年梁启超撰《译印政治小说序》,提倡译小说当择关切于中国现实者。梁氏此处所用"小说"及"政治小说"均借自日本新名词,指现代义的"小说"。梁氏本人曾勉力创作政治小说,以宣传其改良政治的主张。清末"小说界革命"的代表作是梁启超的《论小说与群治之关系》,力主提高小说地位,重视小说的社会功能,要求小说为"改良社会,开通民智"服务。清末小说创作及翻译极一时之盛,著译小说千数百种,[①]《官场现形记》、《二十年目睹之怪现状》、《老残游记》、《孽海花》四大谴责小说,林纾译《巴黎茶花女遗事》、《黑奴吁天录》等是有影响的作品。至五四时期,鲁迅等的白话小说成为新文化运动的一支生力。鲁迅 1920—1924 年在北京大学讲授中国小说史的讲义,以《中国小说史略》[9]之名出版,此为中国小说史的开山之作,其关于"小说"的概念,上承《汉书·艺文志》之故说,又汲纳近代西洋概念,为"小说"作新界定,完成了"小说"从古典义到现代义的转换。周作人等则介评坪内逍遥的《小说神髓》,推动了现代义"小说"概念在中国的传播。"小说"一词,历经"古汉语词—传入日本—近代日本人以之翻译英文 Novella—传输中国"的过程。回归故里的"小说",以现代义得以流行,而其"街谈巷语"、"稗官野史"的古典义,作为一种背景和底蕴,仍然潜伏其间。小说以传奇特色、虚构手法构成"人生叙事诗"和"社会风情画",都与小说的古典内蕴血肉相依。

参考文献

[1] 徐光启《泰西水法序》,《徐光启集》卷二,上海古籍出版社,1984 年版。

[2] 方以智《通雅》卷首之一,《考古通说》。

[3] 方以智《物理小说·自序》。

[4] 鲁迅《中国小说的历史的变迁》,《鲁迅全集》第 9 卷:302,人民文学出版社,1981 年版。

[5] 川端康成《小说の构成》第 29 页,ステイルス社,1983 年版。

[6] 川端康成《小说の构成》第 30 页。

---

① 据阿英统计,清末 10 年间,出版小说 1500 种,2/3 为翻译小说。见钱杏邨(阿英)《晚清小说史》。

[7] 坪内逍遥言论参见明治文学全集 16《坪内逍遥集》,昭和 44 年(1969),筑摩书房。

[8] 川端康成《小说の构成》第 33、36 页。

[9] 鲁迅《鲁迅全集》第 9 卷,人民文学出版社,1981 年版。

(原载于《武汉大学学报哲学社会科版》,2005 年第 1 期)

清末益智书会统一科技术语工作述评

王扬宗

一 益智书会简介

基督教新教(Protestantism)来华以 1807 年 9 月英国伦敦会(London Missionary Society)传教士马礼逊(Robert Morrison, 1782—1834)到达广州为开端。新教教士在传教活动中,一开始就比较重视教育工作。以 1877 年益智书会成立为界,19 世纪教会教育可分为前后两个时期[1]。在 1877 年之前,各差会的教育工作都是各自为政、分散零碎的,许多差会对教育等属于间接传教一类的工作也不重视;但是,在第二次鸦片战争结束到 1877 年的十多年间,教会学校得到了较大的发展,截止到 1877 年,教会新学校已有 350 所,收容学生达 5900 余人[2]。伴随着教会学校的发展,许多具体的教育问题如课程设置、教科书编撰、教师配备等相随而生,急待解决。1877 年 5 月,在中国的新教传教士于上海举行全国大会,他们就教育问题进行了热烈的讨论,决定成立一个"学校教科书委员会"(School and Text-books Series Committee),中文名称为"益智书会"。此后教会教育逐渐走上了有组织、相协调的发展道路。

益智书会的最初成员有传教士丁韪良（W. A. P. Martin, 1827—1916）、韦廉臣（A. Willia mson, 1829—1890）、狄考文（C. W. Mateer, 1836—1908）、林乐知（Y. J. Allen, 1836—1907）和黎力基（R. Lechler, 1824—1908）等。他们还邀请了著名的科技著作翻译人士、江南制造局翻译馆的英国人傅兰雅（John Fryer, 1839—1928）为该会会员，借重其丰富的编译经验为该会服务。经过反复讨论，益智书会决定编写初、高级两套教材。初级由傅兰雅主编，高级由林乐知负责。益智书会成立之初，由丁韪良担任主席，但他远在北京，很少参加该会活动。两年后，该会设总编辑一职，1879年10月，傅兰雅在声明只负责编辑非宗教类图书这一条件后，受聘为书会总编辑，以后长期连任。至1890年，益智书会共编辑出版50种图书[3]，成为广学会之前的一大教会编辑出版机构。由于该会出版的图书大都是科学教科书，简明扼要、浅显易懂，因此也广为教会学校之外的追求新知的中国士人搜求学习，从而对近代科学知识的传播作出了一定的贡献。

1890年5月，新教教士在上海举行第二次全国大会。根据教会学校迅速发展的形势需要，决定成立"中国教育会"（Educational Association of China）取代先前的"学校教科书委员会"，中文名称仍为"益智书会"。编译学校用教科书还是其主要工作之一。狄考文担任该会主席，傅兰雅留任总编兼总干事，下设"工作推行委员会"、"出版委员会"，以后又陆续添设了若干委员，但大都徒具空名。从1893年至1912年，教育会每三年大会一次，共举行七次。1893年后，潘慎文（A. P. Parker, 1850—1924）、谢卫楼（D. Z. Sheffield, 1834—1913）、李提摩太（T. Richard, 1845—1919）、赫士（W. M. Hayes）和师图尔（G. A. Stuart, 1859—1911）等曾担任教育会主席,1896年傅兰雅离华赴美后,长期由潘慎文担任总编辑[4]。1905年,该会取消"益智书会"之名,中文名改称"中国教育会",与英文名称相一致,但此后教育会各委员会很少活动,除编辑《教育评论》(Educational Review)外,工作不多。1915年,中国教育会又改名为"中国基督教教育会"(China Christian Education Association)。

这个由传教士组织的教育会在它几十年的历史中,最有成效的时期是1877—1905年间,即中文名称为益智书会的这一时期。这大体与洋务运动后期和戊戌维新运动时期相当。在此期间,益智书会编辑出版图书80余种,其中约半数是科学教科书①,远比广学会出版的科技图书为多,仅次于江南制造局翻译出版的科技书。因此,讨论科学知识在当时中国的传播情况是不能忽视益智书会的。然而,有关中国近代科技史论著对此均付阙如,未加论列。不用说,译书不是从益智书会才开始的,在它之前与同时都有人从事。但重视术语译名的翻译与统一却以该会为较早,它自成立起就着手统一译名,做过不少工作,并取得了一定成绩。本文将就该会统一译名的工作进行综述和评介。为说明问题,拟先介绍益智书会成立之前新教传教士在统一译名方面已经取得的若干成果。

---

① 《益智书会书目》(Catalogue of Books, Wall Charts, Maps, &.C., Published or adopted by the Educational Association of China, Shanghai, 1895)以及1896、1899、1902、1905年益智书会每三年一次大会(Triennal Meeting)的会议记录。参见王树槐"基督教教育会及其出版事业",《中央研究院近代史研究所集刊》第二期,台北,1972:393-396。

二 益智书会之前传教士翻译与统一科技术语的工作

一般说来,近代来华的新教传教士在科学素养上要远逊于明末清初的耶稣会士。然而,在 19 世纪,正如美国传教士、京师同文馆总教习丁韪良所说:就科学知识相比较,中国的翰林学士还不如西方受过教育的小孩子[5]。传教士掌握的一点点科学常识,常被中国人视为新奇,啧啧称羡。在渴求科学新知的中国人看来,西方人人皆可为中国人之师[6]。这种知识上的优势,使得近代来华的传教士们,也能借鉴明末清初耶稣会士的经验,轻而易举地以科学知识做敲门砖,为他们在中国传教布道开路。如与马礼逊同时代的郭实腊(Charles Gutzlaff, 1803—1851)、麦都思(W. H. Medhurst, 1796—1857)等人就比较重视介绍科技知识。

介绍西方科技知识必须经过翻译方能实现。而翻译时总要遇到翻译科技专门术语这一难题。解决这个难题的途径不外两条:一是核查西方术语描述的对象是否为中国所已有,有则用中国习惯名称,或先前已有译名则借用旧译;二是创立新名。第一条路很窄。因为大量的科学术语、名词是近代科学诞生以来出现的,在西方语言中也是新词,在汉语里根本没有现存的对应词语。可以说,在引进西方近代科技知识的过程中,各个学科都一律存在着创立新名的问题。近代早期的几个译书者,大都是各行其是,各自创立新译名。因此,同一术语,其译名往往各式各样。合信(B. Hobson, 1816—1873)、玛高温(D. J. Macgowen, 1814—1893)、伟烈亚力(A. Wylie, 1815—1887)等人的译著,译名多不一致。以 science(今译借用日语译名"科学")一词为例,合信译为"博物",伟烈亚力和李善兰则译称"格致"[7]。大量不加解释的新译术语增加了读者阅读的困难,同一术语译名不一更使读者无所适从。这种情况,早期译者已经注意到了。他们"各人自扫门前雪",把自己的译名开列出来,在译著书后附上西汉(一般是英汉)译名对照表,立此存照,或者汇集为单行本出版。但多数译著都没有这种附表。即使有,也是初版本有,重印时往往就删去了。

专门的术语译名表,以合信的《医学英华字释》[8]为最早。该书于1858年刊行,全书共74页,汇集了合信翻译《西医五种》时所用的专门术语,分类编排,首先是解剖学词汇,占全书篇幅一半以上,以下依次是内科、外科病症名目、外科手术器具、妇科、儿科和西药术语,最后是"博物之理"类,是科学基本常识术语,为合信翻译《博物新编》时所译。这本术语表是英汉对照的,与一般的双语术语表相比,比较特出之处是,其中不但列有单词或词组,而且还有一些语句,如:

No place is destitute of nerves　脑气筋无所不到

Matter may be changed, but not destroyed　物质变不能灭尽

Nitrogen simply dilutes the oxygen　淡气淡养气之用

The electric fluids are negative and positive　电气具阴阳二性

合信对名词术语意译音译兼而有之。如 caustic solution(苛性溶液)译作"各息的水"、iodine(碘)作"挨阿颠"、nerve(神经)作"脑气筋"或"脑筋"、alcohol(酒精)作"极浓酒"等。

墨海书馆的译著大都没有译名附表。据伟烈亚力记载[9],《代微积拾级》初刊时附有译名表,但后来通行的本子均无此表。此外值得一提的是,香港的传教士罗存德(W. Lobscheid)编有《英华行箧便览》(1864)一书,它是一种旅游和商用英汉对照手册,其中收

有物理、化学、药物术语。这本书笔者没有找到,据说它的译名非常古怪离奇[10],此书没有产生什么影响。

1872年,美国公理会传教士卢公明(Jutus Doolittle,1824—1880)编成《英华萃林韵府》[11]出版。全书共两册,分为三部分。其第三部分系汇集在华外人所提供的专门译名表而编成,其中,有不少是由从事科技著作翻译的传教士(少数是非传教士)提供,集中反映了截止到1872年科技术语的翻译状况。编者把译名搜集在一起,也是为从事科技著作翻译的人员提供参考译名;各科术语译名尽量选择在有关方面比较擅长并有译著的译者提供,虽不足以作为当时的标准译名,但大都是当时较好、较通行的译名,因而对科技术语的统一有一定意义。在这里,把该书有关科技术语的部分摘要说明如下:

(1) 力学(特别是与蒸汽机有关的)术语,伟烈亚力编。主要摘自艾约瑟(J. Edkins,1823—1905)和李善兰译《重学》(1859)和伟氏与徐寿合译的《汽机发轫》(1871)。

(2) 矿物学和地质学术语,慕维廉(W. Muirhead,1822—1900)编。系据慕译《地理全志》(1853)所用译名编成。

(3) 地理学词汇,山嘉利(C. A. Stanley,1835—1910)编。

(4) 印刷术语,狄考文译。

(5) 分类药物名词,嘉约翰(J. G. Kerr,1824—1901)译。共分补剂、提神之剂、宁睡药、平脉剂、吐剂、泻剂、调经剂、杀虫剂等22类,摘自嘉氏翻译的《西药略释》(1871)。

(6) 解剖学与生理学术语,摘自合信编《医学英华字释》。

(7) 物理学名词,丁韪良根据《Wells物理学》一书中的术语摘要译成。此书系"Wells科学丛书"之一,该丛书中的《化学原理》

即著名的《化学鉴原》(1871)的底本[12]。

(8) 博物之理,摘自合信《医学英华字释》。

(9) 照相药剂与器材,汤姆逊(John Thomson)译。

(10) 数学和天文学名词,伟烈亚力译。系伟氏在墨海书馆翻译《代数学》(1859)、《几何原本》(1857)、《代微积拾级》(1859)和《谈天》(1859)等书时与李善兰等所拟译名。

(11) 照相器具药料名目,德贞译。德贞当时正在翻译《脱影奇观》(1873),本表即据该书译名编成。

(12) 化学名词,嘉约翰译。系嘉氏与何瞭然合译《化学初阶》时所拟译名,并借用了徐寿和傅兰雅译《化学鉴原》时创译的名词。

(13) 恒星表,伟烈亚力编。

(14) 法、中、英机械和航海词汇,日意格(Prosper M. Giguel, 1835—1886)编。日意格当时是福州船政局的法籍正监督。福州船政局是清末最大的新式造船厂,1866年由左宗棠创办,附设有学堂求是堂艺局(后扩充为船政前后学堂)。船政局聘用了许多法国技师和教员,此表当时摘自日意格编《福州船政学校常用技术词典》[13]。这可能是当时唯一译自法文的科技术语表,后附有英译名。但英译名主要是根据中文所译,时有错误,如将"盐强水"(盐酸)译成 sprits of salt,十分可笑。

三 益智书会统一科技术语的努力

1. 1877年至1889年 益智书会统一译名的工作是与编译教科书同时进行的。其初步工作决议议案[14]要求该会所出两套教科书译名必须一致,并要求委员们收集有关中文译著或中文原著,仔细通读,将其中专门术语列为表,以备编辑一个总的术语表。该会还决定向当时的著译者发出通知,请他们在著译时将术语名词列表送往书会,进行统一审查比较,如译名不当,由书会另拟译名通知著译者,著译者若坚持自己的译名,则要注明书会所拟译名,供读者参考。1878年3月这个通知发往各地的传教士著译者[15]。为便于工作,书会对统一译名的任务进行了分工,其中科技、工艺制造类由傅兰雅负责编辑,地理名词由林乐知编辑,伟烈亚力负责提供专有名词表,麦嘉缔(D. Macartee,1820—1900)搜集日文有关译著中的名词术语。

益智书会成立不久,委员狄考文在《教务杂志》上撰文论述编译教科书问题[16],讨论了术语翻译问题,他批评一些著译者力避使用术语的做法。他说:每一学科都有专门的一套术语,把这门学科介绍到中国来,就必须把它的一套术语介绍过来,不用科学术语而能准确地介绍科学知识是不可想象的。怎样译订术语呢?狄考文认为以下几点必须注意:第一,术语应简短,不必要求它从字面上准确反映定义或说明含义;第二,术语应能够方便使用,适用于各种场合;第三,同类术语应相互协调一致;第四,术语应准确地界定,每拟译一新术语时都要给出其确切定义。

一年之后,狄考文又在同一杂志上发表文章专论数学教科书的编撰[17]。在这篇文章的开头,他讨论了数学各分支学科的译名。他认为"几何"一词意为数量,与 geometry 意义不符。他建议 geometry 译称"形学",而用"几何"代表 mathematics。他赞同伟烈亚力和李善兰关于 algebra(代数学)和 arithmetic(算术)的译法,即前者译为代数学,后者译为数学。Surveying(测量学),他建议译称"量地法"。接着他建议使用西方数学中的符号记法,他着重论述了使用阿拉伯数字的问题。福建的传教士基顺（O. Gibson）在其《西国算法》(1866)中较早采用了阿拉伯数字和西算书中的数学符号。狄考文使用此书教学深感用阿拉伯数字方便，教学效果远胜使用中国数字，他详细论述了使用中国数字和阿拉伯数码的缺点和优点，呼吁在数学译书中使用阿拉伯数码。此外，他还建议数学著译的书写方式由竖排改为横排。狄考文的这些建议在当时是很有见地的，但遭到了一些人的反对。如傅兰雅坚持使用中国数字，在1890年的传教士大会上还为此同狄考文当面争执[18]。不过，狄考文也很自信，他在自己的数学译著中采用阿拉伯数码，深受读者欢迎，他的《笔算数学》、《代数备旨》等是清末流传最广的数学教科书。

与编译教科书相比，益智书会统一名词的工作进展较慢。1877年下半年内，先是伟烈亚力因眼疾回英国，不久麦嘉缔去了日本，他们承担的工作全部落空。1880年3月15至17日，书会委员在上海会议[19]。在此会上，书会执行干事韦廉臣提出书会选用卢公明《英华萃林韵府》中伟烈亚力编译的数学与天文、力学术语和恒应表，这一提议获得通过。此后益智书会出版的教科书中的数学、天文、力学术语即应以伟烈亚力的术语为准。傅兰雅向会议提交了他在江南制造局翻译馆所用的各种术语表，并表示希望将来出版其中数种，但他又说，由于这种工作只能利用工作余暇来做，不可能很快完成。书会建议他向北京和江户的译者函索译名资料，以积累资料，由他编辑成《译者指南》(*Translater's Vade Mecum*)出版。这就是后来江南制造局出版的几种译名表的由来。

傅兰雅不是传教士，他受雇于清政府官办的江南制造局，是该局翻译馆的主要口译者，与其中国合作者徐寿、华蘅芳、赵元益等人合作翻译了大量的英美科技书籍。翻译馆对名词术语翻译极为重视,对核查一个术语汉语中是否已有或已译与设立新译名都有一定方案,并"作中西名目字汇",要求译者"译书时所设新名,皆宜随时录于华英小簿,后刊书时可附书末,以便阅者核察西书或问诸西人。而各书内所有之名,宜汇成总书,制成大部,则以后译书者有所核察,可免混名之弊"。[20]可惜这些措施在翻译馆未得到较好地执行。如馆中译书不同译者所译书译名就有差异,没有统一,该局出版的译书一般都没有附译名表。特别是1884年徐寿死后,馆中译书中国人都不重视译名统一[21]。但翻译馆多年译书积累了不少术语表,据傅兰雅报告[22],至1890年积累术语译名不下36000条。傅兰雅借益智书会统一术语之机,将部分专门术语整理出版,由制造局负责刊行。计至1890年,依次刊行以下四种:

(1)《金石中西名目表》,又名《矿学表》,书首有英文和中文序言,作于1883年3月。此书系根据玛高温和华蘅芳合译《金石识别》所立译名编辑整理而成,并补充了玛、华漏译的术语。

(2)《化学材料中西名目表》,简称《化学表》,序于1885年1月,系据傅兰雅和徐寿翻译《化学鉴原续编》和《补编》所定译名编成。

(3)《西药大成药品中西名目表》,又称《西药表》,序于1887年5月,根据傅兰雅和赵元益翻译《西药大成》所译术语编辑。

(4)《汽机中西名目表》,1890年刊出。其小序云:"是表以《汽机发轫》所定名为主,因《发轫》译于同治十年,为汽机第一书,后更续译《汽机必以》、《汽机新制》等书,名目亦逐渐增多,今拟译《兵船汽机》一书,恐前后名目或有互异,故先将光绪十五年(1889)以前所有成书内已定汽机名目辑成中西名目表。"《兵船汽机》是傅兰雅与华备钰翻译的。

上述四表都是益智书会计划的《译者指南》的几个分册,各册出版后都曾提交书会讨论[23]。它们虽由江南制造局刊行,实际上却是受益智书会推动促成的。

2. 1890年至1905年 1877—1889年间,益智书会统一术语译名的工作与该会所期望的目标差距很大,书会的工作报告屡屡对此表示遗憾。随着大量新译著的问世,译名混乱状况有增无减,使读者深感不便,与当时教会学校发展形势很不相适应。1890年的第二次新教全国大会,把术语译名作为一论题提出专门讨论,并邀请傅兰雅作有关长篇报告,傅氏的题为《科技术语:当前的歧异与寻求统一的方法》的报告共有四部分。在第一部分"科技术语与汉语之关系"中,他总结了历史上汉语翻译外国名词的经验,认为音译法最不足取,除非不得已不要用,描述性的译名最易接受,音译意译相接合的译名也有可取之处。针对有些传教士认为西方科学不能用汉语表达,只有用西文教授科学知识的观点,傅兰雅指出,只要充分掌握汉语知识,了解中国文化遗产,西方科学就不难用汉语表述。他向大会介绍了他在江南制造局的译书经验。在第二部分,他提出了关于拟定科技术语命名法的几点基本想法,他认为:第一,尽可能意译,而不音译。第二,万一不能意译,则要用尽量适当的汉字音译。他提出要建立音译体系,基本词素音译字要固定,要用官话音译。第三,新术语应尽可能同汉语固有的形式建构一致。第四,译名要简练。第五,译名要予以准确的定义。第六,译名在各种场合都要符合原意,不致矛盾。第七,译名要有灵活性。在第三部分,傅兰雅总结了译名歧异的情况及其原因,他认为译者汉语水平、科学水平程度不一以及译者间缺乏联络,不求统一是造成译名不一致的主要原因。在最后一部分,他建议大会组成一个由中西人士参加的委员会,由该委员会制订一套科技语的翻译命名法并采取切实的步骤尽快编辑英汉、汉英术语词典和中文的科学术语词典,给出术语的准确定义。傅兰雅的基本观点得到了大多数传教士教育家的赞同。大会将译名问题移交改组后的益智书会研究解决。

1891年11月,益智书会出版委员会在上海开会,讨论名词术语问题。这次会议成立了地名人名委员会,由傅兰雅任主席,负责地名人名的统一工作。专门术语的译名统一工作,直接由书会出版委员会负责,当时该委员会由狄考文、傅兰雅、李安德(L. Pilcher,1848—1893)、谢卫楼、潘慎文五人组成,狄考文任主席,各人分工负责一部分术语。狄考文负责算术、代数、几何、三角、测绘、航海、解析几何、微积分、水、空气、光学、热学、电学、蒸汽、天文、印刷和机械工具等术语;傅兰雅负责化学、矿物学、气象学、石印术、电镀、化学仪器、物理仪器、铸造、模铸、射击、造船、采矿和工程术语;李安德负责药物学、解剖学、外科、疾病、地理学、牙科、照相术、地质学术语;谢卫楼负责精神科学、道德科学、政治经济学、政治学、职官、国际法和神学名词;潘慎文负责生理学、植物学、动物学、音乐(乐器和声乐)、蒸汽机名词术语。出版委员会还制订了统一术语的工作章程,与前述益智书会成立之初关于统一术语的工作议案大同小异。章程要求各表制好后应送各位委员传阅审查,各委员标出各自所选较为合适的译名,最后送编表者。遇有不同意见时,由委员会各位委员投票决定。各表完成后,交给书会总编辑,由他汇集各表按字母顺序排列编成总表,作为英汉科技词典出版。这是出版委员会的工作目标[24]。但是,到1893年益智书会第一届大会时,这一工作几乎没有任何进展[25]。直至1896年第二届大会,统一术语的工作才略有进展,但离既定目标仍遥遥无期。

益智书会统一科技术语进度之慢实在惊人。所以如此,除了统一术语的实际困难之外,该会总编辑傅兰雅与负责统一术语工作的出版委员会主席狄考文的意见分歧也应是重要原因之一。前面已提到他们在对待使用阿拉伯数码的分歧,后来他们又为化学元素译名发生矛盾。根据益智书会统一译名的原则,元素译名的发音应尽量不同,为此,狄考文和赫士建议傅兰雅对他和徐寿译定的元素名称中发音相同者加以改译,以免去同音之弊。傅兰雅坚持不改。对此,狄考文等抱怨说:傅先生的这种态度使统一术语工作无法进行[26]。傅兰雅则批评出版委员会无视他提供的译名表[27]。他在出版了前述四表后,又编好了地质学、植物学、地理学和生物学等术语表,但都为益智书会出版委员会置之不理,虽然他也是该委员会成员之一。1896年益智书会第二届大会上,傅兰雅发表了题为《中国科学术语展望》的演说,批评出版委员会在统一术语工作上无所作为,大声疾呼与会者重视术语翻译与统一问题,引起热烈讨论[28]。最后,这届大会终于成立了由狄考文、赫士、傅兰雅、文教治(G. Owen)、潘慎文、嘉约翰和师图尔组成的科技术语委员会,负责统一术语译名[29]。由于傅兰雅不久离华赴美,嘉约翰不在上海,文教治辞委员职,实际负责这一工作的主要是狄考文、赫士和师图尔三人,狄考文是科技术语委员会主席。

科技术语委员会成立以后,首先着手的是修订化学名词。主要由师图尔、赫士拟译,狄考文总其成。1898年2月,他们在《教务杂志》上发表了《修订化学元素表》[30],1901年又出版了《协定化学名目》[31]。至于其他科技术语,到 1904 年才汇集为英文版的《术语辞汇》刊行[32]。至此,益智书会统一译名的工作始告基本完成。此后,科技术语委员会同益智书会的其他委员会一样名存实亡。1910 年,师图尔对《术语辞汇》加以修订重版,并附有《化合物译名表》,这是该会在统一术语方面的最后工作[33]。

四 《协定化学名目》和《术语辞汇》

《协定化学名目》和《术语辞汇》是益智书会统一科技术语的两项主要成果。前者在 1899 年完成[34],后者在 1902 年也已编就[35]。

《协定化学名目》由两部分组成,第一部分是命名原则,第二部分是无机化合物的英汉名称对照表。第二部分是全书主体。

元素译名原则有以下四点:

第一,每一元素译以一汉字,各字之形、音都各不相同,各字字音不以音调相区分。

第二,所有重要元素译名应有实义(即译意),其余不重要的元素译名音译。

第三,所有元素分为三类:1. 气体,包括碘和溴;2. 非金属元素;3. 金属。第一类气体元素译名均加"气"字头,第 2、3 类分别加偏旁"石"和"金"。

第四,音译元素名时,应尽可能避免使用有实义的常用字,所有新造元素名字的发音应与西文原名发音部分相一致。

这一原则与 1898 年发表的《修订元素表》基本一致,只是第三点气体元素名加"气"字头是对 1898 年方案的改进。

《协定化学名目》与《修订元素表》所收元素均为 71 种,比《化学鉴原》等介绍的64种元素多出7种,它们是惰性气体Ar、He,金属Ga、Ge、Sm、Sc等。元素译名中保留《化学鉴原》和《化学初阶》译名22个,毕利干译名3个,丁韪良译名3个。此外狄考文新造译名25个,其他人新造译名7个,其余是中国固有名称等。与以前的元素译名方案相比,《协定化学名目》对气体元素加上"气"字头表示类别是一个进步,另外译音也有所改进。但狄考文等不顾《化学鉴原》元素译名已广为流传的事实,对大量元素译名进行改译,这不但难救旧译之弊,而且引起更大的混乱。甚至汉语中通用的"金"字,他也认为不能代表元素Au,而新造一个"镙"字(为减少刻字,本文不再例举狄考文改译的元素译名)。他们新造的元素译名,只有铈、锗二字保留下来了。

几个最常用的化学术语,他们的译名也与今译名大相径庭(见表1)。

表1 狄考文化学术语译名与今译名比较

今译	原子	原子重	分子	分子量	化合价	亲和力	反应
狄译	元点	元重	合点	合重	配能	缘	效

无机化合物的译名,在此前大都是径译其化学式的,如硫酸H_2SO_4,译为"轻$_2$硫养$_4$"。这种译法是徐寿和傅兰雅翻译《化学鉴原》时提出来的,即所谓"杂质(化合物)之名,则连书原质(元素)之名"[36]这种译名实际上形同化学式或分子式,等于没译。对于缺乏化学知识的人来说,这种译名全然不知所云,与能反映化合物的大致类别、性质的西文原名有云泥之别。狄考文等人在《协定化学名目》中才第一次提出了无机化合物的中文命名原则,对无机物作出了系统的命名。

首先他们确定了几个重要的化合物类属译名。在他们之前，acids 译为"强水"，他们改用日语译名"酸"，更见恰当适用。salt 译为"盐"或"礬"，oxides（氧化物）译称"锈"，"讹"字表示氢氧根(-OH)。卤化物之外，如硫化物、磷化物等之类则统称"冾"。酸的强弱在译名上有如下区分：

  Hypo—acids 下 Meta acids 次强

  -ous acids   弱 per-acids   上

  -ic acids   强 pyro-acids 烘

氧化物按不同价态在译名上也有区分：

  Hypo oxides   下锈

  Oxides between hypo-and-ous 次弱锈

  -ous oxides   弱锈

  Oxides between-ous and meta--ic 中锈

  Oxides between -ic and 中 次强锈

  -ic oxides   强锈

  -ous-ic oxides   合锈

  Per oxides   上锈

化合物类属译字酸、锈、盐、冾等一律置于化合物译名的最后，其余表示化合价高低的字"高"、"底"以及数字字"单"、"双"、"三"、"四"等置于译名的最前面，按照上述译名原则，《协定化学名目》对大量的无机化合物进行了汉语命名，该书第二部分收入无机物近千种。这一无机物命名原则虽还有很大的缺陷，但与此前的化合物译名方法相比，无疑是前进了一大步。

  在完成《协定化学名目》之后，狄考文主持科技术语委员会搜集资料，投入《术语辞汇》的编辑工作，并于 1902 年完成。1904 年出版的《术语辞汇》收词12000余条,包括算术、代数、几何、三角、解析几何、微积分、测量、航海、工程、力学、流体力学、气体力学、声学、热学、光学、电学、磁学、化学、冶金、矿物学、结晶学、地质学、地理学、天文学、动植物学、解剖学、生理学、治疗学、药学、机械、建筑、印刷、照相技术、科学仪器、心理学、政治经济学、国际法、神学等50余类,社会科学、神学名词为数极少,因而此书实际上是一部综合性的科技术语词典,而且它还是第一部这类词典。各学科收入的术语都是基本的、最重要的,过于专门的术语不收。全书英汉对照,按字母顺序排列。每一术语的不同译法都尽可能收入,以便读者查阅和选择,编者认为最好的译名排在首位。这部词典只是罗列已有的译名,编者一般不拟新译名。编者的选择除了词目外,还表现在译名排列的顺次上。这部词典是按照益智书会统一名词的工作程序编成的,即搜集了当时各种译著的译名,而且还向各科著名的著译者征求意见,有些科目的术语还向有关的工作人员征访译名。这个词典对有关词目的译名虽不能说网罗无遗,但编者已尽其所能,大体上反映了当时的译名状况。遗憾的是全书收词虽说已有12000余条,但仍嫌较少了些。

1910年经师图尔修订出版的《术语辞汇》,篇幅基本上保持不变,但删去了大部分医学名词和无机化合物名词。因为当时的博医会(The Medical Missionary Society)也组织了医学术语委员会,编成《医学辞汇》出版,而师图尔把《协定化学名目》的第二部分无机化合物英汉名称对照表作为附录收入在《术语辞汇》之中。师图尔还增补了部分生物学、矿物学和机械术语,并对全部译名作了认真校订,根据后出译名改译了部分译名。以E部为例,共收词近450条,师图尔删去20条,补入15词,改译20词。经改译的译名比先前的译名有所改进,如 endosmore 原译"透皮而入",改为"渗膜而入",telephone exchange 原译"德律风交连所"改为"电话交连局"。师图尔还增加了一个附录,收入 200 个新造字和新命意的字,注其音,释其义,以便读者查阅。

五 结语

如上所述,益智书会统一术语译名的工作规划颇早,也取得了一定的成绩,但成绩十分有限,远远没有解决当时的术语译名问题,还谈不上能满足读者的需要。不过,益智书会毕竟为统一术语译名迈出了重要的一步。《协定化学名目》和《术语辞汇》是该会统一译名的代表作品,尽管问世较晚,但仍称得上是最早的有关著作。《协定化学名目》基本上是该会的一个创作,编者虽欲以自己的命名原则和命名为标准方案,但后来的译者却只把它当作参考方案只有少数例外,如纪立生(Thomas Gillison)的《化学详要》(1905 初版,1909 修订版)的化学元素和化合物译名基本上是按照该方案拟译的。《术语辞汇》汇集了当时常见科技术语的各种译法,为读者阅读译书提供了便利,所以若干年后还有再版的价值。

在洋务运动时期,清政府官办的科技译书机构只有江南制造局翻译馆。前面已经提到,该馆对译名问题虽然在开馆之初十分重视,但后来却忽视了;它出版几种译名表还是益智书会推动促成。戊戌维新运动期间,译书大兴,译名混乱状况日趋严重,才有中国人呼吁统一译名[37],但却无人担当此事。在当时,益智书会是最早的、唯一的从事统一科技术语译名的组织①。因而我们不能以其成绩有限而忽视之。至于其成绩不够理想的原因则应该探讨。具体的原因很多,但主要的恐怕不外两点。

原因之一是这些传教士都是"大忙人"[38]。我们不要忘记益智书会是传教士组织的,除了傅兰雅忙于为清政府译书外,其他教士都忙于传教布道的"中心工作",编译科学教材毕竟只是其余事而已,而统一术语译名更是余事之余,而且吃力不讨好,所以计划一再拖延,难以实现,是不足为怪的。

原因之二在于传教士自身水平的限制。清末翻译西文科技书,是采用口译笔述相结合的方法,由西人口译,中国人笔述。口译者往往只口述原书之意,译文词句皆赖笔述者定稿,译书必须倚重中国人。统一术语自然需要确当的译名,也少不了需要中国人帮助。但参与益智书会统一术语工作的始终只有传教士,他们虽然都有译书经验,但他们并不能够独立胜任此事。我们只要想到像狄考文这样自视汉语造诣高超、像傅兰雅那样"深通中国文字"的西人都少不了中国人为他们定稿校正讹误,就不免觉得他们雄心虽大,然而他们的汉语水平难以胜任统一术语这样的工作。此外,其科学知识水平与这一工作要求的科学素养也不相称。

当然,那时的中国笔述者也不可能独立胜任统一科技术语的重任,因为他们几乎无一例外地都不懂外国语。如此看来,当时统一术语工作需要中西人相互合作。但这种合作也不免有隔膜,能否完成统一术语仍有疑问。就在《协定化学名目》和《术语辞汇》出

---

① 1890年博医会也开始着手统一医学名词,成立了术语委员会,他们从事医学及相关术语的翻译和统一工作,推起成果略为晚出。

版的时候，那种口译笔述的译书方法已经过时，遭到淘汰了，代之而兴起的是中国人独立翻译日文书。回顾历史不难发现，无论译书还是统一术语都不应该也不可能由传教士代庖，而应当由中国人解决。担此重任的中国人即要精通外国语和西方科技，也要深通中国语言文化。而造就这种人才则需要西学更大规模的输入，需要中国更加开放。这样由西学输入而产生的译名问题，方能够在西学更大规模的输入和吸收消化中得到解决，从而建立汉语科学术语体系。值得重视的是，这个问题至今还没有得到圆满的解决。

参考文献

[1] A. H. Gregg, *China and Educational Autoncmy*, Syracuse, 1946:11.

[2] 同[1]:16-17。

[3] *Records of the General Conference of the Protestant Missionaries of 1890, Shanghai, May 7-20, 1890.* Shanghai, 1890:715-717.

[4] D. MacGillivray, A Century of Protestant Missions in China, 1807—1907, Shanghai, 1907:582-584.

[5] W. A. P. Martin, *A Cycle of Cathay*, New York, 1896:295-300.

[6] 郭嵩焘《伦敦与巴黎日记》，岳麓书社，1984年。

[7]《六合丛谈》小引。

[8] *A Medical Vocabulary English and Chinese*, Shanghai, 1858.

[9] A. Wylie, *Memorials of Protestant Missionaries into Chinese*, Shanghai, 1867:187.

[10] G. Schlegel, Seientific Confectionary, *T'oung Pao*, Vol. 5(1894):148.

[11] *A Vocabulary and Handbook of the Chinese Language*, 2vols, Foochow and Shanghai, 1872—1873.

[12] 王扬宗《关于〈化学鉴原〉和〈化学初阶〉》，本刊第11卷，1990(1):84。

[13] 林庆元《福建船政局史稿》,第 73 页,福建人民出版社,1986 年。

[14] The Chinese Recorder, Vol. 8(1877):241-243.

[15] 同[14] Vol. 10(1879):303-304,参见王树槐《清末翻译名词的统一问题》,《中央研究院近代史研究所集刊》第一期,台北,1969 年,第 55 页。

[16] C. W. Mateer, School Books for China,同[14], Vol. 8(1877):427-432。

[17] C. W. Mateer, Mathematics in Chinese,同[14], Vol. 9(1878):372-378。

[18] 同[3]:543,551。

[19] 同[14], Vol. 11(1880):138-143。

[20] 傅兰雅《江南制造总局翻译西书事略》,见《格致汇编》第三年(1880)卷五至卷八。

[21] 同[3]:537。

[22] 同[21]。

[23] 同[14], Vol. 21(1890):138, also Records of 1890:714。

[24] 同[14], Vol. 23(1892):32-34。

[25] 同[14], Vol. 24 (1893):272。

[26] A. Bennett, *John Fryer*, Cambridge, Mass., 1967:32-33.

[27] *Records of the Second Triennial Meeting of the Educational Association of China, Held at Shanghai, May 6-9,1896*:157-158.

[28] 同[27]:155-167。

[29] 同[14], Vol. 27 (1896):348-349。

[30] C. W. Mateer, *The Revised List of Chemical Elements*,同[14], Vol. 29 (1898):87-94。

[31] C. W. Mateer, ed., *Chemical Terms and Nomenclature*, Shanghai, 1901.

[32] C. W. Mateer, ed., *Technical Terms in English and Chinese*, Shanghai, 1904.

[33] C. W. Mateer, *Technical Terms*, rev. by G. Stusrt, Shanghai, 1910.

[34] *Records of the Third Triennial Meeting of Educational Association of China, at Shanghai, May 17-20,1899*:15-16.

[35] 同[32],"前言"。
[36]《化学鉴原》卷一。
[37] 见[15]所引王树槐论文。
[38] 同[27]。

(原载于《中国科技史料》,1991年第2期)

我国早期物理学名词的翻译及演变

王 冰

我国学习和吸收西方科学技术知识,始自明代末期。其主要途径是翻译书籍和晚清开始的科技教育。在译述与教学过程中,名词术语的问题相当重要。

有关近代科技名词的文论并不多,而论及物理学名词者则更鲜见。本文在概述明清时期名词术语的翻译方法与定名原则的基础上,简要回顾和初步研究物理学名词的翻译及演变的历史。

一 名词术语的翻译与定名

我国明清时期科技书籍的翻译始终沿袭西士口授、国人笔述的合作译书方法。译书最困难之处,在于确切表达科学概念和名词术语。最早从事科学译述的利玛窦(Matteo Ricci,1552—1610)曾说,"东西文理,又自绝殊,字义相求,仍多阙略。了然于口,尚可勉图;肆笔为文,便成艰涩"[1]。利氏之后,中西学者无不深有同感。由于参与译事的我国学者几乎都不懂外文且缺乏近代科技教育的背景,来华西士在翻译工作中起了重要作用。

关于名词术语的问题,在明末清初阶段,来华耶稣会士在认识上尚未十分明确。到了近代,来华新教传教士在译书及教育活动中则有相当明确的认识。来华外国人中翻译科技书籍最为著名的傅兰雅(John Fryer, 1839—1928)指出,"译西书第一要事为名目",把确定译名看作译书过程中头等重要的事情。他认为,对于中国本来没有的"新意新物,必设华字新名,始能明显。""中国语言文字与他国略同,俱为随时逐渐生新……各国所设名目,若甚不当,自不久必更以当者,而中国亦然。……二三百年前,英国多借希腊与罗马等国文字以作格致与制造内之新名,后则渐除不用或换以更妥者,而中国亦难免此举。凡自他国借用之名,则不能一时定准,必历年用之始能妥洽。"[2]傅兰雅极为客观地概括了名词术语的翻译和定名过程。

　　来华西人的译述工作起初大都各行其事,置前人或他人定名了的,甚至已流行了的译名于不顾。但随着时间的推移和译著数量的增多,译名之间出现混乱,同一术语可能有数种不同的译名,而不同术语又可能有同一种译名。这种情况使得一些西士对译名问题甚为重视。1877年在华新教传教士举行大会,成立"学校教科书委员会"(School and Text-book Series Committee,中文名称为"益智书会")。该委员会在编译教科书的同时,进行了名词术语方面的许多工作[3]。它的重要成员狄考文(Calvin Wilson Mateer, 1836—1908)在撰文讨论教科书[4]时指出,科技术语的翻译定名必须注意:术语应简短,不必要求从字面上准确反映其定义或说明其含义;术语应能便于使用并适用于各种场合;同类术语应能相互协调一致;术语应准确界定,新译名词应赋予确切定义。他认为,介绍某学科的知识必须同时介绍它的一整套名词术语,否则就不可能准确介绍科学知识。力图避免翻译和使用术语的做法实际上不能解决问题。

在近代我国最重要的科技著作翻译出版机构——上海江南机器制造总局翻译馆,译书的中外学者深知译名的困难和重要,在反复商议之后大致确定了三项规则[2]:一是对于"华文已有之名"——已有中文名称但未入字典内的译名,可通过核查我国固有的以及来华传教士所著的格致工艺等书、或访问我国客商及从事制造工艺的人员而得以确认。二是关于"设立新名"——确实没有中文名称的必须另设新译名。第一种方法,"以平常字外加偏旁而为新名","或以字典内不常用之字释以新义而为新名";第二种方法,"用数字解释其物,即以此解释为新名";第三种方法,"用华字写其西名,以官音为主,而西字各音亦代以常用相同之华字"。三是"作中西名目字汇"——"凡译书时所设新名,无论为事物人地等名,皆宜随时录于华英小簿,后刊书时可附书末,以便阅者核察西书或问诸西人。而各书内所有之名,宜汇成总书,制成大部,则以后译书者有所核查,可免混名之弊。"翻译馆确定的这三项规则,是中外学者在译书实践中对科技术语的翻译定名的经验总结,在19世纪下半叶很有代表性,也有一定的影响。

在华新教传教士于1890年再次举行大会,会上专门就名词术语问题进行了讨论。傅兰雅应邀作了题为"科技术语:当前的歧异与寻求统一的方法"[5]的长篇报告,总结了中国历史上翻译外国名词的经验,介绍了江南制造局的译书经验。傅兰雅指出:名词术语应尽可能采用意译;万不得已采用音译时应选择尽可能恰当的汉字表达,且应以官话音译;新译名应符合汉语固有的结构形式;译名应简练;译名应给予准确的定义;译名在各种场合使用均应符合原意而不致有矛盾;译名要有灵活性。他认为译者科学水平和汉语程度的差异,以及译者间缺乏联系不求统一,是造成译名不一致的主要原因。他建议组织一个由中西人士参加的委员会以决定译名原则,并尽快编纂中英文对照的词典以及中文科技词典。傅兰雅的观点得到从事译著与教育的传教士的普遍赞同。这次大会成立"中国教育会"(Educational Association of China;中文名称仍为"益智书会",1905年改称"中国教育会")取代先前的"学校教科书委员会",继续进行了名词术语的翻译审订和编纂统一方面的许多工作[3]。

总之,我国科技术语的翻译方法与定名原则,在19世纪下半叶逐渐基本确定。实际上名词的翻译不外乎音译和意译两种方式。音译的方式最不足取,只能不得已而用之。采用时应以官话音译,并选用尽可能恰当的汉字。西文中各音所对应的汉字应固定。意译有三种情况:一是借用中国固有的词汇或前人的旧译而赋予新的意义。然而近代科技的迅速发展使得这种情形几乎根本不可能。二是利用汉字偏旁构造新字或利用不常用的字释以新义而成为新译名。这事实上主要用于化学物质及医药词汇等的译名。三是用两三个字解释新概念新事物并给予准确定义而成为新译名。这是最可行的方法,我国各学科绝大部分术语依此方法翻译定名。

然而在具体的翻译定名过程中,由于实际存在的种种困难与意见分歧,使得上述方法和原则不易实施。傅兰雅指出在江南制造局翻译馆,中外学者确定的三项规则"在译书事内惜未全用,故各人所译西书常有混名之弊,将来甚难更正。若翻译时配准各名,则费功小而获益大,唯望此馆内译书之中西人以此义为要务。用相同之名,则所译之书,益尤大焉。"[2]事实上,即使遵循这些规则,虽然会减少术语翻译定名中的一些困难和混乱,但也难完全避免"混名之弊"。客观地说,在吸收外来科技知识过程中,"混名"或许是不可避免的现象。混名问题一方面的确反映了晚清时期名词术语的混乱状况,从而引起热心于译述和教育活动的来华西人的关注,教会机构有组织的协调审订和统一译名。另一方面,混名问题也表现出译名的变化沿革和定名过程,不恰当的词必然逐渐被弃之不用而终遭淘汰,代之以更准确更有科学性的新词。科技名词须经数十年的翻译和演变过程,才能最终达到确定和统一。

二 物理学名词的翻译

物理学知识最初传入我国是在明末清初阶段,基本上是随西方天文历算等知识传入的。来华耶稣会士和中国学者在译述为数不多的几种涉及物理学知识的著作时,创译了我国最早的物理学词汇。现仅择要者列举如下(表1):

表1 明末清初的物理学名词举例

现今名称	明末清初译名(所载书名)	现今名称	明末清初译名(所载书名)
物理学	格物、穷理、格致(《西学凡》、《空际格致》等);费西加(〔拉〕physica)(《职方外纪》)	凹透镜	中洼镜(《远镜说》)
		滑轮	滑车(《远西奇器图说录最》、《新制灵台仪象志》)
力学	力艺、重学、力学(《远西奇器图说录最》、《新制灵台仪象志》)	轮轴	轮、圈轮、轮盘(《远西奇器图说录最》、《新制灵台仪象志》)
望远镜	远镜、窥筒、窥筒远镜、千里镜、望远之镜、望远镜(《远镜说》、《测天约说》、《五纬历指》、《新制灵台仪象志》、《明史》等)	螺旋	藤线、螺丝转、螺丝、螺旋转、螺旋(《远西奇器图说录最》、《新制灵台仪象志》)
		摆	垂线球仪(《新制灵台仪象志》)

续表

现今名称	明末清初译名(所载书名)	现今名称	明末清初译名(所载书名)
物镜	谏尼渣(〔意〕cannocchiale)(《海岛逸志》) 筒口镜(《远镜说》)	重心	重心(《新制灵台仪象志》)
目镜	靠眼镜(《远镜说》)	平衡	平衡(《新制灵台仪象志》)
凸透镜	中高镜(《远镜说》)	温度计、气压计	验气管、察天筒(《海岛逸志》等)

　　从这些早期最基础的词汇可以看出,明末清初中西学者在表述引进的物理概念或器物时,采用音译的名词极少且未能流传使用,如"费西加"、"谏尼渣",它们很快被意译取代。这种情形是由于汉语本身的性质决定的。因为如果从某一词的西文名称直接转写为相应发音的汉字,其结果只能是等于没译,对了解它的含义毫无助益。借用我国固有的词汇并赋予新的含义的名词也极少,如"格致"、"格物"。这种情形是因为在汉语里难以找到,甚至没有现成的相对应的词语。大部分译名都是新创设的,这些新名词多半只用两三个字简明地解释新概念或新事物,以义定名或以形定名。有些词,如"力学"、"重心"、"平衡"、"螺旋"等,因简明达意而沿用至今。译者已自觉或不自觉地采用了"释义"为主,即意译的方法。这些情形说明了早在引进物理学知识的最初阶段,本文前面所述的关于科技名词的翻译方法和定名原则,已经被实施应用,只是当时并未达到规律性及理论性的认识。

　　19世纪中叶开始,我国引进和吸收物理学知识进入了新的阶段。此后至清末大约半个世纪多一点的时间内,中外人士合作翻译了许多物理学书籍[6],此处不再赘述。译者们对物理学名词,也像其他学科的名词术语一样,颇为留意(虽然化学和医药学名词的翻译定名可能备受重视)。物理学一些基础词汇的翻译情况参见表2。

来华传教士也热心编纂物理学词汇译名表。最早,合信(Benjamin Hobson,1816—1873)汇集译述《博物新编》时自然科学常识方面的词汇、短语及句子约150条(它们基本上均与物理学有关),并以"博物之理"为总名编入《医学英华字释》[7]的最后一部分。稍后,伟烈亚力(Alexander Wylie,1815—1887)和李善兰(1811—1882)译述《谈天》(1859),有一些刊本附有译名表[8],但一般通行本均无此表,表中当有不少为物理学名词。罗存德(Wilhelm Lobscheid)编《英华行箧便览》[9],亦收有包括物理学在内的自然科学词汇[8]。此外,伟烈亚力编力学(尤其与蒸汽机有关的)名词,系摘自艾约瑟(Joseph Edkins,1823—1905)和李善兰译述的《重学》(1859)以及伟烈亚力和徐寿(1818—1884)译述的《汽机发轫》(1871);丁韪良(W. A. P. Martin,1827—1916)编物理学名词,系摘自 *Well's Natural Philosophy*;——以上两个译名表以及前述合信所编"博物之理",都被收入卢公明(Justus Doolittle,1824—1880)编的《英华萃林韵府》[10]。19世纪80年代上海江南制造局翻译馆刊行了数种"中西名目表",其中《金石中西名目表》和《汽机中西名目表》分别包括有晶体和力学等方面的名词术语。另外,该馆译刊的《电学测算》(年份不确)、上海益智书会出版的《格物质学》(1894)、登州文会馆出版的《声学揭要》(1893)、《热学揭要》(1897)和《光学揭要》(1898),均附有英汉术语对照表。20世纪初江南制造局译刊的《物理学》(1900—1903)很有影响,这部书里在许多中文译名之后附有英文词汇,便利读者阅读辨认。由狄考文主持的中国教育会科技术语委员会,经多年资料搜集与编辑汇总工作,于1904年出版《术语辞汇》,1910年修订再版[11]。其中物理学词汇包括力学、流体力学、气体力学、声学、热学、光学、电学、磁学、结晶学、科学仪器等方面最基本最重要的词汇约千余条。清末,清政府于1905年设立学部,次年学部设编译图书局,所译《近世物理学教科书》(1906)有附录"物理学术语集"一卷,但通行的刊本则无。学部审定科编纂的《物理学语汇》(1908)一册共90页,分英-中-日、中-英-日、日-英-中三个部分,所收名词条目不足一千,这是我国第一部正式发行的物理学名词。

在我国明清时期,物理学名词绝大部分于19世纪中叶至20世纪初逐步形成,分析在此期间翻译出版的物理学书籍,以及译名表、词典等等之中的物理学名词(参见表2),可以看出:

音译词汇甚少。诸如"亚多墨斯"(atoms)、"伊洪"(ion)、"伯利孙"(prism)、"苏伦诺"(solenoid)、"赫而此浪"(Hertz wave)、"然根光"(Röntgen rays)、"么匿"(unit)等名词概念,在汉语中都是既无字词可借用、又难以释义表达者,故不得已采用音译。由于音译名词与汉语词汇固有的结构形态和表意方式完全不同,实际上它们不易也未能久用与流行。音译主要用于与人名有关的物理定律、单位名称等场合。

沿用或借用中国固有词汇、以及明末清初耶稣会士的旧译称者极少,如"重学"、"力学"、"重心"、"平衡"等。18世纪,尤其19世纪西方物理学的迅速发展造成西方语文中的新词数量急剧增加,在汉语中无法找到、甚至根本没有与西文字词相对应的词汇。正如清末著名翻译家严复(1853—1921)曾指出的,当时的"名数格致及一切畴人之学","新理踵出,名目纷繁,索之中文,渺不可得,即有牵合,终嫌参差。译者遇此,独有自具衡量,即义定名。"[12]随着近代科技知识发展与传播的愈益迅速,沿用或借用的可能性愈益微小。

绝大部分物理学名词都是采用意译方式翻译定名的。以尽可能恰当且简练的几个汉字"解释其物"而为"新名",是我国物理学名词翻译定名的基本原则。

三 物理学名词的演变

在西学东渐的最初阶段,即明末清初时期,传入的物理学知识甚少且较为集中,译名虽有不同,但数十年间变化不大。19世纪中叶起,翻译机构相继出现,从事译书的中外人士增多,物理学译书的种类和数量显著增加,由于译者和出版者各异,所以在各书中常常见到多变的译名。

本文前已述及,译名多变的情况,一方面反映出译名的混乱,另一方面也表现出译名的演变。本文作者考查了数十种较重要和较有影响的物理学译书,选取一些最基本名词的有代表性的译名,列举如下(表2),以说明19世纪中叶至20世纪初物理学译名的变化沿革。

表2 19世纪中叶至20世纪初物理学名词举例[*]

现今名称	19世纪中叶至20世纪初译名 (所载书名代号[**])
物理学	格致、格物学;体学(18);物理学(25)(30)
物质	物质(3);质(18);物质(30)
力	力(4)
合力	合力、并力(4);合力(26)(30)

续表

现今名称	19世纪中叶至20世纪初译名（所载书名代号**）
分力	分力(4)(26)(30)
反作用力	对力(4);抵力(6)(15)(18);反作用(力)(30)
(地球)引力、重力	地心力(5);吸力(6);重力(25)(30)
万有引力	摄力(4)(5);宇宙摄力(25);万有引力(29)(30)
比重	等体重(4);重率(18);重率较(25);比重(30)
速度	速(4);速率(9)(15);速度(29)(30)
匀速、匀速运动	平速(4)(5);等速运动(30)
匀加速、匀加速运动	渐加速、平加速(4);渐进(或渐退)速率(26);均等加速运动(30)
自由落体运动	无碍直坠(25)(30);无拘坠物(26)
摩擦、摩擦力	阻力、面阻力、抵力(4);面抵力(15);磨阻(18);摩擦力(25);涩力(26);摩擦(30)
摩擦系数	阻率(15);涩率(26);摩擦系数(30)
力矩	重距(18);旋斡(26);力之能率(29)
力偶	偶力(25)(29)(30)
机械效率、效率	机器之功率(26);有效率(30)
机械利益	机器之势(26)
惯性	质阻(18);恒性(25);惯性(30)
质量	质(4);体质(20);实重率(25);质量(29)(30)
密度	重率(9);重率、质(15);密率(21);疏密率(23)(25);密度(29)(30)
向心力	毗中力(18);趋中力(26);向心力(30)
离心力	离中力(15)(26);远心力(27)(30)
能量	工力(18)(20);储蓄力(25);能力(26)(30)
动能	全动能(4);显力(18);运动之储蓄力(25);动能力、效实(26);运动之能力(30)
势能	隐力(18);位置之储蓄力(25);位置之能力(30)
能量守恒	力之废(18);能力之不灭(30)

续表

现今名称	19世纪中叶至20世纪初译名（所载书名代号**）
功	程功(4)(17);功效、工力(15);能力(29);功(26);工作(30)
功率	效验(25);效(26);工率(29)(30)
动量	重速积(4)(25);动力(18);储力(26);运动量(29)(30)
碰撞	相触(6)(15);撞击(25)
非(完全)弹性碰撞	非(全)跃力相触(15);不韧物之触(26)
转动惯量	抵力重距(18)
浮力	浮力(6)(13);托力(14);浮力(30)
压力	压力(6)(13);抵力(4)(14);压力总处(15);压力(30)
弹力、弹性[或压缩]恢复力	凸力(4);凹凸力(9)(10)(14);跃力(15)(18);颤力(19);弹力(30)
物质三态、物质状态	三质(3);状态(30)
固体	实质、定质(3)(4);固体(30)
液体、流体	流质、浮质(3)(4);流体(30)
气体	气质、虚质(3)(4);气体、加斯(gas)(30)
空气、大气	生气(3);风气(4);天气(6)(15);空气、大气(30)
真空	空虚无气(3);真空(4);虚空(20);真空(30)
原子	原点、亚多墨斯(atoms)(7);元点(20);原子(30)
分子	合点(18)(20);分子(30)
聚合力、内聚力、分子力	结力(14);摄力(20);质点摄力(25);结合力、凝集力(27);分子力(29)(30)
潜热	隐热(13)(20)(25);潜热(30)
温度	热度(15)(23)(25);温度(29)(30)
绝对零度	真零度(23)
绝对温度	绝对温度(29)(30)
临界温度	变界(20);极期热度(25);临界温度(30)
永久气体	恒气(20)(25);永久气体(30)
饱和点	融足界(20)

续表

现今名称	19世纪中叶至20世纪初译名（所载书名代号**）
辐射计	射力表(18);射热轮(20)
热容量	受热度(13);热容量(30)
比热	容热之数(9);容热率(17);容热(25);比热(29)(30)
定容[或定压]比热	体积[或压力]不改容热之数(9)
传导	引(6);传热(25);传导(29)
辐射	射(6);散射(25);辐射(29)(30)
对流	返照(6);迁(20);对流(25)(29)(30)
膨胀系数	涨率(15)(25);增涨系数(18);涨指(20);涨大系数(30)
热化学当量	热化率(17)
热功当量	热力互等率(18);力热互等率(20);工作当量(29)
振动	荡动(9);颤动(18)(19);浪动(25);振动(27);摆动(30)
周期	震动时(25);周期(30)
频率	动数(9);颤数(19);震动数(25)
振幅	动路(9);变度(10);摆幅(30)
纵波	直浪(25);纵波(29)(30)
横波	横浪(25);横波(29)(30)
波长	浪长(9);浪之长短(25);波长(30)
节点	定点(9)(25);静点(18)
节线	定线(14);节线(30)
声速	传声之速率(9)(25);声之速率(18)
声强	声之大小(9)(19);声之密率(18)
声的叠加	交音浪(9);交音(25)
拍	拍音(19)(25);升沉(29)(30)
声共振、共鸣	放音(9)(14);共鸣(30)
音品、音色	趣(19);音趣(30)
谐音	附音(9)(18);副音(19);倍音(30)
音阶	乐级(18);级(19);音阶(30)

续表

现今名称	19世纪中叶至20世纪初译名（所载书名代号**）
入射角	入角、原角(2);射光角(10);射角(21);投射角(28);入射角(30)
反射、反射光	回光(2)(10)(25);返光(15)(21);反射(25)(30)
折射、折射光	折光(10)(25);屈折(29)(30)
折射率	折光指(10)(21)(25);折光力(15);屈折率(29)(30)
全反射	全回光(2);全返(18);全反射(25)(30)
临界角	角限(2);限角(21);界角限(25);临界角(30)
实[或虚]像	实[或虚]形象(10);实[或幻]象(21);实[或虚]像(30)
焦点	实(或虚)聚光顶[或点](10);光心(18)(21);焦点(30)
焦距	光心距(18);大光心距(21);焦点距离(30)
主轴	首轴线(10);正轴(21)
光心	视心(18);光中(21);光心(30)
(线)放大率	目力(21);倍率(30)
明视距离	清界(21);晰视之距(25);明视之距离(30)
像差、光行差	光行差(10);收差(30)
球面像差	球形差(10)(11);凸差(21);球差(25);球面收差(30)
色差	光色差(10)(25);色差(21);色收差(30)
发光强度	明、光之明(10)
照度	明、光力、受光之力(10);照度(29)
分光镜	斯必得伦镜(spectroscope)(8);分光镜(7)(14)(18);光图镜(21);分光器(30)
牛顿环	光图环(21);牛顿环(25);奈端轮环(30)
干涉	相阻(10);相碍(21);干涉(30)
衍射	环绕(10);屈折(30)
衍射光	分光(18);棱光(21);弯屈光、转浪(25)
光栅	分光棍(18);棱弯光窗(21)
偏振、偏振光	极光(10)(21)(25);偏侧(29);分极、分极光(30)
偏振角	极光角(21);分极角(30)

453

续表

现今名称	19世纪中叶至20世纪初译名（所载书名代号**）
双折射	岐光、岐折(10);双折射(25);复屈折(30)
非常光线	岐线(18);奇光线(21)
单色光	纯光(21);单光(30)
全[或部分]色散	全[或偏]分列色(25);分散(30)
光谱、光谱图	斯必得伦(spectrum)(8);光带(7)(25)(29);光图(21);分散带、光带(30)
吸收光谱	融光图(21);吸收光带(25)(30)
连续光谱	全光图(21);连续光带(25)(30)
光谱分析(法)	分列光色(25);光带分析术(30)
光轴	视枢线(10);视轴、颗粒轴(21);光轴(30)
单轴[或双轴]晶体	单[或双]视枢线之颗粒(10);单轴[或双轴]颗粒(21)
(光的)波动说	颤动之说(18);震动说(25);波动说(29)(30)
以太	传光气(10);虚气(20);以脱(ether)(21)(25)(30)
电、电荷	电气(1)(30)
起电盘、(感应)起电机	摩电气器、增(或倍)电气器(12);摩电器(14)(25);感电盘(18);起电盘(30)
验电器	显电气器(12);探电(18);验电器(29)(30)
电位、电势	储力(15);电位(29)(30)
电容	容电(15);电气容量(29)(30)
磁、磁性	吸铁石气、南极气、北极气(1);吸铁气(12);磁性(25);磁气(30)
电磁性	吸铁电气(12)
电磁铁	电气吸铁器(12)(24);电磁石(30)
磁力线	吸铁力线(16)
磁导率	传磁率(17)
磁阻	阻磁力(17)
电磁感应	吸铁附电气(12);电磁气感应(30)

续表

现今名称	19 世纪中叶至 20 世纪初译名（所载书名代号**）
感生电流	附电气(12)；附电(14)；另电气(16)；感应电气(25)；感应电流(29)(30)
感应图	附电气圈(12)
螺线管	苏伦诺(solenoid)(12)(29)(30)
原边(或初级)线圈	原电气圈(14)；正圈(18)；原(电)圈(24)
副边(或次级)线圈	附电气圈(14)；副圈(18)；次(电)圈(24)
电流	流电、电流(15)；动电气(25)；电流(29)(30)
电流强度	电流(之)力、电力(15)；电流(17)；电行力强弱(25)
电路	电路(14)(17)；电行路(25)；轮道(29)(30)
串联	鱼贯相连(17)
并联	雁行相连(17)
电阻	阻力(14)(25)；阻电力、阻力(17)；电阻(18)；阻力(30)
电阻率	阻力率、阻率(17)
电导	传电力、传力(17)
电压、电位差、电势差	储力(15)；电动力(16)；电力较、动力(17)；电势(18)；发电力(25)；电位、电位差(29)(30)
电动势	电势(15)；动力(17)；动电力(30)
内电阻	内阻(15)；内力(17)(30)
路端电压	外储力较(15)
(化学)电池	发电筒(14)；化电器(17)；电池(29)(30)
温差电现象、温差电流	热电气、热电流(12)(25)
电桥	电秤、电桥(15)
电化学当量	电化率(17)；电气化学当量(30)
无线电波	赫而此(Hertz)浪(22)
X 射线	然根(Rontgen)光、X 线(21)；爱克司光、通物电光(24)；通物光线、通物光(25)；爱克司放射线(30)
单位	主数(17)；准个(20)；么匿(unit)、准制(26)；单位(30)

* 为便于说明各译名的演变，本表中大体以它们所在的译书的出版时间先后次序排列。

** 本表括号中数字所代表的译书如下(书名后为出版年份)：(1)《电气通标》

(1851);(2)《光论》(1853);(3)《博物新编》(1855);(4)《重学》(1859);(5)《谈天》(1859);(6)《格物入门》(1869);(7)《中西闻见录》(19世纪70年代);(8)《金石识别》(1872);(9)《声学》(1874);(10)《光学》(1876);(11)《视学诸器图说》(1876);(12)《电学》(1879);(13)《格致启蒙》(1880);(14)《格致须知》(19世纪80至90年代);(15)《格物测算》(1883);(16)《电学纲目》(年份不确);(17)《电学测算》(年份不确);(18)《格物质学》(1894.本文亦参考1902刊本);(19)《声学揭要》(1893);(20)《热学揭要》(1897);(21)《光学揭要》(1898);(22)《无线电报》(1898);(23)《物体遇热改易记》(1899);(24)《通物电光》(1899);(25)《物理学》(1900—1903);(26)《力学课编》(1906);(27)《物理学初步》(年份不确);(28)《新编理化示教》(年份不确);(29)《近世物理学教科书》(1906);(30)《物理学语汇》(1908)

物理学名词的变化沿革，首先在相当大的程度上反映了学习和吸收物理学知识的过程，译名演变过程与知识吸收过程两者并行。现仅举数例略作具体说明。

力学名词动量是描述物质机械运动状态的一个重要物理量。它是一个矢量，一般表示为物体质量与速度的乘积，方向为速度的方向。《重学》最先介绍了"重速积"概念，此译名实际表示出该量的数值，至于其物理意义当时并无深刻理解。这个概念以后曾有过别的名称，但却易与其他概念相混淆，不如"重速积"明了。四十多年后在《物理学》中又采用了《重学》中的译名，很可能就是基于这种考虑。后来，在《近世物理学教科书》和《物理学语汇》中，它被译作"运动量"，可知人们对动量概念的认识有了很大进步，虽然直至清末对该量的矢量性质仍无认识。

又如压力与压强，前者指垂直作用于物体表面的力，后者则指垂直作用在物体单位面积上的力。它们曾有数种译名，如"抵力"、"压力"等，在《物理学》中使用的名称为"压力"与"压力之强度"，说明当时对这两个概念确实已有清楚的理解。时至今日，在工程及其他学科中，压力与压强两者亦时常通用。

热学名词比热的定义是 1 克物质温度升高摄氏 1 度时所需吸收的热量。《声学》一书中已很明白地述及比热、定容比热及定压比热的概念，分别译为"容热之数"、"体积不改容热之数"及"压力不改容热之数"。在后来的《电学测算》中，比热译作"容热率"，这个名称中的"率"字突出了比热概念对单位物质（1 克）和单位温度（1℃）的要求，无疑是很大的进步，它比起《物理学》里的译名"容热"要好得多。数年之后比热的概念和译名已明确无误。

振幅、周期和频率是描述物体振动的基础词汇。19 世纪 70 年代之后这些概念始有中文名称，至 20 世纪初才使用含义较为明确的名称。然而在 1908 年刊行的《物理学语汇》中，仅有 number of oscillation——摆动数，仍无 frequency——频率，反映出至清末人们对于一些基本概念尚处于学习理解阶段。

平行光束经透镜折射或曲面镜反射后的交点称焦点。19 世纪 70 年代之后，其名称亦曾有混乱。《光学》中称焦点为"聚光顶"，并述及实焦点和虚焦点概念，分别称为"实聚光顶（或点）"和"虚聚光顶（或点）"。但在世纪之交的《光学揭要》和《格物质学》中却译作"光心"，而光心在这两本书中则分别译作"光中"和"视心"。译名混乱容易造成概念之间的混淆，也妨碍对概念的正确理解。《物理学语汇》确定了沿用至今的焦点和光心的名称。

电学里的一些基本概念，如 electric potential——电势（或电位）、electric potential difference——电势差（或电位差、电压），以及 electromotive force——电动势等，在我国很迟才有稍能使人会意、但仍很不明确的名称。电压和电动势在《格物测算》中分别称为"储力"和"电势"，在《电学测算》中则均称"动力"（电压亦称"电力较"），而《电学纲目》又将电压称为"电动力"，等等，多种不易分

457

辨的名称造成混乱。又如,早年将电磁感应现象及由于电磁感应而产生的感应电流都称为"附电气",概念上很混淆。到清末,一些基本概念终于逐渐有了意义上比较清楚且能相互区分的名称。

其次名词演变反映出,在逐步掌握物理学知识的同时,翻译水平也在逐步提高,因此使得译名本身渐渐具备科学性,并且渐渐规范化和系统化。例如,specific gravity(或 specific weight)曾有"等体重"、"重率较"、"重率"等名称,specific heat 曾有"容热之数"、"容热率"、"容热"等名称,时近清末在《近世物理学教科书》及《物理学语汇》中,它们被译为"比重"和"比热"。至今,以 specific 限定的词仍确定地译为"比……"或"……率"。又如,早期 wave 一词译作"浪",sound wave 为"声浪",wave length 为"浪长",wave motion 为"浪动",longitudinal wave 和 transversal wave 为"直浪"和"横浪";后来在上述两书中 wave 译为"波",从而 wave theory 明确译为"波动说",以上各词则有了沿用至今的"波长"、"波动"、"纵波"和"横波"等名称。这里,如果说对 specific 与 wave 的译法是参照了日文的译名的话,那么对 spectrum 的翻译则完全是我国学者的创造,因为在日文里该词至今始终用的是音译。《光论》曾最早介绍太阳光谱,19 世纪 70 年代 spectrum 被译为"光带",虽然还曾用过"光图"等名称,但"光带"这一名称甚至一直用到清末之后,于是 absorption spectrum、continuous spectrum、spectrum analysis 则分别译为"吸收光带"、"连续光带"、"光带分析术"。再如,关于电学和磁学中诸如电阻与磁阻、电阻率与磁阻率、电导与磁导、电导率与磁导率等等一些相对应的概念,它们的译名亦表现出有规律可循。

译名情况也表现出,尽管人们对许多知识的了解逐渐远胜以往，然而在表述上仍时有混淆。如 energy——能量、work——功、power——功率、以及 kinetic energy——动能、potential energy——势能等词，在各书中的译名差异很大。比较它们的译名，不难看出，译者在翻译各书时确实力图寻求较好的且自成系统的表述，但在各书相互之间却出现了严重的混乱。甚至像《物理学语汇》，虽然比较恰当地确定了许多译名，却也存在将 refraction——折射与 diffraction——衍射均译作"屈折"的情况。许多书籍在叙述诸如上述一些概念时尚属明白易懂，但在给定概念名称时则容易导致混淆。这些情况说明当时在理解和表述各种概念之间的差异方面仍很有欠缺。

另外还可以清楚地看到，时至清末，人们对有些基本概念尚缺乏最基本的知识。比如，物理量有矢量与标量之分，但从译书可以发觉译者对具有方向性的矢量的认识还很差。一般来说，由力及其合成分解来理解力的矢量性质并无困难，但若进一步对诸如动量、力矩、电场强度等许多物理量的矢量性质则几乎没有认识。又如，因对物理量的单位和单位制缺乏认识，当然就更不可能懂得物理量所具有的量纲。这反映出，至清末传入的初等普通物理学知识之中，还有相当一部分内容尚未被理解与接受。

我国科技名词翻译以意译为主的特点使得译名的翻译和演变本身具有重要性。早年影响基础科技名词的翻译定名的最重要因素就是对知识的理解和掌握。就传入的物理学知识而言，能够较好理解和掌握的我国学者，直至清代末期尚为数甚少。即便衡量那些参与译事、编译书刊的人士，亦是如此。通过阅读当时译刊的物理学书籍，可以清楚地感知这一情况。然而无论如何，物理学基础词汇的沿革情形，毫无疑义地反映了对概念的理解由含混杂乱

459

逐渐变为明了清晰的总体趋势。经过19世纪中叶以后数十年的翻译定名与变化沿革,清末时物理学的一些基础词汇与现今译名已具有相似的,或甚至完全相同的表述形式。具体地说,这种状况在19世纪末的几种《揭要》的词汇表中已现端倪,在20世纪初的《物理学》《近世物理学教科书》和《物理学语汇》中则基本确定。另外,由于参考和借鉴了19世纪末至20世纪初日文中的汉字译名,它们对中文译名的确定有相当大的影响(这方面拟另撰文讨论)。音译的方式不能完全排除,对于采用西方人名命名的原理、定律、公式、单位等尤其如此。总之,译名问题,正如有的学者指出的,"随着西学的输入而日趋严重,亦须随着西学的吸收始能谋得解决。"[13]本文所述物理学名词的翻译及演变的情况亦可说明这一点。

参考文献

[1]〔意〕利玛窦《译几何原本引》,清同治四年(1865),金陵刻本。

[2]〔英〕傅兰雅《江南制造总局翻译西书事略》,《格致汇编》,1880。

[3] 王扬宗《清末益智书会统一科技术语工作述评》,《中国科技史料》,1991(2):9-19。

[4] Mateer C W. School Books for China. The Chinese Recorder, 1877, 8:427-432.

[5] Fryer J. Scientific Terminology, Present Discrepancies and Means of Securing Uniformity. Records of the General Conference of the Protestant Missionaries of China, held at Shanghai, May 7-20, 1890. Shanghai: Presbyterian Mission Press,1890:531-549.

[6] 王冰.明清时期(1610—1910)《物理学译著书目考》,《中国科技史料》,1986(5):3-20。

[7] Hobson B. A Medical Vocabulary in English and Chinese. Shanghai: Shanghai Mission Press, 1858.

[8] Wylie A. Memorials of Protestant Missionaries to the Chinese. Shanghae：American Presbyterian Mission Press,1867：174,187.

[9] Lobscheid W. The Tourist's Guide and Merchant's Manual. Hong Kong，1864.

[10] Doolittle J. A Vocabulary and Handbook of the Chinese Language. Foochow：Rozario，Marcal and Co. ,1872.

[11] The Committee of the Educational Association of China. Technical Terms. English and Chinese. Shanghai：Presbytenan Mission Press，1904：Revised by G. A. Stuart. Shanghai：Methodist Publishing House，1910.

[12]〔英〕赫胥黎原著,严复译述《天演论·译例言》,商务印书馆,1931。

[13] 王树槐《清末翻译名词的统一问题》,《(台湾)中央研究院近代史研究所集刊》,1969(1):47-82。

(原载于《自然科学史研究》,1995年第3期)

中国近代的科学名词审查活动:1915—1927

张大庆

辛亥革命以后,西方文化在中国广泛传播,各种文化团体、学术机构纷纷成立,新式学校遍及各地。在民主和科学的旗帜下,广大知识分子逐渐认识到科学在国家建设和强盛中的重要作用,许多有识之士出国学习自然科学并大量引进西方科学知识,为近代中国科学的发展做了大量奠基性的工作。科学名词审查工作就是其一。

一 背景

科学名词审查工作起源于医学名词审查。19世纪中叶以后,随着教会在中国开办的医院和医学校的增多,西方医学的影响日益扩大,西医药书籍的译述也迅速增加。据不完全统计[1],1890年以前翻译出的西医书籍约50余种,而至1913年,仅中国医学传教协会(China Medical Missionary Association,简称博医会)一家就出版了西医书籍322种,38200册。[2]

早期西医书籍的翻译主要来自三个方面:其一是江南制造局的翻译本,由外国人口述国人笔译;其二是由博医会传教士医生翻译；再者由留日学者和同仁会翻译。然而，由于各自为阵，以及方言复杂，导致译名分歧。往往甲地通用者乙地茫然，极不利于教学和学术交流。1890年，博医会成立名词委员会，开展医学名词统一工作并取得了一定的成绩。[3] 1908年5月，博医会名词委员会编辑出版了《英汉医学词典》和《医学字典》，并呈送清政府学部，希望能够得到官方的认可。

虽然博医会在医学名词标准化方面做了许多有益的工作，但是中国政府和医学界并未完全承认博医会提出的医学名词，原因之一是许多名词翻译生硬，不符合中国人的习惯，此外他们编造的一些新字，也是中国人不能接受的。博医会也意识到与中国医学界合作的必要性，高似兰（P. B. Cousland）领导的博医会名词委员会曾多次与中国医学界、教育界和出版界商议医学名词统一和标准化问题。[4]

随着近代科学在中国的发展，许多赴欧美、日本学习的中国学者和留学生加入到翻译介绍西方科学技术知识的行列中来。各种科学社团的成立则为医学名词统一工作提供了组织保证。1915年，伍连德等在上海发起成立中华医学会。同年北京成立了中华民国医药学会。于是，医学名词统一工作立即成为新建立的医学团体的一项主要工作。俞凤宾在新创刊的《中华医学杂志》上撰文指出："西方医生无论多么博学，在翻译上仍然有着很大困难，在许多方面都只能依靠助手〔常常是非医药人员〕，这些人在这种工作上并不具备应有的高标准。因此，新成立的中华医学会无论如何应当在这方面尽一切努力来分担这项工作。"[5]

本世纪初西医学名词的使用主要分为两派：一是博医会名词，另一是日本名词。两派之间相互排斥，不利于教学和学术交流。

有些翻译"以咬牙蹶齿之文,冷僻杜撰之字,夹杂译林中,非但读者茫然,即原译者不转瞬亦将瞠目结舌,不自知其所译之谓何也"。[6]许多有识之士认识到"文字为维持文化之一种工具,名词乃传播知识诱掖后进之一种利器也。欲善其事,必先利其器。且也,假使名词而不统一规定,则学术非但无独立之时,行将萎靡不振,而无进行之日,此所以审查之不可或缓也"。[7]所以,统一医学名词已成为当时医学界亟待解决的一个问题。

二 沿革

1915年2月,博医会医学名词委员会在上海举行医学名词审查会时就商江苏省教育会,望中国专家和热心研究科学及科学书籍翻译者共同商榷此事。中国学术界亦感中央教育行政当局对于统一名词之事尚未见诸施行,因此学术界理应承担起这一责任。1915年2月11日,江苏省教育会副会长黄炎培在省教育会召开审查医学名词谈话会,邀请有关人士参加。黄炎培简要地介绍了此事的经过后,高似兰报告了博医会医学名词审查的情况和审定名词的标准,即1.采用中国固有适合之名词;2.译日本所定者用之;3.意译;4.音译。高氏承认虽然博医会在审查名词上已尽其所能,但无论在科学上还是在文字上仍需商酌。会上还宣读了杜亚泉的意见信并分发了丁福保的中西病名表以供参考。与会者一致认为只有医学家和科学家共同研究,发表意见,名词统一方能成功,并希望江苏省教育会附设一医学名词研究机构,推动名词统一工作。[8]

黄炎培赞同增设医学名词研究机构的建议,但认为教育会精于医学者不多,如有切实人选,尽可附设。黄氏最后提出四条建议:1.提倡各地组织医学研究会研究医学名词;2.征集各地医家关于医学名词的著作和意见;3.请高似兰将修正之医学名词表送各医学校、医学会共同研究,以发表意见;4.征集各种意见后再邀有关人士开会讨论并呈请政府派员会同审定。[9]

1916年1月,博医会名词委员会高似兰将修正后的名词草案四册分寄全国医学界征求意见。2月,乘中华医学会在上海举行大会医家云集之际,江苏省教育会再次邀请专家讨论审定名词之方法。[10]出席会议的有中华医学会、博医会、中华民国医药学会、江苏省教育会、江苏医学专门学校、浙江医学专门学校、浙江病院、福州陆医医院、杭州医药学会的代表黄炎培、俞凤宾、汪企张、刘瑞恒、唐乃安、余日章、伍连德、聂会东(J. B. Neal)等共31人。会上博医会代表聂会东介绍了博医会提出的名词草案,医药学会的代表表示他们不久也将提出名词草案。中华医学会代表俞凤宾鉴于已有两种草案,表示中华医学会拟不另提草案,甚愿参与讨论。

与会代表一致认为统一医学名词须医务界共同努力,经磋商后举手表决,全体赞成推进名词审查工作的六项决议:1.博医会、中华医学会、中国医药学会和江苏省教育会四团体各举代表组成医学名词审查会,每团体人数在五人以内;2.每年定期开会审议名词草案,以本年暑假为限;3.以江苏省教育会为各团体通信总机关;4.审查会举行时请教育部派员与会;5.名词审查后公布于全国医学界,满若干期时作为定稿呈请教育部审定公布;6.欢迎各团体或专家另行提出草案,并请于审查会接洽。[11]

1916年8月7日至14日,医学名词审查会在江苏省教育会所在地上海华美书馆举行第一次会议。[12]中华医学会、中国医药学会、博医会、江苏省教育会以及教育部代表共23人出席，经表决推举余日章为主席（余不懂医学，但得票最多）。会议审查了中国医药学会提出的名词草案，范围为解剖学通用和骨骼名词。草案提出解剖学名词以拉丁文为本位，解剖拉丁名词以1895年德国解剖学会所定者为准，而以德、英、日三国名词附列于后，本国旧名有适用者均用本国旧名，旧译名指历来中西人士翻译的医药名词。

经过一周的审议，通过名词1200条。名词的审议体现出与会者严谨负责的精神，"每当讨论时均反复辩论，毫不相让，然苟有真理发现无不舍己从人，从公理，不意气用事。博医会诸君有时于中国字义略起疑点，一经沈恩孚君就字学源流细细疏解，无不涣然冰释。……中文笔记详记各方面所持之理由，每日约五千，共三万余字，足见论定一字之煞费苦心也"。[13]

1917年1月11—17日，医学名词审查会举行第二次会议，除发起四团体外，理科教授研究会加入名词审查工作。此次审查会分为二组，分别审查解剖学的韧带、肌肉和内脏以及化学名词。余日章为解剖组主席，吴和士为化学组主席。关于化学名词中国医药学会和理科教授研究会各自提出了草案，于是发生意见分歧，后经表决决定造字意译或音译的名词用医药学会草案，审查元素、化合物用理科会草案，博医会的元素表作参考。[14]

此次会议决议设医学名词审查会执行部于上海，负责处理日常事务。执行部由各团体派一代表组成，推举余日章为执行部主任，皮比、沈信卿、俞凤宾、汪企张、吴和士为部员。同年7月，执行部开会起草了医学名词审查会章程，规定了经费分摊办法，决定以上海西区方斜路江苏省教育会为会务机关。[15]会后执行部呈报教育部恳祈准予组织医学名词审查会并呈送了第一次解剖学名词审查本,望予批准。[16]不久,医学名词审查会得到教育部批准备案并给予一千元补助金。

1917年8月1—8日,医学名词审查会举行第三次会议,分两组审定解剖学和化学术语。会议还审查通过了医学名词审查会章程。在审查医学和化学名词过程中,与会者深感各学科名词均有相互关联,必须将各学科名词一一审查,方能满足学术发展之需要。于是,提议将医学名词审查会更名为科学名词审查会,以每年7月为审查会期,呈报教育部准核备案。

鉴于有更多团体要求参加名词审查工作,名词审查会决定扩大团体成员,并欢迎非团体成员临时参加。

1918年7月,医学名词审查会召开第四次会议,审查解剖学、细菌学和化学名词,沈信卿、吴和士、严智钟分别为各组主席。同年,医学名词审查会正式更名为科学名词审查会并得到教育部的批准。[17]

1919年7月,科学名词审查会在上海举行第五次会议,中华医学会、中国医药学会、博医会、江苏省教育会、理科教授研究会、中国科学社、中华博物学会及教育部代表40余人参加。大会讨论并通过了科学名词审查会章程。[18]与会学者为五年来经过努力已审查名词近万条的成绩所鼓舞,并且期望以此促进我国科学事业的发达。[19]

1926年7月4—10日,科学名词审查会在上海举行第12次会议,分六组审查内科、药学、植物学、动物学、生理学和算学名词。经中国科学社介绍,中国工程学会加入科学名词审查会。于是,科学名词审查会的基本组成科学团体由最初的4个增至11个。[20]

1927年12月25日,科学名词审查会执行部召开常务会议,讨论会务问题。鉴于南京国民政府所设立中华民国大学院已筹备成立译名统一委员会，统一名词工作理应由中央教育行政机关直接负责办理，执行部认为科学名词审查会作为辅助中央教育行政机关组织的任务可以完结，于是决定一旦译名统一委员会正式成立，科学名词审查会的工作将自动移交。执行部将决议寄送各团体征求意见，并就移交会务之事与中华民国大学院商议。[21]执行部提出若各团体赞同，科学名词审查会会务于1927年底结束。

三 评价

科学名词审查作为中国近代科学史上的一项重要工作，成为当时新成立的科学社团所关注的中心之一。科学名词审查工作于1915至1927年，历时13年，共举行审查会议12次，已审查并按学科编辑成册的名词有医学17册，化学、植物学各6册，物理学、动物和算学各4册，共41册，其中已经审定出版的有11册（见附表）。[22]由于科学名词审查是一项基础性的学科建设工作，涉及所有学科，故当时几乎主要的科学社团和大学都参加了这一工作。科学名词审查会由最初的四个基本团体发展到11个（中华医学会、中华民国医药学会、中国博医会、江苏省教育会、理科研究会、中华博物学会、中国科学社、中华农学会、华东教育会、北京协和医科大学、中国工程学会），此外还有临时邀请参加的团体。因此，科学名词审查是中国近代科学史上历时最长、参加人数最多的一项重要的科学活动，是中国科学史上第一个科学界的共同行动纲领。科学名词审查工作的另一特点是以非官方的科学社团为主，它反映出科学社团已成为中国近代史上一支独立的、具有影响力的社会力量。

北洋政府统治时期,尚无全国性的科学研究机构,更谈不上科研经费的预算。因此科学名词审查工作的经费主要由各团体分担。由于会务扩大,印刷、开会费用浩大,各团体无力承受负担。1918年,科学名词审查会以其事业实为辅助中央教育行政机关,故要求北京教育部予以补助。同年12月,教育部批准自1918年11月起,每月补助400元。然而,不久教育部就因经费困难而搭拨公债票及兑换券,接着连公债票和兑换券也无所着落。1921年12月,教育部停止拨款,为期仅三年且并未足拨。科学名词审查会致函教育部,强调科学名词关系到全国学术之发达,不可与一般学校和学术团体等视,教育部应继续予以经费补助,[23]但无济于事,由此可见北洋政府统治下科学事业发展的艰难。

科学名词审查的目的是确定统一和标准化的科学名词,故应具有权威性和很高的学术水准。这是一项艰巨、复杂的工作。为此,科学名词审查会制定了严格的审查程序:首先委托专家提出名词草案,于会前印出分发各团体代表先行研究。开会时分学科逐一提出讨论决定,闭会后再委托专家整理并印成审查本,分发全国有关的学校、团体及中外专家征集意见,为期4个月,分发的审查本应不少于1000册。同时在中国科学社主办的《科学》杂志上刊登并征集意见。最后再次修订,呈报教育部批准后印出审定本,推广使用。[24]

科学名词要求准确、简明,翻译的名词既要符合原意,又要符合汉语习惯。科学名词审查会为此提出了审定科学名词的准则:1.宜多用二字以上,少用单字,因单字同音异义者多,易混淆;2.立新名不造新字;3.名词取其应用,不可成雅俗成见,旧词与新意相合者应尽量采用,不可再定新名;4.我国无相当之固有名词,可按意义翻译原词;5.音译,多为不得已之办法,以药名居多,如吗啡、

科学名词审查会*历届议会一览表(1916—1926)

届次	时间	地点	参加团体	人数	主要内容
1	1916 8.7-14	上海	博,教,医药,医学	23	审查解剖学,骨骼学名词
2	1917 1.11-17	上海	博,教,医药,医学,理	30	审查解剖学,化学名词
3	1917 8.1-8	上海	博,教,医药,医学,理,华东,部	33	审查解剖学,化学名词,通过审查会章程
4	1918 7.5-13	上海	博,教,医药,医学,理	23	审查解剖学,细菌学和化学名词
5	1919 7.5-12	上海	博,教,医药,医学,理,博物,科,部	40	审查细菌学,组织学和化学名词
6	1920 7.5-12	北京	不详		
7	1921 7.4-12	南京	博,教,医药,医学,理,华东,博物,部,科,农,南,高,厦	41	审查病理学,有机化学,动物学,植物学,物理学名词
8	1922 7.4-12	上海	博,教,医药,医学,理,华东,博物,农,科,部	48	审查病理学,有机化学,动物学,植物学,物理学名词
9	1923 7.4-12	上海	博,教,医药,医学,理,华东,博物,农,科,部	60	审查医学,算学,植物学,动物学名词
10	1924 7.4-12	苏州	博,教,医药,医学,理,华东,博物,农,科,部,协和	63	审查医学,矿物,植物学,动物学名词

续表

届次	时间	地点	参加团体	人数	主要内容
11	1925 7.4-12	杭州	博,教,医药,医学,理,华东,博物,农科,协和,东南	34	审查有机化学,植物学,动物学,算学,生理,生化,药理名词
12	1926 7.4-12	上海	博,教,医药,医学,广,华东,工程,农科,同济,东华,武	27	审查内科学,植物学,动物学,算学,生理学,药学名词

* 1. 1918年,医学名词审查会改名为科学名词审查会
2. 参加团体全称:
博:中国博医会(China Medical Missionary Association)
教:江苏省教育会　　　医药:中华民国医药学会
理:理科教授研究会　　医学:中华医学会
部:教育部　　　　　　华东:华东教育会
科:中国科学社　　　　博物:中国博物学会
南:南京高等师范学校　工程:中国工程学会
农:中国农学会　　　　协和:北京协和医学院
高:广东高等师范学校　同济:同济大学
厦:厦门大学　　　　　东华:东华大学
武:武昌大学　　　　　东南:国立东南大学
广:广东大学

海洛因等;6.造新字,多见于化学名词,但要有极严密的原则。[25]、[26]尽管如此,在讨论确定名词时,专家们有时依然意见分歧,甚至争论激烈。如Prostata一词,中华医学会代表提出译为前列腺,其汉译与拉丁、英、德文相符,而中华民国医药学会的代表则认为,虽译前列腺字面相符,但用词太普通且未表明其功用,故建议采用摄护腺一词。合信《全体新论》和德贞的《全体通考》都采用该词,日本也是采用摄护腺。讨论中有学者指出,目前对Prostata的功能尚未完全了解,该词无调护保护之意,有人提出采用膀胱底腺,还有人建议用前立腺,认为列字为排列之意从多物,故不妥。最后经表决同意采用前列腺。[27]

科学名词审查会还发起了译音统一会,审查国音、填制音表、平衡南北发音,并致函研究译音有素的学者,如蔡元培、陈独秀、钱玄同等征求意见,经多次修改于第十一届科学名词审查会上,提出还原译音表。[28]然而,关于译音表仍然存在不同意见,于是建议待日再着讨论。由此可见科学名词审查会的严谨精神。

科学名词审查会经过 13 年的努力,开会 12 次,为我国科学名词的统一和标准化做了大量基础性的工作,并取得了一定的成绩。除出版了科学名词的审定本和审查本外,还出印了《医学辞汇》、《汉英医学字典》(中华医学会出版)、《医学名词汇编》、《动植物名词汇编》(科学名词审查会出版)等,促进了我国近代科学事业的发展。

1927 年,科学名词审查会得知南京政府中华民国大学院筹备成立译名统一委员会后,执行部开会讨论决定,一旦译名委员会成立便将科学名词审查工作自动移交之,因为此项工作本应由中央教育行政机关负责。至此,科学名词审查会为自己的工作画上了一个圆满的句号。

参考文献

[1] Boone H. W. Medical education for the Chinese. The China medical missionary journal,1890,4(3):109-114.

[2] Cousland P. B. Publication committee: editorial secretary's report. The China medical journal (C. M. J.),1913,27(2):84-86.

[3] 张大庆《早期医学名词统一工作:博医会的努力和影响》,《中华医史杂志》,1994,24(1):15-19。

[4] Cousland P. B. Chinese co-operation in standardizing medical terms. C. M. J. 1915,29(3):200-202.

[5] 俞凤宾《医学名词意见书(一)》,《中华医学杂志》,1916,2(1):11-15。

[6] 俞凤宾《医学名词意见书(二)》,《中华医学杂志》,1916,2(3):16。

[7]《科学名词审查会记》,《中华医学杂志》,1921,7(3):175-177。

[8]《江苏省教育会审查医学名词谈话会记事》,《中西医药报》,1915(8):3-6。

[9]《江苏省教育会审查医学名词谈话会记事》,《中西医药报》,1915(8):3-6。

[10]《江苏省教育会商酌名词函》,《中华医学杂志》,1916,2(1):69。

[11]《医学名词第三次谈话会》,《中华医学杂志》,1916,2(1):39。

[12]《中国医药学会之名词编译》,《中华医学杂志》,1916,2(1):45-48。

[13] 俞凤宾《医学名词审查会第一次大会记》,《中华医学杂志》,1916,2(1):1。

[14] 俞凤宾《医学名词审查会第二次大会记》,《中华医学杂志》,1917,3(1):15。

[15]《医学名词审查会章程》,《中华医学杂志》,1917,3(3):4。

[16]《医学名词审查会呈教育部文》,《中华医学杂志》,1917,3(4):33-35。

[17]《科学名词审查会之发达》,《中华医学杂志》,1919,5(2):65。

[18]《科学名词审查会章程》,《中华医学杂志》,1919,5(1):58-59。

[19]《科学名词审查会第五次大会》,《中华医学杂志》,1919,5(3):103。

[20]《第十二届科学名词审查会记事》,《中华医学杂志》,1926,12(4):434-446。

[21]《科学名词审查会执行部常会议决案》,《中华医学杂志》,1928,14(1):68。

[22]《拟呈中华民国大学院稿》,《中华医学杂志》,1928,14(1):69。

[23]《科学名词审查会呈教育部文》,《中华医学杂志》,1924,10(1):71-72。

[24]《拟呈中华民国大学院稿》,《中华医学杂志》,1928,14(1):69。

[25] 鲁德馨《中国医学文字事业》,《中西医药》,1933,2(6):377-380。

[26]《审定科学名词准则意见书》,《中华医学杂志》,1921,7(3):181。

[27]《医学名词审查会第三次开会记录》,《中华医学杂志》,1918,4(2):27-54。

[28]《医学名词中之译音问题》,《中华医学杂志》,1925,11(5):329-330。

(原载于《自然辩证法通讯》,1996年第5期)

氧氢氮的翻译：1896—1944[*]

张 澔

在 18 世纪末之前，水、火、土、空气、汞、硫和盐在不同的时期被认为是构成万物的基本元素。在 17 世纪中叶的时候，化学家研究的重点放在物质燃烧的理论上。在这期间，化学家发现空气的成分并不是过去所说的那样是单质的，其中有的气体能够帮助燃烧，有的气体不能帮助燃烧。科学家发现，有一种气体不仅物质燃烧时，它必须存在，而且人类、动物都靠它生存；另外，当硫、磷及碳在空气中燃烧时，它们的生成物竟是一种酸性物质。在燃素说期间，这些问题都以被称为去燃素气（dephlogisticated air）的气体来解释。然而拉瓦锡（Lavoisier, 1743—1794）对这些现象及实验结果进行了重新诠释，将这个关键的气体重新命名称为 *oxygen*，并以这个气体元素为中心建立现代化学的理论[1]。

现代化学的大门是由法国的化学家拉瓦锡所打开，但在他之前的燃素说时期，开启现代化学大门的钥匙就已经被打造好了。拉瓦锡利用燃素说时期的发现和实验结果，建立新的现代化学理论，而且将这段时间所发现的元素重新命名。自此，元素和化合物

---

[*] 本文受国科会资助（NSC-89-2411-H268-001）。感谢董佩兰协助收集一些宝贵的史料、王扬宗提供收集史料的讯息，除此，更衷心感谢中科院自然科学史研究所在收集文献时所提供的帮助。

的观念被厘清。

最能代表现代化学的三个元素名词就是：氧($oxygen$)、氢($hydrogen$)、氮($nitrogen$)。它们不仅标示新"元素"的观念,而且传递拉瓦锡"化合物"的理论。这三个名词在1855年被英国传教士合信(Benjamin Hobson,1816—1873)介绍到中国来,它们分别被翻译为"养气"、"轻气"和"淡气"。现今所使用的"氧"、"氢"和"氮"就是源自于合信的翻译。从字面上的意义来看,"氧"、"氢"和"氮"无法表达$oxygen$、$hydrogen$和$nitrogen$的西文含义,最重要的,从现代化学的角度而言,它们中文的含义完全掩盖了它们西文所表示的化学意义。

本文主要讨论,从1855年这三个元素第一次被介绍到中国来,一直到1944年教育部正式将三个元素名词确定为"氧"、"氢"和"氮",其间所出现过的译名。从探讨这三个译名形成的历史,我们将引导出中国人学习现代化学的一些问题。我们中国人一直强调,我们要学西方的科学,而科学术语的正确翻译正是学习科学的第一步。然而,在这个前提下,为什么这个标示现代化学的元素名词没被照原义翻译？这个结果与中国传统的自然哲学有何关系？或与化学知识有牵连？难道,它们不曾出现过与原文相近的翻译名词,如果有的话,为什么中国人不采用它们？

一 气体元素命名原则

西方的四元素是水、火、土、空气,中国的五行是金、木、水、火、土。在明末的时候,当四元素理论被介绍到中国来时,西方的耶稣会传教士就批评中国的五行学说。他们认为,金和木不属于元素,因为它们并不纯。金和木是由水、火和土三种元素混合而成。其次,耶稣会的传教士认为,水生木、木生火、火生土、土生金、金生水的相生相息的关系很难成立。因为。木兼有火和土性,为什么木是由水生,而不是由土或火生。另外,他们提出证明空气是一种元素。中国人认为,气看不到,没有重量,所以,气不算是元素[2]。但在四元素理论中,空气是存在于空间中,我们日常中都可以发现到它的存在,因此,"气"是元素之一:

"一曰无气则天内空矣。二曰禽鸟无所赖则不能飞,飞以翼御气,如人用手御水而得浮也。三曰风寂时,人急趋走则前面若有物触之者,然是非气而何?四曰人向空中挥鞭定有声响,凡弹射皆然;夫声从二物相击而生,若空中非有气,几无他物以生声矣。五曰一室中,两门相对开合,此一门动则彼一门亦动;又人在空中急行,其窗之纸及诸系悬之轻物亦动,非由气而何?六曰室中寂静,无风见隙,影内尘埃,滚滚上下,所谓野马者何也,必气使之然矣。"[2]

在西方炼金术蜕变成现代化学的过程中,化学定量分析扮演着一个关键性的角色。为了解释金属燃烧产物变重的事实,燃素说推导出燃素(phlogiston)是"负重量"的说法,这是燃素说上一个很大的致命伤。提出这个说法的整个重要的前提,就是为了能符合质量不变的原则。在现代化学改革中,对拉瓦锡取得成果产生决定性影响的思想,不是化学上的,而是物理及数学上的想法。他对物性的问题并不感兴趣,但对化学反应中重量的变化特别关心[3]。因此,在这个时候,在西方化学家的眼中,空气不仅是一种具有重量的物质,而且还是有化学性质的元素。它们能与物质产生反应,在一个封闭的化学系统里,它们反应前后的总质量不变。在 19 世纪中叶,当合信介绍西方现代化学的时候,他知道,"气"或"空气"是一种物体,而且具有重量,这一观念冲击到中国传统自然哲学"气"的定义,因此,他在《博物新编》特别提到"气"是一种物体的观念:

> "世人以可见者为物,以不能见者为气,孰知气即为物,物即为气,其理却有可凭信者。夫宇宙之内,由气而化成物,由物而复化为气。凡物成物败,曾不能灭其质。"[4]

《博物新编》所翻译的气体元素名词"养"、"轻"和"淡"基本上被随后出版的化学书籍采用。在元素命名原则方面,《化学鉴原》特别提到合信的"养"、"轻"和"淡"翻译恰当的事:

> "昔人所译而合宜者,亦仍之,如养气淡气轻气是也。"[5]

以单一"形声"字来表示化学元素名称是我们现在所使用的元素命名原则,它是由在江南制造局工作的傅兰雅和徐寿所提出①[6,7]。在自强时期,化学翻译名词出现不一致的现象,但清朝政府并未进行化学名词统一的工作,反而是隶属于教会的"益智书会"首先进行化学术语的编译的工作。但化学术语编译的工作进

---

① 现今使用的单一"形声"字元素命名原则是来自于嘉约翰和何瞭然所翻译的《化学初阶》(1871)或傅兰雅和徐寿翻译的《化学鉴原》(1872),有两种不同的论点。张子高认为,它是由嘉约翰和何瞭然所提出,王扬宗则持相反意见。

行得相当缓慢[8-10]。1877年"益智书会"在上海成立。但直到1898年它才出版第一份工作成果《化学元素名词修正表》(*The Revised List of chemical Elements*)。益智书会科学术语委员会认为,重要的元素应该意译比较好,而气体元素应该意译[11]。因此,*argon*、*bromine*、*fluorine*、*helium*、*iodine*等气体元素分别依它们西文原义被翻译为闪(氩)、臭(溴)、克(氟)、曦(氦)、紫(碘)。合信所翻译的养(氧)、轻(氢)被他们采用,但他们将*nitrogen*翻译为"育"。

1901年,"益智书会"公布《化学词汇与名词》(*Chemical Terms and Nomenclature*)。在此次元素命名的原则中,委员会将气体元素名词冠上"气"偏旁。例如:氱(氧)、氢(氢)、氮(氮)。甲午战争之后,许多由日文翻译而来的元素名词,不再遵守单一字的命名原则,因为,有些化学书就直接采用日文化学元素名词。例如,酸素(氧)、水素(氢)和窒素(氮)[12]。

民国成立(1912)之后,陆续出现各学科的术语委员会。在化学术语编译方面,在民国四年(1915),有《元素译名商榷》的制定。同年,博医协学与江苏省教育会、中华医学会、"中华民国医药学会"(1915年由赴日回国和国内毕业的医药同仁所组织)联合组成"医学名词审查会"[13]。两年之后,该会扩大组织,成立执行委员会,并编审化学名词。民国七年(1918)10月,教育部在南京召开中等学校校长会议,大会呈请统一科学术语。该会因此在同年12月扩大并改名为"科学名词审查会"。后有教育部编审处继之。民国二十一年(1932)编译馆成立,负责厘定化学译名的工作。

今天采用的"氧"、"氢"和"氮"字形,是在民国四年(1915)《元素译名商榷》中被提出[14]。但这三个新的名词并没有受到完全的认同。随后,中华民国医药学会提出氫、氮和氰的术语。中华医学会提出氯、氢和氧的名词。民国十六年(1927),科学名词审查会提出两种名词。在这份元素名词表中,比较特殊的就是氢、氧、氮、氯的名词,它们在科学名词审查会并没有完全被决定下来。它们分别被提出两种译名:养,氯,轻,氢,淡,氧,绿,氩。

在这段时间,有关这3个名词的翻译,最特殊的就是"中华民国医药学会"所提名词。一来,他们气体元素命名原则以西方化学的角度作为依据。再者,他们的名词与西方原文有关联。中华民国医药学会认为,元素的翻译应以西文原意为第一考量,然后再参考过去的和日本的译名:

"造字译意以拉丁英德语为主,再参用旧译名及日本译名。各从其适当者,会意而采取之。"[15]

然后,在气体元素翻译方面,"中华民国医药学会"提出三项翻译的原则。基本上,他们认为,过去的译名,养、轻、淡、养气、轻气、淡气及来自日本的酸素、水素、窒素,在以一个单字当作译名的原则下,它们都容易造成文字上的误解:

"(一) 轻、养、育、淡、绿等字在行文上易与名词动词形容词相混,不能以一字独立成名。

(二) 如轻气、养气、淡气、硝气、绿气、盐气必于名词动词形容词之下,加一气字区别之,殊觉烦赘,且与液体从水固体从石金属从金皆能以一字独立成名者不归一律。

(三) 旧名砂气、盐气及日名水素、酸素、窒素、盐素尽可采取其意,唯不便直袭之。所以不便直袭之理由,因旧名必连气字曰名必连素字,其弊正与(一)(二)项相同。"[15]

民国二十一年(1932),教育部公布《化学命名原则》,*oxygen*、*hydrogen* 和 *nitrogen* 的译名定为"氧"、"氢"和"氮"。民国二十六年(1937)1 月 22 日,化学名词审查委员会举行会议,中华医学会、中国药学会、卫生署及教育部医学教育委员会均有代表参加,会中决议,元素名称以后均以不改动为原则。而氢、氧、氮、氯、砷五种元素名称,以后永不修改。如必欲修改,须经审查会出席委员全体同意通过。[16]

在教育部公布《化学命名原则》之前不久,在美国麻省理工学院留学的陆贯一建议,将英文字母收编到化学译名中。他将中文的气旁、水旁、石旁或金旁与西文元素符号组合成新的化学元素术语。例如,氕(氧)、氘(氢)、氚(氮)、石B(硼)、金Ca(钙)、金Co(钴)[17]。

二　Oxygen 的翻译名词

整个现代化学最重要的主角之一就是氧元素。1774 年 8 月 1 日,它被发现的那天被认为是推翻燃素说的日子。现代化学化合物的理论也是以它为中心所建立起来。1774 年,发现氧气的普里斯特利(Priestley,1733—1804)将它称为去燃素气(dephlogisticated air)。而在他稍早之前,瑞典的化学家舍勒(Scheele,1742—1786)就已经发现它的存在,但由于书商延误出版的关系,导致舍勒的文章比普里斯特利还要晚发表。舍勒称它所发现的气体为火气(fire air),有人也称它为生气(vital gas)或养气(nourishing gas),因为氧气是人及动物生命所必须的气体。在经过磷酸、硫酸、硝酸及氮氧化物等不同酸性物质的实验后,1778年拉瓦锡对酸性物质归纳出一个结论:氧气是酸性物质制造者,并将普里斯特利和舍勒所发现的气体改称为 oxygen。

18世纪初,欧洲的化学家发现到,拉瓦锡的酸理论并不正确,因为盐酸(HCL)和氢氟酸(HF)不含有氧元素,但它们都有酸性,因此,他们认为,拉瓦锡对 oxygen 的命名并不正确。对于 oxygen 命名不恰当的事,直到1867年出版的 Bloxams 的 *Chemistry: Inorganic and Organic, with Experiments* 仍然提到此事[18]。

当氧气第一次被介绍到中国时,它西文的含义"酸制造者"并没有被提到:

"养气又名生气,养气者,中有养物,人畜皆赖以活其命。无味无色,而性甚浓。火藉之而光,血得之而赤,乃生气中之尤物。"

《博物新编》所提到氧气被发现的实验,是由普里斯特利所进行。*Oxygen* 与"酸"有关的译名第一次出现在《化学初阶》:

"中国乾隆三十九年,英国卑利氏始考得是气,羿年法国拉佛氏查得此质,两人未相照会也。名之曰酸母。"[19]

虽然这段氧气被发现的历史交代的并不清楚,但中国人知道,"养气"的西文被称为"酸母"。随后出版的《化学鉴原》(1872)及《化学指南》(1873)都采用"养气"这个名词。对于 *Oxygen* 的译名,进行化学元素名词统一的"益智书会"并没有提出新的名词。与"酸"有关系的新译名则在甲午战争之后出现。

$Oxygen$ 的日本译名为"酸素",有许多日本化学翻译书籍就直接采用这个名词。但这个两字的元素名词并不符合中国人长久以来单一字的翻译原则。对于"酸素"的名词,任鸿隽曾提出批评。与19世纪初欧洲化学家所持的理由一样,首先,他认为,中国人不应该照 $oxygen$ 的含义来翻译,因为,当时化学知识不足的关系,因而造成 $oxygen$ 的命名错误。除此,他还认为,"酸素"与"酸类"的名词容易造成混淆。因此,他相信,"养"的名词很恰当:

"Oxygen 之原意为造酸(acid)。日本人名之曰酸素,亦意译也。不知 oxygen 得名之时,化学造诣未深。是时学者意谓 oxygen 为酸类(acid)不可少之原素。实则酸类中不含 oxygen 者正多(如 HCL 是其一例)。故曰 oxygen,曰酸素,皆昔人之误也。然在彼方,其名虽误,仍得沿用无碍。何则?彼酸素之字曰 oxygen,酸类之字曰 acid,音义迥殊。自无混淆之虞。若在用汉字之国用之,则酸素与酸类,尤易令初学瞀眩。吾又于 oxygen 之名不取日译之酸素,而取吾旧名之养。正以耳。"[20]

但他又同时表示,在化学上,"养"就无法表示,当 $oxygen$ 与其他元素所产生的所谓的 $oxidize$ 反应,所扮演的角色:

"按 oxygen 对于他物质之作用,只有所谓 oxidize(日译为酸化),更无所谓养。养者,吾国人对于其与生物之作用而为之名也。"[20]

由于 $oxygen$ 的命名被认为错误的关系,它在中国的名词绝大部分与它的西文原意没有关系。然而,"中华民国医药学会"就照氧的西文含义来翻译。"中华民国医药学会"以西方化学史作为翻译"氧"的论点。他们认为,虽然 $oxygen$ 的命名并不正确,但是,德国人和日本人都按这个被认为错误的名词来翻译,因此,将 $oxygen$ 翻译成与"酸"有关的名词是适当的。"中华民国医药学会"所提的"氧",不仅可以表示它的气体状态,而且可以避免任鸿隽所说的问题,即"酸素"与"酸类"容易造成混淆的问题:

> "氧字之取义及来历。一千八百八十一年(按:原稿误,当为1781年)Lavoisier 氏检明空气中 O 之性状,设燃烧之理论命名为 Oxygenium。特当时误 O 为酸类之主成分。德人沿从来之习惯,遂亦定名为 Sauerstoff,日本因亦译为酸素。今定名虽取义于此,唯另造气字从气作氧,音酸,义同酸素,而与酸类之酸实显然有别也。氧与化学命名法上之关系:日本化学命名法,凡物与酸素化合名酸化(Oxydation),由酸化而生之物名酸化物(Oxyd)。今以 O 作氧,可仍其音义变形作氧化氧化物,例如 CuO 即名氧化铜,余类推。唯酸类之酸仍用酸字,公示区别。"[15]

但"中华民国医药学会"提出与酸有关系的译名并没有得到很大的回响。基本上,除了"中华民国医药学会"赞同"氧"的名词外,绝大部分的化学术语编译机构都不采用这个名词。除了本文所提学术团体及个人外,还有其他个人意见,例如梁国常赞同教育部所编译的"氧"字[21]。自此,与酸有关的译名"烃"便逐渐销声匿迹。1920年,"科学名词审查会"提出两个有关 $oxygen$ 的译名,其中一个就是"养",另外一个"氱"。对于"氱"的译名"科学名词审查会"特别提出解释:

"氱与养同。《说文》:水象众水并流,中有微昜之气。夫水为 H 与 O 所成,故据此用之。但加气头,制为氱字。读如养,会意兼谐声。"[22]

担任教育部化学名词审查会委员的郑贞文觉得这样的造字和解释,"遽观之,似极其机巧,细察之,则全涉牵强。"[23]"氱"是益智书会开始所提出的译名①,而"氱"字一直受到中华医学会的采用,如将与 $oxygen$ 相关的 $oxidation$、$oxide$ 分别翻译为"氱化"及"氱化物"[24]。

今天我们所使用的"氧"名词,是教育部在民国四年(1915)颁布的《元素译名商榷》中就被提出的,但这个名词并没有受到相关化学团体的认同。教育部按照《说文》里的解释:养,从食,羊声。如此"养"便转注成"羊"。然后,再进一步,气体状态的"养"气便转变成"氧"。这样的文字的转换曾受到批评。曾担任《化学命名原则》的化学名词审查委员会委员的吴承洛并不赞成"氧"的命名。他的论点在于"氧"的文字问题,并不是在于它是否具有现代化学的意义。他认为,由"养"变成"氧"并不符合中国的造字原则。"氧"只是"养"的同声异形字,它的气部下有个羊;但"羊"并不能表

---

① Chenmical Terms and Nomenclature, edited by Calvin W Matcer, Shanghai: American Presbyterian Mission Press, 1901, P. iv.

示养生的意思。他认为,科学名词所编译的"养"或"昜"比教育部所定"氧"更恰当:

> "氢由轻气,氯由绿气,氱由阳气及养气,氮以名淡气,氟由氟素,均甚妥当。但有作养气为氧,淡气为氮;氧只与养谐音,并不能代表养字之意义,无取焉;又羊字大显,易起误会,而氱与养不特谐音,而足以代表阳气之声与义,养气之克性,盖活活的有阳刚之本能。"[25]

基本上,大多数 oxygen 的译名与它西文原意没有关系。中国人之所以不愿意将氧元素翻译成跟英文原字含义有关联的名词,主要的原因在于,氧的西文命名被认定为不适当。中国人觉得,氧气的原文有"酸"的意思是不科学的。从科学的角度而言,名词不科学,自然就无法引导出科学来。因此,Oxygen 的意思就不能照原意翻译。任鸿隽甚至认为,拉瓦锡的化学造诣不够,所以才会有这个不科学的名词出现。这种对拉瓦锡的评论与他在化学史的地位恰好相反。除此,中国人常以中国自然哲学观的角度来翻译氧,或以它的物理性质而不是以它的化学性质来考虑。"中华民国医药学会"是唯一正式提出氧与原文有关系的团体,但并没有获得很大的回响。它翻译的原则完全以外界为主。它以西方化学史出发,再以德文及日文的译名作为证据。

三 Hydrogen 的翻译名词

氢气是由英国科学家卡文迪什(Cavendish, 1731—1810)在 1766 年发现,他称它为"易燃气体"(inflammable air)。1781 年,

普里斯特利混合氢气和氧气,然后加以电击,让它们产生水汽。在这不久之后,卡文迪什重复同样的实验,他发现水是由两份体积的氢气和一份体积的氧气组合而成。普里斯特利和卡文迪什有关水合成的实验,对拉瓦锡的燃烧和酸理论有很大的影响。拉瓦锡利用水是由氧气和氢气构成的实验证明来解释,为什么金属溶解于酸时,所释放出的气体是氢气,而不是燃素。$Hydrogen$是由拉瓦锡所命名。在氢气被发现不久,欧洲的科学家就知道,氢气具有比空气还要轻的性质。18世纪末,它就被应用在轻气球上。当合信在介绍氢气的性质时,便提到它西文的原意:

"轻气或名水母气:轻气生于水中,色味俱无,不能生养人物;试之以火,有热而无光,其质为最轻。"[4]

"轻"的名词,从合信在1855年提出后,一直没有其他的名词被提出,直到甲午战争之后,才出现其他的译名。$Hydrogen$的译名第一次与西文原意"水"有关系的名词是由"中华民国医药学会"所提出:"氜"。就如同将$oxygen$翻译"氜"所持的论点,"中华民国医药学会"从氢气被发现的历史出发,再以德文及日文的名词作为参考,然后,将$hydrogen$,翻译为"氜":

"氜字之取义及来历。一千七百八十一年Cavendish及Watt二氏发现水之构成,可取本元质H燃烧而得之。一千七百八十三年Lavoisier氏发明收集H之法,并可自电气分水而得之。是H之由来悉系于水,故德名Wasserstoff,日本译为水素,今定名即取义于此,唯另造单字从气作氜,音水,义与水素相同。"[15]

如同对 $oxygen$ 译名的反应,与 $hydrogen$ 原义有关系的译名,无法受到中国人的青睐。任鸿隽提出反对照 $hydrogen$ 的原文含义来翻译。如同对西文 $oxygen$ 所持的看法,任鸿隽并不以比较正面的现代化学意义来分析 $hydrogen$ 的命名。任鸿隽认为,$hydrogen$ 英文命名的方法并不恰当,因为,组合水的元素,并不是单只有氢,而且还有氧。这个问题也曾是拉瓦锡在化合物术语命名时所考虑过的问题,该用哪一个元素或化学基来表示化合物的意义[26]。尤其,当化合物是由三个元素或三个基组合而成时,它们的命名就变成更复杂。任鸿隽认为,中文"轻"的译名,尚能够表现 $hydrogen$ 在物理上的性质:

"Hydrogen 之原意为造水,日本人名之曰水素,盖意译也。然其意未确。盖水之生成,不独赖有 hydrogen,且赖有 oxygen 也。今独以水素之名加之 hydrogen 何居?夫用名以命物,使其字无他义,则徒名耳,使其字合他义,则名中有义,义不确,则害名。吾国旧名 hydrogen 曰轻,此在物理性上尚为正确。今仍之。"[20]

对于"氢"的译名,科学名词审查会则完全以是否符合中文"轻"的意义,而不是以是否具有西文含义的"水"来考量:

"氢(H)旧用轻字,本声,《说文》:水蝨也。从巜在一下。一,地也,壬省声。一曰水冥也,古文作坙。今制为氢字,从气

487

声,音轻。亦含有水意。会意兼谐声。"[22]

基本上,当时大部分的化学机构都认同"氢"的名词。中国人是以 hydrogen 的物理性质来命名。中国人之所以不愿将 hydrogen 意译,其跟 18 世纪末部分欧洲人不愿意接受如此命名的理由是一样的;水是由 hydrogen 和 oxygen 构成的,而为什么是 hydrogen 以跟水的关系命名,而不是 oxygen。如同对氧的理解,中国人以传统的自然哲学来否定 hydrogen 在现代化学中所扮演的角色。

四 Nitrogen 的翻译名词

18 世纪末,拉瓦锡将氮气重新命名为 azote,这个字源自希腊字。英国人并没有采用 azote 这个名词,英国化学家借用传统硝化合物的 nitri-nitro,而创造出 nitrogen 这个新字。nitrogen 是在 1790 年左右,由法国人 Jean Antoine Chaptal 所给出的。nitro 源于拉丁文的 nitrum。英文的 nitre 或 niter 即今天所谓的硝石(saltpeter)。严格而言,合信并没有照英国人所使用的化学名词 nitrogen,或拉瓦锡的 azote 来翻译。合信是以一个"动词"来翻译 nitrogen,这里的"淡"不是"清淡"的意思,而是"冲淡"的意思:

"淡气者,淡然无用,所以调淡生气之浓者也;攻不足以养生,力不足以烧火。"

在介绍氮气的化学性质时,《化学鉴原》提到,它的西文的名称为"硝母"[5]。《化学鉴原》和《化学初阶》都采用合信所翻译的"淡气"这个名词。但《格物入门》和《化学指南》则使用"硝气"这个名词。

在《化学元素名词修正表》中,"养"和"轻"的译名依然被采用,但"淡"则被译为"育"。提出"育"名称的 Cousland[①] 认为,"淡"译名常使人误解 nitrogen 具有淡化的意思,但 nitrogen 并没有这个含义。另外,对于丁韪良和毕利干所使用的"硝气",Cousland 认为, nitrogen 是一种气体,但"硝"并无气体的意思。Cousland 主张,将 nitrogen 译为"育",因为其意与"养"相称。oxygen 从肺部"养"生;nitrogen 从胃部"育"生:

"唯一令人满意的答案,看来就是采用一个新的单字,这个新的字汇不仅避免与现行的名词发生冲突,而且可以让这个重要的元素能够跟整个系统搭配。'生'是首先被提出,而且很慎重被考虑过,但当 Cousland 医生提出'育'的时候,名词'生'就不再予考虑。通常,食物的营养成分,与物质中的氮含量成正比。氮是食物中很重要的元素,因此,名词'育'是最恰当不过的。如此,我们的'养'oxygen 可以滋养我们的肺,'育'nitrogen 可以滋养我们的胃,这两个名词应该是最好不过的组合搭配。"[11]

早在 18 世纪末,把氮气与氧气的性质当作对比的关系就已经出现。拉瓦锡之所以将氮气命名为 azote,就是基于这个二元论的观念。他认为,氧气对人类而言是呼吸必需品,而氮气却没有这个

---

① Philip B. Cousland 是术语委员会(Terminology Committee)的成员之一,他主编出版了《医学辞汇》(*English Chinese Lexicon of Medical Terms*)。

性质。在希腊文中"a"表示"否定"的意义,"zote"表示"生命"之意。德国人将拉瓦锡的 azote 翻译为 stickstoff, stick 有"窒息"之意, stoff 表示"原始物质"的意思。日本人将它翻译为"窒素"。对于氮的翻译,"中华民国医药学会"提出"氰"的名词。虽然同样是以西方化学史作为翻译的论点,但这回"中华民国医药学会"的论点,不再是以拉瓦锡的命名为标准,而且不再以德国及日本的译名作为参考,而是以西方字"nitrogen"的由来作为翻译的诉求:

"氰字之取义及来历。当七百年时代 Geber 氏已知制造 Acidum Nitricum 之法,可加明矾或胆矾于硝石(Nitre)而得之。至一千八百年代 Glauber 氏遂发明自硝石制造 Acidum Nitricum。可知 N 为硝石中一元质,能取自硝石中。故拉丁之 Nitrogenium。其语原即本诸 Nitre(硝石)也。今定名取《化学指南》旧译原义。特造单字从气作氰,音硝,义与硝气相同。"[15]

"中华民国医药学会"的"氰"让人一眼就看出来,它是一种气体。同样是以翻译 nitrogen 为主,任鸿隽提出"硝"的译名。任鸿隽觉得将 nitrogen 照原意翻译为"硝"比译为"淡"较好。但任鸿隽的理由并非是因为"硝"的意思是照原意翻译比较好,而"淡"不是照原意翻译。他认为,在化学术语上,"硝"比"淡"会造成少一点的混淆:

"Nitrogen 之原意为造硝。吾国旧名曰淡。日本名曰窒,皆就其物理上性质而与之名也。然吾以为化学元素中,唯此名当从其本意而命之曰硝。此元素所成之酸类曰硝酸,其他化合物曰硝酸盐,沿用已久,且如改硝酸为淡酸,反与浓淡之意混淆不清也。夫硝虽亦为化合物,而此物质实以硝素为其重要成分。此与酸素之不必在于酸类者殊科。而硝石之为物,又未尝效用于日常,虽用以名元素,不必有与硝石混淆之患,而转与硝酸等一致之益。吾人权其得失利便,诚不能不去彼取此也。"[20]

科学名词审查会则提出"氮"的名词,他们认为,除了可以兼顾"淡"的含义,而且可以表现出氮气活性不大的化学性质:

"氮(N)单音与淡相似。且 N 不易与他原质化合。有单独之意。故加气头于单。制为氮字。读如淡。会意兼谐声。"[22]

对于这样的解释,郑贞文觉得很牵强,他觉得,"况淡气之化合物尚多尤非单独而存在者,以氮,会意亦不明显。"[23] 在 1915 年"氮"的名词就在《元素译名商榷》被提出来,吴承洛就批评"氮"这个元素的译名,但他的重点则完全放在"氮"所产生的文字问题,而不是在于它们是否具有现代化学的意义。他批评,氮的"气"部之下有个"炎",热呼呼的意思与原来"淡"的意义毫无关联:

"淡之或缩为氮,意义甚晦而误会更显。氮从炎,意为养气之有助燃性,或为 phlogiston,殊知其为无助燃性之淡气,而更具灭火性者,且读音为炎,而非淡也。命淡为,不特音近而义亦显。盖普通气体元素,淡气实有单性,即不易与他物在低温化合之性。或谓凡堕性元素如氦 He,氩 Ar 等均可名氪,但无论如何,以淡为氪必不能与惰性元素相混;而命之为氮,则最易认为助燃之养气。"[25]

按化学术语翻译的原则而言,*nitrogen* 的译名应该不至于像与 *oxygen* 和 *hydrogen* 引起这么大的争议,是最有可能有一个比较接近西文原意译名的中文化学术语。然而事实恰好相反,*nitrogen* 中文命名的下场,远远比 *oxygen* 和 *hydrogen* 的译名来得更糟。关于 *nitrogen* 的翻译,中国人既没有像 *oxygen* 的译名一样,不照它原意意译的根据;另外一方面,又没有像翻译 *hydrogen* 时,怕造成混淆的理由。*nitrogen* 被译为"硝",算是很恰当。然而,这个译名之所以不被接受的一个原因,只是避免"硝"被误认为是土类,而非气类。*oxygen* 和 *hydrogen* 的译名至少还跟它们各自的物理性质有点关系,而 *nitrogen* 不仅与它的物理性质没有关联,而且变成 *oxygen* 中文译名的附属品而已。在中国,开始的时候,*nitrogen* 的性质被认为是为了"冲淡"氧气的浓度,因而被翻译成一个与西文原意无关的"淡气",最后,它竟演变成一个与"淡"没有关系,却与"炎"有牵连,但读音为"淡"的"氮"。

五 结论

从 1855 年合信第一次将 *oxygen*、*hydrogen* 和 *nitrogen* 分别翻译为养、轻和淡,到 1944 年教育部在《增订化学命名原则》正式将它们翻译为氧、氢和氮,在这段期间,它们分别出现以下的译名,

$oxygen$:养、酸母、氱、酸素、氮、氯、𢧐、氧;$hydrogen$:轻、水母、氜、水素、氕、氫、氢;$nitrogen$:淡、硝、硝母、育、氰、氤、窒素、氱、𢧐、氮。基本上,在这么多的译名中,它们大部分与西文原意都没有关系。虽然它在化学书籍上曾被提及它们西文的原意,但并没有成为正式的译名。它们第一次与西文原意有关系的名词是由"中华民国医药学会"提出来,但它们并没有获得很大的回响。

"氧气"、"氢气"和"氮气"这三个中文化学名称是在民国二十六年(1937)完完全全正式确定下来。表面上,这三个中文元素术语要比英文的 $oxygen$、$hydrogen$ 和 $nitrogen$ 更具规则性,但它们不是一套具有化学意义或理论的规则,而是中国造字的规则。从中国这套元素命名里,中国人不仅看不到西方现代化学史的滥觞,而且它把西方化学理论又拉回到两百年前的燃素时代。

在 $oxygen$、$hydrogen$ 和 $nitrogen$ 被翻译的历史里,不论是西方或中国的翻译者,他们有一个共同的现象,即绝大部分都不以西方现代化学的理论来考虑它们的翻译名词,甚至会完全否定它们西文原意所表示的化学意义。他们常常考虑的是,他们所翻译的名词是否能够让中国人容易理解。除此,同样是引用相同的资料却有不同的诠释和理解。从这些翻译的论点里,我们更可以看到受到中国文字及自然哲学观影响下的西方现代化学。

我们一直认为,只要我们愿意学习科学,那么没有一项非科学或迷信能够与科学分庭抗衡。换句话说,我们相信,一切在"学习科学"口号的掩护下,科学一定能够进入中国,但事实并非如此。在 19 世纪的时候,当西方现代化学进入中国的时候,对中国人而言,它们是一种先进的化学知识,从另外一个角度而言,它是一个完全陌生的知识领域。在早期的时候,不论在何种情况下,中国人很难排除以中国既有的自然哲学知识作为理解西方化学的依据。因此,在学习及理解西方现代化学的过程中,我们势必能看到中国自然哲学的痕迹,而最清晰的痕迹之一就是在中文化学术语上。

参考文献

[1] Wurtz A D. *Geschichte der chemischen Theorie, seit Lavoisier bis auf unser Zeit* [M]. Unveraenderter Neudruck der Ausgabe von 1870, Vaduz/Liechternstein: Saendig Reprints Verlag. 13.

[2] 利玛窦《乾坤体义》,《景印文渊阁四库全书》,787册,台湾商务印书馆,1983—1986:761,763-764。

[3] Ströker Elisabeth. *Denkwege der Chemie: Elemente ihrer Wissenschaftstheorie* [M]. Freiburg/Münch:Verlag Karl Alber,1967:115.

[4] 合信《博物新编》,墨海书馆,1855:10;16。

[5] 傅兰雅,徐寿译《化学鉴原》,江南制造局,1872:卷1:20;卷2:30。

[6] 张子高《何瞭然的化学初阶在化学元素译名上的历史意义》,《清华大学学报》,1962,9(6):41-47。

[7] 王扬宗《关于化学鉴原和化学初阶》,《中国科技史料》,1990,11(1):84-88。

[8] 王树槐《基督教教育会及其出版事业》,《中央研究院近代史研究所集刊》,1969,(1):47-82。

[9] 王树槐《清末翻译名词的统一问题》,《中央研究院近代史研究所集刊》,1972,(2):365-396。

10 王扬宗《清末益智书会统一科技术语工作述评》,《中国科技史料》,1991,12(2):9-19。

[11] Mateer Calvin The Revised List of the Chemical Elements. *The Chinese Recorder and Missionary Journal*,1898,29:87-94.

[12] 华姗祺译《化学讲义》,文明书局,1906:138-139。

[13] 陈邦贤《中国医学史》,商务书局,1937:338。

[14] 国立编译馆《教育部化学讨论会专刊》,国立编译馆,1932:214。

[15] 中华民国医药学会《化学命名草案》,京华印书局。

[16] 国立编译馆《增订化学命名原则》,教育部,1944:7。

[17] 陆贯一《原质之新译名》,《科学》,1931,16(12):1858-1864。

[18] Bloxam Charles L. *Chemistry: Inorganic and Organic, with Experiments* [M]. London, 1867:24.

[19] 嘉约翰,何瞭然译《化学初阶》卷1,博济医院,1871:9。

[20] 任鸿隽《化学元素命名说》,《科学》,1915,1(2):159-163。

[21] 梁国常《无机化学命名商榷》,《学艺杂志》,1921,3(6):1-13。

[22] 科学名词审查会《化学名词》,教育部,1920:1。

[23] 郑贞文《化学定命说略》,《学艺》,1920,1(4):46。

[24] Cousland Philip B. *English-Chinese Lexicon of Medical Term* 7th. Shanghai:China Medical Missionary Association, 1934.

[25] 吴承洛《无机化学命名法平议》,《科学》,1926,12(10):1450-1451。

(原载于《自然科学史研究》,2002年第2期)

清末民初化学教科书中元素译名的演变

何 涓

化学元素的汉译始自19世纪中叶,最早的几个元素名称的汉译方案出现于1870年前后,见于丁韪良(WilliamaA. P. Martin, 1827—1916)的《格物入门》(1868)、玛高温(Daniel Jerome-Macgowan, 1814—1893)和华蘅芳(1833—1902)合作翻译的《金石识别》①(1871)、嘉约翰(John Glasgow Kerr, 1824—1901)和何瞭然的《化学初阶》②(1871)、傅兰雅(John Fryer, 1839—1928)和徐寿(1818—1884)的《化学鉴原》③(1871)、毕利干(Anatole Ad-

---

* 原题为《清末民初化学教科书中元素译名的演变——化学元素译名的确立之研究(一)》,本文的撰写得益于任定成教授和王扬宗研究员的悉心指导,以及袁江洋研究员的若干意见。在此深表感谢。

① 《金石识别》对当时所有已知的化学元素都给出了汉译名,但这些译名基本上是把西文元素名称完全音译过来,如安的摩尼(Sb)、贝而以恩(Ba)等,所以算不上一个正式的译名方案。本文在后面谈及《化学语汇》、1915年教育部的《无机化学命名草案》等时,也视之为一个"方案",这是在较弱的含义上使用"方案"一词。

② 《化学初阶》和《化学鉴原》是根据同一本原著翻译而成,前者较后者稍早出版。两书都给出了64种元素的汉译名,相同者达一半之多。但大部分相同译名被认为是前者借鉴后者。

③ 《化学鉴原》最早提出元素名称的音译原则,其元素音译的声旁往往取自《金石识别》所译元素名称的第一个汉字。

rien Billequin，1837—1894)的《化学指南》①(1873)等。这些译名方案的并存造成了译名的混乱。

20多年之后，益智书会成立术语委员会，在狄考文(Calvin W. Mateer，1836—1908)的主持下，先后发表了《修订化学元素表》(*The Revised List of Chemical Elements*)[1]和《化学名目与命名法》(*Chemical Terms and Nomenclature*)②[2]等。这是统一元素译名的最初努力。稍后学部出版《化学语汇》(以下简称《语汇》)[3]，基本上全部采用了《化学鉴原》中的译名，只有少数几个例外。《语汇》只是对已有译名的取舍，在元素名称的翻译上并无创见，但对译名的统一起到了一定的作用。

民国初年，教育部颁布了《无机化学命名草案》③(1915)，科学名词审查会也着手审定和统一中文元素名称④[4-6]。同时，关于元素译名问题的讨论也日渐增多，任鸿隽(1886—1961)[7,8]、郑贞文(1891—1969)[9-11]、梁国常[12]、吴承洛(1892—1955)[13,14]、陆贯一[15]等人都纷纷发表看法和意见。但他们不过是对此前的汉译

---

① 毕利干的译名基本上全部采用意译，往往由两个或两个以上的汉字拼凑而成，显得极为繁冗，通行不广。《化学指南》是实施元素译名的意译原则的典范。
② 益智书会的译名强调对重要元素一定要意译，如 Al、Cr、Zn、Pt 的译名为鉭、鏭、鉦、鈮。此外，它把所有元素分为三类：气态(包括 I 和 Br)、非金属和金属，并于《化学名目与命名法》中首次提出严格的偏旁规范化原则，即对气态、非金属、金属元素分别加"气"字头，"石"和"金"旁。
③ 此书笔者目前尚未见到原文。其采纳的元素译名可参见参考文献[10]、[30]。
④ 科学名词审查会的元素译名原则是：有确切之意义可译者意译，无意可译者译音(西文之首一字音)，不论译音译意，概以习惯为主。气态、液态、固态金属、固态非金属分别以气、水、金、石旁表示之。由于强调习惯的重要性，其意译名词较益智书会其实已少得多，大致只有氩(N)、氯(O)、氯(Cl)、鍶(Sr)、鐳(Ra)这几个。此外，其偏旁规范化原则也并不彻底，对炭、燐、汞未实施偏旁规范化原则。

名略加折中取舍,各行其是,鲜有创见(陆贯一①除外)。译名混乱的现象仍未得到解决。1932年8月教育部在南京召开化学讨论会,会后的议决案由郑贞文整理修改成《化学命名原则》(以下简称《原则》)[16],交由教育部审核通过。《原则》重新确立了《化学鉴原》最早提出的元素名称的音译原则,并再次提出了系统的命名原则,确定了当时已知元素的中文译名。元素译名至此终于达成一致。

从1901年益智书会制定《化学名目与命名法》至1932年教育部颁布《原则》,化学元素中文译名的统一经历了长达32年之久的时期。这段时期是中文元素译名确立成果中特别重要的一个时期。然而,已有研究多把重心放在1900年之前,对于元素译名方案在该时期的演变和使用情况则很少论及。本文选取了该时期的32本化学教科书,对这些教科书中83种元素②的译名进行了统计分析,试图对该时期元素译名的使用状况作一初步的归纳和分析。不当之处,谨请读者指正。

一 化学教科书样本的选取

关于清末化学书籍的出版状况,已有过不少研究和考证[17-21]。对于民国以来的化学书籍,周昌寿[17](456-459页)、谭勤余[18](102-110页)等也有所述及。但就本文所要考察的

---

① 陆贯一提出以中文偏旁(气、氵、金、石)加上西文化学元素符号来表示元素的汉译名。如溴为氵Br、钠为钅Na等。
② 由于这些教科书中的译名大多涉及元素周期表中除锝(Tc)、钷(Pm)、铪(Hf)、铼(Re)、钋(Po)、砹(At)、钫(Fr)、锕(Ac)、镤(Pa)9种元素外的前92种元素,即83种元素,因此本文只讨论这83种元素的译名。其中,贾丰臻、贾观仁的《初等实用化学教科书》只列有36种元素译名,有相当多元素的译名未给出。

1901—1932年这个时间段的化学教科书来说,这些工作还显得不够系统。1995年,北京图书馆和人民教育出版社合编了《民国时期总书目·中小学教材》(书末还附有清末中小学教材书目)。这为统观清末民初时的化学教科书提供了便利,也自然成为本文选取教科书样本的参照。若不计出版年代不详的书籍,该书收录初版年代在1901—1932年间的化学教科学约63本[22]。本文从中选取30本。另外选择了吴则范的《新体化学讲义》和张资模译的《化学精义》两本未被此书收录的教科书,这两本书的初版年代分别是1918年和1927年,正好是《民国时期总书目》所未收的。本文选取的化学教科书共计32本(相关情况见表1),选择时考虑到以下几点:

(1) 版次多的教科书优先选取。

(2) 化学造诣较高的编译者的译著(著作)优先选取。

(3) 尽量选取不同的编译者所编译的书籍,以便更有代表性。

(4) 尽量选取不同出版商所出版的书籍,较大的出版商如商务印书馆优先选取。

(5) 尽量每年都选有一本教科书,教科书的原著不限于日文书籍。

当然,正如《民国时期总书目》所收书籍以北京图书馆、人民教育出版社图书馆和北京师范大学图书馆等馆藏为主一样,这里样本的选择也受到了现有馆藏的限制。

笔者把这32本化学教科书中的元素汉译名列成一表①,稍作考察后发现,1901—1932年化学教科书中的元素译名呈现出显著的时段特征。即以1920年为分界线,前后两个时段元素译名的使

---

① 由于该表很长,不便刊印,在此不予列出。读者如对该表感兴趣,可参见笔者的硕士论文。

用有明显的不同。这种不同首先表现在 H、N、O、F、Cl 的译名在后一时段明显地使用了气字头的译名,其次表现在前一时段的译名较为混乱,后一时段的译名则颇为一致。以下分别论述1901—1920年和1921—1932年教科书中的元素译名特点,并对前后两个时段译名的变化加以分析。

表1 1901—1932 年中国初版的 32 本化学教科书译著信息表

序号	译者(编者)	著者	书名	出版商	初版年代	再版年代	版次
1	中西译社	(美)史砥尔	最新中学教科书化学	上海商务印书馆	1903	1906	6
2	何燏时	(日)吉田彦六	中等最新化学教科书	东京教科书译辑社	1904	1907	6
3	长沙三益社	(日)龟高德平	最近普通化学教科书	长沙三益社	1904	1906	订正3版
4	杜亚泉译订 杜就田参订	(日)吉田彦六	化学新教科书	上海商务印书馆	1905	1906	4
5	彭树滋	(日)高松丰吉	最新实验化学教科书	上海挹记图书馆	1905	1911	订正8版
6	杨国璋	(日)龟高德平	普通教育化学教科书	北京塈受书局	1906	1914	订正2版
7	王季烈	(日)大幸勇吉	最新化学教科书(上中下三卷)	上海文明书局	1906	1906	1
8	虞和钦	(日)龟高德平	中学化学教科书	上海文明书局	1906	1910	4
9	严保诚		初级师范学校教科书化学	上海商务印书馆	1907	1911	6
10	虞和寅	(日)池田菊苗	近世化学教科书	上海科学仪器馆	1907	1907	1
11	杜就田编辑 杜亚泉校订		实验化学教科书	上海商务印书馆	1908	1908	1
12	陈家灿译述	(日)龟高德平	最新化学教科书	上海群益书社	1908	1909	2
13	王季烈	(日)大幸勇吉	改订近世化学教科书	上海商务印书馆	1908	1913	7
14	马君武	(美)伦孙氏	中等化学教科书	上海科学会编译部	1911	1913	2
15	文明书局编辑部		化学教科书	上海文明书局	1912	1912	1

续表

序号	译者（编者）	著者	书名	出版商	初版年代	再版年代	版次
16	王季烈		共和国教科书化学	上海商务印书馆	1913	1919	15
17	钟衡藏		中华中学化学教科书	上海中华书局	1914	1916	4
18	虞铭新[1]		新制化学教本	上海中华书局	1917	1917	1
19	吴则范		新体化学讲义	上海商务印书馆	1918	1918	1
20	朱景梁	（日）龟高德平	中等化学教科书	上海中华书局	1920	1921	2
21	王兼善		民国新教科书化学	上海商务印书馆	1921	1925	24
22	郑贞文		现代初中教科书化学	上海商务印书馆	1923	1925	40
23	阎玉振		中学校教科书化学	北平求知学社	1923	1923	1
24	贾丰臻 贾观仁		初等实用化学教科书	上海商务印书馆	1924	1924	1
25	钟衡藏编华襄治校		新中学教科书化学	上海中华书局	1925	1925	3
26	张资模译郑贞文、郑尊法校订	（日）高田德佐	化学精义	上海商务印书馆	1927	1933	国难后2版
27	王鹤清		新标准初中化学教科书	北平文化学社	1930	1934	6
28	钱梦渭编辑龚昂云校订		初级中学教科书初中化学	上海世界书局	1930	1930	1
29	吴冶民		高级中学教科书高中化学	上海世界书局	1931	1931	2
30	程祥荣		开明化学教本	上海开明书店	1932	1934	5
31	黄德溥		新中华化学	上海中华书局	1932	1932	1
32	高同恩、溥善保合编 刘拓校订		新标准初中教本化学	天津百城书局	1932	1933	2

1）虞铭新，即虞和钦。

二 几点归纳和分析

1. 1901—1920 年教科书多数采纳徐寿的译名

为了解 1901—1920 年 20 本教科书使用元素译名的整体状况,笔者把同一元素出现过的不同译名找出来,并计算每一译名被使用的次数,列于表 2。

表 2 1901—1920 年 20 本化学教科书中同一
元素的不同汉译名及其使用频率

类别		原子序	符号	同一元素的不同汉译名及其使用频率	频率最大或较大者
A类	A₁类	26	Fe	鐵20	鐵
		29	Cu	銅20	銅
		47	Ag	銀20	銀
		50	Sn	錫20	錫
		82	Pb	鉛20	鉛
		3	Li	鋰17,鋰素2,里替武姆1	鋰
		12	Mg	鎂18,鎂素1,麻倔涅叟謨1	鎂
		23	V	釩17,釩素2,华那冑謨1	釩
		28	Ni	鎳19,曜结儿1	鎳
		37	Rb	銣17,銣素2,銣彪冑謨1	銣
		46	Pd	鈀17,鈀素2,巴剌冑謨1	鈀
		49	In	銦17,銦素1,印迪乌姆1,印迪乌謨1	銦
		56	Ba	鋇17,鋇素2,拔留謨1	鋇
		68	Er	鉺17,鉺素2,英尔缪謨1	鉺
		92	U	鈾18,鈾素1,乌羅纽謨1	鈾
		11	Na	鈉17,鈉素1,鏑1,那篤留謨1	鈉
		13	Al	鋁17,鋁素1,鉆1,亚尔密纽謨1	鋁
		19	K	鉀17,鉀素1,鋏1,加留謨1	鉀

续表

类别	原子序	符号	同一元素的不同汉译名及其使用频率	频率最大或较大者
A类 A_1类	20	Ca	鈣17,鈣素1,錯1,加尔叟謨1	鈣
	24	Cr	鉻16,鉻素2,鏲1,各路母1	鉻
	25	Mn	錳17,錳素1,鏍1,满俺1	錳
	27	Co	鈷18,釦1,箇拔尔妥1	鈷
	34	Se	硒15,硒素3,硶1,赛连母1	硒
	40	Zr	鋯16,鋯素2,鉇1,委尔箇纽謨1	鋯
	42	Mo	鉬16,鉬素2,鏵1,莫利布田1	鉬
	44	Ru	釕16,釕素2,鉖1,留的纽謨1	釕
	48	Cd	鎘16,鎘素2,鈢1,嘉度谬謨1	鎘
	51	Sb	銻15,銻素2,鋄2,安知母1	銻
	59	Pr	鐠14,鈿素2,鎚1,布剌施哇地母1	鐠
	65	Tb	鈇11,鋧1,的律缪謨1	鈇
	73	Ta	鉭16,鉭素2,鏈1,旦答留謨1	鉭
	74	W	鎢16,鎢素2,鐯1,阿尔佛蘭謨1	鎢
	77	Ir	銥16,銥素2,銀1,伊利胃謨1	銥
	90	Th	釷16,釷素2,鋊1,篤留謨1	釷
	41	Nb	鈮15,鈮素2,鎶1,鑰1,尼阿彪謨1	鈮
	52	Te	碲15,銻素2,銻1,磏1,帝鲁尔1	碲
	4	Be	鈹10,鋅5,鈹素2,鉿1,别利留謨1	鈹
	18	Ar	氬13,氪1,亚尔艮1,挨儿扛1,亚尔根1,亚尔滚1	氬
	31	Ga	鎵10,鉛4,鋏2,鋤1,瓦留謨1,格里乌姆1,格利乌謨1	鎵
	36	Kr	氪9,曦2,隱2,枯里弗登1,苦里夫董1	氪
A_2类	30	Zn	鋅14,亞鉛5,鉦1	鋅
	35	Br	溴14,臭素5,氨1	溴
	53	I	碘14,沃素5,氯1	碘
	83	Bi	鉍15,蒼鉛5	鉍
	16	S	硫12,硫黄5	硫
	78	Pt	鉑14,白金5,鈗1	鉑
	79	Au	金14,鎦4,黄金1,鐄1	金

503

续表

类别	原子序	符号	同一元素的不同汉译名及其使用频率	频率最大或较大者
B类	1	H	輕14,水素5,氫1	輕
	7	N	淡12,窒素5,育2,氮1	淡
	8	O	養14,酸素5,氧1	養
	9	F	弗13,弗素5,氟1,氭1	弗
	17	Cl	綠14,鹽素5,氯1	綠
	6	C	炭12,炭素5,碳3	炭
	15	P	燐17,磃2,磷1	燐
C类	14	Si	矽13,珪素3,硅素2,硅1,砂1	矽
	22	Ti	錯16,錯素2,替旦1,鈦1	錯
	38	Sr	鎴14,鎴素2,鎴2,鈢1,斯篤倫青護1	鎴
	39	Y	鈦14,鎰素2,鎰1,釱1,鉌1,伊篤留護1	鈦
	45	Rh	鎝15,鎝素2,銠1,鉶1,魯靑護1	鎝
	55	Cs	鏴12,鐙4,鏴素2,鉾1,播叟護1	鏴
	57	La	鑭17,鑭素2,良多母1	鑭
	76	Os	鍄16,鋼素2,鎾1,阿斯繆護1	鍄
	81	Tl	鉿17,鉿素1,錫1,多留護1	鉿
	88	Ra	銑9,镭2,那靑護1,拉吉烏護1	銑
	60	Nd	鎈14,鈮1,鋰1,鋰素1,鋰素1,内哇地母1	鎈
	64	Gd	釓8,鋤2,釓1,鋤1,鈔1,鎑1,加度烏護1,瓦度里纽護1	釓
D类	2	He	氦7,氜6,鐶2,海里烏姆2,赫利烏護1	
	5	B	硴10,硼5,硼素5	
	10	Ne	氖5,氝4,奈2,新2,内哇1,赖稳1	
	21	Sc	銅7,鎴5,鎴素2,錆2,鎌1,鎘1,鎇1,斯甘靑護1	
	32	Ge	鉬10,鍺6,鉬素1,日耳曼尼烏姆1,日耳曼纽護1	
	33	As	砷11,砷素5,砒4	
	54	Xe	氙5,釩3,氡1,釩1,氮1,苦播弄1,古塞伦1	
	58	Ce	錯7,鍶5,鈰5,錯素2,播留護1	

续表

类别	原子序	符号	同一元素的不同汉译名及其使用频率	频率最大或较大者
	62	Sm	鏾8,鎷5,鍛4,鍛素2,撒麻留譓1	
	69	Tm	銩6,鋥4,銐4,赤利乌譓1,丢留譓1	
	70	Yb	鐿8,鉻7,鈧2,鈧素2,伊的尔彪譓1	
	80	Hg	汞9,水银6,鍒5	
E 类	63	Eu	銪1,鏚1,鑼1	
	66	Dy	鏑1,錩1,錤1,釷1	
	67	Ho	鑵1,鋐1	
	71	Lu	鐟1,鎦1,鑼1	
	86	Rn	氥1,鈮1	

根据表 2,可以把这 83 种元素在教科书中的使用情况分为 5 类:

A 类(包括 A_1 和 A_2 两类):

A_1 类:鐵銅銀錫鉛,鋰鎂釩鎳鉫鈀鋼鋇鉺鈾,鈉鋁鉀鈣鉻錳,鈷硒鋯鉬釘鎘銻鐠鉣鉭鎢銥釷鈮碲鈹氫鎵氮

A_2 类:鋅溴碘鉍硫鉑金

B 类:輕淡養弗綠炭燐

C 类:矽鐯鎴鈦鉎鐴鋃銇鈶銚鋑釔

D 类:He、B、Ne、Sc、Ge、As、Xe、Ce、Sm、Tm、Yb、Hg

E 类:Eu、Dy、Ho、Lu、Rn

不难看出,ABC 三类元素是 1901—1920 年教科书中采纳较多的译名,A 类译名至今沿用。B 类译名被予以偏旁规范化为氢、氮、氧、氟、氯、碳、磷。C 类译名后来被淘汰,并被替换为硅、钛、锶、钇、铑、钯、镧、铱、铊、镭、钕、釓①。D 类是译名分歧较大的元素。E 类

---

① 钛锶钇铑钯镉镧铱铊镭钕镓是于《原则》中被替换的,Gd 和 Si 在《原则》中为釓和矽。

是较晚发现的元素,给出的译名极少,本文在此不予讨论。

进一步地,可以发现,A_1 类中的鐵、銅、銀、錫、鉛 5 个中国固有名称在所有教科书中的使用完全一致,鋰、鎂、釩、鎳、鉏、鈀、銦、鋇、鉺、鈾的使用较为一致,鈉、鋁、鉀、鈣、鉻、錳、鈷、硒、鋯、鉬、釕、鎘、錦、鐕、鋱、鉭、鎢、銥、釷的使用也较为一致,鈮、碲次之,Be、Ar、Ca、Kr 的译名虽然混乱度较大,但译名鈹、氫、鎵、氪较其他译名占优势。A_2 类中鋅、溴、碘、鉍的使用占明显优势,但日译名亞鉛、臭素、沃素、蒼鉛也有一定的使用。硫、鉑使用较多,但是俗名硫黄、白金也有一定的使用。金使用较多,但益智书会的译名鏛也有一定的使用。

B 类中的輕、淡、養、弗、氯、炭被较多采纳,但日译名水素、窒素、酸素、弗素、鹽素、炭素也有一定的影响。燐的使用极占优势,偏旁规范化的译名磷和碳的使用极少。由此可见,当时益智书会的严格偏旁规范化原则在这几个元素上的使用不大被认可。

C 类中的矽、鐕、鎴、鈦、鉎、鋰、錕、鍊、鉛、銑被较多采纳,但日译名珪素(硅素)、益智书会的译名鎧也有一定的影响。Nd 和 Gd 的译名虽然有一定的混乱度,但鏠和釓的使用较占优势。

D 类元素是分歧较大的元素。As 的译名分歧主要在砷和砒之间。Hg 的译名分歧主要在汞、俗名水银和益智书会的錄三者之间。汞稍占优势。益智书会的译名氤(He)在学部的《语汇》采纳氦之前较占优势,在《语汇》之后,氦则基本上被采纳。事实上,后继的几个统一元素译名的方案,如 1915 年教育部的《无机化学命名草案》(以下简称《草案》)、1920 年科学名词审查会的《原质》、1932 年的《原则》对译名氦都没有分歧。Yb 的两个译名鍩(益智书会的译名)和鐿(《语汇》采纳的译名)似乎有相抗衡之势,在后期鐿的使用似乎较多。这个元素的译名鐿跟氦一样,也被《语汇》、《草案》、《原质》和《原则》一致采纳。在译名氦和镱上,似乎可以看到《语汇》的影响。Ge 的译名鉏较益智书会的译名锗略占优势。B、Ne、Sc、Xe、Ce、Sm、Tm 的译名分歧较大,没有明显的规律可循。其中,益智书会的译名鈰(Ce)鐥(Sm)也有一定的使用。益智书会新造的译名很多,现在只有碳(C)、锗(Ge)、铈(Ce)保留下来。但其中的部分译名在之后的一段时间内还是产生了一定的影响的。

在 ABC 三类使用较多的译名中,除鐠、铍、氢、氖、铫、钕、钇外,其他译名都是徐寿于《化学鉴原》中采纳的译名(镓是徐寿于《化学鉴原补篇》中译)。Pr、Ar、Kr、Ra、Nd、Gd 由于发现较晚,徐寿未对其进行翻译。D 类元素是教科书中译名使用分歧较大的元素。其中,除 B、As、Ce、Hg 外,其余元素徐寿未给出译名。E 类元素是教科书中给出译名极少的元素。徐寿也未对之翻译(徐寿所译的鏑在当时其实是伪元素)。也即是说,在徐寿所译的 64 种元素中(包括镓但除掉伪元素译名鏑),只有鉻(Be)、砶(B)、钟(As)、错(Ce)、汞(Hg)这些译名未得到广泛的使用,其余译名都被多数采纳。由此可见徐寿译名的影响力。

此外,由于《语汇》沿用了徐寿的相当多数译名[①],且未被徐寿翻译但较为通用的 5 个译名鐠、氢、氖、钕、铫亦为《语汇》采纳,因此,在一定程度上可以说《语汇》对当时的译名产生了一定的影响。

2. 1921—1932 年教科书基本采纳 1915 年教育部颁布的译名

从 1921—1932 年 12 本教科书中元素译名的使用情况来看,

[①] 徐寿所译的 65 种元素(包括鏑和镓),除 Te 和 Dy《语汇》没有给出译名外,剩余的 63 个译名只有 6 个与徐寿不相一致,它们是鉻(Be)、炭质(C)、硫黄(S)、鉻(Ga)、砷(As)、锶(Ce)。较徐寿多译的 13 种元素名是氦(He)、氖(Ne)、氩(Ar)、铜(Sc)、鉏(Ge)、氪(Kr)、氙(Xc)、鐠(Pr)、钕(Nd)、鐥(Sm)、铥(Tm)、镱(Yb)、铫(Ra)。

除钟衡藏采用的是科学名词审查会的译名外,其余教科书大体上采纳的是1915年教育部颁布的《草案》①中的译名。这些教科书虽然在C、O、Si、P、As、Sr、Nb、Te、Eu、Gd、Dy、Hg的译名上出现了较小的不统一,但我们仍然可以确定它们使用较多的译名是碳、氧、硅、磷、砷、锶、鈮、碲、鏺、釔、鏑、銾(不同于这些使用较多的译名基本上只有1-2个)。这些译名与《草案》完全一致。

然而,值得指出的是,与化学教科书中采纳的元素译名的"惊人"一致相反,当时的学者对N、O、Cl、C、P、Hg、As、Si、B等元素的译名是有过激烈争议的。1915年,《草案》指出旧译名輕、淡、養、綠易与其不作元素名时的用法相混。这个观点在1920年左右已大致被学者认同。此时他们对N、O、Cl的译名争论主要集中于是采纳《草案》的氮、氧、氯还是科学名词审查会于1920年新造的译名氜、氱、氯。大体说来,郑贞文[9](45-46页;[10],8页)、梁国常[12](2页)、杜亚泉(1873—1933)[23]都反对氜、氱、氯这三个译名,而赞同《草案》的氮、氧、氯。任鸿隽[8]也赞同译名氮、氧、氯,认为译名氱不恰当(349-350页)。吴承洛[13][14]赞同译名氯,但支持译名氜、氯(1450-1451页;1820页)。

对于C、P、Hg译名的分歧则纠缠于究竟是采纳我国旧名炭、燐、汞,还是采纳予以偏旁规范化的碳、磷、銾。前者是科学名词审查会采纳的译名,后者是《草案》采纳的译名。大致上,郑贞文[10]站在《草案》这一方,认为不能表示元素之状态的译名炭、燐、汞应改为碳、磷、銾,使之符合偏旁规范化原则(1页;[11],1页)。其他

---

① 郑贞文于1920年出版的《无机化学命名草案》基本采纳了1915年教育部的译名,只多出一个译名氜(Rn)。这个译名被这里所考察的教科书一致采纳。

人([8],349页;[12],1页;[13],1451页)此时则大多反对对这类中国旧有俗名加以偏旁规范化。其理由是认为金属和非金属元素并没有明显的界限之分。但郭廷英[24]提议对所有元素都用金旁归一律(2页)。梁国常[12]认为,P应该采纳译名磷而非燐,其理由并不是因为燐未偏旁规范化,而是认为燐原意指鬼火,为气体PH_3和P_2H_4,不能把指称化合物的名称用来表示元素。磷虽非音译,但沿用较久,也可采纳(3页)。

元素B、As、Si的译名争议也较大。任鸿隽认为Si的译名应该为矽而非硅,因为矽"音与原字符号之音相近也"([8],348-349页)。梁国常认为,硼、砒的原意分别指硼砂、砒霜,并不指元素本身,不能用作元素的译名,而矽与锡同音,不可采纳。硅是日译汉名,通行已久,可沿用。([12],3页)吴承洛认为:"砒之为arsenic,通俗而明了,何必改为砷;果若谐音,反不如石信之为愈,因砒矿有信石之名,但反不通俗而且佶缺。"而"矽之为silicon,实不与锡字之音相混,若取日名硅,则音更离异,且矽之于中国,已经通行沿用。"([13],1451页)

此外,这几个重要元素的译名分歧虽然在教科书中的反映不甚显著,但在当时使用较广的一些辞典,如《新式理化词典》①[25]、《中华百科辞典》[26]、《王云五大辞典》[27]中还是有所反映的。尽管如此,这些辞典在其他元素的译名上与《草案》仍然颇为一致。因此,认为1921—1932年《草案》的译名较为通行并不为过。

如此一来,有人[28]认为1915年教育部颁布的《草案》对统一化学名词并未带来多大影响的观点看来就有失偏颇。至少可以

---

① 《新式理化词典》甚至使用輕、淡、養、弗、綠这几个未予以偏旁规范化的译名。

说,教育部的《草案》虽没有立即产生影响,但在1920年以后发挥了作用。同时,我们也可以断言,虽然早在1917年科学名词审查会就着手审定和统一元素译名,但这些译名的影响并不很大。

3. 教科书中元素译名的时段比较

根据上文的分析,我们可以把前后两个时段教科书中元素译名的变化列于表3(同时列出1932年《原则》中采纳的对应译名,以利比较)。

表3 1901—1932年初版的32本化学教科书中元素汉译名的时段比较

类别	1901—1920	1921—1932	《原则》	类别	1901—1920	1921—1932	《原则》
A₁类	鉭	鐽	鉭	D类	He	氦	氦
	鈮	錢	鈳		B	硼	硼
	鎵	鍘	鎵		Ne	氖	氖
B类	輕	氫	氫		Sc	鋼	鈧
	淡	氮	氮		Ge	鍺	鍺
	養	氧	氧		As	砷	砷
	弗	氟	氟		Xe	氫	氙
	綠	氯	氯		Ce	鈰	鈰
	炭	碳	碳		Sm	鐷	釤
	燐	磷	磷		Tm	銩	銩
	矽	硅	矽		Yb	鐿	鐿
	鎴	鍶	鍶		Hg	銾	汞
C类	銼	銠	銠	E类	Eu	鑀	銪
	鏗	鐙	鉋		Dy	鏑	鏑
	銑	鐳	鐳		Ho	欽	欽
	釔	釓	釓		Lu	鎦	鎦
	錯	錯	鈦		Rn	氟	氡
	鈦	鈦	釔				
	鋃	鋃	鑭				
	鍱	鍱	鐯				
	鉛	鉛	鉈				
	鎩	鎩	釹				

从表3中所得的结论是:A类译名除钽、铌、镓外,其他译名全部被后一个时段所沿用,并被《原则》采纳(至今沿用),B类元素成功地被后一个时段予以偏旁规范化,并被《原则》采纳(至今沿用),C类元素中的译名錯(Ti)、钛(Y)、锒(La)、铢(Os)、铪(Tl)、铹(Nd)被后一个时段沿用,但被《原则》替换为钛、钇、镧、锇、铊、钕(至今沿用)。锶(Sr)、铥(Rh)、铣(Ra)在后一个时段中的通用名变为锶、铑、镭,并继续被《原则》采纳(至今沿用)。矽在后一个时段被更改为硅,但《原则》又采纳了矽。矽后来一直通用到1950年代初。1953年2月中国科学院召开了一次全国性的化学物质命名扩大座谈会,又决议把读音跟锡易产生混淆的矽改成"硅"字。钇(Gd)被后一个时段改为釓,但《原则》又改为鍋,而现在我们使用的是译名釓。鏒(Cs)被后一个时段改为鎧,但《原则》改为铯(至今沿用)。D类元素He、B、Ne、Sc、Ge、As、Xe、Ce、Sm、Tm、Yb、Hg在前一个时段中没有通用名,在后一个时段中的通用名为氦、硼、氖、锗、砷、氩、铈、鏼、鐿、铼,其中氦、硼、氖、锗、砷、铈、铚、鐿被《原则》采纳,其余则被替换成钪、氙、钐、汞。前一个时段因发现较晚而译名数较少的E类元素Eu、Dy、Ho、Lu、Rn,在后一个时段中基本使用译名镂、鏑、钬、镏、氟,其中鏑、钬、镏被《原则》采纳,其余两个被替换成铕、氡。

大致来说,教科书前后译名的主要变化是从未予以偏旁规范化的轻、淡、养、弗、绿、炭、燐、汞等的多数使用到严格偏旁规范化的译名氢、氮、氧、氟、氯、碳、磷、铼等的采纳。这一变化中的译名氢、氮、氧、氟、氯由于避免了旧译名轻、淡、养、弗、绿所产生的歧义而受到赞同,译名碳、磷、铼则被大多数人认为是画蛇添足之举。《原则》最后确定了氢、氮、氧、氟、氯这些译名,把"碳及磷定为系统名称,炭及燐为通俗固有名称,任其保留"([16],6页),其理由是"此种系统及通俗名称并用之事,在西文化学命名中不乏先例,在其他科学如生物学及医学内尤为习见之事"([16],6页)。译名錄则被废弃。

那么,教科书中的元素译名为何是在1920年后才发生转变呢?对此提供的可能解释之一是由于郑贞文的影响。1920年,郑贞文同样出版《无机化学命名草案》,基本采用了1915年教育部的译名,只多译了一个氡(Rn),这个译名也被1921—1932年的教科书一致采纳。郑贞文所在商务印书馆的影响,以及他本人在化学名词上的造诣,或许在一定程度上促成后期的教科书大多采用其译名,从而使1915年教育部的译名产生影响。然而,需要指出的是,本文所选取的初版年代在1915—1920年的教科书仅有3本,或许还难以断定《草案》在此段时间内是未产生影响的。进一步搜寻这个时期化学教科书中的元素汉译名,有可能使1920年这个分水岭发生变动。

三 结语与讨论

根据以上论述,可以得到两点主要结论:

第一,化学教科书中元素汉译名的使用具有明显的时段特征,即1901—1920年多数采纳徐寿的译名,1921—1932年基本采纳1915年《草案》的译名。

第二,前一时段采纳较多的輕、淡、養、弗、綠、炭、燐、汞的译名,在后一时段改而采纳氢、氮、氧、氟、氯、碳、磷、錄的译名,前后两个时段都使用较多的译名鏽、鈦、銀、銖、鉛、鎟等被《原则》摒弃。

赖特（David Wright）曾对19世纪末化学术语的竞争作过考察。他认为术语的竞争跟生物界的竞争一样遵循"适者生存"的自然选择定律，并用道金斯（Richard Dawkins）的觅母（meme）概念来解释之，认为术语也是一种觅母，觅母被复制得越多，即在听、说、读、写和出版著作等人类活动中术语被使用得越多，术语被接受的可能性（存活率）就越大。[29]然而，从本文的两点结论来看，使用较多的一些元素汉译名（觅母）并不一定存活率大。前一时段（1901—1920年）使用较多的译名鉏、錜、鎵、輕、淡、養、弗、綠、炭、燐、汞、矽、鎴、鋌、鐚、鈘被1915年的《草案》全部替换为其他译名鏈、鈘、鉫、氫、氮、氧、氟、氯、碳、磷、硅、鍶、鉌、鐙、鐳、釠。这些在后一时段（1921—1932年）被普遍采纳的译名中的部分译名鏈、鈘、鉫、硅、鐙、釠，以及前后两个时段都多数采纳的译名鐠、钛、鎘、鉨、鉿、鐽，在1932年的《原则》中也被全部替换。

那么，如何解释元素译名的"竞争机制"呢？考察1917年医学名词审查会和1932年南京化学讨论会各自关于元素汉译名的讨论记录等，笔者初步发现元素汉译名取舍之理由并不总是令人信服，而是往往带有很大的情境性和不确定性，译名的最终确定更多地取决于科学共同体的协商和约定①。而其确定之结果能否生效，又主要地取决于科学共同体的权威性。统一译名的组织即便是确立了一些使用较多的旧译名，但假若这个组织并不具权威性，尤其是当这些旧译名存在某些弊病时，它们就很有可能被进行译名统一的下一组织所摒弃。《语汇》确立的輕、淡、養、弗、綠的译名，在1915年《草案》看来易与不表示元素名的含义相混，因此被《草案》摈弃。

---

① 对此，笔者将在另一篇论文中作详细探讨。

出于笔画简单及译音恰当等考虑,前后两个时段使用较多的鐒、鈦、鋃、銾、鈶、鎄的译名被《原则》摒弃而改为钛、钇、镧、锇、铊、钕。

1932年的南京化学讨论会聚集了郦恂立、李方训、曾昭抡、郑贞文、陈裕光、王季梁、吴承洛、王箴、程瀛章、潘澄候、时昭涵、杨幼民、沈熊庆、张资珙、邵家麟、徐作和、陈之霖、戴安邦这样一些化学家商讨译名[30],会后成立了中国化学会,这标志着化学权威机构的初步形成。他们所拟订的译名是由外人组成的益智书会所不能比拟的,也是由外人和华人共同组成的科学名词审查会所审定的译名所无法代劳的。张澔认为科学名词审查会审定的名词由于时局变化的影响而成为政治的牺牲品[28],恐怕也不是那么简单。事实上,科学名词审查会对元素汉译名的讨论远较南京化学讨论会详细。譬如,前者讨论时间长达3天之久,后者则只用了半天时间。前者审查译名的方法是:(1)到会人数三分之二以上决定者作为统一名词;(2)不满三分之二者取比较多数存两种名词再决一次,如仍不满三分之二者并存之,但以多数者前列;(3)第三次之公决如有人主张尚待考查者得下一日决之。([4],24页)后者则只根据票数多寡来确定最后译名。如As的译名确定为砷,是因为砷(7票)比砒(6票)多1票。([30],85-87页)南京化学讨论会确定译名之仓促,但却收到成效,恐怕与此时化学权威机构的形成不无关系。

另外,从1901—1932年化学教科书中使用的元素汉译名来看,同一元素的汉译名看似纷繁芜杂,实则大部分上是音译名和意译名的变体。益智书会、学部、1915年教育部、科学名词审查会和南京化学讨论会最后确定的元素译名①也莫不是遵循了音译和意

---

① 此五者拟定的译名可分别参见参考文献[1]、[6]、[10]、[16]、[30]。

译两种原则。遵循其他译名原则的元素译名从未成为主流。由于音译原则和意译原则早在1870年代就已提出,因此,可以断定元素汉译名统一的受阻不在学理层面。科学名词审查会和南京化学讨论会的元素译名方案的命运不同,1932年讨论会结束之后中国化学会的成立,无机和有机名词的译名原则的确立虽迟缓于元素译名原则的确立,但译名大体上也在1932年达成了统一更是证明了这一论点。这同时也启示我们,化学这一学科建制化进程的迟滞是元素汉译名统一受阻的根本原因。

本文对现有的教科书研究也有某些启示。传统上,教科书给人的印象是枯燥、教条和保守,它对科学史研究的意义仅仅局限于为透视常规科学提供窗口。这种或多或少有些先入为主的看法,在很大程度上使我们忽视了对教科书这一丰富资源的利用。近些年来,教科书形象的传统观点已遭到质疑,研究表明:教科书有时带有强烈的个人色彩,著者本人的论点或偏爱的理论(尤其是在科学争论时期)往往反映在他所编著的教科书中;教科书能折射出国家的政治和制度发展,是"科学的政治角色的指示剂"等[31]。1901—1932年化学教科书中元素汉译名的使用状况无疑表明了编译者本人对元素译名的偏爱,折射出各译名方案的影响,"指示"了近代科学在中国发展的特殊境遇,见证了中国政治和社会历史的兴衰。

参考文献

[1] Mateer W C. The Revised List of Chemical Elements. *The Chinese Recorder and Missionary Journal*. 1898 29(2). 87-94.

[2] Mateer W C. *Chemical Tems and Nan enlatare* Shanghai American

Prebyterian Mission Press 1901. i～viii.

［3］学部审定科《化学词汇》,商务印书馆,1908:1-28。

［4］化学名词审查组《化学名词审查组第一次记录》,《中华医学杂志》,1917.3(3):24-35。

［5］科学名词审查会《科学名词审查会第一次化学名词审定本》,《东方杂志》,1920,17(7):119-125。

［6］科学名词审查会《原质》,1920:1-6。

［7］任鸿隽《化学元素命名说》,《科学》1915,1(1):157-163。

［8］任鸿隽《无机化学命名商榷》,《科学》,1920,5(4):347-352。

［9］郑贞文《化学定名说略》,《学艺》1920,1(4):41-56。

［10］郑贞文《无机化学命名草案》,商务印书馆,1920:1-12。

［11］郑贞文《无机化学命名规约》,《学艺》,1920,2(1):1-12。

［12］梁国常《无机化学命名商榷》,《学艺》,1921,3(6):1-5。

［13］吴承洛《无机化学命名法平议》,《科学》1927,12(10):1449-1457。

［14］吴承洛《无机化学命名法平议(续)》,《科学》1927,12(12):1820。

［15］陆贯一《原质之新译名》,《科学》1932,16(12):1858-1864。

［16］国立编译馆《化学命名原则》,国立编译馆,1933:3-9。

［17］周昌寿《译刊科学书籍考略》,《胡适,蔡元培,王云五,张菊生先生七十生日纪念论文集》,商务印书馆,1937:420-434。

［18］谭勤余《中国化学史与化学出版物》,《学林》第8辑.1941:101-102。

［19］潘吉星《明清时期(1640—1910)化学译作书目考》,《中国科技史料》,1984,5(1):23-38。

［20］刘广定《清代化学书籍目录稿》,《国立中央图书馆馆刊》,1992年新25(1):205-217。

［21］王扬宗《近代化学的传入》,赵匡华《中国化学史·近现代卷》,广西教育出版社,2003:65-73。

［22］北京图书馆《民国时期总书目·中小学教材》,书目文献出版社,1995:281-290,321,351-352。

［23］杜亚泉《说明科学名词审查会审定氯三元素名称不能适用的理由》,《自然界》,1926,1(1):8-13。

［24］郭廷英《通讯〈郭廷英先生来函〉》,《学艺》,1921,2(10):1。

[25] 陈英才,符鼎开,杨立奎等《新式理化词典》第8版,中华书局,1929:270-271。

[26] 舒新城《中华百科辞典》,中华书局,1930:1-3。

[27] 王云五《王云五大辞典》第2版,商务印书馆,1930:111-113。

[28] 张澔《中文化学术语的统一:1912—1945年》,《中国科技史料》,2003,24(2):123。

[29] Wright D. Translating Science. the Transmission of Western Chemistry into Late Zmperial China, 1840—1990. Lenden Brill, 2000:331-332.

[30] 国立编译馆《教育部化学讨论会专刊》,国立编译馆,1932:78。

[31] Lungagren A, Bensaude-VincentB(eds). Communicating chemistry:Textbooks and Their Audiences, 1789—1939.

(原载于《自然科学史研究》,2005年第2期)

中国早期部分生理学名词的翻译及演变的初步探讨

袁 媛

从明末开始,特别是1840年鸦片战争以后,西方医学逐渐传入中国。最初承担这一工作的主要是西方来华的传教士。在传教士译书授课的过程中,用中国旧有的词汇表达西方的新的概念时必然会遇到很大的困难。因此,医学的名词问题一直为人所关注。我国早期的医学家俞凤宾曾写道:"学术,乃世界各国之公器,名词为宣传学术之所需。以中国之语言文字,述欧美之艺术思潮,不得不有适当之名词,供吾人之引用。凡欲传播智识,教授学生者,莫不知名词之重要。"[1]作为西方医学的基础之一的近代生理学,在伴随着西方医学一起传入中国的过程中,有关生理学的名词也经历了许多变化过程。这些名词的统一和演变过程,是近代国人学习吸收现代生理学的一个缩影,是生理学乃至西方医学在我国的传播过程中一个不可缺少的部分。本文将对我国早期生理学名词的翻译和演变的历史进行简要回顾和初步探讨。

一 早期生理学名词的翻译

尽管在明代后期,一些来华的耶稣会教士就已经介绍了一些西方解剖生理学的知识,但真正意义上的近代生理学知识则是在1840年鸦片战争以后随着来华的传教士医生们传到我国的。为了传播西方医学知识和培养西医人才,这些医生们在行医传教的过程中译述了一批解剖生理学书籍,正式将近代生理学介绍给国人。

早期的这些译述者们很早就注意到了名词的翻译问题。在1850—1858年间,来华的英国传教士医师合信(Benjamin Hobson)出版了几种西医教科书[2],他还专门编撰了一本《医学英华字释》(*A Medical Vocabulary in English and Chinese*)[3]。这本词典出版于1858年,是第一本英汉医学词典。它包括"全体部位功用"(anatomy and physiology)、"内部病症名目"(terms used in medicine)、"外科名目"(terms used in surgery)、"外科各器"(surgical instruments)、"医治外证手法"(surgical operations)、"妇科名目"(terms used in midwifery)、"小儿初生病证"(infantile diseases)、"药品名目"(names of medicines)、"药之动力"(properties of medicines)、"炮制之法"(operations in pharmacy)、"称药之器"(weights and measures)和"博物之理"(elements of natural science)12个部分。按照今天的西方医学名词,这本书事实上包括了解剖学、生理学、妇科学、外科学、儿科学以及药剂学的名词,还有少量的物理和化学的名词,是一本比较全面的医学词典。但是,由于医学名词的翻译还处于刚刚起步的阶段,许多词汇并没有对应的中文名词,所以合信采用了短语的形式来进行中英文对照。这也是当时比较可行的做法。1841年美国的浸礼会医生德万(T. Devan Thomas)编著的《中国语启蒙》(*The Beginner's First Book*)中,也是采用的这一形式,只有少量的解剖学名词给出了一一对应的中文词汇。这也是早期翻译生理学名词的一个特点。这也不难理解,新的科学名词一般都会经历从短语解释型变化到词组的过程[4],从合信的这本词典看来,生理学名词也同样经历了这一过程。

在西方医学刚来到中国时,名词的翻译是比较混乱的。生理学名词也同样如此。由于各种生理学译著大部分是各个传教士在行医之暇各自编译的,虽然有部分传教士如合信等已经注意到了名词的问题,但由于各自为政,所以名词比较混乱。当时代表性的生理学译著主要有:合信的《全体新论》(1851)[5]、傅恒理(Henry D. Porter)的《省身指掌》(1886、1913)[6,7]、高似兰(Philip B. Cousland)的《体功学》(1906)[8],以及一些日本人译著的生理学教科书,比如日本铃木龟寿的《生理》(1906)等[9]。表1列出了这几部主要的生理学译著中的部分生理学名词。

表1 早期生理学译著中的名词对照表

名词	《全体新论》(1851)	《省身指掌》(1886)	《省身指掌》(1913)	《体功学》(1906)	《生理》(1906)	现代译名
physiology	全体功用	省身之学	体功学	体功学	生理学	生理学
artery	血脉管	脉管	脈	脈	动脉	动脉
vein	迴血管	迴血管	盂	盂	静脉	静脉
capillary	微丝血管	微血管	鼈	鼈	毛细管	毛细血管
nerve	脑气筋	脑线	系	系	神经	神经
organ	器	器,经	经部	经	机官	器官
gland	核粒	核	腺	腺	腺	腺
reflax action	传运往来知觉运动	觉线反传之理	激应之能;感应之能	反应之行	反射运动	反射活动
synovia	各交节如膠	节油	滑液	滑液	滑液	滑液
serum	黄水	血汁	盟	盟	血浆	血清
cornea	明角罩	眼明罩	瞭	瞭	角膜	角膜
pleura	肺泡膜	肺外膜	胸统膜	胸统膜	胸膜	胸膜

从表1的前两项可以看到,《全体新论》和《省身指掌》虽然都

是由西方传教士所著,但所用名词差别却很大。这种名词的混乱会极大阻碍生理学知识的教学和传布,从而对西医在中国的传播产生不利影响。

不仅如此,使用含义模糊的名词也会大大影响新知识的传播。比如《全体新论》中,在介绍血液的成分时,合信说道:"西国以显微镜显之,见血内有二物,一为明汁,一为粒子,粒子者其形圆扁如轮,中空而赤,内贮红液,浮游于明汁之中,名曰血轮。……凡明汁之内,又有数物,一为蛋青(如蛋白以火煮熟色,故云),一为肉丝,一为肥脂,一为卤物,一为铁锈。比如明汁千分,大约蛋青得七八十分,肉丝得三四分,肥脂得两三分,卤物六七分,铁锈一分之间。皆能用法取出,确凿有据。"这一段论述实际上是说血液由血浆和血细胞组成,所谓明汁是指血浆,血轮是指血细胞,而对于血浆的成分则只是说明汁里又有数物:"蛋青"、"肉丝"、"肥脂"、"卤物"、"铁锈"。书中没有对这些物质进行具体的说明,只是说明了它们的含量,使人很难明白合信所说的这几种物质具体是指什么。大致"蛋青"可能是指血浆中的蛋白质,"铁锈"可能是指矿物质,而其余各物是指何物,还有待进一步考证。所以,名词的不准确性也会影响到国人对西方生理学知识的理解。

在华传教的医生们较早就注意到这些问题了[10],不久他们就正式开始进行医学名词的统一工作。

二 生理学名词的统一工作

1. 博医会关于生理学名词的讨论

在我国,早期医学名词的统一工作主要是由博医会开始的。[11]博医会于1890年成立了专门的名词委员会,着手建立一整套的医学名词。

由于生理学是医学的基础学科之一,所以在医学名词的统一工作中,生理学名词是开始得比较早的。1901年名词委员会召开第一次会议,就讨论了生理学的名词。这次会议在上海举行,经过6个星期夜以继日的工作,委员们逐个仔细地审查了名词,完成了解剖学、生理学和病理学的名词,以及部分重要的组织学和胚胎学的名词。最后还提交了一份报告,列出了他们所采纳的名词,准备印发给博医会的每一个会员,以接受批评和意见。

这一次的会议讨论的生理学名词里,有许多是新造的。因为委员们认为,使用一个完全新的词会比使用一个会引起很多科学歧义的旧词要好得多。学生们学习一个新词的时间要比忘记和重新学习一个旧的词汇所花的时间要短。在选择新词的时候,委员会遵循的原则是[12]:

(1) 避免音译。

(2) 并不是依照词汇的原义来进行翻译,而是根据词语最近的和最权威的意思来进行翻译。

(3) 如果一般的词语无法表达,就从《康熙字典》里选择旧的或者过时的词汇。

a. 选择用法或结构与所译的词相近的词汇。

b. 选择含义与所译之词不相违背的词汇。

c. 选择本身没有特殊含义,但其结构可以帮助人们理解它的新含义的词汇。

(4) 如果没有现成的词,而又别无它法,就造一个新词。

(5) 尽可能使词汇系统化,在中文里可以通过给它们加上某种偏旁部首来使它们系统化。最显著的例子是所采用的骨的名称和循环系统的部分名词。所有头部的骨头名词里有181个"页"字旁,而手部的骨头名词里有64个"手"字旁,脚部的骨头名词里有157个"足"字旁。躯体和四肢的骨头则都是"骨"字旁。所有的循环系统,包括淋巴系统的名词都有"血"字旁。例如:auricle 盇,ventrical 嶸,lymphatic nodule 津橍。

依照这样的原则,委员会讨论确定了一部分生理学名词,具体有[13]:

(1) 血液循环系统

Auricle 盇,这是《康熙字典》里的一个字,表示"血洞"的意思。

Ventrical 嶸,这是一个组合的字,用来表示"血喷出"。

Artery 脈。

Vein 盂,这是一个《康熙字典》里的字,意为"血流向心脏"。

Capillary 鳖,组合字,表示"小的血液组织"。

(2) 神经系统

在神经系统的各个名词里,最根本的改变是用"系"来表示 nerve。这是师图尔(G. A. Sturat)几年以前在杂志上提出的一个词。ganglion、plexus 以及 cerebrum、cerebellum 保留着没有变,pons 被改成了"脑桥"。

(3) 普通名词

Canal and duct——反对用"管"来表示,而是保留用"腤"来表示。

Cell——对于这个重要的词用了一个全新的字来表示,用表示肉的"月"字旁和旧的表示词"珠"的发音的一半组成了胅这个词。这样,细胞不再被称为"珠"了,且可以腾出"珠"字用来表示骨节。

Chondrin, creatin, mucin, etc——在表示这些基本物质和其

他同类的物质时,使用了日本的词汇"素"。用来表示出它们是内部的物质,而且是组织里较纯净的部分。

Gland——同样使用了日本的词汇"腺"(表示新鲜的泉水)。但这个词只表示分泌的腺体,淋巴结用"榍"表示,细胞的核用"核"表示。

Lymph——用《康熙字典》里的一个字"溓"表示。因为它的构词较合适,而且这个词的含义十分模糊,所以我们可以在教科书里用它来表示淋巴(下面的 serum 也一样)。

Pancreas——这个词也令委员会十分头疼。有各种的译法,但最后决定采用一个中国口语里的字"脺"来表示,称它为"脺"腺。

Proteids——用《康熙字典》里的一个字"胫"来表示蛋白质这一类物质。用这个字与其他字的搭配或其他的字来表示各种各样的蛋白质。比如:albumim,粹胫或粹;globulin,腈胫或腈。

Serum of blood——用《康熙字典》里的"盟"来表示。同样是因为它的构词合适。

Tissue——对这个常用的词用一个组合的字"䐃"来表示。

Usterus——用一个组合的字"㝐"表示。

这样,名词委员会就初步对生理学名词进行了统一。1905 年名词委员会又召开第三次会议,出版细菌学、药物学名词,并对解剖学、组织学、生理学、药理学和药剂学的名词进行了修改。这一年在博医会第二次全会上,名词委员会的工作得到了肯定并进行了改选,并且成立了一个出版委员会,以新的标准名词编辑出版系列的医学教科书。

关于博医会这一段统一生理学名词的工作,我们可以从高似兰的《体功学》(1906)和傅恒理的《省身指掌》(1913 年版)中看出来。高似兰曾任博医会名词委员会的秘书,是博医会统一医学名词的主要领导和干将,他对于当时医学名词的统一工作作出了很大贡献[14]。从表1的第三、四项可以看出,《体功学》和新版《省身指掌》中的名词基本一致。这也反映了博医会的名词委员会的工作起码在传教士内部是较有成效的。而且我们从表1中还可以看出,1886年出版的《省身指掌》和1913年出版的《省身指掌》中的名词完全不同,变化很大。这也说明,由于采用了新的命名原则,经博医会统一后的生理学名词产生了很大的变化。

然而这一变化是否为当时的国人所接受了呢?事实上,甲午战争以后,我国逐步掀起了留日的热潮。在这之前,中国介绍西学的书主要是从英文、法文、德文等西书翻译而来,而1900年以后,从日本转口输入中国的西学知识急剧增长,成为输入西学的主要部分。据统计,1902年至1904年,我国共译西书533种,其中日文321种,占到了60%[15]。随着日文译书的增多,大量的日译名词也涌了进来。生理学也不例外。这些来自日本的生理学名词与博医会的大相径庭,从表1可以看出,日本铃木龟寿的《生理》中的名词与前面《体功学》和《省身指掌》的名词大不相同。这也说明,当时博医会的统一医学名词的工作影响还只限于博医会的内部。

当时一位无锡人孙祖烈编了一本《生理学中外名词对照表》[16],列出了当时东西洋两派名词及西人原文,共3000余条。作者在序言里说道:"岁甲寅,余迻译生理学讲义,未尝不叹其中名词之钩輈格磔,令人不易卒读也。考我国所译生理学书,宗欧美者,用博医会新旧两派之名词;翻东籍者,用日本创造之名词。糅杂纷纭,不可殚究。读者茫然如堕五里雾中,每有吾谁适之叹。岂非习生理学者一大憾事乎?不佞有鉴于斯,则思荟萃东西洋两派名词及西人原文,列为一表。俾读者开卷了然。"可知当时的生理学名词有英美和日本这两派存在,影响了生理学知识的传播,生理学名词的混乱现象并没有消除。

因此,尽管博医会在统一医学名词方面已经做了很多工作,但并没有被中国政府和医学界完全认同。究其原因,可能是因为所造的许多生字和使用的《康熙字典》里的冷僻字十分难认和记忆,不符合中国人的习惯,因此很难被中国人所接受[17]。这一点可以从以上博医会所讨论的生理学名词看出来。名词委员会也很快意识到了这种情况,在博医会的出版和名词委员会1915年的会议上,会员们认为,应该和中国的教育界和医学团体合作来统一医学名词[2]。

2. 医学名词审查会和科学名词审查会对生理学名词的统一

进入20世纪以后,西医在中国逐渐传播和建立起来,1915年,伍连德等人在上海成立了中华医学会。同年,在北京成立了中华民国医药学会。这些新成立的团体也纷纷加入到医学名词的统一工作中来。中华医学会的发起人之一俞凤宾指出:"吾中华医学会对于医学名词之翻译,应据如何观念,急须筹划,不能作壁上观。"[18]中华民国医药学会"亦注重名词"[19]。

1915年2月,博医会名词委员会在上海举行医学名词审查会议,与江苏省教育会协商医学名词审查问题。1915年2月11日,在江苏省教育会会所召开了审查医学名词第一次谈话会。会上,高似兰报告了博医会医学名词审查会议的情况。大家讨论了医学名词审查问题,普遍认为应合力进行医药名词审查工作。[20]这样,中外的医学人士合作,正式开始了医学名词的统一工作。

1916年2月12日,乘中华医学会召开大会之际,中华医学会、博医会、中华民国医药学会、江苏省教育会等单位的代表举行了审查医学名词第三次谈话会,开会讨论医学名词审查问题。会议通过6项决议,成立了医学名词审查会。[21]

由于各方所用的名词大相径庭,所以在1916年,医学名词审查会在召开第一次正式名词审查大会的前一天举行的预备会上,议决了审查名词的方法如下:(1)经表决,到会代表的2/3以上所同意的名词,作为统一之名词。(2)不满2/3的名词,取得票最多的两种名词,再决一次。如仍不满2/3者,并存之,但以多数者列前。(3)第二次表决时,如有人主张尚待考察,则该名词推到下一日再作决定。[22]

依照这些办法,审查会召开了4次大会,审议了解剖学名词和化学名词。这些名词的通过,为生理学名词的统一创造了条件。1918年11月教育部批准医学名词审查会改名为科学名词审查会,随后在1923—1926年举行的第9、10、11、12次大会上,代表们审查了生理化学和生理学的名词。[23-26]

关于科学名词审查会所审查的这些名词,尽管当时博医会的人士并没有认为都很恰当,但他们还是接受了所审定的名词。在1924年出版的《高氏医学词汇》第五版的序言中作者写道:"会议的大部分成员大多数的时候只是想简单地遵照日本的范例,把西方的名词简单地翻译过来,无论是好的、坏的还是无关紧要的。所以我们遗憾地看到许多不恰当的、易混淆的名词被确定下来。但是有统一的名词毕竟是一个极大的进步,而且最重要的是马上来用这些统一的名词,无论这变化是多么令人不快。而且,使用与日本的名词相近的名词也有一定的好处。"[2]

所以说,由于汇集了中国医学界各方的代表,并且得到了教育部的认可,科学名词审查会的工作是卓有成效的。它使得东西两派的名词得到了初步的统一,从而使我国的生理学名词有了一个统一的标准。

三 我国早期生理学名词的演变

如上所述,早期我国的生理学名词经历了从短语解释型过渡到词汇型,从混乱到小范围的统一,再到东西两派的争论,最后在全国的范围内得到初步统一的过程。

关于博医会的名词委员会所统一的生理学名词,我们可以从1908年博医会出版的第一版的《高氏医学词汇》中了解到,而对于科学名词审查会所通过的生理学名词,虽然我们现在看不到出版的单行本,但在1931年科学名词审查会出版的新的《医学名词汇编》中可以看到。[27]

为了说明我国早期生理学名词的演变过程,本文在最早的英汉医学词典合信的《医学英华字释》以及后来的《高氏医学词汇》(1908)和《医学名词汇编》(1931)中选取了部分基本的生理学名词,以期能够对这一演变过程有所体现。结果见表2。

表2 我国早期部分生理学名词的演变

名词	合信《医学英华字释》[1] (1858)	高氏医学词汇(1908)	医学名词汇编(1931)	日文译名(1931)	《生理学名词》(1989)[2]
physiology	全体功用	体功学	生理学	生理学	生理学
protoplasm	—	元凊	原浆	原形质	原生质
metabolism	—	朋长废	新陈代谢;代谢	变化;变体	新陈代谢

528

续表

名词	合信《医学英华字释》[1]（1858）	高氏医学词汇（1908）	医学名词汇编（1931）	日文译名（1931）	《生理学名词》[2]（1989）
nerve	筋,脑气筋	系;脑线	脑经;神经	神经	神经
cell	胞	胒	细胞	细胞	细胞
tissue	—	膼	组织	组织	组织
proleids	—	腥(音"呈")	蛋白质	"译音"	蛋白质
albumim	蛋青	胎(音"柏")	白蛋白	蛋白素	白蛋白
oxygen	养气	氧	氯(音"阳")	酸素	氧
carbonic acid	炭气	烸酸	炭酸	石炭酸	碳酸
sense	体用;功用	觉	感觉	感觉	感觉;感官
duct	—	腤	导管;管	导管	管
gland	核粒	腺(音"泉")	腺	腺	腺
tendon	肉筋	腱	腱	腱	肌腱
joint	—	节	结合	结合	关节
muscle	肌肉	肌腷	肌;筋肉	筋	肌
lymph	—	盩	淋巴	淋巴液	淋巴
secretion	生津液	泌	分泌	分泌	分泌
saliva	口水	涎	唾液;涎	津唾	唾液;涎
sweat	皮津液即汗	汗	汗	汗	汗液
serous fluid	各胞膜津液如水	润液;津液	浆液	浆液	浆液
synovia	各交节如膠	滑液	滑液	滑液	滑液
cerebrum	大脑	大脑	大脑	大脑	大脑
cerebellum	小脑	小脑	小脑	小脑	小脑
nerve fiber	—	系丝,脑丝	神经纤维	神经纤维	神经纤维
nerve impulse	—	脑感,脑奋	神经兴奋;脑感	神经兴奋	神经冲动
reflax action	传运往来知觉运动	激反应	反射	反射机能	反射

529

续表

名词	合信《医学英华字释》[1] (1858)	高氏医学词汇(1908)	医学名词汇编(1931)	日文译名(1931)	《生理学名词》(1989)[2]
arachnoid	脑胈膜	脑润衣	蜘蛛膜	蜘蛛膜	蛛网膜
marrow	脊骨髓	髓	骨髓	骨髓	髓；骨髓
pleura	肺泡膜	胸统膜	胸膜	胸膜	胸膜
auricle	心上房	盆	心耳	心耳	心耳；耳廓
ventricle	心下房	蟥	心室	心室	心室；脑室
artery	血胍管	胍；胍腙	动脉	动脉	动脉
vein	迴血管	盂，盂腙	静脉	静脉	静脉
capillary	微丝血管	鹽	毛细管	毛细管	毛细血管
aorta	总胍管	总胍	主动脉	大动脉	主动脉
pericardium	心胈膜	心统膜	心包	心囊	心包
mitral valve	两扇门	两扇门	二尖瓣（僧帽瓣）	僧帽瓣；二尖瓣	二尖瓣；僧帽瓣
tricuspid valve	三扇门	三扇门	三尖瓣	三尖瓣	三尖瓣
pulse	脉	脉，血湧	脉	脉搏；搏动；脉至	脉搏
serum	黄水	盟	浆液血清	浆液	血清
erythrocyte	—	红胈；血红胈	赤血球	赤血球	红细胞；红血球
leucocyte	—	血白胈；白胈	白血球	白血球；脓球	白细胞；白血球
globulin	—	腈腥；腈	球蛋白；血球素	血球素；可溶性蛋白质	球蛋白
fibrin	费皮连	血丝腥；血丝	纤维蛋白；纤维素	纤维素	纤维蛋白；血纤维
eye	眼	眼	眼	眼	眼
cornea	明角罩	瞭	角膜	角膜	角膜

续表

名词	合信《医学英华字释》[1](1858)	高氏医学词汇(1908)	医学名词汇编(1931)	日文译名(1931)	《生理学名词》(1989)[2]
pupil	瞳人	瞳	瞳孔	瞳孔	瞳孔
cochlea	螺纹骨	耳螺	(耳)蜗	蜗牛壳	耳蜗
pharynx	喉咙	喉	咽	咽头	咽
vocal cards	小肉带	声带	声带;声皱襞	声带;声皱襞	声带
pancreas	甜肉	脺;脺腺	胰腺	膵	胰腺
stomach	胃	胃	胃	胃	胃
liver	肝	肝	肝	肝	肝脏
spleen	脾	脾	脾	脾	脾脏
digestion	消化	消化	消化	消化	消化
dyspepsia	不消化	食滞;食不消化	消化不良	消化不良	消化不良
bile	肝胆汁	胆汁	胆汁	胆汁	胆汁
kidney	内肾	肾	肾	肾	肾脏
ureter	内肾溺管	肾胱管	输尿管	输尿计	输尿管
bladder	膀胱	胱	膀胱	膀胱	膀胱
urethra	膀胱溺管	尿脂	尿道	尿道	尿道
testis	外肾	精腺;阳腺	睾丸	睾丸	睾丸
scrotum	外肾囊	阳囊;精腺囊	阴囊	阴囊	阴囊
urine	内肾津液即溺	尿	尿	尿	尿
semen	外肾津液即精	精	精液;精	精液;精	精液
generate	生育子女	孳生	生产;生殖	生产;生殖	生殖
lactation	生乳之理	授乳	哺乳	哺乳;授乳	泌乳;授乳
embryo	胚	胚	胚;胎	胎	胚胎

531

续表

名词	合信《医学英华字释》[1](1858)	高氏医学词汇(1908)	医学名词汇编(1931)	日文译名(1931)	《生理学名词》(1989)[2]
pelvis	尻骨盤	盆	骨盆	骨盆	骨盆
uterus	子宫	宿	子宫	子宫	子宫
placenta	胎盘	胞	胎盘	胎盘	胎盘
conception	受胎	交孕	受孕	受胎	妊娠,受孕

1) 原书采用的是短语解释的方法,表中词汇是根据这些短语推断而来。
2) 生理学名词审定委员会编:《生理学名词(1989)》,科学出版社,1990年。

从表 2 可以看出:

(1) 在博医会最初所讨论确定的这些生理学名词里,凡是当时博医会所造的新词最后都被淘汰了。尽管当时他们也考虑了很多,比如如何表意、如何保持系统性等。他们可能是借鉴了当时化学术语翻译的办法。造一个字来表示化学元素名称,是当时使用的化学元素译名方法,它是由在江南制造局工作的傅兰雅和徐寿提出来的,这种方法既照顾到汉语习惯,又避免了完全音译的烦琐[28]。所以像很多化学元素名一样,博医会的医生们也造了很多新字来表示生理学的名词。但是,这个造新字的办法在化学领域获得了成功,但在生理学领域却完全失败了。究其原因,可能是与我国传统医学里本来就有自己的生理学有关。与化学不同,中医里本来就有一套自己的对人体的结构和功能的解释。尽管中医的生理学与西方传入的现代生理学完全不同,但是毕竟人体的结构和功能并没有二致。如果传入的西方医学在叙述这些知识的时候,使用一些生僻的汉字,就会很难被国人所理解和接受。

(2) 在解剖生理学中有一部分词如胃、肝、脾、消化等一直保持着没有变。这是因为在我国的传统医学里,就已经有了这些词汇,所以就一直没有改变过。变化最大的是那些中医里本来没有,从西方引入的那些名词,如蛋白质、神经、细胞、淋巴等。

(3) 从表 2 中可以看出,我们今天所用的生理学名词,有不少与日本所用的名词相同,如细胞、神经、动脉、静脉等。这说明,在 20 世纪初,从日本转口传入中国的生理学名词对中国的影响很大。由于日本本是汉字文化圈的成员,日文中的汉字,都是从中国学去的,因此,日译西书中的许多词汇,大部分中国学者一看就懂,不用翻译。因此,日文里的很多名词很容易就被中国人所接受了。

在这些中国沿用的日本名词中,实际上可以分为两类。一类是日本将中国古典词的原义加以改造,以对译西洋的概念。比如"组织"这个词。中国古时本有这一词。《辽史·食货志》中有"饬国人树桑麻,习组织"[29]之语。另外还有一类是日本在翻译西洋概念时运用汉字造词法创造的新词,如"动脉"[29]、"静脉"[29]。

然而,我们并不能断言所有的这些名词都是从日本而来。实际上,有一些名词也是日本沿用了中国的译名,比如"细胞"[30]一词。可见,中日之间的名词实际上是相互影响的。近年来,已有一些学者对于中文和日文里的这些名词互相交流影响的历史有过细致深入的研究,如沈国威、冯天瑜等。但在生理学领域,还有很多名词的来龙去脉尚待考证。

比如"生理"和"生理学"这两个词。有学者说中国本没有"生理学"这个词,这个词大概是从日本而来[31]。1984 年出版的《汉语外来词词典》中,也认为"生理学"一词来自日本[29]。而关于"生理"这一词,王立达在 1958 年第 68 期《中国语文》上发表的"现代汉语中从日语借用的词汇"一文中认为"生理"这个词是来自日本。

另外,由日本学者实藤惠秀所著,香港学者谭汝谦、林启彦翻译的《中国人留学日本史》中,也认为"生理"这个词来自日本。[32]

在中国古代,本有"生理"这个词。在《辞源》里,确有"生理"这一条,内容是[33]:

① 养生之理。晋嵇叔夜(康)《养生论》:"是以君子知形恃神以立,神需形以存,悟生理之易失,知一过之害生。"

② 活下去的理由。《旧唐书》卷188《李日知传》:"元礼不离刑曹,此囚终无生理。"

③ 生活、谋生之道。唐杜甫《杜工部草堂诗笺》卷11《北征》:"新妇且慰意,生理焉得说。"

④ 做买卖。萧德祥《元曲选·杀狗劝夫》"楔子":"我打你个游手好闲,不务生理的弟子孩儿。"

在这几种解释里,第一个解释与现代汉语里的"生理"意思相近。因此,关于这两个词,比较可能的途径是,日本在翻译西洋的概念时,赋予了古汉语中的"生理"这个词以新的含义,并创造了"生理学"这个词,作为学科名称。这两个词后来都进入了中国,成为了我们现在所熟知的名词概念。但要弄清这两个词从日本来到中国的具体情形,还需进一步的考证。

参考文献

[1] 俞凤宾《推行医学名词之必要》,《中华医学杂志》,1922,8(2):85-88。

[2] Cousland Philip B. *An English—Chinese Lexicon of Medical*

Terms. Shanghai: Medical Missionary Association of China, 1908.

[3] Hobson B. *A Medical Vocabulary in English and Chinese*. Shanghai Mission press, 1858.

[4] 沈国威《近代英华辞典的术语创造》,邹嘉彦,游汝杰主编《语言接触论集》,上海教育出版社,2004:235-256。

[5] 合信《全体新论》,上海墨海书馆,1851。

[6] 博恒理《省身指掌》,京都灯市口美华书院,1886。

[7] 博恒理《省身指掌》,上海美华书院,1913。

[8] 高士兰译.肖惠荣述《体功学》,上海美华书馆,1906。

[9] (日)铃木龟寿《生理学》,江苏苏属学务处发行,1906。

[10] Whitney HT. Advantages of Co-operation in Teaching and Uniformity in the Nature and Lenth of the Course of Study [J]. *CMMJ*, 1890, 4(3):198-203.

[11] 张大庆《早期医学名词统一工作:博医会的影响和努力》,《中华医史杂志》,1994,24(1):15-19。

[12] Stuart Geo A. Scientific Terminology [J]. *Chinese Recorder*, 1901, 32:305-306.

[13] Work of the Nomenclature Committee [J]. *CMMJ*, 1901, 15(2):151-156.

[14] 张大庆《高似兰:医学名词翻译标准化的推动者》,《中国科技史料》,2001,22(4):324-330。

[15] 熊月之《西学东渐与晚清社会》,上海人民出版社,1994:13。

[16] 孙祖烈《生理学中外名词对照表》,上海医学书局发行,1917。

[17] 张大庆《中国近代的科学名词审查活动:1915—1927》,《自然辨证法通讯》,1996,18(5):47-52。

[18] 俞凤宾《医学名词意见书(一)》,《中华医学杂志》,1916,2(1):11-15。

[19]《审查医学名词第二、三次谈话会情形.致医学界书(第二次)》,《教育研究》,1916,27:11-13。

[20]《江苏省教育会审查医学名词谈话会通告及记事》,《教育研究》,1915,22:1-5。

[21]《医学名词第三次谈话会》,《教育研究》,1916,27:5-6。

[22] 沈恩孚《医学名词审查会第一次审查本序》,《教育公报》,1918,1:3-4。

[23] 科学名词审查会第九届大会《中华医学杂志》,1923,9(3):199-205

[24] 科学名词审查会第十次大会在苏开会记《中华医学杂志》,1924,10(5):416-430。

[25] 第十一届科学名词审查会在杭开会记《中华医学杂志》,1925,11(4):296-311。

[26] 第十二届科学名词审查会纪事《中华医学杂志》,1926,12(4):434-444。

[27] 鲁德馨《医学名词汇编》,科学名词审查会编印,1931。

[28] 王扬宗《化学术语的翻译和统一》,赵匡华《中国化学史·近现代卷》,广西教育出版社,2003:74。

[29] 刘正埮,高名凯,麦永乾等《汉语外来词词典》,上海辞书出版社,1984:84,123,313,411。

[30] 冯天瑜《新语探源:中西日文化互动与近代汉字术语形成》,中华书局,2004:28。

[31] 王志均,陈孟勤《中国生理学史》,北京医科大学中国协和医科大学联合出版社,1993:41。

[32] 冯天瑜《新语探源:中西日文化互动与近代汉字术语形成》,中华书局,2004:458,496。

[33]《辞源》(修订本),商务印书馆,1999:2096。

(原载于《自然科学史研究》,2006年第2期)

我国术语数据库的建设及发展趋势

王渝丽

在即将迈入 21 世纪的今天,科学技术突飞猛进,科技方面新的名词不断出现,特别是电子与信息科学的发展,不断产生并引入表达新概念、新技术、新事物的新词。经济发展和日常生活迫切需要运用科学的、规范的术语来进行交流。随着因特网技术的日益成熟和飞速发展,发展网上术语数据库已势在必行。

一 我国术语数据库工作

我国的术语数据库工作开始于 20 世纪 80 年代初,发展于 90 年代初。80 年代初奥地利国际术语信息中心主任、国际标准化组织术语技术委员会秘费尔伯(H. Felber)教授和加拿大国家术语数据库专家等来华,介绍了国际上建立术语库的动态和建库经验,引起了国内有关学者的注意,并开始了调研和建立术语数据库工作。

1989 年以来,我国许多部委或所属的研究单位陆续开始建立不同类型的术语数据库。例如:机械工程术语库、农业叙词库;化工术语数据库、英汉科技分类词库、中国百科术语数据库、应用语言学术语库、测绘术语数据库以及科学技术术语数据库,等等。

术语信息是现代社会发展必不可少的信息资源,而建立术语数据库则为信息资源共享提供了更便捷的途径;术语数据库的研究与开发,是术语学与术语标准化工作的重要内容之一,也是术语信息管理与使用的重要手段。近十年,国家质量技术监督局在颁布了一系列有关术语学、术语数据库的国家标准。例如,《确立术语的一般原则与方法》(GB/T10112-88)、《建立术语数据库的一般原则与方法》(GB/T13725-1994)、《术语数据库开发指南》(GB/T15378.2-1994)、《术语数据库技术评价指南》(GB/T15625-1995)、《信息处理文本和办公系统标准通用置标语言(SGML)》(GB/T14814/ISO8879)、《术语工作计算机应用:数据类目》(GB/T16786-1997)、《术语工作概念与术语协调》(GB/T16785-1997)等。

标准通用置标语言(SGML. Standard Generalized Markup Language)是为了适应日益发展的信息交流而建立起来的一种国际标准。它对通用编码和通用置标概念的应用进行标准化,为描述用户选定的内容提供了一种清晰的且无歧义的语言。该语言包括:

——用于文件元素的描述性置标的"抽象语法";

——将抽象语法与特定的字界符和数量相结合的"基准具体语法";

——允许用户针对不同的文件类型定义通用标识符和属性的特定词汇;

——对任意数据内容的规定;

——实体引用;

——将处理指令与描述性置标相互区别用的专用定界符。

它不仅描述了文件的内容,而且描述了文件的结构;可以将它用于传统的单一媒体数据的排版和多媒体数据的排版;用于办公文件的处理,以满足人们阅读和排版系统之间进行文件交换的需要,是电子数据交换的必备条件。特别是它可适用于在不同文本处理语言的系统之间文件;即使使用同一种文本处理语言,也可用不同方式处理的文件。

超文本置标语言 HTML(Hyper Text Markup Language)是一种特殊的 SGML 语言,由于它在因特网浏览器上的日益广泛使用而受到重视。这些标准与国际有关标准是接轨的,因此遵循标准建立的术语数据库是规范的,并为数据交换、信息上网提供了便利手段。机械工程术语数据库和中国百科术语数据库就是遵照国家标准、国际标准建设的数据库。

二 几个重要的术语数据库

经过多年的工作,术语数据库在我国得到了长足的发展,下面分别介绍几个主要的术语数据库:

1. 机械工程术语库于 1988 年列入原机械部科研计划,1989 年开始组织工作,1991 年成立了机电术语信息中心负责组织实施,第一期工程收录了 44000 多条术语数据记录,包括了 20 多万个数据。分为机械工程、电工及仪器仪表三个部分。

该库在设计上,认真学习了国际上建立术语库的经验,在微型计算机上用 Windows 作为操作环境运行。每个记录包括:定义、上位词、下位词、同义词、学科领域等,并附有相应的英、俄、德、日、法五种外文对应词及来源等,共计 36 个术语项目。其总框架以学科分类体系为主,兼顾专业,采用三级类目,编审工作是按照相应国家标准的要求进行的。1995 年曾邀请联合国工业发展组织派专家组进行了评估;1996 年第一期工程通过了验收,认为达到了国际先进水平,并被评为全国科技信息系统优秀成果一等奖。现在,已准备开始二期工程。

2. 中国百科术语数据库始建于 1993 年。它以我国首部综合性百科全书《中国大百科全书》(第一版)为依托。该库是我国首例大型、面向概念的综合性多功能术语数据库,由以下子库组成:①《中国大百科全书》(第一版)条目;②《中国大百科全书》(简明版)条目;③术语库(百科术语,国家标准术语等,每条术语含 11 项,主要包括术语编码、中文术语、汉语拼音、英文对应词、定义、学科领域、国家学科分类代码、来源、等级等);④人名库(主要在《中国大百科全书》出现的中、外人名);⑤图片库(中国大百科全书出版社收藏的黑白、彩色图片)。现有术语数据 80 余万条。该库的建立,不仅能提供多途径检索库中的知识,而且为编辑工作自动化提供服务。

该库计算机系统采用 client/server 结构,主机选择的是 DECserver2100,数据库服务器上操作系统采用 UNIX,数据库采用 Sybase10 及北大方正集团提供的信息检索系统(Inforbase);编辑自动化服务器上操作系统采用 NT3.51,客户端采用 Windows 3.11 检索软件和编辑软件。在开发过程中,遵照了有关国家标准和国际标准,成功地开发了标准通用置标语言(SGML)中文软件,并提供了 SGML 格式到 HTML(超文本置标语言)格式的转换表。

在新闻出版署的大力支持和跟踪管理下,中国百科术语数据库在1997年9月已通过验收,专家们认为该库已达到国际先进水平,在国内已达到领先水平,在出版业起到科技进步的示范作用。

现在已开始百科术语数据库建设的扩建工程,并逐步完成百科术语数据库多媒体工程和因特网上网工程,依据有关国际标准和国家标准,进一步开发、完善这个数据库。

3. 1992年中国科学技术信息所开始建立机读汉-英、英-汉科技词库,收有50万条词,以后拟将词量扩充到100万条,并进一步增加日、俄、德、法对照语种,建立语料库,最终将科技词库建成机读多语种词语知识库。

此库建成后,将对语言学中的机器翻译,信息交流中的自动标引,自然语言检索和专家系统与人工智能等方面的研究起到极为重要的支持作用,并可用于编制或修订主题词表、辅助机读数据库对录入的大量中外文词语进行书写校验;编辑出版多语种词典、手册(印刷本和机读版)等。

4. 1991年在社会科学基金支持下,国家语委应用语言研究所建立了应用语言学术语数据库(TAL术语库)。他们从专业书刊及辞书中挑选,输入了两万条术语记录,每条记录包括6个数据项,即分类号、英文名、汉文名、汉语拼音和结构(汉语名称的结构表达式)出处等。

该库是在IBM-PC机上以DBASEⅢ语言编制的。查询项目可包括6个数据项中任一项或几项。该库可通过结构的查询,研究汉语术语的构造问题,为制定术语提供便利的条件。此外,该所1992年还建立了计算语言学的术语库。

5. 1995年全国科学技术名词审定委员会建立的科学技术名词术语库主要收集了该委员会审定通过的科学技术名词。全国科学技术名词审定委员会是我国专门进行科技名词审定的部门,是代表国家进行科技名词审定和公布的权威性机构。参加名词审定工作的均为我国各学科领域的高水平的专家。经该委员会审定、公布的科技名词具有权威性和约束力,全国各科研、教学、生产、经营及新闻出版等单位均要遵照使用。

目前,该术语库已有 12 年来公布的天文学、物理学、数学、化学、生物化学、地质学、大气科学、海洋科学、医学、电子学、农学、计算机科学、石油化工等近 40 个学科的基本名词术语,约 10 余万条,主要是英汉词汇对照。按学科的相关概念体系排列,个别词汇有释义,例如,大气科学、煤炭科学技术等。该库采用 DBASE Ⅲ 和 Orcle 编程。现在该库正陆续增加新审定的名词术语,以便更好地消除术语混乱现象,促进我国科研、生产、教学和学术交流。

术语库的建设是一项基础性、信息资源建设工作。信息资源的建设是非常重要和艰苦的,因为它投入大、工作量大、工期长、见效慢。但术语库作为信息资源的一个重要基础,各行各业都需要。据了解,目前有更多的部门正在计划和建立专业术语数据库。

三 发展网上术语数据库势在必行

随着计算机技术的不断发展,计算机性能的不断提高,以及计算机网络应用的日益普及,其应用已深入到社会的各个方面,正在逐渐改善着每个社会角落,每个人的生存环境和思维方式。目前,因特网技术日益成熟,并且迅速在全世界得到广泛应用。

因特网主要有下列功能:

——电子邮件传递:这是因特网最基本的服务项目之一。它是利用计算机和通讯网络传递文字信息的现代化手段；

——数据库检索：通过因特网可进入各国的许多图书馆，对其上网的目录和数据库进行查询；

——共享公用软件；

——远距离使用大型计算机和专用外围设备；

——文件传输：通过文件传输命令系统进行计算机之间的文件传输，包括多媒体文件；

——电子公告版服务和电子论坛；

——信息查询：主要的查询信息工具有①Gopher它可将用户的请求自动转换成文件传递协议（FTP）或远程登录协议（Telnet）命令，用户在菜单的引导下可以对因特网上的远程联机系统进行访问。②广域信息服务系统（WAIS）是供用户查询分布在因特网上的各类数据库的一种通用接口软件。用户只要利用WAIS选择好数据库并输入查询词，系统就会自动进行远程查询，找出数据库中含有该查询词的所有记录。③万维网（WWW）是一种超文本（Hypertext）式信息查询工具。它可以把因特网上不同地点的相关数据有机地组织在一起。WWW的用户接口对用户十分友好，只要提出查询要求即可，至于到何处查询及如何查询，则由WWW自动完成。

目前，我国主要有两个网络连上因特网：一是中国教育网（CERNET）；二是中国互联网（CHINANET），这是面向社会各界的国家主干网。由于改革开放，经济发展的需要，我国加入因特网的用户已达100余万[①]户。

---

① 按：今已达1.2亿。

现有的这些术语数据库是国家的宝贵财富,在当前的经济建设中所起的重要作用是不可低估的。我们必须充分利用现有的术语库,通过网络为全国用户服务,做到资源共享,节省人力、物力。因此,建立网上术语数据库势在必行。希望这一工作能引起国家有关部门的重视,加强领导力度和协调。

(原载于《术语标准化与信息技术》,1999年第1期)

平行语料库中双语术语词典的自动抽取*

孙 乐　　金友兵　　杜 林　　孙玉芳

一　引言

随着计算机和互联网的普及,人们越来越习惯于使用电子文档。同时由于国际化的需要,越来越多的文件采用多种语言的形式在互联网上传播。这使得获取大量多语平行语料,特别是双语平行语料成为可能。近年来,平行语料已应用于自然语言处理的许多领域,比如词典编纂、术语抽取、跨语言信息检索、辅助翻译,以及基于实例的机器翻译等。

为了从平行语料中获取语言间的基于上下文的特定翻译规律(与人工收集的翻译规则相比含有较少的歧义),则首先需对平行语料进行对齐处理。而对齐的层面由大到小包括篇章、段落、句子、从句、短语、单词等。基于双语语料的应用一般都要求做到句子级的对齐。

句子对齐的方法可分为三种:基于句子长度的方法[1,6-8],基于词典的方法[9]和这两种方法的组合[2,10,12]。基于长度方法的思

---

* 本文是国家青年自然科学基金(69983009)项目。

想非常简单,即原文中的长句子在翻译后仍然是译文中的长句子,短句子则倾向于被翻译为短句子。尽管这个思想简单,但在对字面翻译的完全对照的语料进行处理时仍取得了很好的效果。然而,当应用于即使只含有个别省略句子的平行语料时,这种方法的精度也会大大地降低。Kay & Roscheisen[9]使用词典进行部分对齐,然后找到最可能的句子对齐,这种方法比较可靠,但很费时间。Chen[2]将基于长度的统计方法与基于词典的方法进行了融合,通过一个翻译模型来估计该对齐的耗费,然后由基于长度的动态规划方法找到最佳的对齐句子。与以前的方法相比,该方法的健壮性和精度都有所提高。Wu[12]采用统计与词典相结合的方法对中英双语语料进行了对齐,他选择了一些特殊的词作为句子中的锚点来增加句子对齐的健壮性。在句子对齐之后,就可以尽可能地利用双语语料所提供的比单语语料更为丰富的信息来抽取术语词典。

术语抽取也是语料库语言学中的一个热点问题,针对不同的语料和研究目的,可以采用不同的研究方法。Champollion系统[4]的目的是在对齐的英语和法语语料中抽取双语搭配词典,首先在英语语料中抽取有意义的连续搭配和不连续搭配,然后通过计算对齐语料中英语搭配和候选法语翻译间的互信息来抽取相应的翻译。

基于词性标注和词对齐的Terminght[3]系统是一个半自动的术语识别和词典编纂的辅助工具。它采用同源词来增加对齐的健壮性,因此只适用于像法语英语那样的有同源词的语言之间。

Pascal Fung[5]采用K-vec方法,通过源语与目标语单词间的相似分布来抽取词典。Dekai Wu[13]对对齐后的中英双语语料采用极大似然算法和过滤技术来抽取单个单词的翻译。

本文提出了一种从英汉平行语料库中自动抽取术语词典的算法。我们采用基于字符长度的改进的统计方法对平行语料进行句子级的对齐。这种改进的对齐算法增加了算法的健壮性,可以发现语料中的部分省略。对英文语料进行词性标注,对中文语料进行切分与词性标注后,对对齐双语语料中的名词和名词短语进行统计并生成候选术语集。

我们首次提出了一个用于双语术语抽取的翻译概率的计算公式,并通过该公式对每个英文候选术语计算与其相关的中文翻译之间的翻译概率,最后通过设定随词频变化的阈值来选取中文翻译。

本文的第二部分将给出整个算法的概要描述,然后是基于长度的改进的句子对齐算法的简单介绍,在第四部分将详细给出有关术语抽取的候选集的统计与生成,翻译概率的计算公式和意义,以及阈值的选取,最后将给出实验结果分析与结论。

二 算法概述

英汉平行语料库中自动抽取术语词典的算法主要包括三部分,即:双语句子的对齐;英文语料的词性标注以及中文语料的切分与词性标注;术语词典的抽取。

在平行语料句子级的对齐中,我们采用基于字符长度的统计方法,但对这种方法进行了改进,增加了其对语料中部分省略的查找,这种改进的对齐算法有效地增加了算法的健壮性。我们对对齐的双语语料中的名词和名词短语进行统计并生成候选术语集。然后利用我们首次提出的用于双语术语抽取的翻译概率的计算公式,来对每个英文候选术语计算与其相关的所有中文翻译之间的翻译概率。该翻译概率公式是基于对单独词频、同现词频及同现句子字符长度的计算。最后通过设定随词频变化的阈值来选取英文术语的中文翻译。在图1中我们给出了平行语料库中自动抽取术语词典的算法流程框图。

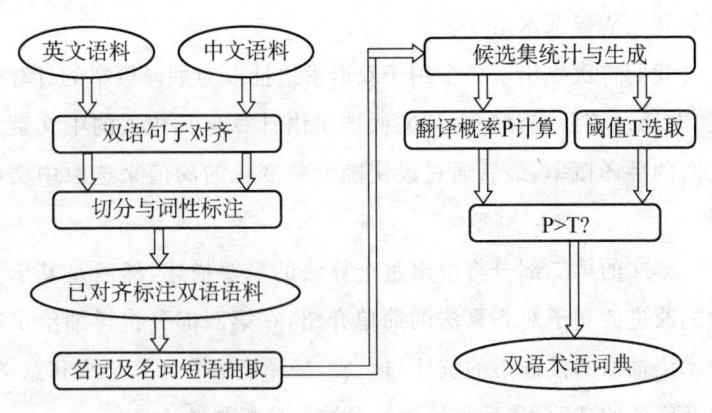

图1 平行语料库中自动抽取术语词典的算法流程框图

三 平行语料的句子对齐

句子对齐是自动抽取术语词典的第一步,如果精度不理想则会使以后的术语抽取失败。如前所述,句子对齐的方法可分为三种:基于句子长度的方法,基于词典的方法和这两种方法的组合。总的说来组合方法无论是精度还是健壮性都好于单一的方法。尽管基于长度方法的思想简单(原文中的长句子在翻译后仍然是译文中的长句子,短句子则倾向于被翻译为短句子),但实验证明它对完全对照语料的处理有很好的效果。在我们系统中采用了改进的基于字符长度的统计方法。这种方法的关键思想是在动态规划方法的每一步我们都引入一个假设,即该句可能被省略,然后通过该句的字符长度来计算被省略的概率值,并将该值与未省略时的概率值进行比较来选择较优者。比如,对于下面存在四种可能对齐方式(1∶1,2∶1,1∶2,2∶2)的情形,我们用 $D(i,j)$ 来表示源语句子 $S_1,\ldots,S_i$ 和目标语句子 $t_1,\ldots,t_j$ 间的最可能的对齐。通过初始条件 $D(0,0)=0$,递归地定义和并计算下面 $D(i,j)$ 公式:

$$D(i,j)=\min\begin{cases} D(i-1,j-1)+\text{cost}(s_i;t_j) \\ D(i-1,j-2)+\text{cost}(s_i;t_{j-1},t_j) \\ D(i-2,j-1)+\text{cost}(s_{i-1},s_i;t_j) \\ D(i-2,j-2)+\text{cost}(s_{i-1},s_i;t_{j-1},t_j) \end{cases} \quad (1)$$

则可以使用动态规划方法最终找到最优的对齐结果。这里 $\text{cost}(s_i;t_j)$ 是根据高斯假设由双语间的字符长度关系来计算的,详见文献[6]。

在我们的系统中,公式(1)中 $\text{cost}(s_i;t_j)$ 的值由下式来计算:

$$\text{cost}(s_i;t_j)=\min\begin{cases} \text{cost}(s_i;t_j) \\ \text{cost}(s_{i-1};t_j)\times C_W \\ \text{cost}(s_i;t_{j-1})\times C_W \end{cases} \quad (2)$$

这里 $\text{cost}(s_{i-1};t_j)$ 表示句子 S_i 省略时,句子 S_{i-1} 与 t_j 对齐的耗费,而 $\text{cost}(s_i;t_{j-1})$ 表示句子 t_j 省略时,句子 S_i 与 t_{j-1} 对齐的耗费,C_W 是一个常数用于降低这种省略方式的优先级。我们选择对齐 $(s_i;t_j)$,$(s_{i-1};t_j)$ 和 $(s_i;t_{j-1})$ 中最小的耗费作为 $\text{cost}(s_i;t_j)$。类似地,我们可以得到 $\text{cost}(s_i;t_{j-1},t_j)$,$\text{cost}(s_{i-1},s_i;t_j)$ 和 $\text{cost}(s_{i-1},$

$s_i; t_{j-1}, t_j)$的表达式。通过这种改进我们找到了语料中的部分省略,然后通过词典校对的方法,滤去不可信的对齐结果,则可以得到精度很高的对齐语料,详见文献[11]。

四 术语抽取

1. 候选集统计与生成

在获得对齐语料后,我们对其中的英文语料进行了词性标注,中文语料进行了切分与词性标注。我们的目的是从已对齐和标注的语料中抽取术语词典,因此首先要将英文语料中有可能是术语的单词和词组选出。经过对语料的观察,对于英文术语的候选词,我们选取以下的词性模式:

N,AN,NN,AAN,ANN,NNN,NAN,NPN

其中 N 表示名词,A 表示形容词,P 表示介词。

对于中文术语的候选词,考虑到翻译时的词性变化,以及切分与词性标注都存在一定程度的错误,我们采用启发式的过滤来去除一般不可能是术语的词类,比如连词、数词、代词、副词等封闭词类以及一些高频词。这样,对于每一对对齐的中英文双语句子,我们都只留下可能是术语的单词。对每一个英文候选术语在整个语料库中统计与其相关的中文单词,并生成了一个术语的候选集合,用于进一步计算其翻译概率。在图 2 中我们给出一个计算的实例。

> 对齐后的中英文句子：
> If the system still does not boot, you may have a badly configured floppy disk drive.
> 如果系统仍不能引导,可能是你把软盘驱动器配置错了。
> 切分和标注后的中英文句子：
> If(c) the(z) system(n) still(d) does(v) not(d) boot(v),(w) you(r) may(d) have(v) a(z) badly(d) configured(v) floppy(a) disk(n) drive(n).(w)
> 如果(c)系统(n)仍(d)不能(v)引导(n),(g)可能(d)是(v)你(r)把(v)软(a)盘(n)驱动(v)器(n)配置(n)错(n)了(d)。(g)
> 英文候选词和词组：system(n);disk(n);drive(n);floppy disk(an);disk drive(nn);floppy disk drive(ann);
> 中文候选词：系统(n);引导(n);软(a);盘(n);驱动(v);器(n);配置(n);错(n)。

图 2　候选集生成示例

2. 翻译概率计算

在得到每一个英文候选术语在整个语料库中相关的中文单词所组成的翻译候选集后,我们通过对语料的研究,推得以下的公式来计算其翻译概率：

$$P_{ec} = \frac{f_{ec}^2}{f_e \cdot f_c} \tag{3}$$

其中 f_e 表示该英文术语的词频,f_c 表示该中文术语的词频,而 f_{ec} 由下式计算：

$$f_{ec} = \sum_{i=1}^{N} \frac{\ln(L_{AV}/L_{ei}) + \ln(L_{AV})}{\ln(L_{AV})} \tag{4}$$

其中 L_{AV} 表示语料库中所有英文句子字符长度的平均值,L_{ei} 表示英文候选术语与该中文词同现句子的字符长度,N 表示该英文词与所对应的中文翻译候选词共现的总次数。在表1中我们给出以上图2例句中候选英文术语的翻译概率的计算值。

表1 例句翻译概率的计算值

	系统	引导	软	盘	驱动	器	配置	错
system	0.897	0.229	0.027	0.024	0.096	0.027	0.265	0.014
disk	0.244	0.430	0.428	0.714	0.367	0.306	0.041	0.020
drive	0.233	0.216	0.416	0.421	0.876	0.793	0.212	0.011
floppy disk	0.137	0.275	0.752	0.763	0.362	0.384	0.031	0.017
disk drive	0.152	0.017	0.562	0.871	0.866	0.852	0.112	0.018
floppy disk drive	0.173	0.152	0.923	0.942	0.918	0.901	0.168	0.034

3. 阈值选取

在完成翻译概率的计算后,我们需选取一个阈值来自动滤掉与该英文候选词无关的中文翻译,为了减少一些偶然的搭配,对于共现概率小于2的情况我们不予考虑,并且选取下面随词频变化的阈值来查找合适的中文翻译:

$$T_{th} = \frac{T_o}{\alpha_c} \qquad (5)$$

其中T_o为初始阈值(针对不同语料应选取不同值),α_c由下式计算:

$$\alpha_c = (1 - \frac{1}{2f_c}) \qquad (6)$$

五 实验结果与分析

我们测试所用的双语语料是一本计算机手册(Sco Unix

Handbook),在滤去其中图、表和程序代码等不适合的语料,我们得到6482句英文和6294句的中文,经过句子对齐和词典校对,最终对齐的语料共5792对。我们之所以选用计算机手册,一方面是因它的规模比我们所拥有的其他双语语料大,另一方面也是考虑到计算机术语有较好的一致性,比较适合用统计方法来处理。

最终,我们共抽取到72个英文术语及其中文翻译,自动抽取的准确率约86.2%,如果考虑人工辅助,从计算机所提供的翻译概率在前6位的中文翻译中进行选择,则准确率可达到93.4%。在表2中我们列出未过滤前术语及其翻译概率的一些实例。

表2 未过滤的术语及其翻译概率实例

boot disk	installation procedure	troubleshooting	hardware self-check stops
0.93 盘	0.96 安装	0.95 故障	0.91 硬件
0.85 引导	0.93 过程	0.92 诊断	0.81 自
0.21 机器	0.34 软件	0.51 程序	0.89 检
0.13 软	0.31 问题	0.28 过程	0.84 停止
0.10 替换	0.12 引导	0.27 安装	0.36 系统
0.05 制造	0.08 正常	0.14 初始	0.28 安装
0.04 检验	0.06 程序	0.13 系统	0.14 错误

经过对出现错误的进行分析,我们发现原因主要有以下几个方面:英文词性标注的错误;中文切分的错误;中文词性标注的错误;以及一些常用词的干扰。而且,阈值的选取与所使用的语料有直接关系,需通过实验来确定。如何进一步充分利用双语所提供的丰富信息,来修正经验公式(3),(4),(5),(6),并提高召回率和精度是我们下一步的主要工作。

六 结束语

本文提出了一种从英汉平行语料库中自动抽取术语词典的算法。我们采用基于字符长度的改进的统计方法对平行语料进行句子级的对齐。这种改进的对齐算法增加了算法的健壮性,可以发现语料中的部分省略。在对英文语料和中文语料分别进行词性标注和切分与词性标注后,对对齐双语语料中的名词和名词短语进行统计并生成候选术语集。我们首次提出了一个用于双语术语抽取的翻译概率的计算公式,并通过该公式对每个英文候选术语计算与其相关的中文翻译之间的翻译概率,最后通过设定随词频变化的阈值来选取中文翻译。

对目前经验公式的进一步改进和完善将有助于提高精度,而如果想提高召回率则需在中英文的词性标注,特别是中文的切分和词性标注的精度上有一个大的提高。尽管本文所测试的语料是计算机手册,但所提供的方法和经验公式可以用于任何领域的双语语料,其处理思想也可用于其他语种双语语料术语的自动抽取。

参考文献

[1] Brown P F, Lai J C, Mercer R L. Aligning Sentences in Parallel Corpora. In: Proceedings of the 29th Annual Meeting of the Association for Computational Linguistics (ACL'91), 1991:169-176.

[2] Chen S F. Aligning Sentences in Bilingual Corpora Using Lexical Information. In: Proceedings of the 31th Annual Meeting of the Association for Computational Linguistics(ACL'93), 1993:9-16.

[3] Dagan I, Church K W. Jermight: Identifying and Translating Technical Terminology. In: Prcodings of EACL, 1994.

[4] Frank Smadja. Retrieving Collocations from Text: XTRACT. Com-

putational Linguistics,1993.

[5] Fung P, Church K W. K-vec:A New Approach for Aligning Parallel Texts. In:Proceedings of the 15th International Conference on Computational Linguistics (COLING'94),Tokyo,Japan,1994:1096-1102.

[6] Gale W A,Church K W. A Program for Aligning Sentences in Bilingual Corpora. In:Proceedings of the 29th Annual Meeting of the Association for Computational Linguistics (ACL'91),1991:177-184.

[7] Melamed I D. Automatic Detection of Omissions in Translations. In:Proceedings of the 16th International Conference on Computational Linguistics, Copenhagen,Denmark,1996.

[8] Chang J S, Chen M H. An alignment method for noisy parallel corpora based on image processing techniques. In:Proceedings of the 35th Meeting of the Association for Computational Linguistics,Madrid, 1997:297-304.

[9] Kay M, Roscheisen M. Text-Translation Alignment. Computational Linguistics, 1993,19(1):121-142.

[10] Ph. Langlais M,Simard J, Veronis S et al. Arcade:A cooperative researchproject on parallel text alignment evaluation. In: First International Conference on Language Resources and Evaluation,Granada, Spain,1998.

[11] Sun Le, Du Lin, Sun Yufang et al. Sentence Alignment of English-Chinese Complex Bilingual Corpora. In: Proceeding of the workshop MAL'99,1999:135-139.

[12] Wu Daikai. Aligning a Parallel English-Chinese Corpus Statistically with Lexical Criteria. In:Proceedings of the 32nd Annual Meeting of the Association for Computational Linguistics (ACL'94),1994:80-87.

[13] Wu Daikai,Xia Xuanyin. Large-Scale Automatic Extraction of an English-Chinese translation Lexicon. Machine Translation, 1995,9(3-4): 285-313.

[14] 王斌《汉语语料库自动对齐研究》,《中国科学院计算技术研究所博士学位论文》,1999。

(原载于《中文信息学报》,2000年第6期)

流通度在 IT 术语识别中的应用分析[*]

张　普

引子 1

《北京青年报》2001 年 3 月 9 日第 2 版"全国两会"消息：

"昨政协召开'大力发展高新技术产业'的记者招待会，原定 60 分钟，散会时已达 85 分钟。"

这会开得有点长

……

基因术语难坏了翻译

在回答问题前，全国政协委员、中科院国家基因研究中心负责人洪国藩，一再强调会用非常简短的语言概括，可他一说起"基因技术"来，还是没有收住话题，让许多对"基因"感兴趣的记者，一直在台下叫好，并不停地录音记录。当他讲到"人类

---

[*] 原题为《流通度在 IT 术语识别中的应用分析——关于术语、术语学、术语数据库的研究》。

基因组图谱"中的一些专业术语时,坐在一旁的翻译紧锁了一下眉头,停了下来。洪国藩委员见状,马上用一口流利的英语给翻译"补位",向外国记者解释他刚才所用的"基因"术语,之后他笑着对记者们说:"有些词太专业了,只有研究这个领域的人才能接触到,这时年轻的女翻译也冲洪国藩委员感谢地一笑。……"

引子 2
关于 IT 术语网站"whatis.com"的介绍

whatis.com 是一个关于信息技术的知识浏览工具,特别是因特网和计算机。它含有 3000 多条单独的百科全书式的定义/主题,还有一些快速参考页面。主体中含有 12000 个交叉索引的超链接,可以把定义/主题和其他网站相关的拓展信息链接起来。我们尽最大努力使它常见常新。

你可以在 Whatis.com 网站上搜索到:
- 最近增加的/更新的术语
- 最新发现(本周内)
- 本周排名前 20 个术语
- 当日术语

上面的两个例子已经说明:

1. 术语发展太快,已经成为知识社会、信息社会的一大难题。

2. 术语的动态更新不是"提上议事日程"的问题,而是已经出现了服务网站。可以每周、每日更新术语。

3. 有些术语的特点是"太专业了,只有研究这个领域的人才能接触到。"

实际上"引子1"说的是术语动态更新研究的必要性,"引子2"说的是术语动态更新研究的可能性。

国际上,术语研究、术语学的建立、术语数据库的建设,并不是近几年的事情,但是近几年来,随着科学技术的飞速发展,围绕术语的研究正在逐步升温,术语研究越来越受到重视。特别是随着信息社会和知识经济的到来,信息不断增量、知识不断更新、网络不断发展,相应的网络翻译、检索软件、搜索引擎、文本分类、信息提取、知识挖掘等信息处理的需求越来越迫切,于是语义、概念和知识的研究成为了新的语言信息处理的核心和瓶颈问题。

一 关于知识的认识

在非信息社会,信息的获取不易,因此知识就是信息的积累。但是在信息社会和网络时代,信息的获取越来越容易,所以信息的积累并不一定就是知识,还需要进行信息提取和知识挖掘,否则信息的泛滥就是垃圾。过犹不及,物极必反。

而术语知识正是当今知识的核心,也就是说术语成了信息处理的核心的核心,没有术语就没有科学的知识和知识体系。而术语数据库应该是今天建立知识库的基础和捷径,术语知识是未来语言信息处理知识库中最重要、最急需的知识。

近十年来,我国已经研制了多个不同领域(机械、农业、化工、应用语言学、科技、百科等)的术语数据库,规模从数万术语、十数万术语到数十万术语不等。同期,已经有《确立术语的一般原则与方法》、《建立术语数据库的一般原则与方法》等十余个有关术语、术语学、术语数据库的国家标准颁布,这些标准是与国际标准接轨的。[1]全国科学技术名词审定委员会、国家质量技术监督局、国家新闻出版署、中国大百科全书出版社、国家语委语用所、北京大学计算语言学研究所以及有关部委都加强了术语的研究、审定、标准化等工作。90年代,术语研究的专门学术期刊《科技术语研究》、《术语标准化与信息技术》等相继创刊①1999年,中国标准研究中心(CSRC)、全国科学技术名词审定委员会(CNCTST)和东亚术语论坛(EAF-Term)宣布愿意加入国际术语信息中心(Infoterm)。2000年,中国标准研究中心、北京标杆网络技术有限公司、国际术语网三方合作建立"中国术语数据研发中心",中国标准术语数据库开发正式启动。2001年将在北京召开两岸三地IT领域术语研讨会,2002年还将在香港召开亚太地区术语研讨会。有人认为:就已经完成的术语卷册数和工作范围而言,中国在世界术语领域已处于领先地位。我认为:至少近年来我们的术语、术语数据库的研发已经明显加快了国际化、信息化、网络化和工程化的步伐。

这些成果已经引起语言信息处理领域、计算语言学领域甚至语言学领域的注意,并且开始互相渗透,但是迄今为止在上述领域还没有受到足够的重视。术语、术语学、术语数据库的研究还没有被放在足够高的学术地位特别是应用地位。刘涌泉、冯志伟、俞士汶等是中文信息处理领域较早重视术语研究的专家学者。北京语言文化大学语言信息处理研究所愿意把术语、术语学、术语数据库,特别是术语的自动提取作为今后语言信息处理的重要研究方

---

① 《术语标准化与信息技术》创刊于1996年,《科技术语研究》创刊于1998年。

向,拟投入相当的人力、物力和硕士、博士研究生。

目前正在进行的课题有"基于第三代语料库的通用领域报纸词汇动态词表研究"和"信息技术领域动态流通语料库建设及术语自动提取研究",在我们参加的"973"项目中还有研究生进行"信息技术领域的对译术语研究"。

本文拟对术语的自动提取与流通度的应用研究涉及的某些问题进行宏观探讨。

二 关于术语的认识

1. 术语的界定

我们查阅了"术语"的有关界定:

《现代汉语词典》:某门学科中的专门用语。

《辞海》:各门学科中的专门用语。每一术语都有严格规定的意义。

《汉语大词典》:各门学科中用以表示严格规定的意义的专门用语。

《中国大百科全书》:各门学科中的专门用语。术语可以是词,也可以是词组,用来正确标记生产技术、科学艺术、社会生活等各个专门领域中的事物、现象、特性、关系和过程。《中国大百科全书》还分别叙述了术语的四项"基本特征",即:专业性、科学性、单义性和系统性。

《确立术语的一般原则与方法》(GB 10112-88):术语是指称专业概念的词或词组。

在各个界定中有一点是共同的,即:术语是"各门学科中的专门用语",在 GB 的定义中,虽然没有提到"各门学科"和"专门用语",但是,说到是"指称专业概念",含义是基本相同的。问题是"各门学科"是哪些学科？什么属于"专门用语"？哪些概念才算"专业概念"？

在 GB 10112-88 中,"概念"的定义是："概念是反映事物特征的思维单元。"在"概念体系"的定义中也提到"专门学科",即"专门学科领域的一组概念构成一个体系,每个概念在该体系中都占据一个确切的位置。"但是却没有对"专业概念"和"专门学科"作出界定。

既然是"专门用语",并且"指称专业概念",显然是与一般词汇或者说通用词汇有别的。因此不界定术语,也就无从界定一般词汇；不界定一般词汇,同样也无从界定术语。当然也就更谈不到何时一个术语叫做进入通用领域,成为了一般词汇或者"准术语"。[①]

只有《中国大百科全书》为专门领域和术语的范围做了大概的描述——生产技术、科学艺术、社会生活等各个专门领域中的事物、现象、特性、关系和过程。但是,下棋、跳舞、唱歌、饮食、服装、休闲都是"社会生活",这样界定后,汉语中除了虚词似乎就没有不是专门领域的一般词汇了,较真儿的话,虚词也可以是个专门领域。

我们甚至在 GB 10112-88 的正文部分"5 术语"下的举例中,可以发现这样的术语例子："蜘蛛、玻璃、葡萄、自行车、电视机、蝈蝈、电灯、信用卡、冰激凌、数学家、沙发、吉普车、黑板、口红、红光、红肿、红宝石等"。

[①] 参见《中国大百科全书·语言卷·术语》"术语根据其使用范围,还可以分为纯术语、一般术语和准术语,其中纯术语专业性最强,如'等离子体'；一般术语次之,如'压强'；而准术语,如'塑料',已经渗透到人们生活中,逐渐和一般词汇相融合。"

粟武宾、于欣丽在《术语学与术语标准化》中区分了术语和一般词汇,她们认为:"术语是持有某一目的而使用的语言,是整个语言词汇的一部分。但日常生活用一般性词汇与科学技术专业用术语是有区别的。"[2]这个界定不无可推敲之处,重要的是没有可操作的方法。

2. 术语与一般词汇的关系

我们认为:术语和一般词汇都是整个语言词汇的组成部分,都必须符合语言的一般构词和构形规则。一般词汇(红色),是所有人都通用的词,专门领域(黄、绿、蓝、紫色)的术语,是该领域的专业人员(即部分人)使用的词或固定词组,这是术语和一般词汇区别的语用学原则。

术语与一般词汇的关系和术语与术语的关系可以用下图表达,它们之间有以下一些关系类型:

• 一些专门领域的部分术语有时会进入通用领域被一般人使用(例如专门领域1、2、3的部分术语),诸如瘫痪、攻坚、软着陆、硬件、软件、克隆等,这时它们可能已经改变了术语的原义,成为了一般词汇或准术语。这种关系类型我们称为共用关系,这些词语的集合用字母 C(Current)来表示。

• 一些专门领域可能极少有术语进入通用领域被一般人使用(例如专门领域4的术语),诸如丁酮、羧酸、烯基、卡西尼环缝等。通常这是太专、太冷的领域的术语。这种关系类型我们称为独用关系,这些术语的集合用字母 T(Terms)来代表。

• 一些术语可以被两个以上的专门领域的人员使用,这常常是一些新兴的边缘的交叉性或综合性学科(例如图中专门领域1、2之间交叉的部分术语),诸如计算语言学、生物化学、历史地理等。这种关系类型我们称为交叉关系,这些术语的集合用字母 I (Interleaving)来表示。实际上这些术语就是两个或几个术语集合 T 的交集。

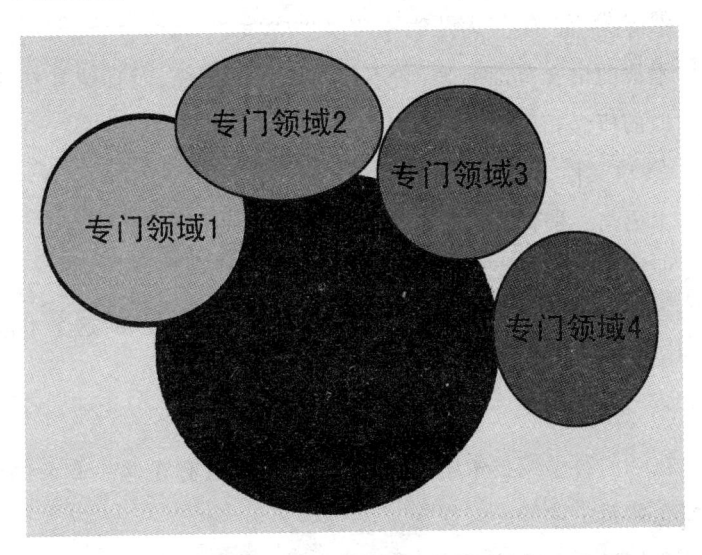

如果我们必须区分术语和一般词汇的话,那么我们必须首先研究术语和一般词汇的基本特征,然后,发现它们的区别特征。只有这样,才具有可操作性。

问题是什么是一般词汇和术语的基本属性?什么是它们的区别特征?

三 关于术语和一般词语的特征的认识

1. 术语的基本特征

刘涌泉同志曾经描述过术语的基本特征,他指出术语具有:

① 专业性

术语是表达各个专业的特殊概念的,所以通行范围有限,使用的人较少。

② 科学性

术语的语义范围准确,它不仅标记一个概念,而且使其精确,与相似的概念相区别。

③ 单义性

术语与一般词汇的最大不同点在于它的单义性,即在某一特定专业范围内是单义的。

有少数术语属于两个或更多专业,如汉语中"运动"这个术语,分属于政治、哲学、物理和体育4个领域。

④ 系统性

在一门科学或技术中,每个术语的地位只有在这一专业的整个概念体系中才能加以规定。

我们认为专业性、科学性、单义性和系统性的确是术语的基本特征,但是我们还需要进一步探讨术语和一般词语有什么共同特征,特别是有什么区别特征,使我们可以将术语与一般词语区别开来,同时可以判定哪些术语已经进入了一般词语,或已经被两个以上的领域共用? 而且这种区别性特征最好是比较容易操作的。

2. 一般词语和术语的共同特征

我们认为这些共同特征从语言学角度看,可以有:

① 至少表达一个特定的概念,具有相应的属性和关系、内涵和外延。

② 具有特定的语音形式。就汉语而言,词语和术语都可以是单音节的,也可以是多音节的。

③ 多音节词语具有特定的语法结构模式。例如:"桌子"的语法结构模式是"N+后缀(子)=N","软着陆"的语法结构模式是"A+(V+N)=V"等。

④ 多音节词语具有特定的语义结构模式。例如:"开关"的语义结构模式是"(状态+状态)对立=器具","野餐"的语义结构模式是"位置+动作(嘴)=活动","推土机"的语义结构模式是"(动作+自然物)+机具=建筑机具"等。

3. 一般词语和术语的区别特征

区别特征是我们将术语和一般词语区别开的重要特征。我们认为这种区别特征从语言学角度看,可以有:

① 术语一般只在一个或几个特定的领域流通,只有该特定领域的人使用,而一般词语是各个领域都流通,是所有使用该语言的人通用的。

② 术语不仅只在本领域流通,一般说术语也都是本领域的高流通度的词语。

③ 术语不仅在本领域是高流通度的,离开了特定领域,其流通度一般趋近于零。例如:半数致死量、氯代三环芳烃类化合物、多氯代二苯。

我们可以看看下面的一段话,其术语的特点是很典型的:

"二噁英(dioxin)的毒性与氯原子取代的 8 个位置有关,人们最为关注的是 2,3,7,8 四个共平面取代位置均有氯原子的二噁英同系物异构体,共有 17 种。其中以 2,3,7,8-四氯代二苯并二噁英(TCDD)的毒性最强,以 LD50(专业术语叫半数致死量)为 $1\mu g/kg$ 体重,相当于氯化钾毒性

565

的 50—100 倍。"

四 流通度在术语与一般词语的区别中的重要作用

1. 流通度与一般词语

根据上述的分析,一般词语是在所有的领域都共用的词语,其集合我们定为 C。如果我们用 D 来代表领域,设有 n 个领域,记为 $D1,D2,\cdots,Dn$。而术语是各个专门领域独用的词语,一般不在其他领域流通,其集合我们定为 T,我们一共有在不同领域流通的术语子集:$T_{D1},T_{D2},\cdots,T_{Dn}$。

一般词语集合 C 在每个领域中都是共用的,所以基本上是个常数,可以定为 C。一般词语 C 的流通度是各个领域的流通度之和,是一个 C 在 n 个领域的流通度的 Σ。这样我们会有一个基本公式。即

$$C=\sum_{i=1}^{n}C_{Di}$$

2. 术语集合与一般词语集合

根据上面的设定,术语的集合是 T,是各个专门领域的术语子集的和,即

$$T=T_{D1}+T_{D2}+\cdots\cdots+T_{Dn}$$

每个专门领域的词语集合(我们用 $W_{D1},W_{D2},\cdots,W_{Dn}$ 来表示)应该是由一般词语集合加上这个领域的专门用语(即术语)组成,即

$$W=C+T$$

各个专门领域的词语集合可以用公式写作

$$W_{D1} = C_{D1} + T_{D1}$$

$$W_{D2} = C_{D2} + T_{D2}$$

……

$$W_{Dn} = C_{Dn} + T_{Dn}$$

整个词语的集合 W，就是

$$W = W_{D1} + W_{D2} + \cdots + W_{Dn}$$

所以有

$$W = (C_{D1} + T_{D1}) + (C_{D2} + T_{D2}) + \cdots + (C_{Dn} + T_{Dn})$$

或者

$$W = (C_{D1} + C_{D2} + \cdots + C_{Dn}) + (T_{D1} + T_{D2} + \cdots T_{Dn})$$

或者

$$W = C + T$$

术语数据库就是 $T_{D1} + T_{D2} + \cdots + T_{Dn}$ 形成的数据库。从上面的分析可以看到，一般词语 C 是在各个专门领域都有流通度的词语，是通过求"和"和求"与"来得到的，而术语则正好相反。

3. 流通度与术语的自动提取

我们曾经把术语分为两种类型，一种是有标记的术语，即文本中给出了术语的英译或原文，如：因特网（Internet）。标记可以有很多种类型，包括在括号中只注原文或缩写、缩写和原文全注等[3]。这种术语我们可以把英译或原文的结束作为后标记，只需要判定中文术语的前标记。王建华在他的硕士论文中已经报告了采用不同方法对这种双语术语自动提取的结果，大约召回率可以达到 80%。

另一种是无标记的术语。无标记的术语提取是十分困难的，困难表现在两个方面：

● 术语常常是新的未登录词语,一切未登录词语的识别难度,在术语识别中都同样存在。

● 术语必须与一般新词语区别开,即使能够做到自动识别新词语,还需要进一步将术语从新词语中提取出来,无标记的术语识别有相当大的难度。

使用流通度理论,可以帮助我们做到将无标记的术语提取出来,即与一般词语区别开。

根据上文的论述,我们已经知道术语的3个特点,即"术语只在一个或几个领域流通,并且是该领域的高流通度词语,并且在其他领域的流通度为零或近于零"。也就是说术语在不同领域流通度不一样或大不一样,而一般词语在所有领域的流通度一般是比较接近的。因此流通度就成为术语与一般词语相比较的重要的区别特征,同时,一个术语的历时流通度曲线的变化,还将用来作为判定术语的成熟与否的标志,为术语的成熟度提供定量分析的依据。

我们可以用公式来表达上面的逻辑推论:

设:有领域 Dx 和 Dy

则:$W_{Dx} = C_{Dx} + T_{Dx}$

$W_{Dy} = C_{Dy} + T_{Dy}$

于是有:$T_{Dx} = W_{Dx} - W_{Dy}$

$= (C_{Dx} + T_{Dx}) - (C_{Dy} + T_{Dy})$

$= (C_{Dx} - C_{Dy}) + (T_{Dx} - T_{Dy})$

因为 $C_{Dx} = C_{Dy} = C$

又因为 T_{Dx} 在 T_{Dy} 为 0 或接近于 0

所以 $\quad = T_{Dx}$

同理有 $T_{Dy}=W_{Dy}-W_{Dx}$
$$=(C_{Dy}+T_{Dy})-(C_{Dx}+T_{Dx})$$
$$=(C_{Dy}-C_{Dx})+(T_{Dy}-T_{Dx})$$

因为 $C_{Dy}=C_{Dx}=C$

又因为 T_{Dy} 在 T_{Dx} 为 0 或接近于 0

所以　　　$=T_{Dy}$

如果 Dx 和 Dy 两个领域还有一些术语是互相渗透的，相比较的结果是会有一些噪声的干扰的，那么可以引入第 3 个领域 Dz 进行比较，理论上说当比较了 n 个领域之后，T 和 C 都将接近最佳值。

参考文献

[1] 王渝丽《我国术语数据库的现状》，《科技术语研究》，1999(1)。

[2] 粟武宾、于欣丽《术语学与术语标准化(三)》，《术语标准化与信息技术》，1996(4)。

[3] 邢红兵《信息领域汉英术语的特征及其在语料中的分布规律》，《术语标准化与信息技术》，2000(3)。

（原载于《辉煌二十年——中国中文信息学会二十周年学术会议论文集》，清华大学出版社，2001 年）

术语定义提取研究

张 榕 宋 柔

一 前言

信息时代的到来引发了大量术语的产生。当我们想了解这些术语含义的时候,通常借助网络上各种搜索引擎提供的查询功能,但结果往往不尽如人意。搜索引擎返回了大量查询术语的相关信息,却无法将一个明确的定义以句子的形式返回给用户。Google虽然具有术语定义查询的功能,当输入"define":查询项的时候,Google会返回查询术语的定义,但这些术语定义都是从现成的词典词条中机械地抽取出来的,而非来源于大规模真实文本。换言之,此种方法的术语抽取严重依赖于在线词典,一旦这样的词典没有查询术语的词条,或词条内容未做及时更新,用户便无法得到所需要的术语定义信息。

术语定义是对术语所指称概念的语言描述。获取到术语定义是对术语概念理解最有效的方式。互联网能够提供海量的、动态的、最新的信息。在这样的前提下,本文提出了一种基于互联网的术语定义提取方法。

术语定义的自动抽取是一个相对较新的研究课题,国内外的研究比较少,而且相关研究主要都是手工建立或机器学习出术语定义的模式,通过模式的硬匹配 HardMatch,抽取出文本中的术语定义。硬匹配的缺点:模式编写工作量大,模式类型过于死板,召回率受影响,手工书写的规则比较主观,难以穷尽客观语言现象。本文在粗匹配的基础上,通过智能匹配算法,进一步提高了定义抽取的准确率。

二 候选术语定义的粗匹配

1. 文档的预处理

首先我们将被查询术语提交 Google 搜索引擎,对返回文档进行预处理(我们使用了排在最前面的 60 个文档)。本文使用了中科院计算所汉语词法分析系统 ICTCLAS 来进行分词和词性标注,该分词系统使用 N-最短路径进行词语粗分,基于隐马尔可夫模型进行未登录词识别和词性标注。然后将预处理后的文本以句子为单位进行下一步基于模板的粗匹配。

2. 候选术语定义的粗匹配

基于大规模的术语数据库(中国标准化研究院),我们构建了如下的定义规则(使用正则表达式描述):

1) 所谓 Term*(是|即)

2) (也|又|简)?(称为|称为|叫|称)Term,它*(是|即)

3) Term*(是|即)

4) (称为|称之为|定义为|叫做|称|叫|即|就是)Term

5) Term*(主要)?(包括|包含)

6) (如果|若)?*,(则)? 称* 为 Term

7) Term*(:|:,)

符号? 代表可有可无的内容。之所以加入通配符 * 就是为了保证类似"纳米技术(Nanotechnology)是一种在相当于原子或分子大小的纳米级上控制物质的结构、形状、外表、界面等的技术"句子的召回。* 可以代表()|俗称|简称|也就是我们所说的|我们有时候叫做|等等符号,词语或短句。同样我们构建了如下的排除规则(使用正则表达式描述):

1) sentence=～/？|！/

2) Length (sentence)＜10

3) sentence=～/什么(是|叫|称作)/)

～表示非。这样排除规则可以将感叹句与疑问句,长度小于10 的句子,包含"什么(是|叫|称作)"的句子排除出去。

三 术语定义的智能匹配

经过术语定义的粗匹配后,我们将候选术语定义的句子再进行进一步的智能匹配。智能匹配包括候选句子的术语隶属度计算,与向量空间文本距离计算,以及将两种算法归一化算法三个部分。

1. 词语的定义隶属度

为了揭示术语所指称概念的内涵与外延,定义中必须使用科学的术语。我们从大规模术语数据库中,可以看出,有些词语倾向于出现在术语定义中(例如,系统、原理),而有些词语很少,甚至从来不出现在术语定义里(例如,欢天喜地、明天)。在此观察的基础上,我们引入词语的定义隶属度 W_def 这一概念。一个词语的W_def值越高,它出现在术语定义中的概率值越大。

$$W\_def = \frac{a}{a+b} \qquad (公式1)$$

W_def 为词语的定义隶属度

a＝W 出现在术语语料库中的频率

b＝W 出现在其他语料中的频率

我们采用 90M 的术语定义库(中国标准化研究院)作为术语语料库,7 年的 323M 人民日报语料作为其他语料,分别统计出词频,计算得到每个词的隶属度,从中找出术语定义的用词特征。表1 列举出部分定义隶属度高与定义隶属度低的词语。

表1 词语的定义隶属度示例

Word	W_def	Word	W_def
差值	0.998853	今天	1.238497e-05
分度	0.998632	改革	1.462137e-05
活度	0.998338	农民	1.505729e-05
斜率	0.996951	举行	1.642710e-05
瞬时值	0.995689	她	1.968426e-05
幅值	0.995495	总统	2.278994e-05
均方根	0.994974	日报	3.496014e-05
渐开线	0.994708	民主	3.596087e-05
法线	0.993975	友好	3.625684e-05
不确定度	0.993710	群众	3.933858e-05

2. 句子的定义隶属度

候选句子的定义隶属度的计算是建立在构成句子的每个词语的定义隶属度之上。算法基于这样的假设:如果一个句子中的每个词的 W_def 值高,该句能够作为术语定义的概率就大。

候选句子的术语隶属度:

$$S\_def = \sqrt{\sum_{i=1}^{n} W\_def^2} \qquad (公式2)$$

其中,S_def 为句子的定义隶属度

N 为句子中的词的个数

3. 向量空间距离计算

我们通过引入信息检索中的向量空间模型,来计算高频词向量与候选句子向量之间的相似度。向量空间模型(Vector-space models 即 VSM)用特征项及其相应权值代表文档信息,由此文档的计算就转化为向量的计算。检索过程就是计算文档向量与查询向量之间的相似度,根据相似度值的大小,对检索结果进行排序。

给定候选术语定义句子 $Sent_1$ $Sent_2$ $Sent_3$ … $Sent_n$,我们将它们视为一个一个的小文本:doc_1 doc_2 doc_3 … doc_n。首先对文本进行停用词过滤,将那些对主题没有过多贡献的词语(如"的"、"地"、"了"等)过滤掉,可以提高计算的准确度,也减少了计算的复杂度。经过停用词过滤,文本中的每一个词都作为特征项。再将候选术语定义句子视为一个集合,并从中做高频词抽取(15 个词),抽取出来的高频词构成一个高频词向量 Hifre_word,相当于信息检索中的 Query 向量,将每个候选句子作为一个小文本,相当于一个 Document 向量,构造向量空间模型。

由于本文的定义提取都是在一个受限领域,对于一个特定术语而言,给定文本集都为术语定义的候选条目,即它们基本属于一个领域内的词语,所以我们以词频为权重。给定一个文档 $D=(<t,w_1>,<t_2,w_2>,…<t_i,w_i>,…,<t_n,w_n>)$,把 $t_1,t_2,…,t_n$ 看成一个 n 维的坐标系,$w_1,w_2,…,w_n$ 为相应的坐标值,也就是它的权重,则 $D(w_1,w_2,…,w_i,…,w_n)$ 可以看成是 n 维空间中的一个向量。Q 为高频词向量 Hifre_word。两个向量之间的距离有以下的公式：

$$Sim(Q,D)=\cos\theta=\frac{\sum\limits_{k=1}^{n}W_{1k}\times W_{2k}}{\sqrt{(\sum\limits_{k=1}^{n}W_{1k}^{2})(\sum\limits_{k=1}^{n}W_{2k}^{2})}} \quad （公式 3）$$

根据公式三,我们可以找出与 Hifre_word 最相似的 doc 向量,作为术语定义的最优选择。

4. 隶属度和向量空间模型的结合

句子的隶属度和向量空间模型分别描述了术语定义中用词分布的不同侧面,二者对术语的定义提供不同的支持,因此我们将两个算法综合起来进行智能匹配：

$$Final=\alpha^{*}S\_def+\beta^{*}VSM$$
$$(\alpha+\beta=1) \quad （公式 4）$$

根据公式 4,将候选术语定义进行排序,Fi-nal 值最高的句子便是最优的术语定义。

我们用 30 个术语做实验,从每个问题中抽出前 5 个答案进行处理。如果第一个答案是对的,这个问题就得 1 分,如果第二个答案是对的,这个问题得 1/2 分,如果第三个问题是对的,这个问题得 1/3 分,依此类推,如果没有一个答案是对的,就得 0 分。把每个问题所得的分加起来就可以得到系统的总分,再除以问题的总数得到 Score。Score 分越高,说明准确率越高。公式如下：

$$Score=\sum_{i}^{N}\frac{1}{rank_{i}} \quad （公式 5）$$

其中 N 是句子总数,$rank_i$ 为出现该答案的句子序号。α 当＝0.6 时,β＝0.4 时(经验值),系统的准确率达到最高。

5. 术语定义抽取系统结构

为了更清楚的描述术语定义抽取过程,我们用框图来表示,见图1。

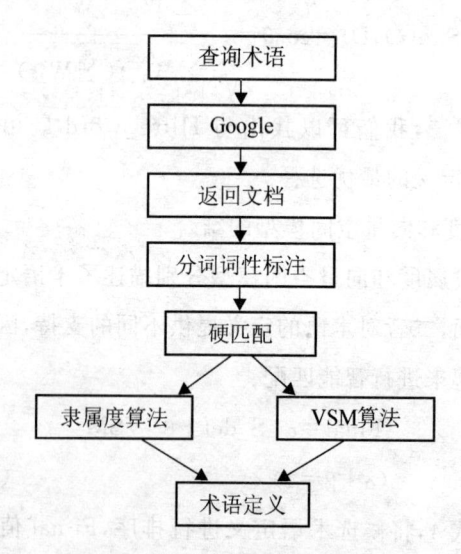

图1 术语定义提取系统结构图

四 实验结果

本文以核磁共振为例,利用 Google 搜索引擎,按照 Http 协议从网络上自动获取返回的文件列表的前 60 个网页,将每个文本切分成句子,并进行分词处理。经过粗匹配我们得到 69 条候选术语定义,然后使用智能匹配进一步过滤候选定义。举例如下。

第一步,计算隶属度并排序(前五位):

2.689060 在停止射频脉冲后,氢原子核按特定频率发出射电信号,并将吸收的能量释放出来,被体外的接受器收录,经电子计算机处理获得图像,这就叫做核磁共振成像。

2.599022 所谓核磁共振,是指具有磁矩的原子核在恒定磁场中由电磁波引起的共振跃迁现象。

2.507102 所谓核磁共振波谱,实际上是吸收率(纵坐标)对化学位移(横坐标)的关系曲线。

2.480625 核磁共振成像技术的基本原理是将人体置于特殊的磁场中,用无线电射频脉冲激发人体内氢原子核,引起氢原子核共振,并吸收能量。

2.426316 这样,空间各点的磁场不同,因而共振频率也有所不同,于是共振频率与样品的空间分布有关,这就是核磁共振成像的最初考虑。

第二步,向量空间相似度计算结果(前五位):

0.778473 核磁共振成像是从核磁共振谱进一步发展起来的先进技术。

0.703186 核磁共振量子计算机的机理是通过核磁共振效应来控制量子。

0.695637 所谓核磁共振,是指具有磁矩的原子核在恒定磁场中由电磁波引起的共振跃迁现象。

0.661937 共振吸收和共振发射的过程称为核磁共振。

0.638295 核磁共振技术是目前世界上唯一的直接找水的地球物理新方法。

第三步,抽取出最优的术语定义:

所谓核磁共振,是指具有磁矩的原子核在恒定磁场中由电磁波引起的共振跃迁现象。

该定义符合专业词典所给出的术语定义。

试验结果评价：

由于我们借助 Google 搜索引擎返回相关文档，召回率不是我们关心的问题。由于 IR 搜索系统本身的准确率不高，系统的准确率也会受到影响。基于互联网的候选文本来源广泛，不一定是专业权威机构发布的信息，可靠性、准确度也是个问题。对此系统的准确率我们邀请五名普通用户对我们的定义抽取系统进行评判。在查询的 100 个术语定义中，返回答案前三位中包含真正术语定义的占 84 个，准确率为 84%。

五 结论

本文旨在对术语定义的语言学上的特点进行分析并找出其特有的构成规则，在此基础上寻求一种有效的术语定义自动提取的算法，在硬匹配的基础上加入智能匹配，提高定义提取的精确度。本文的研究对于术语标准化、术语词典编纂、术语数据库的建立以及定义类问答系统(Definitional QA)和知识发现等来说都是一项很有意义的工作。

今后的工作希望借助一些语言资源，加入词性信息，进一步完善算法，获得更佳的实验结果。

参考文献

[1] Cui H et al., Unsupervised Learning of Soft Patterns for Generating Definitions from Online News.

[2] Hua-PingZhang, Hong-KuYu, De-Yi Xiong and QunLiu. 2003. "HHMM-based Chinese Lexical Analyzer ICTCLAS". In Proceedings of The Second SIGHAN Workshop, on Chinese Language Processing. ACL2003.

[3] 冯志伟《现代术语学引论》,语文出版社,1997。

[4] Christopher D Manning Foundations of Statistical Natural Language Processing,The MIT Press,1999.

[5] Smaranda Muresan et al., Building a Terminological Database from Heterogeneous Definitional Sources,2004.

(原载于《术语标准化与信息技术》,2006年第1期)

信息技术领域术语字频、词频及术语长度统计*

李 芸　王强军

一　引言

术语是语言词汇的一部分,研究术语系统中的用字、用词情况以及术语的语法结构、语义结构将有助于术语的标准化工作,还会对术语的自动提取提供有用的计量参照。本文对两本信息技术领域术语词典中的术语作了细致的统计和比较,总结出一些规律。这两本词典是《英汉网络技术词汇》[①]和《计算机科学技术百科全书》[②],均由清华大学出版社出版。本次统计使用的术语量分别是:《英汉网络技术词汇》(以下简称"网络技术") 56609 条,《计算机科学技术百科全书》(以下简称"百科全书")1291 条,总字数分别为 282068 字、6754 字。所有术语均由人工分词,人工校对,错误率在千分之一以下。

---

* 本项目受到教育部人文社会科学研究规划基金资助(01JA740008)。
① 章鸿猷主编,《英汉网络技术词汇》,清华大学出版社,2000。
② 张效祥主编,《计算机科学技术百科全书》,清华大学出版社,1998。

二 术语的长度

本文统计了术语的两种长度,一个是术语包含的字数,叫做术语含字长度,另一个是术语包含的词数,叫做术语含词长度。

1. 术语含字长度

(1) 网络技术术语

表1 网络技术术语含字长度分布表

术语含字长度	术语条数	百分比(%)	术语例子
2	4354	7.6914	蠕虫
3	5446	9.6204	熟模式
4	15306	27.0381	梳状编码
5	9070	16.0222	X系列建议
6	11557	20.4155	直接存取装置
7	5909	10.4383	可选分时软件包
8	4691	8.7636	撕断纸带式转换法
9+	6	0.0106	偏置量数据区的区距
合计	56609	100.00	

术语平均含字长度:

总字数/术语总条数=282068/56609=4.9827 (字/条)

(2) 计算机百科全书术语

表2 百科全书术语含字长度分布表

术语含字长度	术语条数	百分比(%)	术语例子
1	8	0.6197	区
2	67	5.1898	信念
3	107	8.2881	感知器

续表

术语含字长度	术语条数	百分比(%)	术语例子
4	338	26.1813	联想记忆
5	245	18.9775	波尔兹曼机
6	231	17.8932	小脑网络模型
7	139	10.7668	自组织映射模型
8	69	5.3447	句法模式识别方法
9	42	3.2533	基于合一的语法理论
10	17	1.3168	Hopfield神经网络模型
11	14	1.0844	自然语言处理的句法分析
12	7	0.5422	离散事件系统仿真输出分析
13	3	0.2324	离散事件系统仿真建模方法学
15	2	0.1549	人工神经网络在模式识别中的应用
16	1	0.0775	通用键盘汉字编码输入方法评测规则
20	1	0.0775	基于ISO/IEC 10646和Unicode的汉字编码字符集
合计	56609	100.00	

(3) 比较

百科全书的术语含字长度稍大于网络技术的术语含字长度。可以认为,术语含字长度在5字左右,与邢红兵统计[1]基本相同。

2. 术语含词长度

(1) 网络技术术语

表3 网络技术术语含词长度分布表

术语含词长度	术语条数	百分比(%)	术语例子
1	4412	7.7938	蠕虫
2	20146	35.5880	模拟 视频
3	19778	34.9379	直接 存取 装置
4	10860	19.1842	可选 分时 软件 包

续表

术语含词长度	术语条数	百分比(%)	术语例子
5	1398	2.4696	可编程多路转接器
6	15	0.0265	包装配器和拆卸器
合计	56609	100.00	

术语平均含词长度：

总词数/术语总条数＝154559/56609＝2.7303（词/条）

（2）计算机百科全书术语

表4 百科全书术语含词长度分布表

术语含词长度	术语条数	百分比(%)	术语例子
1	74	5.7320	映射
2	458	35.4764	计算 理论
3	440	34.0821	小脑 网络 模型
4	216	16.7312	数字 计算 误差 分析
5	66	5.1123	光纤 分布式 数据 接口
6	23	1.7816	自然 语言 处理 的 词法 分析
7	10	0.7746	汉字 编码 字符 集 标准 体系 结构
8	2	0.1549	通用 键盘 汉字 编码 输入 方法 评测 规则
9+	2	0.1550	人工 神经 网络 在 模式 识别 中 的 应用
合计	1291	100.00	

术语平均含词长度：

总词数/术语总条数＝3747/1291＝2.9024（词/条）

三 词频统计

对构成术语的词在术语系统中的词频、词的长度进行统计,详见下表。

1. 网络技术术语

构成术语的不同的词有 9858 个,其中有 19 个西文单词或缩略词。出现频度最高的前 20 个词见下表。

表5 网络技术术语用词的高频词表(前 20 个)

序号	1	2	3	4	5	6	7	8	9	10
词	器	网络	系统	通信	数据	机	程序	控制	法	信号
频度	4487	3184	2451	2253	1858	1666	1619	1582	1420	1309
序号	11	12	13	14	15	16	17	18	19	20
词	交换	传输	网	信息	协议	服务	处理	终端	式	线路
频度	1248	1151	1142	1102	1095	1080	1056	963	805	781

表6 网络技术术语用词的词长分布表

词长	不同词的个数	出现次数(词次)	例词
1	710	28217	器
2	8787	125369	方法
3	235	814	无线电
4	98	127	自顶向下
5	25	29	印度尼西亚
6	3	3	斯堪的纳维亚
合计	9858	154559	

从上表可以看出,构成术语的词的多是 1 字词和 2 字词,而且这些词分布也很广。

2. 计算机百科全书术语

构成术语的不同的词有 989 个,其中有 94 个西文单词或缩略词。出现频度最高的前 20 个词见下表。

表7　百科全书术语用词的高频词表(前 20 个)

序号	1	2	3	4	5	6	7	8	9	10
词	机	器	计算	系统	语言	程序	存储	处理	数据	图像
频度	134	132	117	89	88	55	51	50	44	43
序号	11	12	13	14	15	16	17	18	19	20
词	方法	汉字	设计	控制	式	输入	库	性	软件	技术
频度	41	41	39	35	33	30	28	28	26	25

表8　百科全书术语用词的词长分布表

词长	词数(个词)	词频(词次)	例词
0	10	13	Z
1	143	728	主
2	772	2929	最优
3	44	55	中日韩
4	20	22	人助机译
合计	989	3747	

从上表可以看出,构成术语的词的多是 1 字词和 2 字词,而且这些词分布很广,与表 6 有相似之处。

四　字频统计

1. 网络技术术语

构成术语的不同的字有 1967 个汉字,还有 16 个符号和西文单词或缩略词。出现频度最高的前 20 个字见下表。

表9 网络技术术语用字的高频字表(前20个)

序号	1	2	3	4	5	6	7	8	9	10
字	信	网	器	路	通	数	线	络	电	接
频度	6062	5344	4615	4172	3597	3470	3249	3209	3202	3085
序号	11	12	13	14	15	16	17	18	19	20
字	程	制	系	统	机	传	分	用	号	理
频度	2397	2784	2698	2541	2421	2272	2206	2164	2151	2136

2. 计算机百科全书术语

构成术语的不同的字有691个汉字,另外有86个符号和西文单词或缩略词。出现频度最高的前20个字见下表。

表10 百科全书术语用字的高频字表(前20个)

序号	1	2	3	4	5	6	7	8	9	10
字	机	计	算	器	语	数	理	法	系	程
频度	170	161	154	150	127	121	114	109	101	100
序号	11	12	13	14	15	16	17	18	19	20
字	统	言	字	图	设	式	型	序	制	存
频度	92	89	78	75	64	63	63	63	62	61

五 术语系统的其他指数

1. 术语系统的经济指数

定义1.在一个术语系统中,术语总条数除以构成术语的不同词的总数所得的商,称为该术语系统的经济指数,记作E,单位是"条/词"。

其计算公式可表示为:E＝术语总条数/不同词的总数　　(1)

网络技术术语系统的经济指数是:

E=56609/9858=5.7424

百科全书术语系统的经济指数是：

E=1291/989=1.3054

在大多数术语系统中,E>1;如果 E≤1,则说明术语系统设计的经济效应不高[2]。比较上述两个术语系统的经济指数,我们发现,网络技术术语系统的经济指数较高。也就是说,每个词平均可构成5.7424条术语。可见,网络技术术语系统有较高的经济效应。当然,E受到系统中术语数量的强烈影响,一个是56609条,一个是1291条。再深入分析其差别原因,还有可能是因为网络技术词典中的术语条目是按英文术语的不同翻译视为不同的词条而造成的,百科全书中的术语不会有这种情况。

2. 词的术语构成频率

定义2.在一个术语系统中,构成术语的词的总数除以构成术语的不同词的总数所得的商,称为词的术语构成频率,记作F,单位为"次"。

其计算公式可表示为:F=总词数/不同词的总数　　(2)

网络技术术语系统的词的术语构成频率：

F=154559/9858=15.6785

网络技术术语系统的词的术语构成频率：

F=3747/989 = 3.7887

F的值不小于1,即 F≥1;对于同一个术语系统来说,词的术语构成频率 F 不能小于术语系统的经济指数 E,即 E≤F,因为术语的总条数小于等于术语用词的总词频。F表示构成术语的每个词平均出现多少次。因此,这个值可以代表这些词构成术语的平均频率。术语系统中的高频词越多,该系统中词的术语构成频率也就越高。比较上面的两个 F 值,可以知道网络技术术语系统中的词的术语构成频率较高。

3. 术语形成的经济率

根据定义 1 和定义 2,(2)除以(1),得到

F/E=总词数/不同词的总数 * 不同词的总数/术语总条数=总词数/术语总条数

又根据术语平均含词长度公式,得到

F=E*L

其中 L=总词数/术语总条数

即系统的经济指数 E 与术语的平均含词长度 L 的乘积,恰恰等于词的术语构成频率 F。其实,这就是术语形成的经济率——FEL 公式[2]。

变换 FEL 公式,可以得到:

E=F/L

即术语系统的经济指数 E 与词的术语构成频率 F 成正比,而与术语的平均含词长度 L 成反比。如果想提高术语系统的经济指数,可以从这两个方面来考虑。一般来说,术语的平均含词长度不能改变过大,所以增加词的术语构成频率是比较好的方法。

六 结束语

对术语系统中的字频、词频和术语长度进行统计分析是术语研究的基础部分,从中可以发现术语构成的一些基本规律。限于篇幅,本文给出了一些统计列表,分析不算太多。我们认为,更进一步的研究还应该在术语的语言学方面找出规律,包括术语的语

法结构、语义结构以及术语的生长模式等。

参考文献

[1] 邢红兵《计算机领域汉英术语的特征及其在语料分布规律》,《术语标准化与信息技术》,2000(4)。

[2] 冯志伟《现代术语学引论》,语文出版社,1997。

(原载于《第一届学生计算语言学研讨会论文集》,2002)

汉语术语定义的结构分析和提取*

张 艳　　宗成庆　　徐 波

一　引言

术语是持有某一目的而使用的语言,分为日常生活中使用的一般性术语和科学技术专业用术语。专业术语是对一个专业概念的系统性、概括性的描述[1]。本文所做的工作主要研究专业术语的定义。术语数据库是自然语言处理领域的一个重要的知识资源。通常术语用来描述科学技术方面的概念,属于语言词汇的一部分,但又不是被人们普遍认知的词汇。术语的记录和整理与现代科学技术的发展密切相关,同时也是总结和扩展新的科学概念的需要。

术语的定义在自然语言处理领域中的研究还不是十分广泛,它为术语概念提供模板和结构方式,也可以作为特定领域知识发现研究的数据基础。目前国内还没有在术语下定义这方面进行过系统的研究。作为汉语句法分析的一个应用,如何给术语下定义有着重要的理论研究意义和应用价值。它不仅可以得到新的语法知识结构,还能够为自然语言处理的应用领域,如问答系统,知识

---

* 基金项目:国家自然科学基金资助项目(60175012);国家 973 项目(G1998030504)。

发现等提供基础的知识数据库。

本文是针对电子学和计算机领域提取出相关的术语及其定义模板,通过自动获取的结构模板,给出术语下定义的实现算法。文章第二部分概述了定义的概念,并且总结了术语下定义的一些规则和方法,第三部分针对电子学和计算机领域的术语知识,自动获取了相关的定义组成结构和模板结构,第四部分是根据获取的数据,提出了术语发现的算法和结果分析,最后是结论。

二 "定义"的概念和下定义的方法

1. "定义"的概念

定义就是用一个已知概念来对一个新概念作综合性的语言描述[2]。从结构上来说,一个定义可以分为被定义项(definiendum)和定义项(definiens)两部分。定义项就是对被定义项的概念性描述。它一般又可以分为属概念(genus)和种差(distinctive characteristics)两个部分。下面是定义的表示形式:

被定义项　　　　=　　　定义项
(被定义的概念)　　(属概念　+　种差)

下"定义"究竟是什么意思呢?它首先是把某一个概念放在另一个更广泛的概念里,而这个更广泛的概念就是最邻近的属概念,也就是"上位概念"。一个概念可以有不同层次的属概念。用属概念和种差给一个概念下定义时,究竟选择哪个层次的属概念才算合适,要看解决问题的实际需要。在一般情况下,我们总是选择与所定义的概念最邻近的属概念来下定义。因此,如何选择属概念和选择什么属概念,是术语定义的重要问题之一,是应该慎重考虑的。

种差是使被定义概念与属概念区别开来的属性,它可以是事物的性质,也可以是事物产生或形成的情况,也可以表示事物的功能、位置、形成过程等。例如,"辐射计是测量电磁辐射量的仪器"这个定义中,"辐射计"是被定义项,"测量电磁辐射量的仪器"是定义项。定义项由属概念"仪器"和种差"测量电磁辐射的"两个部分组成。这里,种差表示"辐射仪"的用途和功能[2]。

2. 术语下定义的方法和规则

术语下定义一般具有模式化的特点,有其独特的规则和方法,通常有三种基本类型。第一是内涵定义,就是列举被定义概念的特征来描述概念的内涵的定义,是经典意义上的定义。第二是外延定义,是通过概念的数量范围来描述概念的外延的定义。外延定义要求一些预先的知识,这种定义假定接受定义的人、事对于所列举和描述的概念已经比较熟悉。第三叫做上下文定义,通过引证被定义概念在文章中出现的上下文来说明它的含义。因为有上下文,概念的含义往往可以被理解或猜测出来[3]。

要给一个概念下一个正确的定义,除了必须具备被定义概念所涉及的具体的科学知识之外,还必须掌握定义的规则。只有把被定义概念所涉及的具体科学知识和定义的规则结合起来,才能给概念下一个正确的定义。定义的规则通常有四条[2]:

(1) 定义必须是相称的,定义项的外延和被定义项外延必须完全相同。不满足这条规则,就会"定义过宽"或"定义过窄"。"定义过宽"就是定义项大于被定义项的外延。而"定义过窄"就是定义项的外延小于被定义项的外延。

(2) 定义项不能直接或间接地包含被定义项。违反了这条规则,就会犯循环定义的错误。

(3) 内涵定义一般不能是否定的。如果内涵定义是否定,那么就只是表示被定义项所反映的事物不具有某种属性,而没有说明被定义项所反映的事物具有的特殊属性。这样,定义就不能揭示概念的内涵。

(4) 定义必须使用科学的术语。为了清楚地揭示被定义概念的内涵和外延,必须用科学的术语给概念下定义,以避免对被定义概念作错误的理解。

以上四条规则是下定义时必须严格遵守的规则,违反了其中的任何一条,都将使定义出现逻辑上的错误。

三 限定领域术语的知识库建立

1. 术语语料的句法分析处理

我们进行术语结构和模板的自动提取的原始语料是大百科全书[4]中的电子学和计算机领域的语料,它包含了术语的概括性定义、发展过程和实际中的主要用途等信息。把这些生语料加工成可用的熟语料需要下面的三个处理过程。

第一,把原始语料处理成干净的纯文本文件,删除一些特殊符号和无用符号。例如:术语"安全性试验"的原始定义为"验证设备是否符合『HTK』安全防护『HT』规定的实验",删除其中无用的符号"『HTK』"和"『HT』"。

第二,对干净的纯文本文件进行分词处理。采用的方法是tri-gram 统计方法。由于该统计模型是基于《人民日报》的语料训练的,本文中的语料是关于电子学和计算机的专业知识,属于不同的领域范围,集外词占有相当的比例。为了消除直接分词造成的正确率不高的影响,本文采用分步的方法进行分词。

(1) 用原始的 tri-gram 模型先对 20% 的语料进行第一次分词,分词的正确率是 85.1%;

(2) 对分完词的这部分文本进行手工校正,然后用这些分词正确的句子做训练,得到新的统计信息;

(3) 用新的频率信息对剩余的语料的 20% 做分词处理;

(4) 循环第二、三步操作,每次都处理剩余语料的 20%,直到最后全部分词完毕。

下面通过图 1 来表示 5 次分词的结果。

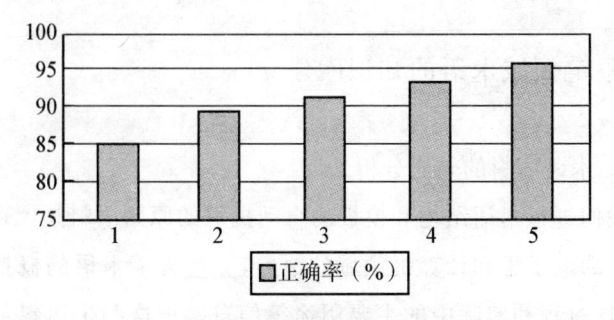

图 1 分步处理的结果比较

第三,标注经过分词的语料。上述的 tri-gram 统计模型是分词和标注一体化处理[5],每一次分词的同时都得出相应的词性。在校正分词错误的时候,并没有把所有标注错误的词性都进行校正,只是把分错的词重新标注了正确的词性。这样,直到全部的语料用统计方法进行标注以后,最后用基于转换的规则方法获取的规则模板进行了校正。混合方法进行词性标注后的正确率为 91.20%。

经过整理后的准确、概括性的术语定义大约有 1100 个,术语的定义有其独特的地方,它的总体结构是固定的,但短语结构的子模块的组合又存在着多种形式。分析术语的定义语句结构采用了两个方法,一是在 GLR 方法[6]基础上进行改进的方法,二是线图分析方法[7]。同样的,由于分析语料的领域差别和集外测试的数据稀疏问题,我们也用类似于分词的处理方法分步分析术语的定义。但是由于语料中术语的数量较少,我们分为两步处理,即 50% 的定义语句(C_1)用原始的规则进行分析,剩余的 50%(C_2)作为集外的测试。

我们的基本的概率上下文无关文法的规则库 R_1 是从 UPenn 的中文树库中获得的,每条规则的概率反映的是该语料中的短语结构分布情况。用 R_1 中的规则分析 C_1 的定义语句,在得出初步的句法结构后,手工校正结果中的错误,然后用这部分新的标注好结构的语料重新提取规则,得到新的概率上下文无关规则库 R_2。这两个规则库各有其优点:R_1 覆盖面相对较大,R_2 更有针对性,更接近术语定义语句的分布特点。我们把 R_1 和 R_2 中的规则合并起来,但是并不是规则的频率值直接相加,对 R_1 和 R_2 选取不同的权重,得到规则库 R_3 的概率计算公式:$P(Rs)=\alpha P(R_1)+\beta P(R_2)$。通过实验确定 $\alpha=0.2, \beta=0.8$ 的结果最好。例如表 1 中给出的规则。图 2 列出了两种分析方法随 α 和 β 的变化曲线,横坐标表示 α 和 β 的比率。

表 1 规则的统计

R_1 规则库	R_2 规则库	R_3 规则库
NP→NN+NN 2494	NP→NN+NN 1172	NP→NN+NN 939
NP→ADJP+NN 682	NP→ADJP+NN 60	NP→ADJP+NN 184

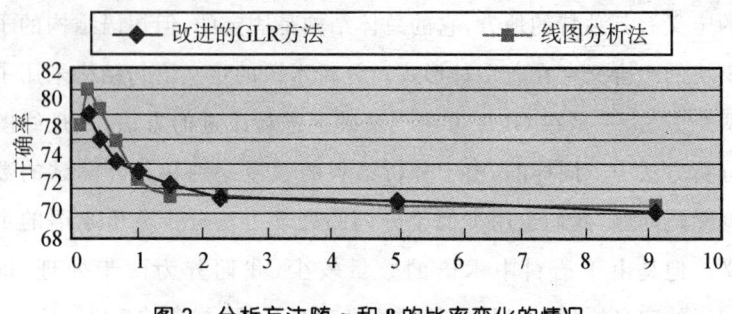

图2 分析方法随 α 和 β 的比率变化的情况

虽然分步完成这些定义的结构分析,在一定程度上提高了短语的分析正确率,但是还存在着数据稀疏的严重问题,甚至会出现矛盾。在新的规则 R_3 的基础上,分别用两种分析算法分析 C_2 中的定义语句。在表2中列出各部分处理的最后结果。

表2 预处理的结果

预处理和分析	结果正确率(%)
汉语自动分词(tri-gram)	95.64
汉语词性标注(混合方法)	91.20
汉语句法分析(1)*	78.01
汉语句法分析(2)**	80.32

其中 * 表示改进的 GLR 算法;** 表示线图分析算法

2. 术语知识的语义词典

在术语定义中,被定义的概念与属概念有着密切的关系,属概念是被定义项的上位词。但是通常,我们把术语和属概念都看作名词,如果只从语法词性方面是很难区分开来,因此我们进一步从语义分类属性进行划分。术语和属概念的语义类以及二者之间的关系的建立主要参考《同义词词林》中的划分和分类标记。主要结构如下所列:

(一) 名词(N)

(1) B类:物统称

NBA:统称,物,物体,器具,设备,物资,生活资料

NBB:拟状物,网,波

NBG:自然物

NBM:材料

NBN:建筑物

NBO:机器,工具,泵,机床,刀具,通信器件

(2) D类:抽象事物

NDA:现象,迹象,效用,反应,过程

NDB:规律,根源,方法,技术

NDD:性质,系统,种类,结构

NDI:事业,行业

NDK:学说,知识,科学,学科,资料,文件,文法

NDN1:量度,温度,距离,数量

(3) C类:地点

NCB:地点,地方,区域,线,面

(二) 动词(V)

(1) H类:活动

VHD:生产

VHF:交通,运输

VHI:通信

(2) I类:现象与状态

VIA:自然现象

VID:物体状态

VIE:传导,传播,流行,连接,纠缠,结合,割裂

VIH:变化

在术语定义的语义词典中,存放的词条主要是术语名称及其相关的信息。每个词的相关内容包括以下信息:

词条信息:术语的名称;

词条的组词信息:把术语词分词,标出中心词的语义词性;

属概念信息:标出语义词性;

属概念出现的频率:记录属概念的信息;

是否无属概念标志:主要针对解释性定义,这类定义无属概念。

术语的属概念词典是从处理后的"电子学和计算机"领域中的术语定义语料直接获得的,从分词后的定义语句找到属概念词,再根据上述的语义划分,标记其相应的语义属性。

3. 术语定义的模板结构

术语定义的模板是从已经标注和分析好的语句中提取的。术语的定义形式相对比较固定,规律性较强。通过分析和比较,术语定义的模板主要包括两个部分:主框架和句子的种差的语法结构。

(一)主框架

它的形式主要有两种:

1. NN1[NN2]::=是|就是+[…]+的+NN[NP]

从左到右,符号的意思依次表示为:NN 为名词词语,[]表示可选,::=表示定义为,[…]是主要部分的结构。这个模板的意思就是术语名词 NN1,又称为 NN2 或简称为 NN2,定义为是或者就是[…]的属概念名词 NN 或名词性短语 NP。

2. NN1[NN2]::=称|称为+[…]+的+NN[NP]

这个结构与 1 中的结构很类似,只是次序颠倒了。这个模板

就把术语解释为:[…]描述的名词 NN 或短语 NP 称为术语 NN1,简称为 NN2。而这种结构的种差的起始动词往往是动词,如:研究、利用等。

(二)种差的结构

种差的结构大致分为五种。用下面的表3说明这几个部分的结构。

表3 种差的结构

结构种类	具体结构	说　明	分布比例
以名词(NN|NP)起始		通常是解释性定义	20%
以动词(VV|VP)起始	VP	通常以"研究、利用和使用"开头	50%
	VV NP VV [VP]		
	使 NP PP 而/CS VV		
	VP NP 用来|以便|因而(连词) VP		
以介词短语(PP)起始	PP VP NP	介词短语的语法结构主要是"在……中/内/之间"和"当……时"	20%
	PP NP		
以数量词短语起始		如,一种,一个	4%
以一些特殊的词起始	由 NP 组成|构成	起始词以介词居多,同时有少量动词,比如:由/P,对/P,以/P,把/BA,将/BA 等	6%
	以 NP 为 NP		
	对 NP VV[NP]		
	将|把 NP VP NP,[以 VP]		
	用 NP VP		

在提取句子的模板的同时,又自动提取出所有的语法短语结构。这样的短语规则库中大约有1000条规则。其中名词短语结构(NP)有500条,动词短语(VP)有300条,介词短语(PP)有130

条。在这些规则中,出现频率较高的有"NP=>JJ+NN"、"PP=>P+NN+LC"、"VP=>VV+NN"和"VP=>VV+VV"。当然还包括一些特殊词语构成的规则,如"VP=>被+VV"和"VP=>受+NN+VP"等。

术语的定义绝大多数符合种差加上属概念的形式,但也有少部分的例外。这样的句子在我们的语料中大约占 10%,重要是解释术语的变化和产生的过程。而这样的术语通常是动词性的词语,比如:光电子发射、幅度测量和外延生长等;以及很难用定义的形式来描述,只能列举出所包含的事物,比如:微电子技术,其定义为"微电子技术包括系统和电路设计、器件物理、工艺技术、材料设备、自动测试,以及封装、组装等一系列专门的技术"。

四 术语定义的自动发现算法

有了上述建立的数据知识,我们就可以从语料中自动获取术语的定义,这相似于知识发现[8],但是由于属于特定领域的特殊应用,在算法上相对简单一些。术语下定义的过程也是从数据集中抽取和精化新的模式。主要包括数据准备和数据挖掘两个部分。我们在术语下定义时,参考了知识发现的实现算法。从整体上看包括三个部分:

1. 术语名称词典查找

术语的语义词典中主要包含术语的名词,术语的分词信息和其属概念。给出一个术语名称 TermName,首先查找它的分词组成成分 $SubWord(i)$,其中 $1 \leqslant i \leqslant n$,从后往前看这些词,如果 SubWord($n$) 是名词,则它的语义类型包含于属概念 TermGenus 的语义类,那么就不再判断其他的 SubWord(i),而且定义的主框架是"TermName 是描述……的 TermGenus"。如果 SubWord(n)是动词,再看 SubWord(n-1),如果仍然为动词,则这个术语是解释性名称,没有属概念;如果为名词,则有两种可能,一是解释性定义,另一种为定义的主框架。因此这样的术语结构还需要进一步地判断。

例如,术语"电子系统工程","工程"是名词,它的属概念是"工程技术",所以该术语的主框架一定是"电子系统工程是一种……的工程技术"。

2. 术语模板结构匹配

这部分实际是判断种差的过程,即如何描述术语的特征,也是最困难的部分。对于解释性术语由于没有属概念,而它们通常又表示一个过程,所以这里统一地用"过程"来做为属概念。

描述种差仍然要用到术语的语义属性,根据术语中的分词成分 SubWord 的语义类,选择相应的动词,然后根据上述学习到种差的五个大类结构及其子类结构,最后集中到某个短语上,用提取的模板进行匹配。例如,短语"PP"可以用"当……时"代替。

上述过程其实是一个模板匹配的过程,而且要考虑中心词的语法语义词性。

3. 反馈以及选择合适的术语定义

反馈过程是为了降低下定义过程的混淆度,通过把由算法给出的定义与原始定义相比较,根据不同之处,获取新的模板和语义搭配关系。

为了更清楚地说明术语下定义的过程[9],我们用框图 3 来表示。

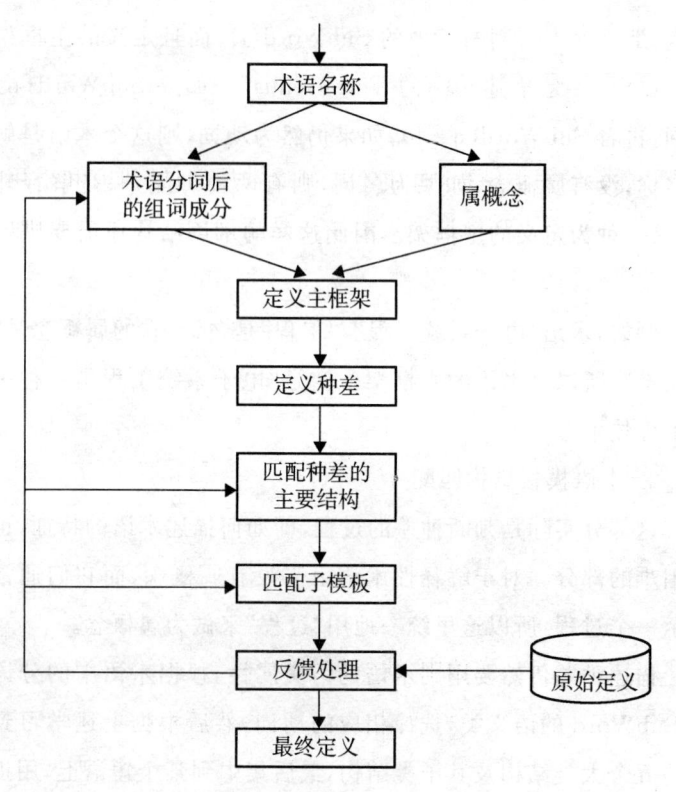

图 3　术语自动定义的算法流程

根据上述的算法,我们给出一个例子说明术语的定义过程。例如,术语名称 TermName 为"库存论",分为下列几步:

查找术语名称词典,该 TermName 由"库存和论"两个词语组成,是名词词性,所以它不是解释性术语,因此存在着种差和属概念。从词典中查到其属概念 TermGenus 是"理论、方法",属于"NDK"语义类,也就是"学科、理论和学说"类,进而得到该 TermName 的主框架是"库存论是……理论和方法"。而描述种差的关联词语包括动词"研究"和名词"库存"、"存储"和"问题"以及连词"和"。

查找到术语的种差结构,即如何描述属概念,这是关键的一步。从语料中统计的种差的频率值的大小来判断,首选以动词短语 VP 起始的短语结构,而且"NDK"通常用动词"研究和采用"作为起始词语,所以选择这个短语结构是正确的。在短语规则库中 VP 短语有 301 种,其中规则 VP→VV+NN 的概率最大,但是关联词典中有连词"和",短语中应该有并列成分,所以规则 VP→VV+NP 更适合,而且存在规则 NP→NN+C+NN,用已经查到的短语组合成短语,即种差可以描述成"研究库存和存储问题"。

把术语的各个部分统一起来,即库存论是研究库存问题和存储问题的理论和方法。原始的定义是"库存论是研究有关库存和存储问题的理论和方法",所以,我们通过词语属性和句法结构获取的定义基本正确。

在术语定义的实验中,我们从《大百科全书》中的"电子学和计算机"领域的语料中获取了 1100 个术语名称和定义术语的句子,并且从中获取了两个主框架和 1000 个模板结构,根据所给的发现算法对这 1100 个术语重新给出定义,把获得的新定义和原始的定义进行比较。这相当于句法分析的逆过程。

例如,上一节中的术语"库存论"经过定义后描述成"研究库存问题和存储问题的理论和方法",而它的原始定义是"研究有关库存和存储问题的理论和方法"。从意思上看,新获取的定义和原始定义基本相近,但是在句子的准确性,词语的添加、删除和排列等方面,尤其是一些非重点词和虚词,如副词、介词和连词的处理,还存在着差距,而且是一个很难解决的问题。

在评价所给定义的正确率时,需要从不同的角度考虑,例如词语之间的相似度,词语之间搭配关系,句子结构之间的相似度,而且相似度如何计算都是难题。所以我们在实验中没有给出定义的正确率。我们的实验主要是从理论上给出术语定义的结构和定义的特点,为以后的工作提供知识基础。

五 结论

本文主要是在汉语句法分析基础上的应用。我们的任务是如何给术语下定义。这是一个比较新的研究课题,并且国内研究得很少。本文首先描述了术语下定义的规则和方法,分布阐述了内涵定义、外延定义和上下文定义的理论方法,并且介绍了术语下定义的规则以及一些辅助手段。在这些理论知识的基础上,本文以大百科全书的电子学和计算机领域的知识为研究基础,建立了术语知识库,总结了术语下定义的句型结构和语法模板的表示形式。本文尤其是综合知识发现的理论和方法,探讨了一种用于术语下定义的自动实验算法。该算法可以在术语知识库的基础上,自动产生新的术语定义,新的科学性的概念知识,也可用于知识挖掘,编辑指导性计划的说明,问答或实现某一领域的对话系统,或辅助教学系统等,是一项有应用前景的知识处理系统。

参考文献

[1] 冯志伟《自然语言的计算机处理》,上海外语教育出版社,1996。
[2] 冯志伟《术语定义的原则和方法》,《中国术语网通讯》,1994(1)。
[3] 刘悦耕《术语标准中的定义》,自然科学术语研究,1990(2)。
[4] 黄鸿森《百科全书编纂求索》,中国大百科全书出版社,1993。
[5] 高山《面向自然语言的信息智能检索》,中国科学院自动化所,2001。

[6] Masaru Tomita. An Efficient Augment-Context-Free Parsing Algorithm [J]. Computational Linguistics, 1987, 13 (1-2): 157-166.

[7] 赵铁军等《机器翻译原理》,哈尔滨工业大学出版社,2000。

[8] 史忠植《知识发现》,清华大学出版社,2002。

[9] 张艳《汉语句法分析的理论、方法的研究及其应用》,中国科学院自动化所,2003。

(原载于《中文信息学报》,2003年第6期)

一种结合术语部件库的术语提取方法*

何 燕　　穗志方　　段慧明　　俞士汶

一 综述

"术语是专业领域中概念的语言指称"[1]。术语是定义明确的专业名词,是领域专家用来刻画、描写领域知识的基本信息承载单元,是信息检索和信息提取的重要单元,是知识库中的核心成员,也是本体构成的基本单元。术语自动提取技术是大规模本体工程从人工构建到半自动和自动构建的关键技术之一。

对术语较为普遍的认识,包括:术语通常与特定领域相关;即使它们也作为通用词汇被使用,但它们作为通用词汇的使用频率远远不如它们出现在某一特定学科领域中的频率;特定术语往往在该领域的某个特定主题的篇章中高频出现[2-5]。由此可见,术语的主要特征在于其领域特异性。张秦龙[6]比较了在计算机术语提取中的四种情况:不考虑术语领域性、基于领域部件的领域度计算、基于 SVM 的领域度计算、综合领域部件和 SVM 的领域度计

---

* 基金项目:国家 973 重点基础研究规划资助项目;国家自然科学基金资助项目(60503071);北京市自然科学基金资助项目(4052019)。

算,实验结果表明,领域度计算在术语提取中极为重要,领域部件在判定术语的过程中起着至关重要的作用,单纯依靠统计方法不能很好地实现词语领域度的判定。

术语一般分为单词术语和多词术语两类。单词术语由单个词语组成,如"芯片"、"指令"等。单词术语识别一般采用语料库比较方法,即选择一个通用的平衡语料库与领域语料库相比较,比对两个语料库生成的词表,将词表按照与频度相关的某个统计量排序,比较每个词语在不同语料库中的排序等级,从领域词表中去掉通用词表中排序等级高的,剩下的词,被认为是术语[7-12]。语料库比较方法对单词术语领域度的判断简单、直接,但是过于粗糙。多词术语由多个词语组成,如"复杂指令集计算机"、"分布式共享存储"等。多词术语的提取方法主要有三种类型:基于语言学规则的方法、基于统计学的方法、基于规则加统计的方法。基于语言学规则的方法主要利用词法、句法信息识别术语,Dagan 和 Church[13],Justeson 和 Katz[14]给出了一个较为普遍的多词术语句法模板,如果一个词语序列满足这个模板,并且在上下文中多次出现,则该词语序列被判定为术语。对于基于统计的方法有互信息、Log-likelihood、Chi-squared、Z-score 等。多词术语识别往往多考虑词与词的结合紧密度,在领域度计算上,通常依赖于统计方法进行局部特征的提取。

我们认为,如果把领域知识看作是一个特定的语境,那么任何关于这个语境的整体框架和相关知识在术语提取中都是必须的,相应的语言学资源应该考虑被加入到这一过程中来。本文提出,在术语提取中结合术语部件库,不仅能够提高术语识别的正确率与召回率,而且,由于部件的语义模型与本体模型相一致,还能为下一步将术语扩充到本体模型中奠定良好基础,这一点在目前的术语提取方法中均未涉及。

二 术语部件的语义模型

"术语部件"在北京大学计算语言学研究所与中国标准研究院合作项目"信息科学与技术领域术语辅助提取及术语库的建设"中被首次提出,并在 GB/T19102-2003《术语部件库的信息描述规范》中明确定义和规范。术语部件在 GB/T19102-2003 被定义为"术语部件:组成多词术语的词。特定领域中结合紧密、生成能力强、使用稳定的语言片段也可以看作术语部件,如'超大规模'、'光耦合'在信息科学与技术领域也可看作是术语部件。"冯志伟[15]提出的"术语经济率"是可以建设术语部件库的理论基础,"术语经济率"表明,一个术语系统中大量的多词术语由少量的单词术语构成,一个经济的术语系统总是倾向于提高单词的组合能力,增加多词术语数量。吴云芳[16]以3万条计算机术语为样本,统计结果证实"术语经济率"。吴云芳从样本中,抽取出8000条术语部件。本文对上述项目的既有成果进行了扩展,描写了部件的语义类别。

部件的语义模型与计算机的本体模型相一致。所参考的本体模型有 SUMO(Suggested Upper Merged Ontology)和 HOW-NET(知网)。部件的上层语义类别模型如下:

```
Physical
    Object
        Self Device
            Information Flow(Info)
            Software
            Abstract Object(AbsO)
        Collection
    Process
Abstract
    Time
    position
    Quantity
    Attribute
        Property
            Value
```

在 physical 下,有两个大类,分别是 object 和 process,object 包括单独的计算机硬件(例如,处理器、向量机)、信息流(包括不同种类、不同结构、不同计算方法的信息,例如、指令、定点数、目标码、树、数组)、计算机软件(例如,视窗、反病毒软件、OFFICE 软件)和抽象概念(例如,技术、工作。术语中出现的人名、地名等也归入抽象概念)。

Abstract 包括时间词(例如,当前、瞬时)、位置词、数量词以及属性词,属性词包括表示属性名的词(例如,方式、速度、速率)和表示属性值的词(例如,微型、通用、虚拟)。

三 术语部件库的自动扩展

我们对部件库中的部件进行了手工语义标注,获得 Device 类部件1 154条,Info类部件477条,Software类部件729条,Process类部件2 281条,Property类部件499条,Value类部件742条,Abstract concept类部件588条,Time类部件10条,Position类部件69条,Quantity类部件25条,另有英文单词384条。

以《计算机科学技术百科全书》内容索引目录中的2 251条术语为既有术语部件库覆盖率的测试样本。《计算机科学技术百科全书》是由国内的计算机专家、院士编纂的具有权威性的计算机工具书。对其索引目录自动分词并人工校对后,得到1 623个部件词。统计结果表明,既有部件库对该内容索引目录部件词集的覆盖率,约为56%。为了进一步提高术语部件库在术语提取中的效率,采用自动和半自动技术对术语部件库进行扩展。

部件的自动扩展技术,采用规则加统计的方法。扩展技术的测试语料来自《计算机科学技术百科全书》"计算机组织与体系结构"一支,约30万字。测试语料经自动分词和词性标注。语料库比较方法所选用的平衡语料库为人民日报语料,约300万字,自动分词和词性标注后又经人工校对。

统计方面,采用语料库比较方法,统计量为Z-score,定义为:

$$Z=\frac{X-\bar{X}}{s}$$

X是某词在某一种语料中的词频,$\bar{X}$是某一语料的词频平均数,s是某词在某种语料中出现频率的标准差。Z值在(-1,1)之间。Z-score与《语法信息词典》相结合,主要用于过滤非领域动词。

本文所使用的语言学规则有:

规则1 对device、info、property、position四类部件候选词,如果其末字为部件触发字,按该词的Z-score排序,抽取规模为

80%。

所谓部件触发字,是指 device、info、property、position 四类术语部件的末字往往具有典型的类别性,能够提示该词是否是某类的术语部件。device 类的术语触发字有"器、机、线、卡、网、件、板、管、路、片"等,info 类部件的触发字有"数、码、值、字、表、门、库、址、流、令"等,property 类部件的触发字有"性、度、量、率"等,position 类部件的触发字有"位、点、区、站、域、场、端、头、尾"等。

根据术语触发字扩展部件会带来一定的误差,例如,"危机、武器、飞机、路线、时机"等,不是计算机术语。因此,利用 Z-score 排序对非计算机术语进行过滤。过滤的阈值根据 F-score 确定。

定义:

$$F-score = \frac{2 \cdot Precision \cdot Recall}{Precision + Recall}$$

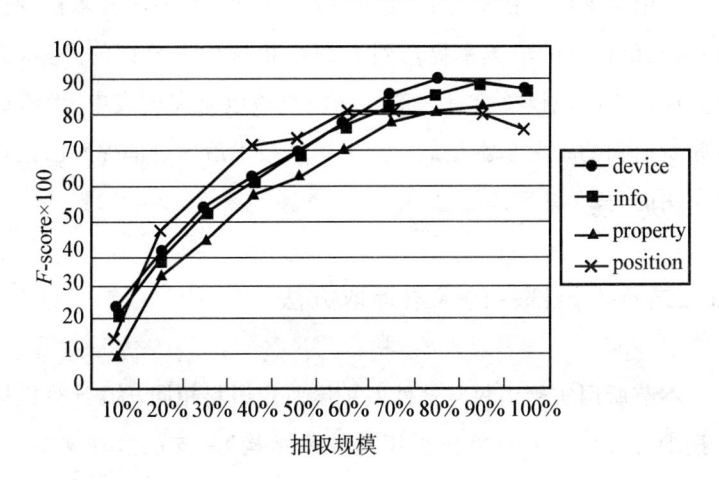

图 1 抽取规模与识别结果关系图

如图 1 所示,如果抽取前 80% 的词,将比较一致地达到最高 F-score,正确率和召回率达 80% 左右。

规则 2 如果部件词前有"可、非、超、无、不、反、子、单、多、半、自"等前缀,或部件词后有"式、级"等后缀,则合并该部件词与前缀或后缀,作为新的部件词。

规则 3 从语料中抽取词性标记组合为 a+n、b+n、d+v 的二词共现组合 w1+w2,如果 w2 为部件词,则 w1 被判断为 value 类术语部件。

实验结果表明:术语部件库的自动扩展技术,主要对 device、info、property、position、process、value 类部件有效,software 和 abstract concept 类部件大量使用日常词汇,前者例如,"窗口、菜单、防火墙、文件夹、病毒、补丁",后者例如,"工程、技术、设备",等等,从字面和语法上不具有典型的术语特征,比较难用目前的计算方法扩充。

采用自动扩展技术之后,将部件库对《计算机科学技术百科全书》的索引目录的覆盖率提高到 64%。根据中文分词的经验,扩大分词词表的规模总会有一部分词没有被收录在词表中,术语部件库所面临的状况基本相似。加上扩展技术后术语部件库已经具备实用能力。

四 结合术语部件的术语提取方法

本节所用实验语料与部件库扩展所用语料相同,为《计算机科学技术百科全书》"计算机组织与体系结构"一支的解释文本,约 30 万字。

1. baseline

目前初步尝试将术语部件用于双词术语识别中。根据对

4 000条计算机术语的统计,双词术语占56%,是最主要的术语构成形式。

在baseline中,采用语法模板＋停用词表＋互信息的方法提取双词术语。双词术语的语法模板包括:n＋vn,vn＋n,a＋n,b＋n,a＋vn,b＋vn,n＋Ng,vn＋Ng,v＋Ng,v＋v,v＋n,n＋v。停用词表中收录了约300条常用非计算机领域动词,例如,"到、是、可以、完成、使用、包含、有利于"等等,以便在以语法模板抽取共现的二词串时,过滤掉大量的垃圾候选串。计算词与词结合紧密度的统计量有多种,罗盛芬、孙茂松[17]在考察了九种常用统计量及其组合在汉语自动抽词中的表现之后,得出的结论是(1)上述统计量并不具有良好的互补性;(2)通常情况下建议直接使用互信息进行抽词,简单有效。本文借用这个结论,选择了互信息计算词与词之间的结合紧密度。按照Fano[18],互信息被定义为:

$$I(x,y)=\log_2 \frac{P(x,y)}{P(x)P(y)}$$

在本文中,x为w_{i-1},y为w_i,$w_{i-1}w_i$在文本中相邻共现的两个词组成的术语候选。

定义:

$$正确率=\frac{正确识别的术语个数}{识别的术语个数}\times 100\%$$

$$召回率=\frac{正确识别的术语个数}{实际术语个数}\times 100\%$$

表1 双词术语baseline的正确率与召回率

正确率/%	召回率/%	术语规模/个
42.2	47.8	1 800

2. 部件组合模板及上下文特征抽取

(1) 部件组合模板的抽取

从测试语料中选择10万字的语料作为训练语料，从训练语料中手工抽取出673条双词术语，分词后，利用部件库对每个词语进行语义标注，统计700条双词术语的部件语义组合模板，出现频度大于2的模板分别为（括号里为该模板的出现频度）：

value device(78)	process device(59)
process process(57)	device device(40)
process info(38)	value process(38)
info process(36)	info device(36)
process Abso(35)	process property(34)
value info(32)	device process(28)
info info(22)	value property(18)
Abs0 process(14)	device collection(13)
device info(13)	Abso device(12)
device Abso(11)	value collection(10)
device property(10)	info property(9)
position device(5)	value software(5)
property process(3)	value position(2)

(2) 部件语义组合模板可信度打分

部件语义组合模板可信度记为 R。如果根据部件组合模板从语料中抽取出双词组合，它们有可能是术语，也有可能不是术语。把按照上述模板抽出的全部双词组合，称为双词术语候选，全部双词术语候选的出现总频次记作 f_{all}，其中的正确术语的出现频次记

为 f_{term},定义:$R=\frac{f_{term}}{f_{all}}$。

部件模板的可信度分别为(括号里为可信度):

value device(0.716)　　process device(0.621)

process process(0.352)　　device device(0.655)

process info(0.593)　　value process(0.463)

info process(0.529)　　info device(0.782)

process Abso(0.261)　　process property(0.409)

value info(0.516)　　device process(0.394)

info info(0.578)　　value property(0.327)

Abso process(0.35)　　device collection(0.684)

device info(0.684)　　Abso device(0.667)

device Abso(0.216)　　value collection(0.714)

device property(0.322)　　info property(0.346)

position device(0.833)　　value software(0.556)

property process(0.3)　　value position(0.5)

(3)上下文特征的抽取

从上文可见,一部分术语模板的可信度不够高。为了弥补术语模板的可信度,本文使用了上下文特征抽取的策略,因为在自然语言中,上下文信息往往对于词语的语法语义搭配起着决定性的作用。

根据孙宏林[19]对词语搭配的研究,名词搭配的最佳观察窗口是[-2,+1],术语一般为名词,于是,令上下文窗口为左2右1,在语料中抽取如下形式的片段:

Leftw2 Leftw1 X+Y Rightw1 (X+Y 表示根据部件组合模

板抽取出的双词组合）

统计 Leftw2，Leftw1，Rightw1 词性标记的分布情况，如图 2、图 3。

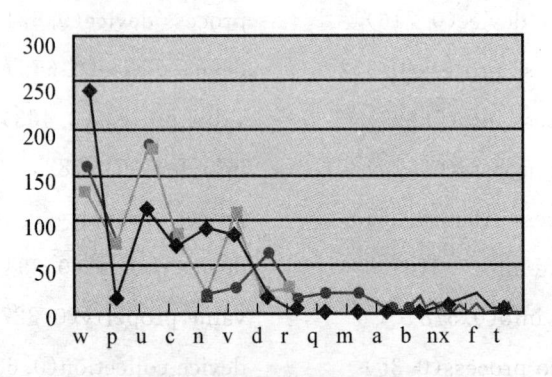

图 2 术语前后的词性标记

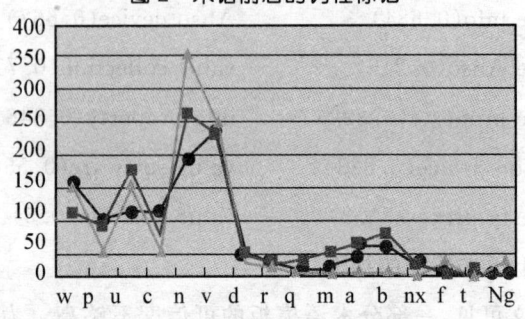

图 3 非术语前后的词性标记

灰色曲线是 Leftw2 的词性分布，黑色曲线是 Leftw1 的词性分布，白色曲线是 Rightw1 的词性分布。x 轴上排列的是它们的词性标记，分别是"w p u c n v d r q m a b ……"，即：标点符号、介词、助词、连词、名词、动词、副词、代词、量词、数词、形容词、区别词等，y 轴上表示出现频率。图 2 是根据部件组合模板抽取出来双词术语的 Leftw2、Leftw1 和 Rightw1 的词性分布，图 3 是利用部件组合模板抽取出来、本身却并非术语的双词术语候选的Leftw2、Leftw1和Rightw1的词性分布。

对比图2和图3,具有区别性特征的是Leftw1:黑色曲线,在图2中,于标点符号、助词、连词、副词等处走高,于名词、动词等处走低,在图3中正好相反,于名词、动词、形容词、区别词等处走高,其他处走低。通过对语料的观察发现,图2中出现的动词一般是非领域动词,例如"是、有、分为、导致、采用"等。也就是说,作为术语的双词组合,其Leftw1的词性是虚词和非领域动词的频率会远远大于是形容词、名词、领域动词的频率。

2. 改进的术语提取结果

根据第二节,有:

规则1 凡一个双词术语候选,其Leftw1满足:$f_{PartO\ Speech=形容词、名词、领域动词} = f_{PartO\ Speech=虚词、非领域动词}$,则过滤掉该双词术语候选。

规则2 根据部件模板可信度为每条双词术语候选的互信息加权:

加权 $MI = MI \times (1 + R_i)$

对10万字的训练语料进行封闭测试,对测试语料中剩下的20万字的语料进行开放测试。实验结果如表2。

表2 封闭和开放测试结果

	正确率%	召回率%	术语规模/个
封闭测试	64.9	70.6	671
开放测试	60.5	66	1129
baseline	42.1	47.8	1800

可见,使用术语部件库之后,术语提取的正确率和召回率都有了很大的提高。仍然存在的问题有:(1)分词错误,例如,"是 非

码字",被切分为"是非 码字"。另外,一些术语由于分词词表中没有收录,而被切分成了连续单字,例如,"多 叉 树",都导致术语无法被正常识别;(2)某些双词术语的切分单位,因为不具有较强的生成能力,出现概率比较低,或者领域特异性不够强,不适合收录到术语部件库中,如"企业 内部 网","企业"不适合收录到部件库。为了提高术语部件库的效率,必然会牺牲一部分覆盖率,如何获得最佳平衡点,需要进一步研究。

五 未来的工作

冯志伟[20]指出:"大部分名词术语都是偏正式的……由偏正式构成的术语,都与这个术语后一个语素属于同一个语义类别,只是范围大小不同。"根据短语型汉语词汇的组合规律,可以定义新术语和术语部件之间的上下位关系为:

(IS‐A w1+w2 w2) && w1+w2 是 w2 的实例
(forall (w1 w2):(Abstract w1)(Physical w2))
(forall (w1 w2):(Object w1)(Process w2))
(forall (w1 w2):(Process w1)(Object w2))
(forall (w1 w2):(Process w1)(Process w2))
(forall (w1 w2):(Object w1)(Object w2))
(forall (w1 w2):(Physical w1)(Property w2))

IS‐A 是所有本体关系中最简单和最重要的一种。下一步将基于部件库对部件语义类别的组合规律作更深入的挖掘,自动发现新术语之间以及新术语和领域本体之间的各种关系,辅助本体建设。

参考文献

[1] 中国标准研究院《中华人民共和国国家标准 GB/T10112-1999》《术语工作,原则与方法》[S],1999。

[2] BAKER M. Sub-technical vocabulary and the ESP teacher:a analysis of some rhetorical items in medical journal articles[J]. Reading in a Foreign Language,1988,4(2):91-105.

[3] FARRELL P. Vocabulary in ESP:a lexical analysis of the English of electronics and a study of semi-technical vocabulary. Dublin:Centre for Language and Communication Studies,Trinity College,1990.

[4] GAMPE R H, STOCK O. Corpus-based terminology[J]. Terminology,1998/1999,5(2):147-159.

[5] NATION P. Learning vocabulary in another language[M]. Cambridge:Cambridge University Press, 2001.

[6] 张秦龙,穗志方,丁万松《术语自动提取中领域度计算方法研究》[C]《第三届学生计算语言学研讨会论文集》沈阳,2006—2008。

[7] AHMAD K, DAVIES A, FULFORD H, et al. what is term? The semi-automatic extraction of terms from text[M] // SNELL-HORNBY M, POCHHACKER F, KAINDLE K. Translation studies:An Interdis cipline. Amsterdam / Philadephia:John Benjamins, 1994:267-278.

[8] KAVANAGH J. The text analyser:a tool for extracting know ledge from text[D]. Canada:University of Ottawa, 1995.

[9] HEID U. A linguistic bootstrapping approach to the extraction of term candidates from German text[J]. Terminology,1999,5(2):161-181.

[10] PAZIENZA M T. A domain-specific terminology-extraction system [J]. Terminology, 1999, 6(2):287-311.

[11] FULFORD H. Exploring terms and their linguistic environment in text:a domain-indepengdent approach to automated term extraction[J]. Terminology, 2001, 7(2):259-279.

[12] VIVALDI J, RODRIGUEZ H. Improving term extraction by combining different techniques[J]. Terminology, 2001, 7(1):31-47.

[13] DAGAN I, CHURCH K. Termight: Identifying and translating tech nical terminology[C] // Proeedings of 4th Conference on Applied Natural Language Processing(ANLP), 1994: 34-40.

[14] JUSTESON J S, KATZ S M. Technical terminology: some linguists properties and an algorithm for identification in text[J]. Natural Language Engineering, 1995: 19-27.

[15] 冯志伟《现代术语学引论》[M],语文出版社,1997。

[16] 吴云芳《信息科学与技术领域术语部件描述》[J]《语言文字应用》,2003(4):34-39。

[17] 罗盛芬,孙茂松《基于字串内部结合紧密度的汉语自动抽词实验研究》[J],《中文信息学报》,2003(3):9-14。

[18] FANOTransmission of information[M]. Cambridge, Massachusetts: MIT Press, 1961.

[19] 孙宏林《词语搭配在文本中的分布特征》[C]《中文信息处理国际会议论文集》清华大学出版社,1998:230-236。

[20] 冯志伟《现代术语学引论》[M],语文出版社,1997。

(原载于《计算机工程与应用》,2006年第33期)

科技术语的维护研究

王 强　李 莉

一 概述

随着世界科学技术迅速发展,新学科、新技术、新概念、新方法不断涌现,出现了大批新的科技术语。统一科技术语,有利于科学知识的传播,新学科的开拓,新理论的建立;有利于国内外科技交流,学科和行业之间的沟通;有利于科技信息的发现、检索、传播与共享的基础工作。术语在科技发展、文化传承和社会进步中起着举足轻重的作用,现代人类社会的生活已经离不开作为承载科学知识载体的术语。在长期的社会实践中,人们认识到科技术语的统一化和规范化是国家科学与技术的一项基础性工作,是实现科技现代化的一项支撑性的系统工程。科技术语是学科建设的基础,科技术语规范了,将会促进学科的发展。

俗话说,"工欲善其事,必先利其器",这说明了工具变革在人类社会发展中占据的重要地位,工具的制造与发明是人类社会发展与进步的标志。人类在制造工具的过程中,不断寻求劳动工具与劳动对象的客观规律,这种规律的思考就是脑力劳动,也是科学劳动的开端。网络技术尤其是因特网(Internet)的发展,移动通信技术的发展和普及利用,为信息交流提供了更加迅速和面向大众传播的工具与渠道。21

世纪是不同领域科技创造性集成和融合的时代,科学和技术更加接近,各科技领域之间发生共鸣作用和共振现象。现代科学技术给人类提供的知识和方法,正在改变着人们的生产方式、生活方式和思维方式,同时也为术语的维护与更新研究提供了新的工具和方法。

二 术语工作面临的问题

从术语工作的现状来看,尽管术语工作始终受到关注,但仍滞后于各学科在技术领域的蓬勃发展。与纸质出版物相比,数据库与网络技术保证了信息交流的及时性和普及性。因此,新时期的术语推广工作应充分利用丰富的网络资源,包括信息资源、人才资源等。借用其快捷的沟通渠道,然后再通过权威机构约请专家以研究和讨论的形式加以选择和审定。这样,术语工作才能逐渐跟上各学科的发展脚步。比如,现有的地理信息科技领域术语中,涉及早期技术发展如计算机辅助制图、数字化采集,以及文件存储等方面的具体技术方法、操作流程的术语较多,而近十年来从地理信息系统向地理信息科学和服务应用方面的词汇明显不足,关于地理信息数据结构、基本概念、地理信息互操作、基于位置服务等方面的地理信息术语则基本没有体现。追究术语工作滞后于学科技术发展的主要原因有以下两点:

① 高新技术发展使各学科间交叉、渗透现象凸显,造成了新的术语源自于其他学科。该类术语能否植根于另一学科,还受制于科学技术的发展。

② 术语的收集、形成和发布形式还是采用传统方式,受技术条件的限制。传统术语的选词和术语成果主要依靠少数专家,表现形式主要以词典形式为主,参与人员有限,视野窄,造成信息不

能快速交流,信息不全面、信息滞后等问题,导致术语收集和发布周期长、滞后的局面。

当今,计算机、数据库、网络和通信等高新技术为术语学及其标准化研究创造了良好的运行环境,为国内外各行各业有志于术语工作的专家、学者以及广大术语使用者进行术语的研究提供了前所未有的技术条件和共同工作环境,我们可以开发基于互联网技术的术语工作平台,能够突破在空间、时间以及参与人员上的限制,实现实时信息的采集、交流和服务,为术语工作的研究、发展和应用提供了更为广阔的空间。

三 术语的维护与更新

如今计算机、数据库、网络技术已深入人们日常生活之中,术语网络平台就是在这样的技术背景下孕育而生的。术语网络平台的目标就是通过互联网实现术语的收集、新术语提交、术语审查、术语信息检索与管理。术语的维护与更新的步骤如图1所示。

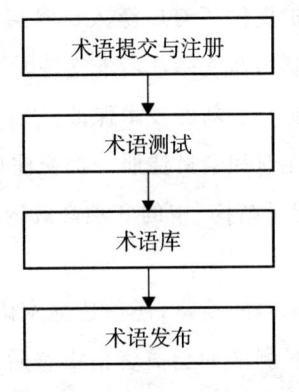

```
术语提交与注册
     ↓
   术语测试
     ↓
    术语库
     ↓
   术语发布
```

图1 术语的维护与更新步骤

要实现术语的维护与更新,需要组建术语网络平台。术语网络平台主要由术语库和计算机网络系统构成,包括术语的注册机制、测试机制以及增补和淘汰机制,还包括实现术语维护的注册会员组和专家组,这两个组根据其职能不同,享有不同的权限。注册会员组具有术语的查询和提交注册新术语的权限;专家组除具有注册会员组的权限外,负责审核提交的术语,并具有审定和变更术语所处状态的权限。

1. 术语库的构建

利用数据库技术构建术语库是术语维护的有效工作方法。数据库技术可实现对术语的信息收集、维护更新、综合查询、统计分析以及术语发布和共享等管理功能。术语库的建立应按照对术语元数据的要求,采用结构化的数据描述方式,对于纳入术语库中的术语作全面的描述和说明。填写内容分为必选和可选内容,如表1所示。

2. 术语注册机制

用户的需求与参与是确定术语工作方向的一个重要因素,用户的反馈不但能纠正术语中存在的错误和不足,更重要的是为科技术语的更新与维护提供了有广泛人员参与的、持续不断的信息源泉。术语注册机制为在网络环境下支持无论何人、何地、何时都可以从事术语的维护与更新的技术保证。

注册分为术语注册和会员注册。提交注册的术语应提交表1"术语库中术语的记录结构"中的8项必选内容,以备对该条术语进行筛选。

为了确保注册术语的质量,还须建立术语注册会员库。欲注册的会员须通过在线测试和会员资格审查后,才能成为正式注册会员,进入到术语注册会员库。

表1 术语库中术语的记录结构

序号	字段名	约束条件	说明
1	词条编号	必选	在术语排序时,用一个整数表明术语记录的位置
2	项目标识符	必选	与术语关联(为以后注册)的持续标识符(整数)
3	注册会员	必选	用户网络注册名
4	专家组评审意见	必选	专家修正建议的情况说明
5	标准编号	必选	"文件"关联的标准(例如,ISO 19101)
6	首选术语	必选	概念的首选术语
7	定义	必选	如果来自其他规范性文件,应在定义之后的方括号中加注引用参考文件
8	术语状态	必选	"备选""草案""规范""废弃"
9	文件	可选	含有术语的文件
10	来源参考	可选	术语的出处文件
11	开始日期	可选	术语发布日期
12	术语简称	可选	如为首选,缩略语应优先于术语全称
13	文件类型	可选	源文件所处阶段
14	许可术语	可选	已被接受的等同术语
15	章节号	可选	在源文件中的章节号
16	评审根据	可选	对某个术语或定义进行修订时,若存在较多的资料时,应参考修订草案
17	截止日期	可选	术语撤销/删除的日期
18	权威性	可选	如果术语是权威性的,那么标记为"Y"
19	相关术语	可选	涉及的相关词条
20	备注	可选	用于提供补充信息
21	例子	可选	在相关文件中与术语/定义相关的实例
22	注释	可选	在相关文件中与术语/定义相关的注释

3. 术语的选取原则

所有欲增补、修改的术语应经过严格的筛选和审核,以确保术语库中术语的质量。

提交术语前的自检按图2所示的"6项选取原则"进行。欲提交的术语通过自检后,方可入库,并将其状态标记为"备选",以待审核。其中6项选取原则如下:

① 单名单义性：在创立新术语之前，应先检查有无同义词，并在已有同义词间，选择能较好满足对术语要求的术语。

② 顾名思义性：又称透明性。术语应能准确扼要地表达定义的要旨。

③ 简明性：信息交流要求术语尽可能地简明，以提高效率。

④ 派生性：又称能产性，便于组合成词组。基本术语越简短，构词能力则越强。

⑤ 稳定性：使用频率高、范围广，已经约定俗成的术语。没有重要原因，即使有不理想之处，也不宜轻易变更。

⑥ 合乎语言习惯：术语要符合语言习惯，务求不引起歧义，不要带有褒贬等感情色彩的意蕴。

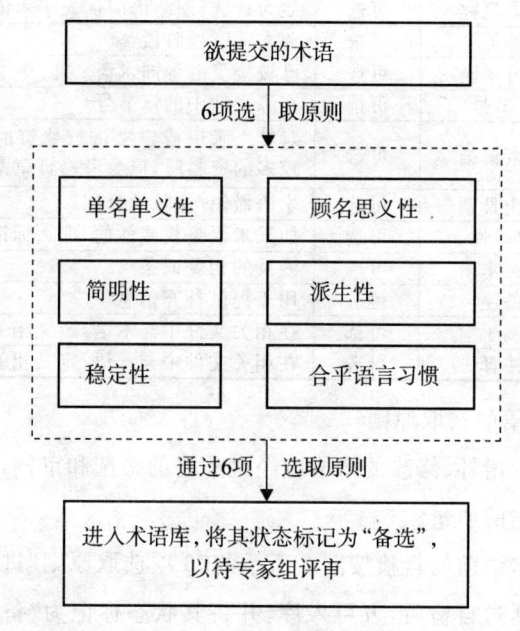

图 2　术语的选取原则

4．术语的测试机制

专家组测试新术语的机制可按图3的方式进行。通过专家组测试的术语，应将该术语的状态由"备选"修改为"草案"，以待在国际标准或技术规范中发布，只有等到该"草案"术语发布后，术语的状态才能修改为"规范"。

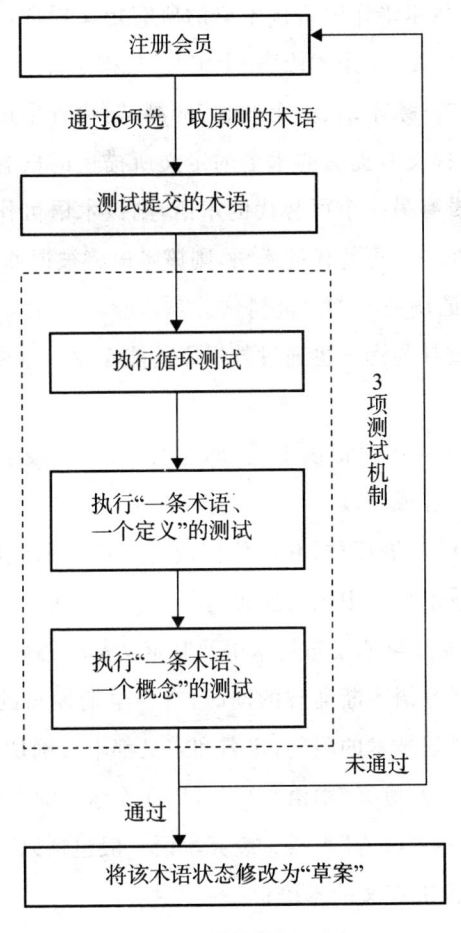

```
                    ┌──────────────┐
                    │   注册会员   │◄─────────┐
                    └──────┬───────┘          │
                  通过6项选│取原则的术语       │
                           ▼                  │
                    ┌──────────────┐          │
                    │ 测试提交的术语│          │
                    └──────┬───────┘          │
                    ┌──────▼───────┐          │
                    │  执行循环测试 │          │
                    │              │          │ 3
                    └──────┬───────┘          │ 项
                           ▼                  │ 测
                    ┌──────────────┐          │ 试
                    │执行"一条术语、│          │ 机
                    │一个定义"的测试│          │ 制
                    └──────┬───────┘          │
                           ▼                  │
                    ┌──────────────┐          │
                    │执行"一条术语、│          │
                    │一个概念"的测试│──未通过──┘
                    └──────┬───────┘
                         通过│
                           ▼
                    ┌──────────────────────┐
                    │将该术语状态修改为"草案"│
                    └──────────────────────┘
```

图3　测试新术语机制

图3中"3项测试机制"的含义如下：

① 执行循环测试：确定定义是否能被理解，并确保该术语不被循环定义。

② 执行"一条术语、一个定义"的测试：确定术语库中是否有来自其他标准或早期的处于讨论的"草案"的同一术语的其他记录。如果有，从术语库中将该术语的所有定义提取出来。如果没有，可视术语满足"一条术语、一个定义"规则条件。

③ 执行"一条术语、一个概念"的测试：检查术语库中所有记录，以确定由提交者提交的术语的定义所描述的概念是否已另有说明。如果没有另一个可替代的术语，则该术语可作为"草案"术语。如果存在一个可替代的术语，则该术语将被退回。

5. 术语的增补与淘汰机制

术语的增补与淘汰也通过数据库功能实现。主要完成以下三方面的任务：

① 在术语库中对拟议术语（即注册术语）以及它们相关的说明信息进行增补或修改。

② 对拟议术语评估，并使他们成为真正的术语（即该术语在国际标准或技术规范中得到发布）。

③ 删除那些早期发布的术语及其定义都不够确切的术语。

在大量新术语不断涌现的同时，有些早期发布的术语受历史原因与当时科学技术的限制，定名和定义都不够确切，这些术语在术语库中就成为"废弃"术语。另外，ISO等标准的变化，也会在术语库中产生一些"废弃"术语。废弃术语一般包括以下三种类型：

① 早期标准定义的术语；

② 已废止标准中定义的术语；

③ 未在任何其他国际或国家标准中定义的术语。

已被专家组审定删除的术语,应在术语库中标明其"废弃"状态。

四 结束语

新的科技术语层出不穷,使用频率高,涉及范围广,传统的收集与管理方法已难以适应现实的需要,实现以基于网络技术的术语库的方式维护术语势在必行。笔者期望在广大术语工作者的共同努力下,尽快建立和不断完善我国各学科术语网络平台,为学科的发展提供有力的技术支撑。

参考文献

[1] 周卫,孙毅中,盛业华等《基础地理信息系统》,科学出版社,2006。

[2] 〔加拿大〕G. 隆多著,刘钢、刘健译《术语学概论》,科学出版社,1985。

[3] 程永红,付丽斌《基于 WEB 的术语工作平台的实现》,《术语标准化与信息技术》,2004(4):43-44。

[4] 全如瑊《今后的术语工作》,《术语标准化与信息技术》,2003(3):10-14。

[5] ISO/TC211/19104 Editing Committee. Draft Technical Specification 19104 Geographic information Terminology. 2007.

(原载于《中国科技术语》,2008 年第 3 期)